KB246413

다문화사회,
이주와 트랜스내셔널리즘

다문화사회,
이주와 트랜스내셔널리즘

이소희 엮음

보고사

이 책은 국제비교한국학회, 제주대학교 탐라문화연구소, 한국연구재단의 지원으로 발간되었습니다.

서문 : 다문화사회, 이주와 트랜스내셔널리즘

　　최근 수년간 우리 사회에서는 다문화사회에서 볼 수 있는 다양한 현상들을 쉽게 목격할 수 있다. 많은 사회 구성원들이 가족과 같은 일상생활 영역에서 경험하는 문화접경지대와 초국적 정체성은 그들의 의식에 커다란 변화를 가져오고 이는 가족문화, 지역사회문화의 변화로 연결되며 더 나아가서는 다양한 측면에서 사회적인 법체계의 변화를 가져온다. 이 책은 다문화사회로 진입한 한국사회의 변화 양상을 사회학, 문화인류학, 영문학, 식품영양학, 아동학, 미디어연구 등 다양한 학문분야에서 연구한 결과에 근거하여 그 속에 살고 있는 이주민의 정체성 변화과정을 보여주고 있다. 또 20세기 이후 아시아–태평양 지역에 나타난 이주와 트랜스내셔널리즘의 다양한 양상을 한국문학, 여성사, 근대사, 사회학, 문화연구 등의 관점에서 연구한 결과들을 수록하고 있다.

　　제1부 "다문화사회와 이주민의 정체성"은 다문화사회로 진입한 이후 사회 구성원들이 경험하게 되는 초국적 장, 초국적 정체성, 초국가적 시민주체, 국민정체성 비교연구, 다문화교육에 관한 공적인 장에서의 논의들과 함께 여성결혼이민자가 가정(Home)을 통해서 마주하게 되는 사적인 영역에서의 다양한 경험들, 예를 들면 문화접경지대의 번역자, 가족관계 양상, 식생활 적응요인 등과 다문화가정 초등학교 아동들의 일상생활에 관한 연구들로 구성되어 있다. 제2부 "아시아–태평양 지역의 이주와 트랜스내셔널리즘"은 제주 4·3 이후 일본으로 건너간 재일조선인, 식민지시

기 일본 공장으로 간 제주 여성, 1920년대 출가물질로 해외로 진출했던 제주해녀, 현재 한국 사회로 이주해온 중국조선족 여성, 일본으로 이주하여 개인사업을 운영하는 한국 여성, 또 침묵된 이주의 형태로 어린 나이에 해외로 나간 입양인 등 아시아-태평양 지역에서 볼 수 있는 이주와 트랜스내셔널리즘의 다양한 양상을 다루고 있다.

이 책에 수록된 14편의 논문들은 국제비교한국학회에서 발간하는 학술지 *Comparative Korean Studies* 18권 3호(2010년 12월 31일 발행)와 19권 1호(2011년 4월 30일 발행)에 수록된 논문들을 중심으로 기획되었다. 특히 김현미, 염미경, 김종욱, 홍설화, 서지영, 장혜련, 유연숙, 최유진의 논문은 2010년 10월 15일부터 17일까지 국제비교한국학회와 제주대학교 탐라문화연구소 공동 주최로 제주대학교에서 개최된 〈아시아-태평양 지역의 이주와 트랜스내셔널리즘〉 학술대회에서 발표된 논문들이다. 또한 심영희, 이소희, 신원선, 도남희의 논문은 2009년 한국연구재단 지원으로 수행된 연구(KRF-2009-371-B00045)이다. 정기선·이선미의 논문과 정의철의 논문 역시 본 연구서의 주제와 매우 밀접한 연구결과물이다. 이와 같이 여기 수록된 연구논문들은 한국사회의 다문화적 특징과 양상을 심도 있게, 또 시의적절하게 연구한 결과들이며 이를 바탕으로 미래에의 변화까지도 가늠해 볼 수 있는 매우 귀중한 연구들이다. 그러므로 연구수행 및 연구결과 발표를 도와준 국제비교한국학회, 제주대학교 탐라문화연구소, 또 한국연구재단의 지원에 감사드린다. 한국사회가 지난 1세기 동안 경험해 온 다문화사회의 특징 및 이주와 트랜스내셔널리즘의 다양한 양상을 보여주고 있는 이 책이 이 분야의 연구자뿐만 아니라 일반 독자들에게까지도 귀중한 지식과 정보를 제공할 수 있기를 바란다.

2012년 3월
이소희

차 례

제2부
아시아-태평양 지역의 이주와 트랜스내셔널리즘

김노의 작품에 재현된 재한 중국조선족 여성상

식민지 시기 일본 공장으로 간 제주 여성

제주해녀-바다를 횡단하는 트랜스내셔널 유목주체

이주여성 기업가 : 일본 내 한국인 여성의 기업요인과 자원동원

해외입양인 내러티브에 나타난 침묵된 이주와 죽음의 이미지
: 〈여행자〉와 〈귀향〉을 중심으로

제1부
다문화사회와 이주민의 정체성

초국적 장과 초국적 정체성

: 한국의 결혼이주여성을 중심으로

심영희[*]

1. 서론

이 연구는 국제결혼 이주여성이 누구이고 무엇을 원하며 그들이 어떻게 지금의 그들이 되었는지 드러내려는 것이다. 즉 이 연구는 결혼이주여성과 남편에 대한 필자의 이전연구(심영희 외, 2007, 2008, 2010; Shim Y.H., 2008)에 기반하여 이주여성의 초국적 사회적 장의 경험과 초국적 정체성의 등장을 살펴보고자 한다. 이를 위해 이 연구는 초점집단면접(Focus Group Interview: FGI)과 심층면접 등의 연구방법을 사용하여 자료를 수집하고 분석하였다.

결혼이주의 증가[1]와 함께 이 문제에 대해 많은 연구가 있었다. 그러나

---

[*] 한양대학교 교수

[1] 한국에서의 국제결혼은 1990년 이후 꾸준히 증가 추세에 있다. 1990년에 전체 약 40만의 결혼건수 중 1.2%인 619쌍에 지나지 않던 국제결혼은 1990년대 중반 증가하기 시작하여 2003년을 기점으로 큰 폭으로 증가하였다. 이러한 추세는 이후 지속되어 전체 결혼건수 중 국제결혼이 차지하는 비율은 2005년 13.6%, 2006년 11.9%로 한 해에 결혼하는 부부 열 쌍 중 한 쌍은 서로 다른 국적의 남녀가 부부가 되고 있다. 특히 이러한 눈에 띄는 추세는 외국인 여성과의 혼인이 급증하고 있다는 점이다. 1990년대 초반 국제결혼의 대부분은 한국 여성과 외국인 남성과의 결혼이었다. 하지만 1990년대 중반으로 접어들면 이러한 구조는 급격히 변화하게 된다. 1994년 총 6,616건의 국제결혼에서 한국인 남성과 외국인 여성과의 결혼은 3,072건으로 전체 국제결혼에서 46% 정도를 차지했다. 하지만 1995년에 들어서면 전체 국제결혼 13,494건 중 한국인

대부분의 기존 연구들은 이주여성의 일방적 적응을 가정하거나(설동훈 외, 2005, 2008; 김현미 외, 2008; 이혜경, 2005; 윤형숙, 2004; 한건수, 2006) 인권문제를 다루었으며(Sosormaa, 2006), 상호적응에 대한 연구(심영희 외, 2007; Shim Y.H., 2008) 또는 정체성이나 시민권(심영희 외, 2008; 황정미, 2008; 이선미, 2010) 또는 초국적 장(Shim and Han, 2010; 김정선, 2010; 김현미, 2010)의 이슈는 이제 막 시작하고 있다.

이런 맥락에서 이 연구는 결혼이주여성의 상호적응의 기반으로서 초국적 장의 특성과 초국적 정체성의 형성과정에 초점을 둔다. 특히 이 연구는 초국적 사회적 장의 관점에서 이 문제를 접근하려고 한다.

보다 구체적으로 이 연구는 다음의 연구 질문을 던지고 이에 대한 연구를 하려고 한다.

1) 한국으로의 이주를 통해 이주여성의 가족관계, 특히 고국 가족과의 관계가 어떻게 변하였는가? 보다 구체적으로 이주와 함께 그들은 어떤 초국적 사회적 장을 경험하고 있으며 이는 어떻게 변화해 가는가? 여기에서 초국적 사회적 장은 경제적 영역, 사회적 영역, 문화적 영역으로 나누어 살펴보기로 한다. 그리고 이를 삶의 중요한 계기라고 할 수 있는 결혼 후, 자녀출산 후, 고향방문 후 어떤 변화가 있었는지 살펴보고자 한다.

남성과 외국인 여성과의 결혼은 10,365건으로 약 77%에 이르게 된다. 1998년 정부가 남녀차별적인 국적법을 평등하게 바꾸면서 종전에는 결혼만 하면 자동으로 발급되던 국적취득을 위장결혼 방지대책의 일환으로 국적신청 자격을 2년으로 연장하는 조치를 취하게 된다. 이로 인해 1998-2000년 사이에는 한국인 남성과 외국인 여성과의 결혼이 주춤하다 2000년부터 다시 증가 추세로 돌아섰다. 2000년대에 들어서면서 전체 국제결혼에서 한국인 남성과 외국인 여성과의 결혼이 차지하는 비율은 꾸준히 70% 이상을 유지하면서 한국에서의 국제결혼의 주된 흐름으로 자리 잡는다.

2) 결혼이주여성은 한국생활과 초국적 장의 경험을 통해 정체성이 어떻게 변화해 가는가? 어떤 과정을 통해서 정체성, 특히 초국적 정체성이 형성되는가? 이와 관련해서는 이주여성들의 국적에 대한 생각, 자녀교육에 대한 생각 등을 통해 영토에 뿌리를 둔 국가적 정체성에서 탈영토화된 정체성, 재영토화된 정체성, 초국적 정체성으로 변해가는 과정을 살펴보기로 한다. 이 부분 역시 삶의 중요한 계기라고 할 수 있는 결혼 전 생활, 결혼직후, 자녀출산 후, 고향방문 후 어떤 변화가 있었는지 살펴보고자 한다.

왜 나는 초국적 결혼, 특히 초국적 장에 초점을 두는가? 그 이유는 이들이 2차 근대성[2]으로 가는 역사적 변동의 의미 있는 사례를 대표한다고 보기 때문이다. 2차 근대성은 글로벌 위험, 개인화 및 코스모폴리탄화와 같은 압도적인 추동력에 의해서 1차 근대의 제도적 구성으로부터 2차 근대의 구성으로 변화해가는 복합적인 역사적 구조적 변동의 과정으로 이해된다(Beck, 1992; Beck/Grande, 2010; Beck/Beck-Gernsheim 2002). 이 변동의 영향은 넓고 깊다. Beck과 Beck-Gernsheim(2002)에 의하면 2차 근대성은 초국적 거버넌스와 시장과 같은 거시적 역사적 변동뿐만 아니라 가족과 같은 미시적 사회관계의 영역에서도 나타난다. 이러한 맥락에서 이 논문은 결혼과 가족생활, 특히 초국적 결혼의 그것을 연구할 것이다. 초국적 결혼이 우리의 주의깊은 관심을 요하는 이유는 그것이 글로벌 위험, 개인화 및 코스모폴리탄화와 밀접하게 연결되어 있기 때문이다.

---

2) 2차 근대성은 독일 뮌헨 대학의 Beck과 그의 동료들에 의해 고안된 개념이다. (cf. Beck, 1992; Beck and Grande, 2010; Beck and Beck-Gernsheim, 2002.)

초국적 결혼이 2차 근대성의 한 예를 대표하는가에 대해서는 이동성과 가족 구성(Shim and Han, 2010)의 두 측면을 통해 검토될 수 있을 것이다. 이 두 측면 중 이 글에서는 첫 번째 측면, 즉 이동성의 측면에 초점을 둔다.[3] 이동성과 관련해서는 예전의 이주와 새로운 이주 사이의 차이를 구분할 필요가 있다. 예전의 이주가 주변에서 센터로 가는 일회성 이주였던 데 반해, 오늘날의 그것은 두 나라 사이의 지속적인 움직임과 따라서 국제적인 네트워크를 살아 있게 유지하는 것을 포함한다(Beck-Gernheim 2008; Levitt et al., 2007). 오늘날의 이주는 2차 근대적 변동의 가장 뚜렷한 특성 중 하나인 국가 경계의 흐려짐이라는 특성을 대표한다.[4] 이 연구는 이러한 관점에서 초국적 결혼의 경험을 논의하려고 한다.

2. 개념 정의

(1) 초국적 사회적 장(transnational social field)의 개념

먼저 필자가 사용하는 개념들에 대한 소개와 설명이 필요할 것 같다. 첫째는 '초국적 사회적 장'이다. 필자가 이 개념을 사용하는 이유는 이것이 송출국과 수용국 양쪽에 모두 발을 담그고 살아야 하는 이주자의 삶과 정체성에 새로운 관점을 제공해주기 때문이다. 이 초국적주의와 글로벌화의 차이는 전자가 양국 모두와 균형된 관계를 가지고 있고 후

---

3) 가족구성의 측면과 관련해서는 Shim and Han, 2010을 참조.

4) 일을 위한 이주도 또한 2차 근대성의 특성을 대표한다고 간주될 수 있다. 그러나 이 글에서는 결혼이주에 초점을 둔다. 그 이유는 다음과 같다. 이주노동자는 수용국, 특히 한국에서 제한된 시간 동안만 머무를 수 있고 이주노동을 위해 이동하는 사람 중에는 남자가 더 많다. 그러나 결혼이주자는 원하는 만큼 머무를 수 있고 노동을 위해서가 아니라 결혼을 위해서 오기 때문이다.

자에서 발견되는 헤게모니적 특성을 결여하고 있다는 것이다.

'초국적 사회적 장'의 개념은 초국적 이주를 바라보는 하나의 관점으로서 다양한 학자들에 의해 주장되었다. 여기에서는 Beck-Gernsheim (2008)과 Levitt and Jaworsky(2007)의 접근을 취한다. 왜냐하면 이들은 경험적 연구를 위한 종합적 틀을 제공해주기 때문이다. 국제결혼 이주여성을 연구한 Beck-Gernsheim(2008)에 의하면 초국적 사회적 장의 개념에서 이주는 새로운 나라로의 일방적이고 확실한 이동으로 간주되지 않는다. 오히려 옛날 나라와 새 나라 사이에 수년간 또는 수십 년간 지속될 수도 있는 일련의 이동으로서, 두 나라 모두에 대한 강한 연결과 다층적 배태성으로 특징된다. 많은 경우에 한 개인이 언제 자신의 출신국 사회를 최종적으로 떠났는지, 언제 수용국으로 확실히 이주했는지 결정하는 것은 더 이상 가능하지 않다. 그 대신 등장하는 것은 그 사이 어딘가에 위치하고 두 사회를 함께 연결해주는 삶의 방식이다. 그 결과 출신국과 수용국 사이에 새로운 종류의 네트워크, 사회적, 정치적, 경제적, 문화적 종류의 네트워크가 존재하게 된다. 이러한 상호연결이 초국적 사회적 장으로 알려져 있는 개념이다(Beck-Gernsheim, 2008). 즉 간단히 말하자면 초국적주의는 양다리를 두 나라에 걸치고 사는 것이라고 이해할 수 있다.

초국적 이주에 대한 연구를 총정리한 논문을 쓴 Levitt and Jaworsky (2007)에 의하면, 초국적주의는 처음에는 이주자들이 출신국과 수용국을 연결해주는 다층적인 사회적 관계를 만들고 지속하는 과정으로 정의되었다고 한다(Basch et al., 1994, Levitt and Jaworsky, 2007에서 재인용). 보다 최근의 연구들에서 초국적 이주는 이주자들이 하나 이상의 사회에 대한 동시적 배태성을 통해 끊임없이 다시 만들어지는 유동적인 사회적 공간에서 일어나는 것으로 이해된다(Levitt & Glick Schiller, 2004, Levitt and Jaworsky, 2007에서 재인용). 그리고 이러한 영역들은 다층적이고 다장소적으로서 출신국과 수용국뿐만 아니라 이주자들을 동료 민족과 동료 종교인들과 연결시켜주는 세계의 다른 장소들도 포함한다(Levitt and Jaworsky, 2007).

많은 학자들이 초국적 이주에 의해 생성되는 사회적 공간의 유형을 설명하고 그 안에 배태된 사회적 구조를 점검하려 시도했다. 다른 학자들은 공식적·비공식적 사회적, 문화적, 종교적 관행을 포함하는, 모든 수준의 사회적 경험들을 연결시키는 보다 폭넓은 접근을 주장했다(Levitt & Glick Schiller, 2004). Glick Schiller(2003)는 '존재의 방식', 즉 개인이 참여하고 있는 실제적 사회적 관계 및 관행과 '소속의 방식', 즉 특정 집단에 대한 의식적 연결을 예시해주는 정체성을 보여주는 관행 사이를 구분한다(Levitt and Jaworsky, 2007).

필자는 이 폭넓은 관점을 취하며 초국적 관행에는 구체적인 영역들이 있다고 간주한다. 이렇게 볼 때 초국적 관행의 구체적 영역들로서는 1) 경제적 영역, 2) 정치적 영역, 3) 사회적 생활의 영역, 4) 문화의 영역 등을 들 수 있다. 1) 경제적 영역은 다양한 종류의 송금들, 이것이 발전에 주는 영향, 이주에서 계급 차이 및 종족 기업가정신 등을 포함하고, 2) 정치적 영역은 변화하는 국가의 역할과 정치적 소속의 경계를 보여주며, 3) 사회적 영역은 특히 가족 친족구조의 변화, 계급, 인종, 젠더 관계의 변화 등 사회적 생활의 변화를 보여주고, 4) 문화적 영역은 문화 이식과 문화변용 등 문화가 여행할 때 무슨 일이 일어나는지, 이주와 관련해서 종교의 중요성 등을 포함한다(Levitt and Jaworsky, 2007).

이 논문에서 필자는 초국적 장의 개념과 영역을 사용할 것이다. 특히 초국적 장의 어떤 경험들이 경제적, 사회적, 문화적 영역에서 일어나는지 살펴볼 것이다.

(2) 정체성의 개념

사회학과 정치학에서 사회적 정체성의 개념은 개인이 스스로에게 특정 집단(예: 국가, 사회적 계급, 하위문화, 민족성, 젠더 등)의 구성원으로 소속감을 부여하는 방식으로 규정된다. 사회학자나 역사학자가 특정 국가의 국가 정체성에 대해 말하거나, 여성주의자나 동성애 이론가가 젠더 정체성에 대해 말하는 것은 이런 의미에서이다(Wikipedia, 2009).

이주자들이 형성하는 정체성은 초국적 사회적 장의 경험과 관련된다. 즉 이주와 함께 이주자들은 초국적 사회적 장을 경험하고 이 경험은 서서히 이주자의 정체성을 "초국적 정체성"으로 변화시킨다고 할 수 있다. 이 초국적 정체성 또는 "이주범벅"(Levitt and Jaworsky, 2007)은 고국의 문화적 특성과 거주국의 문화가 섞인 것으로서 잡종성의 연속성을 형성한다.

일부 학자들은 이러한 과정의 공간적 차원을 강조하기도 한다. 심지어 전통마저 글로벌 문화산업에 의해 전용되거나 또는 초국적 이주자와 함께 앞뒤로 움직이면 그들은 출신지의 지방으로부터 탈영토화되고 재영토화된다. 즉 재지방화되고 섞여서 모던과 포스트모던 담론과 병치되게 된다. 이 결과는 이주자에게 혼합적이고 잡종적인 공간과 시간이 된다(Aparicio, 2004, Canclini, 1995; Levitt and Jaworsky, 2007로부터 재인용).

논의의 순서는 다음과 같다. 먼저 자료와 방법에 대해 간단히 소개하고, 둘째, 수집한 자료에 기반하여 초국적 장의 경험을 다루며 셋째, 정체성 변화—특히 초국적 정체성의 발현을 다루고, 넷째, 연구결과의 함의를 제시하고 앞으로의 연구 과제를 제시함으로써 결론을 맺겠다.

3. 연구방법 및 자료

위에서 제기한 연구 질문에 대답하기 위하여 이 연구는 결혼과정, 적응문제, 초국적 장과 정체성 변화 등에 대해 초점집단면접과 심층면접을 통하여 자료를 수집하였다. 면접대상자들은 3년 이상 한국에 거주한 결혼이주여성이었다. 3년 이상 거주한 이주여성을 선정한 이유는 이 연구가 초국적 장의 경험에 초점을 두기 때문이다.

보다 구체적으로 초점집단면접 대상자는 모두 35명으로 2008년 8월 7일부터 14일까지 한국여성재단의 친정방문 프로그램에 참가한 필리핀, 베트남, 몽골 출신 이주여성 19명과 그들의 남편 16명이었다. 심층면접은 이들 초점집단면접 대상자 중에서 모두 12명의 결혼이주여성과 남편(필리핀 5명, 베트남 4명, 몽골 3명)에게 실시되었다. 이주여성만을 포함하는 대부분의 기존연구와 달리 이 연구는 이주여성뿐만 아니라 남편도 포함하였다. 그 이유는 적응이 남편과 아내 모두의 상호적응이고 이주여성의 일방적 적응만이 아니기 때문이다. 초점집단 면접은 친정방문 이전, 친정방문 중, 그리고 친정방문 후 등 3번에 걸쳐 실시되었다.

초점집단면접 및 심층면접 응답자의 사회 인구학적 특징은 〈표 1〉과 같다. 면접대상자들이 친정방문 프로그램에 참여한 결혼이주여성과 남편 및 자녀들이기 때문에, 그들이 한국의 전체 이주여성들 보다 행복하고 보다 잘 적응한 사람들일 가능성이 높다. 따라서 이 글에서 논의하는 경험들은 한국의 결혼이주여성의 대다수를 대표하지 못하고 부분적이거나 편향적일 수 있으며 자녀가 없거나 이혼, 가출, 가정폭력 등을 거친 사람들의 부정적 경험이 잘 대표되지 않았을 수도 있음을 밝힌다.

〈표 1〉 초점집단면접 및 심층면접 응답자의 인구·사회학적 특징

출신국가	구분	응답자	성별	나이	직업	거주지역	입국연월	결혼기간	건강보험료 월 납입액(원)	자녀수(명)
필리핀	부부 #1	필여1	여	28	전업주부	전남	2005.3	3년 10개월	국민기초생활 수급권자	2
		필남1	남	49	농업	전남	–			
	부부 #2	필여2	여	36	영어강사	전북	2000.1	9년 4개월	58,297	2
		필남2	남	42	제조업	전북				
	부부 #3	필여3	여	28	전업주부	전남	2003.9	5년 5개월	58,910	2
		필남3	남	49	농업	전남	–			
	부부 #4	필여4	여	36	가사도우미	전남	2004.3	4년 6개월	16,250	–
		필남4	남	37	무직	전남	–			
	부부 #5	필여5	여	42	가사도우미	서울	2001.2	7년 7개월	74,390	2
		필남5	남	52	전기회사근무	서울	–			
	부부 #6	필여6	여	29	영어강사	경기	2004.12	4년 2개월	42,430	2
		필남6	남	40	미상	경기	–			
	부부 #7	필여7	여	35	횟집서빙	강원	2000.11	7년 9개월	64,320	2
		필남7	남	43	미상	강원	–			
	부부 #8	필여8*	여	30	제조업	전남	2004.12	4년 1개월	22,920	2
베트남	부부 #9	베여9	여	24	전업주부	충남	2005.3	3년 11개월	의료 수급자	1
		베남9	남	35	제조업	충남	–			
	부부 #10	베여10	여	28	전업주부	경북	2004.11	4년 1개월	56,330	2
		베남10	남	39	무직(시험준비중)	경북	–			
	부부 #11	베여11	여	33	농업	제주도	2004.6	4년 6개월	54,150	2
		베남11	남	44	벌목	제주도	–			
	부부 #12	베여12	여	34	주부	충북	2004.12	4년 1개월	17,770	1
		베남12	남	42	농업	충북	–			
몽골	부부 #13	몽여13	여	31	전업주부	전남	2004.8	4년 6개월	69,920	2
		몽남13	남	38	하청업체근무	전남	–			
	부부 #14	몽여14	여	35	전업주부	전남	2004.7	4년 8개월	24,550	1
		몽남14	남	43	용역업체근무	전남	–			
	부부 #15	몽여15	여	34	제조업	경기	1998.2	1년 4개월	35,530	–
		몽남15	남	37	제조업	경기				
	부부#16	몽여16	여	37	전업주부	경기	1998.12	5년 3개월	57,540	3
		몽남16	남	34	회사원	경기				
	부부#17	몽여17	여	33	전업주부	경기	1999.2	5년	261,170	2
		몽남17	남	40	건설근로자	경기	–			
	부부#18	몽여18*	여	34	제조업	인천	2003.5	5년 8개월	12,060	2
	부부#19	몽여19*	여	32	전업주부	충북	2004.7	4년 6개월	24,860	1

주 1: *: 남편이 초점집단면접과 심층면접에 참여하지 않은 경우.
주 2: 음영으로 표시된 부분은 심층면접에도 응답한 경우.

4. 초국적 사회적 장의 경험

위에서 언급한 것처럼 초국적 장은 모국과 이주국 사이에 수년간, 혹은 수십 년간 장기적으로 지속되는 일련의 이동으로서 새로운 종류의 경제·사회·문화적 네트워크를 포함한다.

보다 구체적으로 먼저 경제적 영역은 서로 다른 종류의 송금(remittance), 두 번째로 사회적 영역은 모국 가족의 초청 및 모국 방문, 셋째, 문화의 영역에서는 문화이식과 문화변용 등을 포함한다. 다음에서 이 세 영역을 하나하나 논의하기로 한다.

(1) 경제적 영역의 경험

경제적 영역 논의에서 보고자 하는 것은 결혼이주여성들이 결혼 후 모국의 친정과 어떻게 연결되고 있는가에 관한 것이다. 이것은 고국 친정에 보내는 송금 등과 같은 경제적 지원의 증가에서 보여진다. 여기에서는 이주여성의 결혼 후 고국 가족에 대한 경제적 지원을 지원의 내용, 지원의 빈도, 그리고 지원이 없는 경우 그 이유 등의 면에서 논의하기로 한다.

이주여성들이 한국으로의 이주를 결심하게 되는 것에는 경제적 요인이 크게 작용한다. 이주여성들은 모국보다 더 나은 생활환경과 더 많은 기회를 기대하며 이주를 결심하고, 자신이 모국에 있을 때보다 더 나은 삶을 살게 된다면 친정가족에 일정부분 도움을 주고자 한다. 따라서 한국으로 이주 후 많은 이주여성들이 돈이나 물품을 보내는 등의 경제적 지원을 통해 경제적 영역에 있어서 초국적 장에서의 경험을 시작하게 된다.

면접결과 이주여성들이 모국 및 친정에 대한 경제적 도움을 주는 방식은 크게 돈을 보내는 송금과 옷, 약 등의 물품을 보내는 형식으로 나타났다.[5] 모국 및 친정에 송금을 하거나 물품을 보내는 것은 개인적 의미에서는 이주여성이 자신의 친정 살림을 돕는 일이고, 국제적인 면에서는 송출국과 수용국 간의 물질적·경제적 흐름의 일부로 볼 수 있다.

이주여성의 경제적 지원은 그 빈도에 따라 정기적 지원과 비정기적 지원으로 나눌 수 있다. 연구에 참여한 조사대상자들 중 일정금액을 정기적으로 친정에 송금하는 경우는 이주여성이 자녀가 없고 자신이 일을 갖고 있는 경우와 남편의 지지가 있는 경우였다. 그러나 연구에 참여한 대부분의 이주여성들은 집안에 특별한 일이 있을 때나, 한국에서 경제적 여유가 될 때 등 비정기적으로 돈을 송금한다고 응답하였다. 특별한 일은 고국의 가족 중 누군가가 아프거나, 태풍 등으로 심각한 피해를 입었거나, 또는 특별한 가족 행사가 있을 때였다.

이번 연구에 참여한 이주여성 중 친정에 대해 경제적 지원을 전혀 하지 않는 여성들도 있었다. 이 경우는 친정이 모국에서 비교적 잘 살기 때문에 송금할 필요성을 못 느끼는 경우와 현재 한국의 가정형편이 어려운 경우, 남편의 반대 등으로의 이유로 친정에 경제적 지원을 하지 않는 경우 등이었다.

(2) 사회적 영역의 경험

초국적 장에서의 사회적 영역은 가족 혹은 친족 구조의 변화, 계급·인종·젠더 관계의 변화 등이 속한다. 이 연구에서는 이주여성의 모국과 한국 간의 인적·사회적 교류를 이주여성을 중심으로 살펴본다. 앞서 살펴본 경제적 지원은 한국에서 이주여성의 모국으로의 흐름이 압도적이었다. 그러나 반대로 인적·사회적 교류는 이주여성의 모국에서 한국으로의 흐름이 더 많다. 초국적 사회적 장의 경험 중 사회적 영역은 결혼

---

5) 보다 자세한 논의는 심영희 외 2008 참조.

및 자녀출산 이후의 가족 초청, 친정방문 등을 포함한다.

모국으로부터의 가족 초청이나 보내기는 출신국과 수용국 사이에 아이들과 어른들을 순환시키는 것인데 이는 1) 사회적 재생산의 비용을 줄이기 위해서, 2) 어머니 나라의 문화와 언어 학습을 증가시키기 위해서 등 다양한 이유가 있는 것으로 나타났다.

가족 초청 등 사회적 영역의 경험은 대부분 자녀출산 후에 일어난다. 이주여성들은 출산 후 몸조리를 위해 고국 친정가족을 초청하는 경우가 많다. 특히 출산은 이주여성과 가족에게 중요한 삶의 계기이다. 이주여성들은 출산과 함께 남편으로부터 신뢰를 얻게 되고 한국에서의 그들의 삶은 안정화되게 된다(심영희 외, 2007; Shim, 2008). 이 사회적 교류를 통해서 남편과 친정가족들은 다른 나라의 사회와 문화를 경험하게 된다. 예외적으로 자녀를 고국에 보낸 경우가 있었는데 그 이유는 한국의 가족이 너무 가난해서 이주여성이 일을 해야 했고 아이를 돌볼 수가 없었기 때문이었다.

친정방문은 사회적 영역의 교류의 또 하나의 예이다. 실제로 친정방문은 사회적 교류의 가장 좋은 기회라고 할 수 있다. 친정방문은 이주여성의 남편과 아이들이 모두 이주여성의 사회 및 문화와 접촉하고 배우며, 이주여성의 친정 가족들에 대해 긍정적 태도를 발전시키는 기회이기 때문이다.

(3) 문화적 영역의 경험

문화적 영역에서의 경험은 문화이식과 문화변용 등을 포함한다. 이주여성은 자신의 모국의 문화권 안에서 사회화 되었으며, 이주 후 한국 문화를 새로이 접하면서 자신의 모국의 문화와 한국의 문화를 혼합하여 새로운 방식으로 문화를 재창조하게 된다. 이것은 음식, 놀이, 언어 등 다양한 문화 차원에서 나타난다. 예컨대 필여4의 심층면접을 위해 연구원이 그녀의 집에 도착했을 때, 마침 필여4의 생일을 축하하기 위해 근처의 필리핀 친구들이 그녀의 집으로 찾아왔었다. 참여 연구원이 본 필여4의 생일상은 갈비찜 등의 한국음식과 필리핀 잡채 등의 필리핀 음식이 적절히 섞여 있었고, 이를 필여4와 그녀의 남편, 그녀의 친구들은 어느 한 음식도 꺼려하지 않고 맛있게 먹었다(2008년 8월 16일, 전남 곡성, 심층면접 시). 이것은 문화변용으로 간주될 수 있을 것이다.

또한 이주여성들의 모임에서도 문화적 변용은 나타났다. 필여3과 필여4는 각각 같은 국가 출신의 이주여성들과 네트워크를 유지하며 정기적으로 만남을 지속하고 있었다. 흥미로운 점은 같은 국가 출신의 이주여성들의 모임에서 이들은 모국에서 여가를 즐기는 방식이 아니라 한국적 놀이문화인 '노래방'에서 시간을 보낸다는 점이다. 이들은 노래방에서 필리핀 노래와 한국 노래를 섞어서 부르며 즐거워한다. 다른 나라 출신의 이주여성의 네트워크에서도 한국식 놀이문화인 '노래방'에 간다고 응답이 나왔다. 이것은 보다 다층적 배경의 사람들이 한국의 '노래방'문화로 겹쳐진 뒤, 거기에 자신들의 문화를 녹여 새로운 '노래방'문화를 만들어 내는 것이라고 볼 수 있다.

그 외에 한국어를 배우는 것도 또한 문화변용이라고 볼 수 있다. 왜냐하면 언어를 배움으로써 전통과 관습도 또한 배우기 때문이다.

(4) 초국적 장의 계기별 변화

요약하면 초국적 장의 경험은 경제적 사회적 문화적 장을 포함하는데 경제적 장은 고국으로의 송금과 같은 활동, 사회적 장은 친정가족의 초청 및 모국 방문, 문화적 장은 문화이식 또는 변용을 포함한다.

이주여성의 초국적 장의 경험은 시간에 따라 변하며 시간이 지날수록 복잡하고 다층적 측면을 보인다. 그리고 이것은 이전 연구에서 드러난 적응과정과 같은 세 단계의 변화를 보여준다(심영희 외, 2007; Shim, 2008). 이 연구에 따르면(심영희 외, 2007; Shim, 2008) 이주여성의 적응은 결혼 초, 자녀출산 이후, 고향방문 이후를 기점으로 노력, 신뢰, 상호 이해의 단계로 진행되어 간다. 첫째 단계, 즉 결혼초기에 이주여성은 한국과 남편에 적응하기 위해 음식, 언어, 가족관계에 일방적인 노력을 하지만 대부분의 남편은 아직 의심하는 단계이다. 그러나 시간이 지나면서 이것이 변하기 시작한다. 이 변화는 이주여성이 자녀를 출산하고, 고국의 친정가족을 방문하면서 나타난다. 보다 구체적으로 둘째 단계에서 남편들은 아내를 신뢰하고 노력을 하게 된다. 세 번째 단계에서 남편과 아내들은 상호 이해를 하게 되고 서로에게 적응하게 된다. 이 경험을 통해서 남편들도 또한 이주여성의 친정가족과 문화에 적응하게 되어 상호 적응을 이루게 된다.

초국적 사회적 장의 경험 또한 적응과정으로 간주될 수 있다. 이주여성은 그들의 고국을 떠나 한국으로 이주하면서 초국적 사회적 장을 경험하기 시작한다. 그들은 초국적 장의 경제적, 사회적, 문화적 영역들을 경험하고 이 경험들은 단계에 따라 변한다. 여기에서 고려되는 단계는 이주여성의 적응과정에서 발견된 세 단계와 같다. 즉 결혼 후, 자녀출산 후, 그리고 친정방문 후이다.

그리하여 첫 단계, 즉 결혼 후에 그들은 송금과 같은 초국적 장의 경제적 영역을 경험한다. 즉 보다 나은 삶을 위해 한국으로 이주한 여성들은 고국의 친정에 돈이나 물품을 보낸다.

둘째 단계, 즉 자녀출산 이후에는 인적 사회적 교류와 같은 초국적 장의 사회적 영역을 경험하게 된다. 남편의 신뢰 증가로 이주여성은 산후조리를 위해 고국의 친정식구를 초청하게 된다. 그리고 그러한 교류를 통해 남편은 아내의 문화에 관심을 보이기 시작한다. 친정방문은 그 자체가 사회적 교류의 예이다. 이러한 사회적 교류의 증가와 함께 문화 변용이 서서히 시작한다.

셋째 단계, 즉, 친정방문 이후에는 이주여성들뿐만 아니라 남편들도 초국적 사회적 장을 경험하게 된다. 친정방문은 남편에게 아내의 문화를 경험하는 특히 좋은 기회이다. 이제 남편들은 아내의 문화를 보다 잘 이해하고 이에 대해 보다 긍정적인 태도를 갖게 된다. 이러한 경험은 또한 남편들로 하여금 한국에 돌아온 후 초국적 활동에 보다 활발하게 만들기도 한다. 이리하여 초국적 장의 경험을 통해 상호적응이 일어난다고 말할 수 있다.

이 절에서는 이주여성의 초국적 장의 경험과 정체성의 변화를 알아보았다. 초국적 장의 경험은 시간이 흘러감에 따라 더욱 다층적이고 풍부해진 누적으로 새로운 문화의 변이를 가져오는 것을 알 수 있었다. 초국적 장의 경제적 영역에서는 모국 및 친정에 대한 경제적 지원을 중심으로 경제적 영역에서의 활동을 살펴보았고, 사회적 활동의 변화를 가져오는 사회적 영역의 활동은 그것의 근간인 인적·사회적 교류를 중심으로 살펴보았다. 마지막으로 문화의 상호 이해와 접목, 변이가 나타나는 문화적 영역에서는 다문화가족과 이주여성의 문화적 변이에 대해 살펴보았다. 요약하면 이주와 함께 결혼이주여성들은 고국친정가족과의 관계를 끊은 것이 아니라 국경을 넘어서 확장한다고 할 수 있다. 다음 표 2는 위의 논의를 요약한 것이다.

〈표 2〉 초국적 사회적 장의 여러 차원과 계기별 변화

초국적 사회적 장		경제적 영역	사회적 영역	문화적 영역
단계	결혼 후	송금		
	자녀출산 후	송금	가족 초청/보내기	
	친정방문 후	송금	가족 초청/보내기	문화의 섞임, 문화적 변용, 잡종 탄생

5. 초국적 정체성의 발현

위에서 언급한 것처럼 정체성은 개인의 특정 집단(예컨대, 국가, 사회 계급, 하위문화, 민족성, 젠더 등)에 대한 소속감으로 규정된다. 가족, 일, 국적, 이름, 네트워크 등은 정체성의 중요한 측면들이다. 만약 이것들이 변화하면 정체성을 구성하는 기초 또한 변하게 된다. 이주여성의 정체성은 이주경험과 초국적 장의 경험을 통해 형성되고 변화한다.

(1) 이주여성 정체성의 유형

"이주범벅" 또는는 고국의 문화적 특성과 거주국의 문화와의 혼합은 잡종성의 연속선을 형성한다. 이 과정의 공간적 차원을 고려한다면 이들은 출신지역으로부터 탈영토화 되고 재영토화 된다. 즉 지방화 되고 혼합되어 포스트모던 담론과 병치되게 된다. 그 결과는 이주자에게 혼합되고 잡종적인 공간과 시간이다(Aparicio, 2004; Canclini, 1995; Levitt and Jaworsky, 2007로부터 재인용).

이주여성은 한 나라에서 다른 나라로 이주했고 두 나라의 경험을 가지고 있기 때문에 공간적 차원에 기반하여 두 축으로 이주여성의 정체성 유형을 만들어보았다. 그 두 축은 다음과 같다. 하나는 출신국의 정체성이 강한가 약한가이고 다른 하나는 거주국의 정체성이 강한가 약한가이다. 이 두 축을 중심으로 나누어 보면 다음 표 3과 같은 결과를 얻을 수 있다.

〈표 3〉 이주여성의 정체성 유형

	수용국 정체성 약	수용국 정체성 강
출신국 정체성 강	I 전통적 영토적 정체성	IV 초국적 정체성
출신국 정체성 약	II 탈영토화된 정체성	III 재영토화된 정체성

여기에서 4가지 정체성 유형이 나온다.6) 유형 1은 출신국 정체성이 강하고 수용국 정체성이 약한 경우로서 전통적 영토적 정체성(국가적 정체성)이라고 할 수 있다. 이주여성들의 결혼 전 정체성은 여기에 속할 것이다. 유형 2는 출신국 정체성과 수용국 정체성이 모두 약한 경우로서 탈영토화된 정체성이라고 할 수 있다. 이주여성들이 수용국, 즉 한국에 온 후에 정체성 혼란을 겪는 경우가 여기에 해당될 것이다.

유형 3은 유형 2와 반대로 출신국 정체성은 약하고 수용국 정체성이 강한 경우로서 재영토화된 정체성(국가적 정체성)이라고 할 수 있다. 수용국에 와서 살면서 어느 정도 적응하고 자녀도 낳고 살면서 수용국의 국적을 원하고 이에 소속되기를 원하는 경우이다.

유형 4는 출신국 정체성과 수용국 정체성이 둘 다 강한 경우로서 초국적 정체성이라고 할 수 있다. 수용국에 적응하고 정체성이 강화된 이후 다시 고국에 돌아오거나 왕래하면서 모국정체성이 강화되어 양쪽 국가에 모두 소속감과 정체성을 갖는 경우이다.

(2) 탈영토화 된 정체성과 재영토화 된 정체성

이 글에서는 유형 1은 논의에서 제외하고 유형 2와 3을 간단히 논의하며 유형 4, 즉 초국적 정체성에 초점을 맞추려고 한다. 유형 2, 즉 탈영토화된 정체성과 관련해서는 이주와 함께 이주여성의 언어·문화, 사회·경제적 배경의 다름에서 오는 괴리감은 이주여성의 정체성을 탈영토화시킨다. 이주의 다양한 측면들이 이에 중요하다. 첫째는 외국인으로서의 경험과 정체성 혼란이다. 타인에 의해 '외국인'으로 위치지어지면서 배타적인 태도와 무시를 받은 이주여성들은 자존감에 상처를 받

---

6) 이 네 가지 정체성의 이름은 '이주 범벅(migration melange)' 또는 잡종성 (hybridity) 개념과 관련하여 이 과정의 공간적 차원을 강조한 Canclini(1995; Levitt and Jaworsky, 2007에서 재인용)에서 따온 것이다.

고, 이주한 한국에서는 자신의 학력과 경력이 무용지물이라는 생각에 모국에서 쌓아왔던 정체성도 약해지게 된다. 둘째는 도시(고국)에서 농촌(한국)으로의 삶의 터전 변화와 정체성 혼란이다. 셋째는 언어의 변화로 인한 의사소통의 어려움과 이로 인한 사회적 관계의 어려움이다. 넷째는 가부장적 한국문화에 대한 당혹이다. 대부분의 이주여성들은 고국에서 활발한 여성들이었고 한국의 성역할 이데올로기를 이해하기 어려웠다고 한다. 다섯째는 일방적인 한국음식 적응요구와 모국음식 무시이다.[7]

유형 3, 즉 재영토화된 정체성과 관련해서는 그들이 가족, 음식, 언어, 네트워크, 일 등 한국의 삶에 적응할 때 정체성이 재영토화 또는 재지방화되는 것으로 나타났다. 한국생활에 대한 적응의 다양한 측면들이 이에 중요한 것으로 나타났다. 1) 가사일, 인척 돌보기, 자녀출산 및 자녀양육 등을 통해 한국가족에 적응하고 인정을 받는 경우, 2) 언어습득으로 한국인의 정체성 확립, 3) 자녀 출산과 육아, 4) 일, 5) 한국인과의 네트워크 확대, 6) 한국국적 및 한국이름 취득 등이다.

(3) 초국적 정체성의 발현

초국적 정체성은 출신국과 수용국 어느 한 쪽이 아니라 양쪽 모두에 배태되어 있고 양쪽 모두에 두 발을 걸치고 있다는 정체성이다. 초국적 정체성으로의 변화에서 중요한 요소는 이전에 탈영토화된 정체성과 재영토화된 정체성이 수립될 때에는 부정적인 것으로 인식되었던 모국 정체성과 모국의 자원 등이 긍정적인 것으로 바뀌게 된다는 것이다. 그리고 이주여성이 모국 정체성의 긍정적 요소를 발견하게 되는 계기는 친정방문이 매우 중요한 계기가 된다. 잊고 있던 모국을 방문하여 새로운

---

7) 보다 자세한 논의를 위해서는 심영희 외 2008 참조.

각도에서 모국을 재조명하며 잠재적 자원을 이끌어 내는 계기가 되기 때문이다.

초국적 정체성 또한 다양한 측면을 포함하는데 이들은 1) 수용국에서의 자신의 위치에 대한 판단, 2) 초국적 기업가 정신, 3) 자녀의 언어교육, 4) 이주여성과의 네트워크 유지 등을 통해 나타난다.

첫째는 수용국에서의 자신의 위치에 대한 판단이다. 한국으로 이주를 경험한 이주여성들은 한국에서의 삶에 적응해 나아가며 한국 사회와 문화를 파악하며 수용국인 한국에서의 자신의 위치를 가늠해본다. 이주여성들은 한국사회에서 자신들의 현재와 미래를 그려보며 앞으로의 일을 대비하려 한다. 미래를 설계하는 이주여성들은 한국인으로서 살아오는 동안 잊고 있었던 모국으로의 회귀도 중요한 대안으로 삼고 있다.

몽여17 부부는 한국사회에서의 자신들의 미래에 대해 많은 생각을 하고 있다. 몽여17은 노후에 한국에서 할 수 있는 일이 없기에 결국 모국으로 돌아가야 하는가에 대한 고민을 하고 있다. 이에 자신의 국적도 현재 한국 국적을 취득할 수 있는 상황임에도 생활의 불편함을 감수하고 몽골 국적을 유지하고 있다. 또한 몽여17 부부의 자녀들은 이중국적으로 자녀의 미래까지 염두에 두고 있는 것을 알 수 있었다.

> 솔직히 우리 이주여성들은 남편들과 나이 차이도 많이 나잖아요. 그런데 만약에 혹시 우리가 여기서 나이가 들면 할 수 있는 일이 없잖아요? 우리들이 …… 그렇게 생각하다보니까 우리가 생각하는 건, 자기 나라에 가서 고향으로 가서 무슨 일을 할 수밖에 없다. 이런 식으로 항상 생각을 갖고 있기 때문에 국적 바꾸거나, 국민연금 그것 때문에 많이 고민하고 있죠. (몽여17, 2008년 10월 26일, 제3차 초점집단면접)

> 애들도 이중국적으로 올려놨어요. 나중에는 어떻게 변할지 모르니까. 사는 데 불편한 게 없으면, 서둘러 할 필요가 없겠더라고요. 지금도 (국적

> 을) 그렇게까지는 (바꾸고 싶다고) 생각지 않는 것 같아요. (몽남17, 2008년 10월 26일, 제3차 초점집단면접)

비슷한 문제의식을 가지고 있는 몽여14는 미래의 한국에서 자신의 위치가 불안정하다고 판단하고 있다. 한국에서의 자신의 삶에 대한 불안감에 대한 대비책으로는 그녀의 몽골 국적을 유지하는 것이다. 특히 이번 친정방문 후 몽여14가 모국 국적을 유지하겠다는 결심이 확고해졌는데 이는 친정방문으로 모국을 재확인하고 모국이 '어렵고 힘들 때' 돌아갈 수 있는 보루임을 확인했기 때문이다.

> 저도 국적 생각 많이 해봤는데, 이번에 국적 바꾸려고도 생각해서 갔는데 갔다 와서 안 하게 됐어요. (면접자: 왜요?) 여러 가지 생각해보면 왜냐면 아직까지 한국에서 저희가 간단하게 살 수가 없어요.…… 믿을 수가 없잖아요. 동사무소 가도 국적 바꾸면 신청하고 받을 수가 있는데, 국적 안 바꾸면 못 받아요. 사실 복지관에서 한글 컴퓨터 배우는 것밖에 다른 데서는 못 받아요. 어렵고 힘들 때는 부모님 대신 내 나라가 있잖아요. 근데 우리는 남편하나 믿고 여기 왔잖아요. 근데 남편에게 무슨 일이 생기면, 우리는 자식을 보고 힘내고 살 텐데, 한국에는 그렇게 힘내기는 만들기도 힘들고, 우리 입장에서도 언어가 힘들어요. 언어장애는 한 15년 정도는 언어가 어렵다. 한국사람 되기에는. (몽여14, 2008년 10월 26일, 제3차 초점집단면접)

둘째는 초국적 기업가 정신이다. '기업가정신'은 슘페터의 '창조적 파괴(creative destruction)'(Levitt and Jaworsky, 2007에서 재인용)로 설명된다. 즉, 미래에 대한 통찰과 새로운 것에 과감히 도전하는 혁신적, 창의적 개척 정신인 것이다. 이 개념을 바탕으로 이주여성의 초국적 기업가 정신은 이전까지 자신에게 부정적 요소로 작용했던 이주민으로서의 '차이'를, 반대로 긍정적 요소로 혹은 그것이 주(主)가 되도록 적극 활용하는 것이라 할 수 있다.

예컨대, 몽여14는 자신처럼 이주여성의 한국 적응을 도울 수 있는 책과 웹사이트를 만들고 싶어하는 꿈을 가지고 있다. 이주여성이 점점 많아지고, 자신의 경험으로 미루어 보아 한국 적응에 관련한 책과 웹사이트는 절실히 필요한 것이라고 생각하기 때문이다. 이를 위해 그녀는 이주여성의 정체성과 한국인의 정체성 둘 다를 필요로 하는데 그녀는 이 둘을 모두 가지고 있다. 이리하여 이주여성으로서의 그녀의 차이는 그녀의 꿈을 실현하기 위한 긍정적 요인으로 작용하는 것이 된다. 현재 몽여14는 자신의 꿈을 실현하고자 그것에 필요한 경력과 교육을 쌓아가고 있는 중이다. 거주 지역의 복지관에서 무료로 이주여성을 상담하기도 하고 복지관에서 한국어와 컴퓨터 공부를 하기도 한다.

이주여성 중 자신의 정체성을 십분 활용하여 한국에서 일과 경력을 쌓아가는 것은 초국적 기업가 정신의 대표적 사례로 볼 수 있다. 자신이 모국에서 쌓아온 정체성으로 한국 사회에서 수월하게 일과 경력을 쌓는 것으로는 필리핀 출신 여성들의 영어 강사의 직업이 가장 많이 나타났다. 필여2의 경우 영어를 구사하는 것을 매개로 한국에서 영어강사의 직업을 가지고 있다. 필여2는 한국에서 영어강사로 일을 시작하고 현재 인근 교육대학에서 영어 교습에 관한 공부를 하고 있다. 그녀는 더 나은 곳, 더 나은 대우를 받으며 영어를 가르치기 위해 자격증을 따는 등 자신의 학력과 경력을 다듬고 있는 것이다. 필여6의 경우도 마찬가지이다.

셋째는 자녀의 언어 교육이다. 자녀에 대한 언어 교육은 이주여성가족에서 중요한 문제이다. 이주여성가족은 2개의 언어를 사용하는 사람들이 있기에 그 자녀는 한국어만 배울 것인지, 한국어와 어머니의 모국어를 함께 배울 것인지 결정할 수 있는 것이다. 또한 자녀의 교육에는 부모의 역할이 크고, 특히 엄마인 이주여성의 생각이 많이 반영되기에 자녀의 언어 교육을 통해 이주여성의 정체성을 살펴볼 수 있다.

많은 이주여성들은 한국어와 어머니의 모국어 또는 영어를 둘다 가르치기를 원한다. 예컨대, 몽여17은 한국인 엄마들이 키우는 아이들에 비해 자신의 자녀들이 무엇인가 다르다거나 부족하다고 느끼고 있었다. 그것은 자신이 외국인이기에 다른 또래 아이들처럼 한국어와 한국문화를 잘 가르쳐 줄 수 없다는 점, 그리고 자신의 아이들이 혼혈로 바깥의 시선을 견디어나가야 한다는 점이다. 다른 한국아이들에 비해 위와 같은 부분이 부족한 만큼, 이것을 채울 수 있는 것은 두 나라의 언어를 가르쳐야 한다고 생각했다.

위의 몽여17은 자신이 가진 몽골어라는 자원이 자녀들에게 부족한 점을 채우는 것이라는 점에서 소극적으로 생각하는 듯하다. 그러나 몽여14는 두 개의 언어를 가르치는 일을 보다 적극적으로 생각하고 있다. 즉, 자신의 자녀가 공부를 잘 하지 못해도 몽골어와 한국어를 잘 하면 무언가 할 수 있는 일이 있을 것이기에 그것만으로도 경쟁력이 있다는 것을 알고 있는 것이다.

> 만약에 애들이 공부를 못하더라도 두 나라 말을 잘 하면 먹고 살 수 있잖아요. (몽여14, 2008년 10월 26일, 제3차 초점집단면접)

필여5와 필여8은 쓰임이 적은 따갈로그어[8]보다 자녀에게 영어를 가르치겠다는 생각을 하고 있었다. 필여8의 영어 교육에 대한 이유가 '한국 사람들이 많이 배우니' 가르치려 한다는 대답은 한국사회의 기준을 염두에 둔 행동이다. 그러나 이들이 영어를 가르칠 수 있는 것은 이것이 그녀들의 정체성을 이루는 언어이기 때문이다. 즉 자신의 정체성이 자녀들에게 긍정적으로 발현되는 한 방향인 것이다. 이는 이주여성들의

---

8) 필리핀인들이 사용하는 언어.

모국의 언어가 이주국인 한국에서의 그들의 자녀의 삶에 하나의 경쟁력이 될 수 있다는 것을 보여준다.

더욱이 남편들의 경우(필남5, 필남8)는 아내들에 비해 이주여성 모국의 언어 교육에 더욱 적극적이다. 많은 이주여성의 남편들은 한국에서의 사회경제적 위치가 불안정하고, 가정 형편이 그다지 좋지 않기에 미래에 대한 불안감이 크다. 때문에 자녀들에게 자신들에게는 없는 경쟁력을 만들어주려 하고, 가장 손쉽게 얻을 수 있는 경쟁력이 바로 이주여성의 모국어인 셈이다. 이주여성의 남편들은 한국과 부인의 나라가 겹쳐진 초국적 정체성 위에서 자녀의 언어 교육을 생각하고 있는 것이다. 비슷한 상황이 필2, 몽13, 몽17의 남편에게서도 발견된다.

넷째는 고국 또는 다른 나라에서 온 이주여성과의 네트워크 유지이다. 이주여성들과의 네트워크 유지는 그 안에서 한국 생활의 어려움 및 스트레스를 해소하고 그 네트워크로 인해 오히려 한국생활의 적응을 더 수월히 하는 모습을 보여주고 있다. 이는 이주여성이 자신이 살아오던 배경과는 전혀 다른 한국에 맞닥뜨렸을 때 네트워크가 완충막으로 작용한다. 즉, 네트워크를 통해 한국에 대한 정보를 얻고, 같은 처지의 이주여성들과 한국 생활의 어려움과 혼란에 대한 감정 교류로 한국 생활에 더욱 쉽게 적응할 수 있는 것이다. 이주여성들이 한국에서 자신들의 모국 정체성을 유지하며 만나고 그것을 이어나가는 것은 한국과 자신들의 모국 정체성을 동시에 발현시키는 것으로 볼 수 있다.

예컨대, 베여11의 경우는 거주 지역의 같은 나라 출신의 이주여성 네트워크에서 활발히 활동하고 있다. 네트워크를 통한 경제적 활동과 한국 문화와 음식을 체험하는 교육을 함께 받으러 다니고 있다. 같은 나라에서 이주해 온 여성들은 동병상련의 심정을 교류하며 서로의 네트워크를 유지해간다. 이러한 네트워크에서는 이주여성이 편하게 구사할 수 있는 모국어로 한국에 대한 정보, 육아, 일자리에 대한 정보를 주고받는다.

또 일부 이주여성의 경우 출신 국가는 달라도 '외부인'으로 한국에서의 비슷한 처지의 삶을 경험하고 있으므로 다른 나라에서 온 이주여성들과 네트워크를 구성하기도 한다. 몽여14의 경우 거주 지역 복지관에서 이주여성 대상으로 진행하는 프로그램에 참여하며 여러 나라 출신 이주여성들과의 네트워크를 유지하고 있다. 여기에는 남편인 몽남14도 함께 참여하여 이주여성의 남편들만이 따로 모임을 갖는 등 남편들의 네트워크를 구축하기도 한다. 이는 남편들이 부인의 모국 정체성을 인정하고 그에 발맞추는 것으로 해석할 수 있다.

요약하면 이 절에서 적응과정과 초국적 장의 경험이 이주여성의 정체성을 서서히 변화시키는 과정을 살펴볼 수 있었다. 첫째, 이주여성이 처음 모국에서 한국으로 왔을 때는 언어, 음식, 문화, 환경 등의 변화로 정체성의 혼란을 겪으며 정체성이 탈영토화 된다. 둘째, 시간이 지나 이주여성이 한국에서 살아가고, 적응해 나가기 시작하면서 정체성이 재영토화 된다. 셋째, 친정방문을 통해 자신과 자신의 모국이 가진 자원을 재발견하고 정체성이 초국적화 되며 자신이 모국과 한국, 모두에 속해 있다는 것을 깨닫는다. 이 변화는 결혼이주여성뿐만 아니라 남편에게도 일어난다. 그림 1은 정체성의 차원과 계기별 변화를 요약한 것이다.

〈그림 1〉 정체성의 여러 차원과 계기별 변화

결혼 전 (유형 Ⅰ)	⇨	결혼 (유형 Ⅱ)	⇨	자녀출산 (유형 Ⅲ)	⇨	고향방문 (유형 Ⅳ)

전통적 영토적 정체성
(이주여성 모국의 국가적 정체성)

탈영토화된 정체성(혼란, 차이 인식)

재영토화된 정체성
(한국에 대한 국가적 정체성, 이분법적 정체성)

초국적 정체성
(양국의 중간자
정체성 확인 또는 재변화)

6. 요약 및 결론

이 연구는 초국적 장과 초국적 정체성의 개념에 초점을 두고 한국의 이주여성들의 가족관계와 정체성을 드러내려는 것이었다. 이를 위해 이 연구는 초점집단면접(Focus Group Interview: FGI)과 심층면접 등의 연구방법을 사용하여 자료를 수집하고 분석하였다.

초국적 사회적 장과 초국적 정체성의 개념이 무엇인지, 그리고 왜 초국적 장과 초국정 정체성을 연구하는지 논의한 후에 이 글은 다음의 연구질문을 던졌다. 1) 이주와 함께 결혼이주여성의 가족관계, 특히 모국친정과의 관계가 어떻게 변화하였는가? 2) 이주와 함께 한국에서의 생활 및 초국적 장의 경험과 함께 그들의 정체성이 어떻게 변화하였는가? 결혼이주여성의 정체성은 어떻게 형성되고 어떤 과정을 통하여 초국적 정체성이 형성되는가? 이와 관련하여 초국적 사회적 장의 경험을 살펴보았다.

연구결과는 다음과 같다.

첫째, 이주와 함께 결혼이주여성은 모국친정가족과의 관계를 잘라내는 것이 아니라 국경 너머로 확장하는 것으로 나타났다. 이전의 연구결과와는 달리, 결혼이주여성은 일방적 적응과정을 겪지 않고 남편도 또한 적응과정을 겪는 것으로 나타나 상호적응과정을 보여주었다. 이 상호적응은 초국적 장의 경험을 통해 일어나는 것으로 나타났다. 초국적 장의 경험은 경제적 영역에서 모국가족에 대한 송금, 사회적 영역에서 모국으로부터 가족의 초청 및 친정방문 등을 포함한다. 문화이식 또는 문화변용은 문화적 영역에서의 초국적 장의 경험이다. 또한 초국적 장의 경험은 시간이 갈수록, 즉 결혼, 자녀출산, 친정방문 등 인생의 중요한 계기가 전개됨에 따라 보다 풍부해지고 축적되는 것으로 나타났다.

둘째, 적응과정과 초국적 장의 경험은 인생의 중요한 계기들이 전개됨에 따라 결혼이주여성의 정체성을 서서히 변화시키는 것으로 나타났다. 첫째 이주와 함께 그들은 출신국으로부터 탈영토화 되고, 둘째, 그들이 한국생활에 적응하면서 재영토화, 즉 재지방화 되고, 셋째, 친정방문과 함께, 고국을 재발견하고 이를 강점으로 사용하면서 임파워 되며 양 발을 두 사회에 딛고 이중 정체성 또는 초국적 정체성을 가지기를 희망하게 된다. 이러한 변화는 결혼이주여성뿐만 아니라 남편들에게서도 또한 나타난다.

이러한 발견들은 상대적으로 잘 적응하고 남편과 좋은 관계를 가지고 있는 결혼이주여성에 기반한 것이므로, 결혼이주가 잘 이루어지지 않은 사람들에 대한 연구가 필요할 것이다. 또한 이 발견들을 보다 구체화하기 위해 초국적 장과 초국적 정체성에 대한 보다 깊은 연구가 필요할 것이다.

이 연구의 이론적 함의는 초국적 결혼이 2차 근대성의 특징, 즉 국경의 흐려짐을 보여주는 2차 근대적 변동의 예라는 것이다. 초국적 장의 경험과 초국적 정체성의 발현 또한 국경의 흐려짐을 보여준다. 그러나 개인의 선택이 중요한 서구의 가족과 달리 한국의 결혼이주여성들에게서 우리는 개인화와 가족 지향 둘 다를 볼 수 있다. 그들이 결혼을 위해 혼자서 외국에 왔지만, 그들은 또한 국경을 너머서 가족관계를 확장하는 모습을 보여준다. 이것이 필자가 "가족지향적 개인화"(Shim and Han, 2010)라고 부른 것인데, 이는 서구의 개인화와는 다른 것이다.

이 연구의 정책적 함의는 다음과 같이 요약될 수 있다. 1) 다문화 정책은 한국에서 하고 있듯이 한국문화와 가족에 대한 일방적 적응을 강요해서는 안 된다. 2) 그것은 이주여성들과 가족들의 초국적 장의 경험을 고려해야 한다. 3) 그것은 또한 이주여성과 가족들이 발전시키는 초국적 정체성을 고려해야 한다. 4) 진정한 다문화 정책을 위해서는 결혼

이주여성과 가족이 누구이고, 어떻게 살고 있으며, 원하는 것이 무엇인지 이해하는 것이 중요하다. 즉 이주여성의 인권과 평등을 고려하는 것이 중요하다는 것이다.

이 글은 2009년도 정부재원(교육과학기술부 인문사회연구역량강화사업비)으로 한국연구재단의 지원을 받아 수행된 연구(KRF-2009-371-B00045)로 2009년 11월 2-3일 한양대학교 여성연구소 주최로 한양대학교에서 〈Globalization, Migration, and Change of Women's Lives〉 주제로 개최된 제2차 "젠더, 사회, 문화" 한양대-샨시대 심포지엄에서 발표되었으며 *Comparative Korean Studies* 19권 1호(2011년 4월 30일 발행)에 "Transnational Field and Transnational Identity among Women Marriage Migrants in Korea"라는 제목으로 게재했던 영문 논문을 한글로 번역하여 수록한 것이다.

참고문헌

국제이주기구, 『세계이민백서 2005』, 국제이주기구, 2005.

김선호, 「동아시아의 '한류': 몽골 '한류'의 특성과 전망」, 『동아연구』 42 (2002): 59-72.

김예란·유단비·지윤, 「인종과 젠더 질서의 다문화적 역학: 드라마 재현을 중심으로」, 2008. 한국여성학회 제24차 추계학술대회 발표문, 서강대학교, 2008.11.15.

김정선, 「아래로부터의 초국적 귀속의 정치학」, 『한국여성학』 26.2 (2010): 1-40.

김현미, 「국제결혼의 전지구적 젠더 정치학」, 『경제와 사회』 70 (2006): 10-37.

김현미·김민정·김정선, 「안전한 결혼이주?: 몽골 여성들의 한국으로의 이주 과정과 경험」, 『한국여성학』 24.1 (2008): 121-155.

김현선, 「국적과 재일코리안의 정체성: 두 개의 모국, 세 개의 국적, 그 분열과 경계의 삶」, 한국사회학회 후기사회학대회 발표문, 동국대학교, 2008.12.19.

김현재, 「베트남 여성의 한국으로의 결혼이민: 그 배경과 원인에 대한 고찰」, 『동아연구』 52 (2007): 219-254.

김희주·은선경, 「결혼이주여성의 적응을 위한 대처전략에 관한 사례연구: 필리핀 여성을 중심으로」, 『사회복지연구』 35 겨울 (2007): 33-66.

박환영, 「사회·경제적인 측면에서 본 현대 몽골의 가족과 민속에 대한 일고찰」, 『한국문화인류학』 33.2 (2000): 239-270.

보건복지가족부, 「다문화가족 생애주기별 맞춤형 지원 강화대책」, 2008.10.30.

설동훈·김윤태·김현미 외 6명, 「국제결혼 이주여성 실태조사 및 보건복지 지원정책 방안」, 보건복지부, 2005.

설동훈·윤홍식, 「여성결혼이민자의 사회경제적 적응과 복지정책의 과제: 출신국가와 거주지역에 따른 상이성을 중심으로」, 『社會保障研究』 24.2 통권 45집 (2008년 5월): 109-133.

소소마 출란바토르, 「국제결혼 속의 인신매매」, 『매매혼적 국제결혼 예방과 방지를 위한 아시아 이주여성 전략회의』, 한국이주여성인권센터, 2006, 21-24.

신경희·양성은, 「국제결혼 가족의 부부갈등에 관한 연구」, 『대한가정학회지』 44.5 (2006): 1-8.

심영희, 「세계화와 한국여성안보의 현황」, 『젠더와 사회』 5 (2006): 11-52.

심영희, 「21세기 공동체가족 모델의 모색과 지원방안: 2차 근대성과 개인화 이론의 관점에서」, 『아시아여성연구』 50.2 (2011): 7-44.

심영희·조혜정·정윤지, 『국제결혼 이주여성의 친정방문을 통해 본 한국살이의 적응문제와 지원방안에 관한 연구』, 한양대학교 여성연구소, 한국여성재단, 2007.

심영희 외, 「국제결혼이주여성의 적응과정과 초국적 정체성의 발현」, 연구보고서, 한양대 여성연구소, 한국여성재단, 2008.

심영희 외, 「날자 프로젝트 3년 평가 및 국제결혼이주여성의 적응과 정체성 변화 연구」, 연구보고서, 한양대 여성연구소, 한국여성재단, 2010.

안혜옥, 「국제결혼 여성 가정에 대한 연구 : 중국, 필리핀, 베트남 여성을 중심으로」, 단국대
　　정책경영대학원 석사학위논문, 2007.
윤형숙, 「외국인 출신 농촌주부들의 갈등과 적응-필리핀 여성을 중심으로」, 『지방사와 지방
　　문화』 8.2 (2005): 299-339.
이선미, 「국제이주의 이론적 도전」, 『이론과 사회』 16 (2010): 211-240.
이수자, 「이주여성 디아스포라-국제성별분업, 문화혼성성, 타자화와 섹슈얼리티」, 『한국사
　　회학』 38.2 (2004): 189-219.
이영환, 『필리핀의 사회복지와 NGO』, 나눔의 집, 2007.
이진안, 「한국과 몽골의 문화 및 교육교류」, 『몽골학』 12 (2002): 183-239.
이혜경, 「혼인이주와 혼인이주 가정의 문제와 대응」, 『한국인구학』 28.1 (2005): 73-106.
정혜선, 「몽골의 여성정책과 과제」, 『젠더리뷰』 8 (2008): 75-78.
천혜정·이지선, 「결혼 초기 여성이 체험한 결혼생활 적응의 의미」, 『대한가정학회지』 44.7
　　(2006): 41-52.
최종렬·최인영, 「국제결혼 이주여성에 대한 문화사회학적 접근: 방법론적 윤리적 논의를
　　중심으로」, 『문화와 사회』 4 (2008): 147-205.
탄티튀히엔, 「국제결혼 베트남 이주여성의 현실과 적응: 메콩델타지역 농촌 여성의 사례를
　　중심으로」, 한국학중앙연구원 한국학대학원 석사학위논문, 2007.
한건수, 「농촌 지역 결혼 이민자 여성의 가족생활과 갈등 및 적응」, 『한국문화인류학』 39.1
　　(2006. 5): 195-243.
한건수·설동훈, 「결혼중개업체 실태조사 및 관리방안 연구」, 보건복지부, 2005.
한상진·심영희 (편), 『위험에 처한 세계와 가족의 미래』, 새물결, 2010.
황정미, 「아시아 내 결혼이주와 가족규범의 재구성: 이주여성 시민권에 대한 시론적 고찰」,
　　한국여성학회 제24차 추계학술대회 발표문, 서강대학교, 2008.11.15.
허성우, 「여성적 빈곤, 민주주의와 젠더-거버넌스」, 『한국여성학』 24.1 (2008): 598-603

Beck, Ulrich. *Risk Society: Towards a New Modernity*. Trans. Mark Ritter. London,
　　1992.
Beck, Ulrich, and Elisabeth Beck-Gernsheim. *Individualization: Institutionalized
　　Individualism and its Social and Political Consequences*. London-Thousand Oaks
　　/ CA, 2002.
Beck-Gernsheim, Elisabeth. "Family Life Today: New Diversity, New Options, New
　　Pressures." *Gender and Society* 7.1 (2008a): 11-32.
Beck-Gernsheim, Elisabeth. "Who Marries Whom?: Why Migrants Choose Partners
　　from Their Country of Family Origin." *Gender and Society* 7.2 (2008b): 11-44.
Beck, Ulrich, and Edgar Grande. "Varieties of Second Modernity: the Cosmopolitan
　　Turn in Social and Political Theory and Research." *British Journal of Sociology*
　　61.3 (2010): 409-443.

Chang, Kyung-Sup, and Song Min-Young. "The Stranded Individualizer under Compressed Modernity: South Korean Women in Individualization without Individualism." *British Journal of Sociology* 61.3 (2010): 539-564.

Constable, Nicole. *Cross-Border Marriages*. Philadelphia: University of Pennsylvania Press, 2005.

Ehrenreich, Barbara, and Arlie Russell Hochschild. *Global Woman*. New York: a Holt Paperback, 2002.

Giddens, Anthony. *Structural Transformation of Intimacy: Sex, Love and Eroticism in Modern Society*. Stanford, 1992.

Han, Sang-Jin, and Young-Hee Shim. "Redefining Second Modernity for East Asia." *British Journal of Sociology* 61.3 (2010): 465-488.

Levitt, Peggy, and B. Nadya Jaworsky. "Transnational Migration Studies: Past Developments and Future Trends." *Annual Review of Sociology* 33 (2007): 129-156.

Ong, Aihwa. *Flexible Citizenship: The Cultural Logics of Transnationality*. Duke University Press, 1999.

Scholte, Jan Aart. *Globalization: A Critical Introduction*. 2nd edition. New York: Palgrave Macmillan, 2005.

Shim, Young-Hee. "Transnational Marriages in Korea: Trend, Issues, and Adaptation." *Gender and Society* 7.2 (2008): 45-93.

Shim, Young-Hee. "Transnational Field and Transnational Identity among Women Marriage Migrants in Korea." *Comparative Korean Studies* 19.1 (2011): 7-44.

Shim, Young-Hee, and Sang-Jin Han. "Family-Oriented Individualization and Second Modernity: An Analysis of Transnational Marriages in Korea." *Soziale Welt* 61.3/4 (2010): 237-255.

Sosormaa, C. "Human Trafficking in International Marriage." *Asian Women Migrants' Strategy Discussion for Protection and Prevention of Human Trafficking in International Marriage*. Women Migrants' Human Rights Center in Korea, 2006: 21-24.

Suzuki, Munenori et al.. "Individualizing Japan: Searching for its Origin in First Modernity." *British Journal of Sociology* 61.3 (2010): 513-538.

Parrenass, R. S.. *Servants of Globalization*. Stanford University Press, 2001; 파레냐스, 『세계화의 하인들』, 문현아 역, 여성문화이론연구소, 2009.

Wikipedia. "Identity." http://en.wikipedia.org, 2008.

Yan, Yunxiang. "The Chinese Path to Individualization." *British Journal of Sociology* 61.3 (2010): 490-511.

초국가적 시민주체

: 귀환한 해외 입양인들의 탈경계적 정체성

이소희[*]

1. 백인사회에서 성장하는 해외 입양인

국경을 횡단하는 사람들의 수가 많아지고 다양한 요소들에 의해 우리들의 삶이 시시각각으로 국가의 경계를 넘나들고 있는 오늘날, 개인의 정체성 역시 탈경계적으로 구성된다. 국민국가의 틀 안에서 구성되던 시민권을 바탕으로 한 정체성은 초국가시대의 트랜스내셔널한 조건에서 작동하는 다양한 권력관계들이 개인의 일상생활에 영향을 미치게 됨에 따라 이제까지와는 다른 방식으로 영위되는 삶에 대한 새로운 설명이 요구되고 있다. 신자유주의의 영향으로 초국가적 현상과 효과가 점차 뚜렷하게 가시화 되고 있는 오늘날의 상황은 개인의 정체성과 주체성을 형성하는 방식에 있어서도 새로운 인식을 필요로 한다. 트랜스내셔널한 시대적 상황에서는 사회적 권력관계와 주체형성, 그리고 그 주체들의 정체성 형성을 이해하는 방식이 국민국가의 인식틀 범주를 넘어설 것을 요구하고 있다. 왜냐하면 트랜스내셔널 조건은 배타적 국가 경계의 범주 안에 머물러 있던 사회적 소속감에 기반한 개인의 정체성에 새로운 질문을 던지면서 기존의 개념으로는 설명할 수 없는 새로운 존

---

* 한양여자대학교 교수

재들과 상황들을 보여주고 있기 때문이다. 최근 우리 사회에서 쉽게 만날 수 있는 귀환한 해외 입양인의 경우, 기존의 인식 범주를 넘어선 정체성 형성과정을 경험하고 있으며 이제 이러한 경험을 다양한 문화적 생산물의 형태로 담아내기 시작했다. 이 글은 어릴 때 해외로 입양되었다가 성인이 되어 한국 사회로 돌아와 일상생활을 영위하고 있는 귀환 해외 입양인들의 정체성 형성 과정을 그들의 최근 작품을 통해 살펴보고자 한다.

2010년 현재 전 세계적으로 가장 많이 입양되고 있는 집단은 중국 여자 아이들이지만 한국은 1950년 한국전쟁 이후 전 세계로 200,000명에 이르는 아이들을 입양 보낸 역사를 갖고 있다. 보건복지부 자료에 따르면 1958년 이후 2008년까지 한국에서 해외로 입양 보낸 아이는 모두 16만 1,558명이다. 이 가운데 67%인 10만 8,222명이 미국으로 보내졌다. 그 다음은 프랑스(1만 1,165명), 스웨덴(9,297명), 덴마크(8,702명) 순이다. 미 인구통계국의 2000년 자료를 보면 미국에 입양되어온 아이들 가운데 한국 출신이 24%로 1위를 차지했다. 중국이 2위, 러시아가 3위였다. 2000년대 들어 미국으로 보내지는 한국 입양아 수가 조금 줄어 다행히 "세계 최대 어린이 수출국"의 오명은 면했지만 2008년에도 한국은 과테말라, 중국, 러시아, 에티오피아에 이어 5위를 차지했으며 여전히 미국에 아이를 입양 보내는 주요 국가이다(임지선 50). 1년 단위로 가장 많은 숫자가 입양되어 간 기록으로는 1986년이며 그 해에는 9,000명이 해외로 입양되어 갔다. 1989년 한국 출생아 중 1%가 해외로 보내졌다는 통계는 충격적이며 1990년 초 미국의 해외입양아 2명 중 1명은 한국 출생이었다. 2차대전과 한국전쟁 이후, 전쟁고아들을 살리기 위해 시작된 미국으로의 해외입양은 점진적으로 제도화, 보편화되었고, 1970년대 이후에는 전쟁고아들이 아닌 미혼모의 아이들이 해외로 입양되었다. 2000년대 이후에도 여전히 1년에 평균 1,900−2,000명씩 해외로 입양되고 있는 실정이며 2006년도에 이르러서야 해외 입양보다 국내 입양이 활성화 되고 있다. 2008년에는 1,306건의 국내 입양과 1,250건의 해외 입양이 이루어졌으며 해외입양의 89%는 미혼모 가정에서 이루어졌고 미혼모의 69.6%는 20세 이상이었다. 현재 해외로 입양되어 성인으로 자란 이들은 '한국인 디아스포라'로 규정되는 것을 거부하고 '제4의 정체성'을 주장하면서 단순히 '유전적으로만 한국인'일 뿐이라고 주장한다. 그러나 한편으로는 이들 중 매년 3,000-5,000명 정도가 자신의 정체성을 찾아, 뿌리를 찾아, 가족을 찾아 모국의 문화와 언어를 배우기 위해 다시 한국으로 돌아오고 있는 실정이다. 20만에 이르는 해외입양인의 숫자에 비추면 결코 많은 수라고 할 수 없지만 "2009년 현재도 500여 명 이상의 해외 입양인들이 모국으로 귀환하여 삶의 둥지를 틀기 위해 고군분투하고 있다"(김도현 15).

입양인들이 성인이 된 이후 겪게 되는 그들의 정체성 및 뿌리 찾기 과정은 심각한 내적 갈등과 자기모순, 자아 분열 등의 과정을 거치게 되며 그 과정에서 다양한 감정들을 경험하게 된다. 특히 한국 입양인들의 대부분은 유럽과 미국의 백인 가정에서 성장하게 되므로 한국 입양인들은 필연적으로 인종적 정체성의 갈등을 겪게 된다. 그러므로 그들의 정체성 형성의 주요 특징으로는 입양된 국가 내 백인 정체성과의 충돌 및 '끊임없는 이식'(a never-ending transplantation)[1]에 대한 자의식을 꼽을 수 있다. 그렇지만 입양인들이 성장과정에서 동일시하게 되는 백인으로서의 인종적 정체성은 항상 외부로부터, 또 내부로부터 논쟁적

---

1) 이주(migration)는 성인들의 자발적 의사에 의한 초국가적 이동을 의미하는 용어인데 비하여 이식(transplantation)은 어린 아이들이 자신의 의지와는 상관없이 초국가적 입양 과정을 통하여 태어난 곳과는 전혀 다른 곳에서 성장하게 되는 경험 과정을 모두 포함하는 용어이다. 이 개념은 한국 입양인들에 의한 최초의 컬렉션 모음집을 관통하고 있는 일관된 주제이다. (참조. 이소희, 「한국계 미국 입양인 내러티브에 나타난 이주/이식 정체성」, 『21세기문학』 13.1 (2009): 67)

이고도 불안정한 통과(passing)와 일탈(transgression)에 의하여 교란되고 의문시되며 방해를 받는다. 한 입양인의 고백처럼 한국 입양인이라는 정체성은 인종적인 명칭을 선택하는 것보다 훨씬 더 복잡한 것이다. 인종적 정체성을 위한 투쟁은 커가는 고통으로 묘사될 수도 없고 유색인종임을 무시한 사랑으로 분석될 수도 없다. 한국계 미국 입양인들에 의한 최초의 컬렉션 출판집인 『침묵의 나무로부터의 씨앗들: 한국 입양인들에 의한 앤솔로지』(*Seeds from a Silent Tree: An Anthology by Korean Adoptees*, 1997)에는 '강제된 이주'로써 입양인들의 독특한 경험, 즉 한 문화에서 태어나 다른 문화에서 성장하여 온전히 한 문화를 받아들일 수도 없고 거부할 수도 없는 입양인들의 '이주/이식'된 정체성 추구과정을 보여주고 있다. 이렇게 이식 경험으로부터 비롯되는 소외된 감정은 필연적으로 고통스런 자각을 가져온다.

백인 사회로 입양된 이들이 경험하는 분열적 자아 형성 과정은 몸과 마음이 분리되는 고통스러운 과정이다. 이에 대해 스웨덴으로 입양되어 간 아이작 린드스트롬은 자신의 모순적인 경험에 대하여 다음과 같이 적고 있다.

> 나는 에스닉 관점에서 스웨덴인이다. 한국인 몸을 가진 것을 제외하고는 다른 스웨덴인들만큼 스웨덴적이다. 나는 교육에 의해 생물학적 한국인의 모습을 한 채 서양의 눈으로 바라보도록 강제되었다. 나는 결코 또 다른 내가 될 수 없다. '서구'로 운명지워졌기에, 나는 항상 스웨덴인이지, 한국인이 아니다. 내 모국어와도 같이 말이다. 내가 스웨덴 공항에 도착한 날, 나는 한국인이 될 수 있는 가능성을 거절당했고 내부적으로도 마찬가지였다. 대신에 서구적 내부, 서구인으로서의 나를 가져야 했다. 한국 몸은 철저히 고통스러웠다. (1)

자신을 100% 한국인임과 동시에 100% 스웨덴인이라고 정의하면서 또 다른 한편으로는 "그러나/그리고 0% 한국인임과 동시에 0% 스웨덴인"이라고 적고 있다. 이러한 몸과 마음의 분리에 대한 내면적 갈등은 입양되어간 백인 사회에서 항상 타자로서 살아가야 하는 결과를 낳는다. 그러므로 "모든 것이 잘못되었고 거짓이고 환상이다"라고 생각한다.

> 나는 한 번도, 단 한 번도 정상이 되는 것, 어떤 사람이 되는 것을 경험할 수 없었다. 나는 항상 타자이다. 오늘 나는 외면적으로 스웨덴인이 아닌 만큼이나 내면적으로 한국인이 아니라는 사실에 몹시 슬프다. 어느 순간 나는 한국인 몸으로 사는 것을 참을 수 없었고 그 후 그 몸이 소중함을 느꼈지만 곧 나는 인종적으로 한국인이 아닌, 인종적으로 스웨덴인이 되는 것을 참을 수 없었다. 스웨덴적인 것, 스웨덴 언어에 갇혀 버린 것이다. 모든 것이 잘못되었고 거짓이고 환상이다. (4)

그러므로 이들이 입양되어간 나라에서 경험하는 정체성 형성 과정은 이제까지와는 다른 측면에서의 정체성 형성 과정 연구에 대한 관심을 불러일으킨다. 즉 입양인들이 형성한 정체성을 바탕으로 문화적으로 일관된 내러티브가 이루어질 수 없다고 하는 모순들로부터, 또 이러한 모순들이 입양인들의 경험과는 분리될 수 없다는 점으로부터 이제까지 논의된 정체성과 고정된 소속감 개념에 도전하는 잠재적 가능성을 발견할 수 있다(Yngvesson & Mahoney 83).

스웨덴에서 성장한 한국 입양인 학자, 토비아스 휴비네트(Tobias Hübinette, 한국이름 이삼돌)는 "한국 입양인들의 상황을 더욱 독특하게 만드는 점은 한국적인 것(Koreanness)과 아시아적인 것(Asianness)으로 분류되는 모든 종류의 가족 관계, 문화적 경로, 사회적 연결망들로부터의 완전한 단절"("Bodies" 153)이라고 주장한다. 그러나 "집으로 돌아오는” 과정을 통해서 “한국적인 것”을 껴안으려는 한국 입양인들이 시도하는 노력의 대부분은 쉽거나 편안한 경험을 하는 것과는 거리가 멀다. 오히려 한국을 방문하고 이곳에 정착하는 것, 또 자신이 태어난 가족 구성원들과의 만남, 그 중에서도 특히 자신을 낳아준 생모(birth mother)를 만나는 경험은 그들이 그때까지 경험해 온 “백인 주체 입장을 자연적으로 위협하는 것”이다. 왜냐하면 한국 입양인들의 이러한 경험은 “한국 민족주의 내에서는 인종, 언어, 문화가 거의 완벽하게 분리되어지지 않는 상황에서 편안하게 받아들일 수 있는 대안이 아니기 때문”이다 (Hübinette, “Bodies” 156). 아서 힌즈(Arthur Hinds)는 자신이 한국인들과 맞닥뜨렸을 때 느끼는 “비껴간 주체”(the out-of-place subjectivity)로서 자신의 경험을 다음과 같이 피력한다.

> 한국인들은 어떤가? 나도 확실히 그들 중 하나인가? 아니다. 아마도 그것은 그냥 나일뿐이다. 그러나 나는 그들과 함께 있을 때 정말로 비껴있다(out of place)고 느낀다. 또한 나도 매우 ⋯⋯ 좋다고 느낀다. 나도 그들 중 하나이다. 그렇지만 항상 배제되었다는 느낌이 있다 ⋯⋯ 나는 그들의 포용을 필요로 한다. 그러나 나는 오히려 그들의 거절을 위험하게 생각하지 않으며 단순히 그들과 관계 맺을 것이 없다고 생각할 뿐이다.

해외 입양인 내러티브에서 가장 적극적으로 학문적 호기심을 자극하는 요소는 친족 관계와 가족 이데올로기로부터 비롯되는 주체화 과정을 해체하고 새로운 가족과 만나 재구성하는 과정에서 경험하게 되는 주체 형성 과정이다. 대부분의 경우 인종적으로나 문화적으로 전혀 다른 가족에게 입양된 후에 주체를 형성하는 그들의 성장 과정은 한국에 대한 기억들을 잊는 데서부터 시작한다. 그들이 백인과 동일시하는 정체성은 항상 상반되고 모순적인 인종적 정체성과 불안정한 에스닉 정체성에 의하여 의문시되고 방해받고 교란된다. 이와 같이 정체성의 정치학은 해외 입양인들에게는 매우 중요하고도 긴급한 문제이기 때문에 그들이 경험하는 몸과 마음 사이의 이러한 분리는 우리들에게 안정적인 정체성, 확고한 주체성, 그리고 명확한 에스닉 정체성에 대한 감각을 재개념화할 것을 요구하는 주제이다(이소희 70).

현재 입양인들의 2/3 이상을 차지하고 있는 한국계 미국 입양인들의 경우, 미국 내에서의 한인 커뮤니티와는 일정 거리를 두고 성장하므로 한인 공동체에 문화적 정체성의 기반을 두고 있는 한국계 미국 이민자들 및 한인 디아스포라들과도 차별화된다. 한국의 문화와 연결을 맺는 입양인들의 경험을 살펴보면 대부분 어린 시절 내내 자신을 백인과 동일시하다가 성인이 되고나서야 그 연결 고리를 만든다. 미네소타 주에 살고 있는 70여 명이 넘는 한국 입양인들을 인터뷰한 킴 박 넬슨(Kim Park Nelson)은 "뒤늦게 나타나는 한국 정체성은 한국 입양인들 사이에서 일반적인 현상 같기도 하다. 많은 사람들이 20대 후반이나 30대 초반에 자신의 백인 정체성을 의심하거나 거부하기 시작한다"(201)고 지적한다. 이와 같이 성인기에 도달한 많은 입양인들은 자신의 뿌리와 다시 가까워지기 위해 노력하지만 이에 성공하는 확률은 매우 다양하다. 현재 재미교포 전체의 8%에 해당하는 입양인들은 자신들이 한국계 미국인 사회에 받아들여지지 않는다고 느낀다(Donnell 117). 즉 같은 미국 사회 내에서도 한국인들과 서로 소통하지 않는다. 그렇기 때문에 입양인들이 이들로부터 느끼는 소외감도 부정할 수 없는 것이 현실이다.

미네소타에 살고 있는 성인 입양인들의 삶과 문화적 정체성의 관계를 살펴본 대니 이삭 마이어(Dani Issac Meier)는 "그들은 한국인들로부터 편견이나 소외감을 느꼈으며 미국에서도 많은 입양인들이 재미교포들로부터 받아들여지지 못한다고 느꼈다"(147)고 말한다. 마이어의 연구에 참여한 트레이시(Tracy)는 입양인인 자신과 재미교포 2세대들과의 관계에 대해서 "나는 2세대 재미교포인 친구들이 있지만 우리(입양된 한국인)들은 2류 한국인이라는 차별이 있다"고 말한다(Meier 110-111). UC, Berkeley에 다니는 한국 입양인 학생 노구치(Noguchi)는 대학에 들어가서 "입양된 아이"라는 것으로부터 벗어나 한국 사람들과 어울리고 같은 한국 사람이 될 수 있을 거라고 생각했지만 자신의 생각이 틀린 것이었다고 말한다. "그것은 너무나 어려운 일"이었는데 왜냐하면 그는 "언어를 몰랐고 전통과 문화에 대해 몰랐기 때문"이다. 또 이러한 상황은 그를 너무 슬프게 했는데 왜냐하면 그는 "나의 사람들"(my people)을 찾기를 너무나 원했기 때문이다(Donnell 110에서 재인용). 입양 이슈와 관련하여 다양한 연구를 진행해온 엘레나 킴(Eleana Kim)은 입양인들의 경험과 많이 비교되는 것이 2세대, 또는 1.5세대 재미교포들인데 입양인들은 백인사회에서 자란 아시아계 미국인들과 표면적인 유사성이 있지만 그보다 더 중요한 것은 그 두 그룹의 개인적인 삶에 있어서 차이점이라고 주장하면서 "입양인들은 한국인의 손에서 양육되지 않았다는 점"(188)이 바로 결정적으로 중요한 차이점이라고 지적한다. 즉 백인 부모에게서 자란 입양인들은 한국 부모들 밑에서 자란 재미교포 2세가 경험하는 한국문화와 미국문화의 충돌을 경험하지 않았다는 이야기가 되며 이는 이들이 그만큼 한국의 문화를 경험하지 못했다는 점을 반영한다. 또 그녀 자신이 입양인으로서 미국 사회 내에서 한국 입양인과 한국계 미국인들 사이의 관계에 대해 연구한 키라 도넬(Kira Donnell)은 "한국 입양인의 자기 정체성 인식은 유동적이고 변화 가능한 특성을 갖는다"(117)고 말한다. 또 입양인인 제인 박(Jane Park) 역시 "우리의 정체성은 항상 형성되는 과정 중에 있다"고 표현했다(99). 키라 도넬은 자신이 경험한 입양인으로서 정체성 형성 과정에 대하여 다음과 같이 말하고 있다.

나 자신 입양인으로서 이 끊임없이 변화하는 과정의 중요성을 안다. 그
래서 자기 문화 유산에 대해 자부심을 갖고 있는 한국계 미국인들이 입양
인들을 무조건 받아들이는 것이 어려울 수 있음을 이해한다. 입양인의
정체성이 항상 변하고 있다면 "한국인다움"이라는 범위로 진입하는 것이
영구적이라고 믿을 수 있겠는가? 한국계 미국인들은 입양인들의 변화가
능한, 형성 중에 있는 정체성 탐구를 개인의 완성, 성취의 과정이라기보
다 변덕스럽고 우유부단한 것으로 받아들일 수 있다. (117)

이와 같이 입양인들은 백인 중심의 미국 사회뿐만 아니라 한국계 미국
인 사회로부터도 다양한 소외를 경험하고 있으며 그래서 두 그룹은 서
로 소통하는 것이 매우 어렵다. 이러한 소통의 불가능성은 입양인들이
한국으로 귀환하였을 때 더욱 심화되고 이들의 유동적이고 변화가능한
정체성 탐구는 탈경계적 정체성으로서의 특성을 갖는다. 그러므로 이들
에게 한국으로의 귀환은 그때까지 상상하지 못했던 새로운 정체성과 주
체 형성을 경험하는 계기가 된다. 그들이 백인 사회 내에서 경험하게
되는 주체 형성 과정에서 가장 큰 어려움은 인종적 정체성에 대한 갈등
이다. 그러나 그들이 한국 사회로 돌아왔을 때에는 외모로부터 비롯되
는 인종적 정체성이 아니라 언어로부터 비롯되는 문화적 정체성이 이러
한 역할을 하게 된다.

2. 한국사회로 귀환한 해외 입양인

자신의 입양 경험을 자서전 형식으로 출판하여 전 세계적으로 주목받
은 『피의 언어』(*Language of Blood*)의 작가 제인 정 트렌카(Jane Jeong
Trenka)는 「지하철」이라는 제목의 글에서 "당신과 함께 지하철을 타는
것이 너무 좋습니다"라는 부제 아래 다음과 같이 쓰고 있다.

> 서구에서 성장한 많은 입양인들이 한국으로 돌아와서 사는 동안 지하철
> 타고 다니는 것을 정말로 좋아합니다. 지하철을 타면 군중들 가운데 자
> 연스럽게 스며들 수 있기 때문이죠. 그것은 즐거운 일입니다. 많은 한국
> 사람들의 얼굴을 볼 수 있고 그 낯선 사람들 중의 하나가 자기 엄마거나
> 아빠 혹은 누이나 형제들일지도 모른다고 상상하곤 한답니다. …… 때로
> 알아채시기 어렵겠지만 사실 대부분의 입양인들은 당신과 대화를 나누
> 기에 한국말이 충분하지 않습니다. 만약 입양인들이 영어, 불어, 네덜란
> 드어, 덴마크어 등 각자 그들의 언어로 말하는 순간 그들은 금방 눈에
> 띕니다. 이런 까닭에 말없이 당신과 함께 지하철에 앉아있는 것이 그토
> 록 좋답니다.   (19)

김 수 라스무센(Kim Su Rasmussen)은 해외 입양인은 한국의 근대 가부
장사회에 있어서 구조적 맹점이 가져온 결과라고 주장한다(66). 성인이
되어 한국으로 돌아오고 있는 입양인들과 관련된 사회 현상뿐만 아니라
이미 한국 사회 내에서 생활하고 있는 이들을 어떻게 역사적, 정치적으
로 정의하고 위치시킬 것인가에 대한 논의는 한국 사회 내에서 아직 본
격적으로 진행되지 않았으며 그렇기 때문에 여전히 풀리지 않는 많은
문제들을 제기한다. 입양인들이 한국으로의 귀환을 결정하게 되는 가장
중요한 이유는 귀환 경험 자체가 바로 자아발견을 위한 여정이기 때문
이다. 이 여정은 과거와 현재를 분리시키며 입양되어간 백인 사회에서
그때까지 힘들게 쌓아온 정체성 형성을 위협하며 또다시 정신과 몸의
분열을 야기하는 경험이다. 즉 입양인들이 지금까지 백인사회에서 힘들
게 쌓아온 정체성과 삶의 세계를 불안정하게 하고 존재의식을 흐트러뜨
리는 과격한 경험인 것이다. 백인 사회에서 한국인 몸을 갖고 "내가 아
닌 다른 누구였기를 바라면서 생활해온" 입양인들의 일상적인 갈등에
대해서 아이작 린드스트롬의 아래 글은 그 과정이 얼마나 처절한 것인
가를 보여준다.

생물학적 한국인으로서 나는 한국적으로 세상을 응시하는 법을 영원히 박탈당했다. 나는 속은 것 같고 내 삶은 온통 거짓, 내가 서양인이라는 것은 거짓이라는 느낌이 든다. 그렇지 않다면 그것은 내가 한국인이었어야 한다는 거짓인 것일까? 대학졸업 증서도 있고 꽤 유복한 편이지만 내 삶은 길고 험난하며 "나"라는 역설 속에서 내부의 평화를 찾는 고통스러운 사투 – 일생의 프로젝트와도 같다. 그것이, 깨어날 수 있는 악몽이길 바랄 뿐이다. 내가 아닌 누구였기를 바라는 것이다.   (5)

그러므로 입양되어간 나라에서 이러한 내적 갈등을 일상적으로 경험하고 있는 이들에게 한국으로의 귀환은 타자로서의 자기체험이며 자기존재의 핵심을 포함한 모든 것들이 존재론적인 질문과 맞닥뜨리는 위협적인 경험이기도 하다. 김 수 라스무센은 한국으로의 귀환은 "발견의 여행"이며 "이것은 소리들과 냄새들, 그리고 엄청난 흥분으로 가득한 하나의 온전한 세계에 대한 발견"이라고 적고 있다(66). 그러나 이렇게 "자기존재의 핵심을 포함한 모든 것들이 문제에 부쳐지는 과격한 탈영토화의 경험"임에도 불구하고 또한 이것은 "잠재적이긴 하나 해방과 권능화의 경험"이기도 하다(66). 왜냐하면 이들에게 "입양이란 결국 생존을 위해 자신들의 본질적인 부분을 거절한다는 것"(68)에 다름 아니다. 그러므로 이들에게 있어서 한국으로 돌아오는 경험은 입양인들이 그동안 견지했던 한국에 대한 부정을 대면하고 극복하는 기회이다. 이는 자기 자신을 한국인으로, 또 한국 국민의 일부로 자신을 받아들이는 본질적인 수용을 암시한다. 아래 짧지만 강력한 글들은 입양인들이 자신들의 귀환 결정과 그 경험에 대해 어떠한 입장을 갖고 있는가를 보여준다.[2]

---

2) 이 글들은 2009년 『제4회 입양의 날 기념 이산과 귀환의 틈새(Dispersed and Returned)』 전시회 책자에 각자의 사진과 함께 게재된 것으로 원어는 영어이지만 한국어 번역은 모두 존대어와 반어체를 함께 섞어서 표기하고 있다. 이러한 표기 방법 역시 이들의 고유한 정체성을 한국 사회에 전달하기 위한 시도로 볼 수 있다. 특히 한국으로 귀환한 이후 자신들의 경험을 반어체로 표기한 것은 랩의 한 구절을 읊는 것처럼 해외

내 이름은 Naomi Joy Goodfellow이며 네 살 반 때 미국으로 입양되었습니다. 나는 2003년 여름에 OKF[3]에서 하는 문화 프로그램에 참여하기 위해 처음 한국을 방문하였습니다. 그 후 미국에 돌아갔을 때 한국에서 더 많은 경험을 원하고 있음을 깨달았습니다. 그래서 다시 한국으로 돌아왔으며 한국어를 배우며 일을 가지려 노력하고 있습니다. 내가 군중 속을 들여다보았을 때 거기에는 나와 비슷하게 생긴 많은 사람들이 있었어. 우리가 돌아왔다는 사실이 한국 사람들에게 우리가 강한 사람이라는 것을 증명하고 있어. 우리는 우리의 과거와 뿌리에 대해 알고 싶고 이 사실은 부정적인 것이 아닌 긍정적인 것으로 보아야 해. (42)

내 이름은 Rachel Norton이고 나는 태어난 지 6주 되던 때에 미국으로 입양되었습니다. 나는 나의 생모를 찾기 위해 한국으로 왔습니다. 온 지 3개월 후 난 나의 생모를 만날 수 있었습니다. 내 감정을 다스리기가 힘이 들었어. 24년 만에 그녀를 봤을 때 너무나 충격이었어. 그것은 내가 경험했던 어려운 일들 가운데 하나였지. 나는 그녀와 어떻게 이야기하고 행동해야 할지 알 수 없었어. 다른 입양 친구들에게 도움을 받긴 했지만 나는 이 모든 일들을 내가 스스로 했다는 게 너무나 기뻐. (48)

내 이름은 Maria Hee Jung, 한국 이름은 박희정입니다. 나는 덴마크로 입양되었고 2007년 7월에 한국에 왔습니다. 나는 덴마크에서 공부하고 있었지만 내 마음은 늘 다른 곳에 있었습니다. 한국 땅에서 난 중간에 끼어 있어. 나는 아직 이방인이야. 많은 입양인들이 한국에 온 후에 진실로 자신들이 속하는 나라가 없다는 것을 깨닫고 있어. 혈연이나 아무 관계가 없는 제3의 국가에서 나는 더 편안함을 느끼고 받아들여지기 쉬울 수 있다 생각해. (50)

입양인으로서의 정체성을 한국사회에 전달하기 위한 강력한 자아표현의 한 방법으로 읽혀진다.

3) OKF(Overseas Koreans Foundation) 재외동포재단을 의미함.

입양인들에게 있어서 귀환을 결정하는 과정은 "일생에 처음으로 벌거 벗은 채로 스스로 앞에 서는 것"이지만 동시에 "비자발적인 자기소외로부터의 해방"을 의미하기도 한다(68). 김 수 라스무센은 성인이 되어 귀환한 해외 입양인들과 한국사회의 관계 맺기에 대해 다음과 같이 적고 있다.

> 우리는 아무도 기억하고 싶어 하지 않는 과거의 살아있는 증거일 뿐이다. 우리는 동정의 대상이자 부끄러움의 상징이다. 우리는 다뤄져야 하는 객체로 머물러 있고 인정받아야 하는 주체가 되지 못하고 있다. 실제로 입양 한국인을 향한 이러한 태도는 한국의 해외 입양 역사 속에서 필수 불가결적 요소로서 작동해 왔다. (71)

그러므로 한국사회로 역이주 해온 입양인들의 한국사회 내에서의 정체성 형성 과정은 다른 어떠한 이주민 그룹보다도 복잡한 심리적 갈등 과정을 필연적으로 동반하게 된다. 제인 정 트렌카는 서울로 귀환하여 일상생활을 영위하는 입양인들이 겪는 심리적 갈등에 대해서 다음과 같이 처절하게 묘사하고 있다.

> 그렇지만 나는 여전히 살아있습니다. 서울의 지하철 창문에 반사되는 내 얼굴은 여전히 태어난 그대로의 한국인의 얼굴이며 깨지지 않은 가면입니다. 영어로 말하지 말 것을 상기하며 나는 2000만 명이 빼곡히 살고 있는 대도시의 밤을 가로지르는 지하철을 탑니다…… 1년 전 한 입양인이 고층 빌딩에서 뛰어내렸음에도 불구하고, 그리고 서울에서 다양한 방법으로 자신의 서구적 삶을 죽이고 있는 우리 입양인들이 그에 관해 얼마나 자주 이야기하는가에도 불구하고 (우리는 입양인의 죽음에 결코 놀라지 않고 친구들에게 살아있으라고 굳이 설득하는 노력도 별로 하지 않습니다), 이 모든 자포자기와 조그마한 소멸들에도 불구하고, 나는 살고 싶습

니다. 그들이 모든 것을 가져가버렸음에도 불구하고, 내가 길을 잃고 혼자임에도 불구하고, 또 여러 번 죽음의 문턱 가까이 갔음에도 불구하고, 나는 살고 싶습니다.　　(15-16)

위의 글은 귀환한 입양인들의 한국사회 내에서의 정체성 형성 과정이 어릴 때 입양되어간 나라에서의 정체성 형성과는 정반대 반향으로, 그러나 그에 못지않을 정도로 힘겨운 과정임을 보여준다. 2009년 트렌카는 입양인으로서 한국 사회에 돌아와 새롭게 정착하는 경험을 단행본으로 발간했는데 그 제목이 『덧없는 환영: 한 입양인의 한국으로의 귀환』 (*Fugitive Visions: An Adoptee's Return to Korea*)이다. 김 수 라스무센은 트렌카의 두 작품의 다른 점은 "감성의 차이"라고 지적하면서 『피의 언어』가 엄마에게 보내는 사랑이야기라면 『덧없는 환영』은 고독과 그것을 견뎌내는 방법에 관한 이야기라고 평가한다. 예를 들어 "만일 고독이 나를 신부로 선택했다면 받아들이겠다. 고독 안에서 나는 완전해질 것이다. 고독 안에서 나는 인간이 될 것이다. 다른 사람의 인간애를 믿고 그들이 내 인간애를 믿게 하겠다. 내 영혼의 불빛이 꺼지지 않게 할 것이다"와 같은 부분은 미니멀리스트로서의 실존적 서정성을 이끌어 낸다고 평가한다(191).

그러나 입양인들 중에는 전혀 다른 동기로 귀환하여 자신만의 독특한 방식으로 한국사회에 적응하고 있는 경우도 있다. 2004년 네덜란드에서 출간되어 네덜란드 전역을 감동시킨 베스트셀러로 소개되고 있는 윤주희의 『다녀왔습니다』는 2007년 한국어로 번역되어 다시 출판되었다. 만 6세의 나이에 한국 어머니에 의해 네덜란드로 입양보내진 그녀의 여권에는 조이 윤(Joey Yoon)이라는 새로운 이름이 찍히게 된다. 입양 이후 그녀의 어린 시절은 새로운 환경에 적응하고 새로운 가족들에게 사랑받기 위한 처절한 몸부림으로 점철되었고 그 결과는 폭식증이라는 섭식 장애로 나타났다. 네덜란드의『레이던 뉴스 블라드』는『다녀왔습니다』에 대해서 "감자에도 고추장을 발라 먹었다는 그녀, 한 끼에 열 명분의 식사를 해치우곤 했다는 그녀, 내면의 고통을 폭식증으로 토해내다가 결국 극복해 낸 감동의 삶!"이라고 소개했다(북하우스 책날개 소개글 참조). 책의 표지에도 제목 옆에 "10년 이상 반복된 폭식과 구토의 순환의 고리를 끊고 어머니와 나를 찾아 '집'으로 돌아왔다"라고 적혀 있다. 한국어판의 후기에서 윤주희는 "폭식증은 매우 치명적인 병이다. 많은 여성들이 정기적으로 구토를 일삼고 그 위험은 심장병이나 발작, 식도암이나 위암과 같은 것들로 이어질 수 있다. 10년이 넘게 구토를 했음에도 별다른 이상 증세를 가지고 있지 않은 것은 거의 기적에 가깝다"(347)라고 자신의 경험을 적고 있다. 그러나 윤주희가 폭식증이라는 깊은 수렁 속에서 이렇게 스스로를 건져내기 위해서는 서른이 넘은 나이에 자신을 찾기 위해 다시 어머니의 나라로 돌아왔으며 밥퍼나눔운동본부와 다일천사병원에서 매일 봉사활동을 하며 지난한 치료의 과정을 거쳐야 했다. 이러한 귀환의 과정을 통하여 그녀는 자신을 떠나보낼 수밖에 없었던 가난한 어머니를 이해하게 되었고 마침내 "한국의 어머니와 동생들은 내 자랑이다"(347)라고 말할 수 있게 되었다. 최일도 목사는 이 책에 대한 추천의 글에서 "『다녀왔습니다』에서는 작가가 가족을 이해하고 한국을 이해하게 되는 아름다운 과정을 만날 수 있습니다. 그래서 이 책은 결국 어머니와 한국을 함께 사랑하게 되는 눈물겨운 삶의 고백서이기도 합니다"(350)라고 적고 있다.

　윤주희의 자서전은 해외 입양 여성의 삶을 작가 자신의 일인칭 서사로 자세하면서도 담담하게 보여주고 있기 때문에 해외 입양이 입양된 여자 아이들에게 미칠 수 있는 여러 가지 심리적 영향력을 여성주의적 관점과 정신분석학적 관점에서 동시에 분석할 수 있는 매우 귀중한 작품이다. 윤주희는 한국어판의 후기에서 이 책을 집필한 중요한 이유 중의 하나는 "한국인들에게 내 이야기를 들려주고 싶었기 때문"이며 그들에게 "외국으로 입양되는 것이 어떤 것인가"를 보여주고 싶었고 자신의 꿈은 "한국의 아이들이, 단 한명도 부모에게서 버림받지 않는 것이다"라고 말한다. 또 자신의 이야기가 "입양에 대한 새로운 인식과 실천에 아주 조금이라도 기여할 수 있다면 몇 개월에 걸친 고생에 대한 대가로 충분"하며 자신이 겪은 고통과 슬픔이 "어떤 가치 있는 목적에 쓰일 수 있다"라고 생각한다(344). 윤주희는 자신이 이 책을 쓰기로, 또 출판하기로 결심하는 데는 오랜 시간이 걸렸으며 "책을 쓰는 일은 치유의 과정을 밟는 것과 흡사했다"(343)고 고백한다. 그녀의 경우 섭식장애에서 치료되어 갈수록, 그녀 자신의 인간으로서의 능력과 재능을 발견해 간다는 점에서 그렇다는 것이다. 이와 같이 우리가 상상할 수 없을 정도로 다양한 삶의 경험을 갖고 귀환하는 입양인들의 숫자가 나날이 늘어가고 있는 현실을 감안할 때 한국사회 내에서 이들에 대한 다양한 측면에서의 관심이 요구된다.

2003년 한 독지가가 종로구 청운동에 있는 개인 주택을 기부하여 해외 입양인들이 한국 방문 시 저렴하게 숙소로 이용할 수 있는 '뿌리의 집'(http://www.KOROOT.org)[4]의 운영을 담당하고 있는 김도현 목사는 매우 특이한 정체성을 지닌 재외동포 집단 중의 하나가 해외 입양인이라고 주장하면서 그들의 독특한 정체성에 대해 다음과 같이 말하고 있다.

이들은 아동 시기에 한국의 친가족과의 결별을 경험했다는 점, 백인 중

---

4) 이후 입양인들의 정보 교류 센터 역할을 수행하고 있으며 한국인들에게 해외 입양인에 대한 이해의 폭을 넓히기 위한 여러 사업들도 전개하고 있다. 2009년 5월 7일부터 16일까지 경복궁역 서울메트로미술관 I, II에서 제4회 입양의 날 기념 〈이산과 귀환의 틈새〉(Dispersed and Returned) 전시회를 기획했으며 2009년 10월 8일부터 16일까지 개최된 제14회 부산국제영화제에서 상연된 테미 추(Tammy Chu) 감독의 〈회복의 길〉(Resilience)이라는 75분짜리 다큐멘터리를 제작했다.

심의 서구 가정과 사회에서 성장했다는 점, 항공 교통과 인터넷 환경과 영어 사용을 축으로 해서 국경이나 지리적 한계를 초월한 아주 독특하고 초현대적인 글로벌 공동체를 형성하고 있다는 점에서 독특한 정체성을 지니고 있는 재외동포집단이라고 할 수 있을 것이다. (15)

입양인들이 한국으로 돌아올 때에는 생모와 가족을 찾겠다는 염원을 안고 온다. 그러나 이들이 가족을 찾게 된 경우에도 한국 가족 내에서의 새로운 관계 맺기가 당면과제로 떠오른다. 이들의 탈경계적 정체성은 한국 가족을 만나게 되면서 또 한 번의 시험대에 오르게 된다. 왜냐하면 두 개의 서로 다른 사회에서 생활해온 가족 구성원들끼리의 오해와 갈등, 입양된 가족과 한국 가족 사이의 경제적 불균형, 서로의 가족을 형성한 후 다시 만나게 되었을 때 겪게 되는 갈등과 마찰, 생모가 미혼모일 경우 자신의 존재가 가족 내에서 인정받지 못한다는 점을 아프게 인식하게 되었을 때 등 수없이 다양한 경험들이 존재한다. 1980년 서울에서 태어나 생후 2개월에 덴마크로 입양된 마야 리 랑그바드(Maya Lee Langvad)의 덴마크어 시집 『홀거 단스크를 찾아라』(*Find Holger Danske*)(2006)[5]는 한국의 가족을 찾고 난 후 본인이 경험한 심리적 갈등과 혼란을 생모와 양모, 그리고 입양인 자신에게 묻는 질문들을 통해 표현하고 있다. 특히 입양인 자신에게 묻는 질문은 모두 정체성과 관련된 것이다. 일례로 첫 번째 질문은 "당신은 자신이 어느 나라 사람이라고 생각하세요?"이며 열한 번째 질문은 "당신은 자신이 귀한 아이로 태어났다고 보세요?"라는 것으로 자신의 자존감을 다시 '기억해내는' 정치적인 질문을 전면에 내세우고 있다. 그리고 마지막으로 "당신은 아이를 입양할

---

5) "홀거단스크"는 평소에는 늘 자고 있지만 덴마크가 진정으로 위기에 처하면 잠에서 깨어나 조국을 지켜준다고 하는 전설적 영웅이다. 유진월 교수는 이 시집의 제목에 대해 입양인으로서 살아온 위기의 날들에 언젠가 덴마크의 영웅이 잠에서 깨어나 자신을 도와주기를 바라는 동화적 마음을 담은 제목이라고 해석하였다(22).

건가요?"라는 질문을 자신에게 던짐으로써 입양인 자신이 입양에 대해서 보다 객관적이고 성찰적인 거리두기를 했을 때 어떻게 평가하는가를 질문하고 있다. 유진월 교수는 마야 리 랑그바드의 시쓰기 작업에 대해 "감정이 배제된 이성적 목소리로 자신의 현실을 객관화시키고 문제의 본질을 향해 나아가는 방식을 취하고 있으며 이는 침묵에서 벗어나 마침내 자발적 발화의 주체가 된 하위 주체의 변화된 모습을 보여주는 것"(22)이라고 평가한다.

3. 초국가적 시민주체로서의 가능성

그렇다면 귀환한 해외 입양인들은 한국사회 내에서 "탈경계적 정체성"을 지닌 "초국가적 시민주체"로서 자리매김 할 수 있는가? 해외 입양인으로서 한국사회로 귀환한 이들은 탈영토화된 사이버 커뮤니티 내에서의 독특한 공동체를 형성하고 있으며 1년에 한 번씩 정기적으로 전 세계적으로 움직이며 모임을 갖고 있다. 인터넷의 발달로 어디서나 연결되며 영어를 자유자재로 구사할 수 있는 해외 입양인들은 이미 그들의 표현대로 "유전적으로만 한국인"이며 또한 "디지털 유목민"이다. 현재 전 세계적으로 해외로 입양되어 간 한국 입양인들 사이의 연대가 형성되고 있다. 그들 스스로 온전하게 백인 중심의 미국 사회, 혹은 한국계 미국인 사회, 그리고 한국사회에 속하지 못한다는 것을 경험하여 "인종, 국가, 문화, 언어를 초월하는" 자기들만의 틈새, 새로운 공간을 만든 것이다(Hübinette, "Third Space" 16). 이곳에서 입양인들은 서로를 받아들이며 자유를 느끼고 "백인 사회, 아시아 및 한국 사회, 그 어디에도 속하기 어려운 입양인의 차이에 대해서 잘 이해한다"(Nelson 206). 또한 디지털 기술의 발달로 입양인들은 지역, 국가적 수준에서 전 세계적 수준으로 연결되는 그들만의 커뮤니티를 만들어 가고 있다. 해외 입양인들이 성인이 되어 다시 한국으로 돌아오면서 그들의 한국인 부모 찾기 및 한국인으로서의 정체성을 찾는 작업들을 공동으로 추진하기 위하여 〈해외입양인연대〉(G.O.A.'L.: Global Overseas Adoptees' Link) 및 〈국제한국입양인협회〉(IKAA: International Korean Adoptee Associations)와 같은 단체들을 조직하여 운영하고 있다.[6] 이러한 단체들은 한국 입양인들에게 더 나은 서비스를 제공하고 입양인들 사이의 의사소통의 장을 마련하며 그들의 국제 관계형성에 도움을 주고 입양인들의 정보가 필요할 때 찾을 수 있는 장소를 마련하는 것을 모토로 하여 글로벌 차원의 조직을 구성하여 운영하고 있다. 그러므로 한국사회로 귀환한 입양인들이 문화적 소통이 쉽지 않은 탈경계적 정체성을 경험하고 있는 것이 현재 그들의 일상생활이라 하더라도 사회정치적으로는 〈해외입양인연대〉를 통하여 2008년 5월 한국정부에 이중국적을 요청하고 〈진실과 화해를 위한 해외입양인 모임〉(TRACK: Truth and Reconciliation for the Adoption Community of Korea)[7]을 통하여 미혼모 복지정책을 보사부에 요구하는 등 그들의 정치적 입지를 넓혀가고 있는 중이다. 실제로 귀환한 입양인

6) 〈해외입양인연대〉(G.O.A.'L.)는 1998년 3월 미국 및 유럽 출신 입양인 12명이 참여하여 설립한 국내 유일의 입양인 단체로서 입양인의 관점에서 그들에게 맞는 서비스를 제공하고 그들의 요구와 권익을 대변하는 단체이다. 〈국제한국입양인협회〉(IKAA)는 2004년 3월에 공식 창립되었으며 〈해외입양인연대〉와 함께 협력하고 있다. 조직과 회원은 주로 성인 입양인들로 구성되어 있으며 한국 입양인 사회를 돕고 의사소통의 장을 제공할 뿐만 아니라 전 세계적으로 수천 명의 입양인들과 연결되어 있어 회원간의 모임과 행사를 정기적으로 갖고 있다. 2007년 7월 31일부터 8월 5일까지 동국대학교와 소피텔 앰배서더 호텔에서 개최된 연례 정기모임에는 전 세계로부터 약 700여 명의 한국 출신 입양인들이 참가하였으며 친목모임에서 한 걸음 더 나아가 7월 31일 "제1회 한국인 입양 연구 국제 학술 심포지엄"(The First International Korean Adoption Studies Research Symposium)을 개최하였다.

7) 2007년 7월 3명의 유럽입양인과 2명의 미국입양인에 의해 발족되었으며 2008년 8월 21일 창립총회를 개최하였다. 2009년 이후 입양관련법 개정 및 미혼모 복지정책과 관련하여 가장 활발한 활동을 펼치고 있는 단체이다.

들은 한국사회에서 최초로 미혼모 권리와 복지를 공개적으로 요구한 집단이며 과거 한국사회에서 이루어졌던 무분별한 해외입양 관행에 대해 비판적 목소리를 높이고 있다. 2006년도부터 공식적으로 제정된 "입양의 날"(5월 11일) 역시 입양인 운동 단체들의 활약 덕분이며 특히 2011년부터는 〈진실과 화해를 위한 해외입양인 모임〉이 주최가 되어 이 날을 "싱글맘의 날"로 제정하고 2011년 5월 11일 "제1회 싱글맘의 날 국제컨퍼런스"를 개최하였다.

1990년대 이후 (정확하게는 김대중 정부 이후) 입양인들의 귀환에 대한 욕망은 한국 정부에 의해 북돋워지고 지지되어온 결과 이들은 F-4 비자를 갖고 당당한 한국인으로서 대한민국에 돌아왔다. 이는 한국정부가 신자유주의 체제 아래 적극적으로 수행했던 글로벌라이제이션 프로젝트가 디아스포라 담론을 통해 원거리 민족주의를 어떻게 장려하며 또 해외로 나간 인구들 중에서도 경제적 가치를 갖고 있는 인력자원을 어떻게 활용하는가를 보여주는 일례이다. 이렇게 해외로 나간 입양인들을 경제적이며 문화적인 시민으로 받아들이려는 한국정부의 시도는 전지구적인 관점에서 그들을 새롭게 등장하는 '유연한 시민들'(flexible citizen) 그룹으로 자리매김할 수 있는 가능성을 부여한다. 그러나 아직도 이는 가능성의 차원이며 이들이 한국사회에서 맞닥뜨리는 현실은 우울하고도 척박한 환경이다. 해마다 수백 명의 해외 입양인들이 한국에서 거주하거나 공부하거나 일하기 위해서 돌아오지만 한국사회가 이들을 인정하거나 권리를 부여하지 않기 때문에 이들은 한국사회에 전적으로 참여하거나 공헌하는 것이 아직은 불가능하다.[8] 그러나 만일 이들의 이중

---

8) 현재 해외입양인들이 한국사회로 귀환하여 정착하려고 할 때 한국어 능력이 부족하기 때문에 일자리를 갖는 것이 어려운 상황이며 자영업을 하려고 해도 국적이 외국인인데다 신용등급이 없기 때문에 은행에서 단 한 푼도 대출받을 수 없는 상황이다. 현재 이들을 지원하기 위하여 사회연대은행의 무담보 소액대출 제도가 있는데 이 재원은 기업과 일반 시민들의 후원금으로 마련되고 있다. (참조. "KBS 뉴스"(김승조 기

국적 요구가 받아들여져 합법화된다면 이제 이들은 태어난 나라와 입양된 나라 모두에서 합법적으로 시민권을 갖고 활동할 수 있는 새로운 '초국가적 하이브리드 시민 주체'로 등장할 것이다.[9] 이들의 한국 국적 회복 운동은 결실을 맺어 2011년 1월 1일부터 시행된 개정 국적법에 의해 2011년 4월 13명의 해외입양인이 한국 국적을 회복하여 이중국적을 갖는 것이 가능하게 되었다. 그리고 이러한 한국 입양인들의 경험 과정은 그 후에 뒤따라 이루어진 아시아/아프리카 어린이들의 서구 사회로의 입양에 대한 하나의 모델이 될 가능성이 있기 때문에 매우 중요하다. 그러므로 이들이 이중국적 취득 후 합법적인 '초국가적 시민주체'로 역할을 다하기 위해서는 한국사회 내에서 이들이 경제적, 문화적 주체로 활동할 수 있도록 도와주고 지원해주는 사회 구조 체계 설립이 절실히 요청된다.

이 글은 2009년도 정부재원(교육과학기술부 인문사회연구역량강화사업비)으로 한국연구재단의 지원을 받아 수행된 연구(KRF-2009-371-B00045)로 2010년 4월 30일 이화여자대학교 인문한국사업 탈경계인문학 연구단 주최로 이화여자대학교에서 개최된 〈경계위에 서라: 소통을 위한 인문적 상상〉 학술대회에서 발표되었으며 『탈경계인문학』 제3권 2호(2010년 6월 30일 발행)에 게재했던 논문을 수정·보완하여 수록한 것이다.

자), 2009년 10월 2일, http://news.kbs.co.kr)

9) 〈해외입양인연대〉(GOA'L: Global Overseas Adoptees' Link)는 2008년 5월 중순 전 세계에 있는 한국 출신 입양인들로부터 서명을 받아 한국정부에게 입양인들의 이중국적을 허용하라고 요구하는 국제 캠페인을 전개한 바 있다. GOA'L의 김대원 사무총장은 "1956년부터 현재까지 16만 명 이상의 아동이 해외 14개국으로 입양되었다"며 "자신의 의지로 한국 국적을 포기하지 않았음에도 한국은 입양인들을 외국인으로 간주하고 있다"고 말했다. 김 사무총장은 또 "입양 한인에게 이중국적을 허용하는 것은 한국사회의 다문화적 다양성을 제고하고 입양인에게는 폭넓고 완전한 형태의 소속감을 줄 수 있는 일"이라고 강조하였다. (참조. 2008년 5월 19일, 『연합뉴스』, http://www.nestkorea.com)

참고문헌

김도현, 「'입양의 날'을 어떻게 기념할 것인가?」, 『제4회 입양의 날 기념 이산과 귀환의 틈새 (Dispersed and Returned)』, 뿌리의 집(KOROOT), 2009, 8-17.

뿌리의 집, 『제4회 입양의 날 기념 이산과 귀환의 틈새(Dispersed and Returned)』, 2009.

아이작 린드스트롬, 「입양인의 분열적 자아정체성: 나는 100% 한국인인 동시에 0% 한국인이 다」, 『프레시안』, 2009년 12월 11일, 1-5. (http://www.pressian.com)

유진월, 「이산의 체험과 디아스포라의 언어: 해외입양인 여성문학을 중심으로」, 『정신문화연 구』 32.4 (2009): 1-27.

윤주희, 『다녀왔습니다』, 2004, 박상희 옮김, 북하우스, 2007.

이소희, 「한국계 미국 입양인 내러티브에 나타난 이주/이식 정체성」, 『21세기 문학』 13.1 (2009): 63-73.

임지선, 「'똑똑한' 한국 아이 2169만 원이오」, 『한겨레 21』 760, 2009, 48-59.

Bishoff, Tony, and Jo Raskin. Ed. *Seeds from the Silent Tree: An Anthology by Korean Adoptees*. San Diego, CA: Pandal Press, 1997.

Donnell, Kira. "The Invisible Wall: A Study on the Separation of Korean Adoptees and Korean Americans in California." *Journal of Korean Adoption Studies* 1.1 (2009): 107-20.

Goodfellow, Naomi Joy. 『제4회 입양의 날 기념 이산과 귀환의 틈새(Dispersed and Returned)』, 뿌리의 집(KOROOT), 2009, 42-43.

Hinds, Arthur. "Asian, Korean, Adopted, American?" *Paradox*. January 2000.

Hübinette, Tobias. "Adopted Koreans and the Development of Identity in the Third Space." *Adoption & Fostering* 28.1 (2004): 16-24.

________. "Bodies Out-of-Place and Out-of-Control: Examining the Transracial Subjectivity of Adopted Koreans." *Proceedings of the First International Korean Adoption Studies Research Symposium*. Ed. Kim Park Nelson, Eleana Kim, Lene Myong Petersen. International Korean Adoptee Associations(IKAA), July 31, 2007. 147-64.

Kim, Eleana. "Korean Adoptees' Role in the United States." *Korean Americans: Past, Present, and Future*. Ed. Ilpyong J. Kim. Elizabeth, NJ: Hollym International Corp., 2004. 180-202.

Langvad, Maya Lee. *Find Holger Danske*. Borgen. 2006.

Maria Hee Jung. 『제4회 입양의 날 기념 이산과 귀환의 틈새(Dispersed and Returned)』, 뿌리의 집(KOROOT), 2009, 50-51.

Meier, Dani Issac. "Loss and Reclaimed Lives: Cultural Identity and Place in Korean-American Intercountry Adoptees." Diss. Univ. of Minnesota, 1998.

Nelson, Kim Park. "Adoptees as 'White' Koreans, Identity, Racial Visibility, and the

Politics of Passing among Korean American Adoptees." *Proceedings of the First International Korean Adoption Studies Research Symposium.* Ed. Kim Park Nelson, Eleana Kim, Lene Myong Petersen. International Korean Adoptee Associations(IKAA), July 31, 2007. 195-213.

Norton, Rachel. 『제4회 입양의 날 기념 이산과 귀환의 틈새 (Dispersed and Returned)』, 뿌리의 집(KOROOT), 2009, 48-49.

Park, Jane. "Negotiating the Real?: Exploring "Out-of-Place" Subjectivity." *Proceedings of the First International Korean Adoption Studies Research Symposium.* Ed. Kim Park Nelson, Eleana Kim, Lene Myong Petersen. International Korean Adoptee Associations(IKAA), July 31, 2007, 93-106.

Rasmussen, Kim Su. "Reviews: Jane Jeong Trenka. *Fugitive Visions: An Adoptee's Return to Korea.*" *Journal of Korean Adoption Studies* 1.1 (2009): 180-83.

______. "*The Korean Adoption Syndrome.*" 『제4회 입양의 날 기념 이산과 귀환의 틈새 (Dispersed and Returned)』, 뿌리의 집(KOROOT), 2009, 66-75.

Trenka, Jane Jeong. *Fugitive Visions: An Adoptee's Return to Korea.* Saint Paul: Graywolf Press, 2009.

______. "*Subway.*" 『제4회 입양의 날 기념 이산과 귀환의 틈새(Dispersed and Returned)』, 뿌리의 집(KOROOT), 2009, 18-21.

Yngvesson, Barbara, and Maureen A. Mahoney. "'As One Should, Ought and Wants to Be': Belonging and Authenticity in Identity Narratives." *Theory, Culture, and Society* 17.6 (2000): 77-110.

한국인의 국민정체성 국제비교연구

: 자격요건 평가를 중심으로

정기선[*] · 이선미[**]

1. 서론

세계화, 정보화, 그리고 국제이주의 확산으로 과연 국경 없는 지구촌 시대가 올 수 있을 것인가에 대한 학계의 관심이 높아져가고 있다. 자본과 노동의 전지구적 이동이 확산되는 만큼, 국가간 정치, 경제, 사회문화적 경계가 낮아지고 전 세계 사람들이 세계시민으로서 하나가 될 수 있을 것인가? 이와 같은 문제제기 속에서 다국적성(multinationality), 초국가적 정체성(transnationality or transnational identity) 등과 같은 개념들이 학계에서 논의되기 시작하였다(Shore 2004, Hedtoft and Hjort 2002, Soysal 1994). 특히 유럽공동체가 출현하여 경제적으로뿐만 아니라 정치적으로 통합하려는 시도가 본격화됨에 따라, 개별 국민정체성을 초월한 유럽공동체적 정체성이 어느 정도 형성되고 있는가에 대한 유럽 사회과학자들의 관심 또한 높아졌다(Alfonsi 1997, Breakwell and Lyons 1996, McManus-Czubinska et al. 2003, Wallace 2001, Lahav 2004, Ireland, 2004). 세계화와 더불어 개별 국가의 국가(민족)주의(nationalism)는 약화될 것이라는 낙관론이 있는 반면, 오히려 강화될 것이라는 비관론도

---

* IOM 이민정책연구원 선임연구위원
** 서울여자대학교 조교수

만만치 않게 제기되고 있다(Jones and Smith 2001). Hutchinson 같은 학자는 유럽공동체와 같은 초국가적 기구도 기존의 국가에 대한 충성심을 버리고 탄생한 것이 아니라 바로 그 충성심 위에 세워진 것이며, 이는 비EU국가들에 대한 EU국가들의 또 다른 형태의 배제일 뿐이라고 일축한다(Jones and Smith 2001 재인용). 이렇게 세계화, 탈산업화 시대에도 종족에 근거한 국민정체성이 강화될 것인지 약화될 것인지는 사회과학자들의 지속적인 관심의 대상이 아닐 수 없다. 미국을 포함하여 현재 전 세계 39개 국가의 사회과학자들이 공동으로 참여하여 국제비교연구를 하는 ISSP(International Social Survey Program)가 1995년과 2003년 연구주제로 '국민정체성(National Identity)'를 선정하게 된 배경도 이러한 관심의 반영이라 볼 수 있겠다. 즉, 여러 나라 국민들이 현재 가지고 있는 국민정체성의 실체와 이것이 세계화의 확산과 더불어 어떻게 변하는가를 국제비교 분석함으로써 세계가 초국적인 글로벌 시민성에 과연 얼마만큼 다가가고 있는가를 파악해보고자 하는 노력이다.

한편, 국내에서도 한국경제의 고도성장과 함께 1988년 올림픽개최를 계기로 한국인들은 과거 어느 때보다 국내외에서 외국인들을 빈번하게 접하게 되었다. 1990년대 초부터 본격적으로 들어오기 시작한 외국인 노동자들은 그 수가 지속적으로 증가하여 2010년 12월 현재 56만 명에 이르고, 전체 국내 체류 외국인 수가 125만 명을 넘어섰다(법무부 2011). 같은 시점에 많은 한국기업들이 싼 노동력을 찾아 해외로 나가기 시작하였고 중국을 비롯하여 동남아시아 여러 나라에서 현지인 노동자들을 관리하는 경험을 갖게 되었다(석현호 외 2003). 교육계도 세계화, 국제화의 열풍에서 예외는 아니어서, 해외유학 붐이 대학생들은 물론 이제는 초등학생들에게까지도 확산되고 있다. 물론 아직 남·북한이 첨예하게 대치하고 있는 상황에는 변함이 없지만, 과거 냉전시대 유신체제에서처럼 국가가 적극적으로 나서서 전 국민에게 반공이데올로기로 무장된 투철한 국가관과 종족관을 강조하고 있지는 않다. 이러한 상황에서 세계화와 더불어 한층 활발해진 다문화, 다종족간 교류 경험이 오랜 동안 한민족공동체로서 문화적, 언어적, 인종적 동질성에 익숙해있던 한국인들의 국민정체성에 어떤 영향을 줄 것인가는 매우 흥미 있는 연구 주제가 아닐 수 없다. 이에 본 연구에서는 한국인의 국민정체성을 '국민됨(nationhood)'의 자격요건 평가를 통하여 살펴보고자 한다.

한국인이 가지고 있는 국민정체성을 제대로 파악하기 위해서 국제비교는 필수적이다. 본 연구가 사용할 ISSP 조사자료는 바로 이러한 국제비교를 가능하게 해준다. ISSP의 국민정체성 조사모듈은 1995년에 23개 국가에서 처음 시행되었고, 2003년에는 종전의 설문문항에 일부 문항들을 추가하여 33개 국가에서 다시 조사되었다. 본 연구는 국내에서 시행된 2003년도 국민정체성 조사모듈 가운데 '국민됨'의 자격요건들의 중요성을 평가하는 문항들을 분석하고, 국제비교를 수행할 것이다. 실제 1995년과 2003년 사이에 국민정체성에 대한 세계인의 태도 변화가 과연 얼마나 있었으며, 그 가운데 한국인의 국민정체성은 어디쯤 위치하는지에 대한 분석이 이루어질 것이다. 특히 한국인이 현재 가지고 있는 국민정체성이 과연 어느 정도 종족 중심적이고 배타적인 성향을 가지고 있는지를 파악할 수 있게 될 것이다. 제1차 국민정체성 조사가 시행되었던 1995-1996년부터 2003년 사이에 세계화는 한층 더 확산되었고, 정보통신 기술의 혁신으로 인터넷을 통한 세계연결망은 한층 더 좁혀졌다. 전 세계 정치, 경제, 군사를 지배하는 초강대국으로서 미국의 위상은 더욱 강화되었고, 유럽공동체가 단순한 경제공동체에서 벗어나 정치공동체로 변모하려는 시도가 더욱 가시화되고 있다. 특히 1997년, 제2의 마스트리트 조약, 신유럽연합조약이라고도 불리는 암스테르담조약이 만들어지면서 경제뿐 아니라 정치통합이 가속화되기에 이르는 유럽의 변화는 매우 흥미롭다. 본 국제비교 연구는 이러한 변화가 각 나라 국민들이 '국민됨'에 대해 가지는 가치지향이나 태도에 어떤 영향을 미쳤는지를 확인할 수 있을 것이다. 불행하게도, 1995년에는 한국자료가 빠져 있기 때문에, 한국의 위치가 전체 국가들 속에서 어떻게 변하고 있는지를 직접적으로 파악하기는 어렵지만, 전반적인 변화의 추이를 파악한다는 점에서 2003년 한국 조사결과를 1995년 국제조사결과와 비교해 보는 것도 의미가 있을 것이다.

2. 이론적 배경과 선행연구 검토

국민정체성(national identity)이란 사회정체성(social identity)의 한 형태로서 특정 국가(혹은 국민)와 연관하여 사람들이 가지고 있는 신념(beliefs)과 감정(feelings)을 일컫는다(Wiggins, Wiggins and Zanden 1994). 우리가 어떤 나라 사람을 떠올리면서 그 나라 사람들은 어떤 특성을 갖는다는 생각, 즉 정신적 도식(schema)을 갖게 된다면, 이를 특정 국가(국민)에 대한 고정관념(stereotype)이라고 하며, 이는 일종의 신념으로서 국민정체성을 형성한다. 우리가 일상에서 어떤 나라 사람을 접하게 되면, 이미 기억 속에 저장하고 있는 그 나라 국민에 대한 고정관념을 활성화시켜 그 사람을 판단하게 된다. 이와 같이 여러 나라 국민들에 대해 형성된 긍정적 혹은 부정적 고정관념을 분석하고 이를 통하여 국가간 편견과 갈등을 이해해보려는 시도가 국민정체성 연구의 한 분야를 차지하고 있다(Hopkins and Murdoch, 1999).

다른 한편, 감정의 차원에서 국민정체성 분석은 특정 국가(국민)에 대한 평가를 기반으로 한다. 감정차원의 국민정체성 분석은 특정 국가(국민) 또는 자신이 속한 국가(국민)에 대한 호오도, 거리감, 자긍심, 애착, 우월감 또는 열등감, 국민정체성의 현저성, 포용성 또는 배타성 등을 통하여 이루어져왔다. 특정 나라 사람들에 대해 긍정적 혹은 부정적인 평가를 내리고, 이를 근거로 좋다 혹은 싫다는 호오의 감정을 가질 수 있으며 가깝다 혹은 멀다는 사회적 거리감을 발전시킬 수도 있다. 같은 맥락에서 미국인들의 여러 나라 사람들에 대한 사회적 거리감 평가를 통하여 집단간 편견과 갈등을 분석하려는 Bogardus(1925)의 고전적 연구나 그 후속연구들(Kleg and Yamamoto 1998)도 일종의 국민정체성 연구로 볼 수 있다. 감정 차원에 초점을 맞춘 국민정체성 연구의 또 다른 영역은 사람들이 자신이 속한 국가에 대해 감정(sentiment), 즉 자긍심(national pride)과 애착(attachment), 소속감과 충성심, 그리고 우월감(superiority)의 강도를 분석하고, 그러한 국가(국민)에 대한 감정적 몰입이 다른 가치지향과 행위패턴에 어떤 영향을 주는지를 밝히려는 연구들을 들 수 있다(Evans and Kelley 2002, Hjerm 1998). 사회적 자아(social self)를 규정하는 여러 사회적 범주들 가운데 특정 국가의 국민이라는 사회정체성(즉, 국민정체성)이 여타의 사회정체성들에 비해 어느 정도 중요한 위치를 차지하는지, 다시 말해, 자아정체성 형성에 국민정체성의 현저성(salience)을 분석하고 이를 통해 국민정체성의 강도를 분석하기도 한다.

이상이 사회심리학적 관점에서의 국민정체성 연구들이라면, 보다 거시적 관점에서 국민정체성을 핵심개념으로 활용하는 연구들도 있다. 사회사학자들이나 정치이론가, 정치사회학자들은 국민정체성 개념을 근대국민국가(nation-state), 국가(민족)주의(nationalism)와 같은 정치체제와 정치이념, 시민권(citizenship), 소수자집단(minority groups)에 대한 정책, 이민관련 국가정책 및 외교정책 등과 관련지어 연구하여 왔다(Castles et al. 1997, Choe 2002, Fitzgerald 1996, Gellner 1983, Smith 2000, Waxman 2003). 이때 국민정체성은 한 국가 구성원들이 '국민임(nationhood)'에 대하여 생각하고 이야기하는 방식 혹은 누가 국민인가를 규정하는 자기인식으로 정의한다(Brubaker 1992). 여기서 관심의 초점은 '국민'으로 인정받기 위한 자격요건들의 내용이 무엇이며, 어떤 요인을 강조하느냐에 따라 국민정체성의 성격이 규정된다는 것이다. 근대적 의미의 국민(국가) 개념이 생겨나기 전에 '국가(국민)'는 종족공동체(ethnic communities)와 동일시되었으며(Choe 2002), 이때 국민정체성은 곧 종족정체성을 의미하였다. 그러나 근대국가체제가 출현하면서 종족-혈통적 요인들(ethnic-genealogical factors)뿐만 아니라 시민-영토적 요인들(civic-territorial factors)도 국민정체성 형성에 중요한 구성요소가 되었다(Smith 1991). 이때 종족-혈통적 요인은 종족문화공동체에 기반이 되는 동일 조상의 후손, 전통과 문화적 유산의 공유, 공동의 정치운명에 대한 집단기억 공유 등을 포함하는 반면, 시민적 요인은 시민으로서 동등한 권리 및 의무의 행사와 같은 정치적 의지와 자본주의적 이해를 포함한다. 국민정체성의 종족적 요인은 혈통과 같이 귀속적 속성이 강하다(Jones and Smith 2001). 반면, 국민정체성의 시민-영토적 요인은 서구적 국가모델을 반영하는 개념으로 근대적 법-정치 공동체에서의 시민들의 권리와 의무와 같이 자발적 속성이 강하다. 어떤 국가가 국민정체성 요인들 가운데 종족적 요인을 강조하느냐 시민적 요인을 강조하느냐에 따라 그 국가(국민)의 국민정체성 특징을 파악하고, 이에 근거하여 이들 국가의 각종 국가차원의 정책방향을 논하게 된다. 본 연구가 분석하고자 하는 국민정체성의 개념도 이와 맥을 같이 하여, 국민됨(nationhood)을 위하여 갖추어야 할 자격요건들에 대한 국민들의 인식에 초점을 맞출 것이다.

강한 단일민족의 전통을 유지해온 한국에서도, 그동안 한국인의 국민정체성 인식이 종족적 모델과 시민적 모델 중 어느 쪽에 더 가까운가를 분석하는 실증적 연구가 몇몇 진행되었다. 대표적으로 강원택(2006), 최현(2007), 윤인진 외(2010) 등의 연구 등을 들 수 있는데, 이들은 일관되게 한국인의 국민정체성이 종족적 요소보다는 시민적 요소를 더 중요시 한다는 결론을 내리고 있다.[1] 그러나 이러한 경험적 연구 결과들은 한국인의 국민정체성이 종족적이고 배타적이라는 일반적인 상식과는 상반된다. 황정미(2010)는 이러한 경험적 연구결과에 대해, 두 가지 해석이 가능하다고 주장한다. 한 가지는 한국에서 정치공동체와 종족공동체가 오랫동안 일치하였기 때문에 설문조사에서 이를 구분하는 응답결과가 나오기 어렵기 때문이라는 것이다. 또 다른 해석은 국민정체성을 측정하는 지표 자체가 잘못되었을 가능성이 있다는 것이다. 즉 시민적 요소와 종족적 요소라는 구분의 경계가 모호하며, 따라서 이에 기초한 경험적 연구에 한계가 있을 수밖에 없다는 것이다.

국민정체성 측정 지표에 대한 비판에서 출발하여, 최근에는 시민적 요소와 종족적 요소, 두 가지 요소를 교차시킴으로써 4분형의 모델을 구성하는 연구들이 등장하기 시작하였다. 시민적 요인과 종족적 요인이 모두 강한 유형은 혼합형(mixed), 양자가 모두 약한 유형은 다원형(plural), 시민적 요인이 종족적 요인보다 강한 유형은 시민형(civic), 반대의 경우는 종족형(ethnic)으로 구분된다. 혼합형에 해당하는 사람들이 이주자에게 가장 배타적인 반면, 다원형이 가장 관대한 태도를 보이는 것으로 분석되고 있다(Hjerm 1998, Hochman et al. 2008, 윤인진 외 2010). 이 모델을 적용하여 한국인의 국민정체성을 분석한 윤인진(2010)은 한국인들의 경우 시민형이 적고 다원형이 더 많다는 결론을 내리고 있다.

---

1) 최현(2007)은 2003년 KGSS(Korea General Social Survey) 자료와 ISSP (International Social Survey Program) 자료를 비교하고 있는데, 이때 그는 종족적 요인과 시민적 요인의 대표적인 문항이라고 선택한 "조상이 OO국인"과 "OO국의 정치제도 존중"이라는 두 가지 항목만을 활용하였다. 그 결과, 일본인, 필리핀인, 폴란드인, 아일랜드인, 남아프리카인 등이 혈통주의적 국민정체성을 가지고 있는 반면, 스웨덴인, 프랑스인, 아랍계 이스라엘인, 호주인, 스위스인, 미국인 등이 압도적으로 시민적 모델에 가깝다고 분석하고 있다. 그는 시민적 요소를 중요하게 생각하면 타인종이나 다른 문화적 배경을 가진 사람들도 동료시민으로 받아들일 가능성이 높다고 주장한다.

종합해 보면, 기존의 분석들은 한국인의 국민정체성이 지금까지의 상식처럼 그렇게 종족 중심적이고 배타적이지 않다고 주장한다.

여기서 고려해야 할 흥미로운 주장은 Robinson(1999 xi, xii)의 것인데, 그는 시민적, 종족적 모델의 국민정체성이 이주에 대한 태도에 미치는 영향과 관련하여 다음과 같은 주장을 하고 있다.[2] 즉, 종족적 모델의 국민 개념을 가지고 있을 경우 오히려 이주를 엄격하게 규제 혹은 조절해야 한다고 보지 않는 경향이 있다는 것이다. 그 이유는 이주가 국민 개념에 전혀 위협이 되지 않기 때문이라는 것이다. 반면 시민적 모델의 국민 개념을 가지고 있는 경우는, 이주에 대한 통제의 결여가 곧바로 국민정체성에 대한 통제가 사라진다는 것을 의미하기 때문에 매우 신중한 태도를 보이게 된다는 것이다. 이주는 어떤 개인이라도 원하기만 하면 멤버십 절차를 밟을 수 있도록 허용하며, 따라서 국민의 통일성을 위협할 수 있다고 보기 때문이다. 이렇게 보면, 두 가지 요소의 중요성을 모두 낮게 평가하는 다원형의 의미는 두 가지로 해석될 수 있다. 기존의 연구자들이 주장한 것처럼, 이주자들에게 어떤 조건도 강하게 요구하지 않는다는 의미에서 이주자에 대해 가장 관대한 태도를 보인다는 것이 그 첫 번째 해석이다. 두 번째 해석의 가능성은 이 집단은 종족-혈통중심적 국민의식이 너무 강해서, 역설적으로 어떠한 조건

---

2) 로빈슨의 이러한 주장은 일차적으로 국민정체성과 이주정책의 관계에 대해 논의한 것으로서, 이를 국민정체성을 측정하는 경험연구의 분석에 적용하는 것이 부당하다고 생각할 수도 있겠다. 그러나 이주정책의 역사가 오래된 나라와, 짧은 나라의 경우 모두, 이주정책의 이념적 기반과 국민인식을 명확히 구분하는 것은 매우 어렵다. 이주의 역사가 오래된 경우는 이주정책이 국민들의 생활 곳곳에 배어 있어 정책적 이념이 자연스럽게 내/외국인의 경계에 대한 국민의식에 반영되어 있다. 이주의 역사가 짧아 이주정책의 이념적 기반이 아직 전사회적으로 확산되지 않은 경우에도, 정부가 외국인을 어떻게 대해야 한다는 막연한 생각이 국민됨의 자격 요건에 대해 묻는 질문에 응답할 때 자연스럽게 반영되기 마련이다. 따라서 국민됨의 자격 요건을 묻는 설문조사 결과를 분석함에 있어, 이주정책과 '순수' 국민정체성을 명확하게 구분하는 것이 오히려 더 문제가 있다.

도 이주자가 국민이 되기에 중요하지 않다는 것을 뜻할 수도 있다.

3. 연구방법

(1) 자료

본 연구분석을 위한 국내자료는 성균관대학교 서베이리서치센터가 한국종합사회조사(Korean General Social Survey: KGSS)의 일환으로 수행한 설문조사 자료 가운데, 국제사회조사연합(International Social Survey Programme: ISSP)의 2003년도 '국민정체성' 모듈자료를 주로 활용할 것이며, 국제비교를 위해서는 ISSP가 1995년과 2003년에 실시한 '국민정체성' 자료를 활용할 것이다. 1995년 ISSP 국민정체성 조사에는 23개국이 참가하여, 30,894명이 최종적으로 응답하였으며, ISSP 아카이브인 Zentralarchiv fuer Empirische Sozialforschung at University of Cologne에서 제공하고 있는 자료를 이용하였다. ISSP 2003년 조사에는 33개국이 참가하여, 44,170명이 최종적으로 응답하였다.

한국종합사회조사는 성균관대학교 서베이리서치센터가 2003년 7-8월 기간 동안 실시한 설문조사 자료이다. 이 조사는 전국 주민등록 전산자료로부터 다단계지역층화표본추출법(multi-stage area probability sampling)에 의해 추출된 2,000가구의 가구원들 가운데 만 18세 이상 성인 1명을 무작위 추출하여 조사대상자로 삼았으며, 부실한 응답사례를 제외한 1,315명의 최종 유효사례를 분석에 사용하였다.

(2) 국민정체성

본 연구에서는 각 나라 국민들이 자기나라의 국민이 되기 위하여 갖추어야 할 자격요건들을 어떻게 인식하고 있는가를 통하여 국민정체성

을 파악하고자 하였다. 앞서 이론적 배경에서도 살펴보았듯이, 근대시
민국가가 출현하면서 종족정체성과 동일시되었던 국민정체성 개념 속
에는 종족적 요인 이외에 근대국가개념에 맞는 시민적 요인들이 포함
되기 시작하였다. ISSP의 국민정체성 모듈조사에서도 국민이 되기 위
한 자격요건들 가운데 종족적 요인(ethnic factors)과 시민적 요인(civic
factors)을 나타내는 항목들이 포함되어 있다. "진정한 ○○나라 사람이
되기 위해서는 다음의 사항들이 어느 정도 중요하다고 생각하는지"를
4점 리커트척도(전혀 중요하지 않다 1점, 별로 중요하지 않다 2점, 다소 중요
하다 3점, 매우 중요하다 4점)로 물었다. 2003년 한국종합사회조사에서
제시했던 8개 항목은 다음과 같다.

> 첫째, 한국에서 태어나는 것 (출생)
> 둘째, 한국국적을 갖는 것 (국적소지)
> 셋째, 생애의 대부분을 한국에서 사는 것 (장기거주)
> 넷째, 한국어를 말할 수 있는 것 (언어)
> 다섯째, 유교의 가르침을 따르는 것 (문화적 전통)
> 여섯째, 한국의 정치제도와 법을 존중하는 것 (제도와 법 존중)
> 일곱째, 한국인임을 느끼는 것 (소속감)
> 여덟째, 한국인 조상을 가지고 있는 것 (혈통)

이 8개 항목들이 종족적 요인과 시민적 요인이라는 두 개의 서로 구
별되는 요인들을 반영하는지를 확인하기 위하여 국내 자료와 ISSP
1995년 및 2003년 자료를 요인분석하였다(〈표 1〉 참조).

〈표 1〉 국민됨의 자격요건항목 요인분석 결과

	1995년 ISSP 자료		2003년 ISSP 자료		2003년 KGSS자료
	요인 1	요인 2	요인1	요인2	
1. 출생	.852		.813		.764
2. 국적소지	.618		.556		.811
3. 장기거주	.762		.690		.700
4. 언어		.632		.651	.740
5. 종교(문화적 전통)	.655		.655		.560
6. 제도와 법 존중		.826		.816	.596
7. 소속감		.616		.641	.588
8. 조상(혈통)			.812		.697
고유값(eigen value)	2.969	1.042	2.719	1.911	3.370
분산설명력(%)	32.823	24.474	33.983	23.886	48.143
내적일관성(α)	.74	.56	.80	.59	.81

주 1) 요인추출방법: 주성분 분석, 회전방법: 베리멕스

1995년 통합자료와 2003년 통합자료를 요인분석한 결과, 모두 두 요인
이 추출되었으며, 국내 자료의 경우는 모든 항목이 1개 요인으로 적재
되었다. 2003년 자료를 기준으로, 첫 번째 요인으로 적재된 항목들은
출생, 국적소지, 장기거주 및 종교, 혈통 항목이었으며, 제도와 법 존
중, 소속감과 언어는 두 번째 요인으로 적재되었다. 제1요인이 종족적
요소를 반영한다면, 제2요인은 시민적 요인을 반영하는 것으로 볼 수
있다. 1995년 자료에서는 혈통을 자격요건으로 묻는 항목이 빠져 있어
서 이를 제외한 문항으로만 분석하였는데, 동일한 항목이 동일한 요인
으로 적재되었다. 혈통 외에도 출생은 일정 정도 귀속적 속성을 가지며,
장기거주, 종교 및 국적을 취득하는 것 역시 단기간에 쉽게 얻을 수 있
는 조건들이 아니기 때문에 종족적 요인에 가깝다고 볼 수 있겠다. 시민
적 요인으로 적재된 해당국의 정치제도와 법을 존중하고 그 나라 사람
임을 느끼고, 그 나라 말을 할 수 있다는 조건들은 개인들의 자발적 의

지에 의해 비교적 쉽게 획득될 수 있는 요소이므로 시민적 요인으로 보는 것이 타당해 보인다.

한국인들의 경우, ISSP 설문의 국민자격요건으로 제시된 모든 항목들이 모두 한 요인으로 분류되었다. 참고로 1995년 ISSP 자료를 국가별로 별도의 요인분석을 실시한 결과, 24개국[3] 중 15개 국가에서 두 요인이 추출되었으며, 9개 국가에서 한 요인이 추출되었다. 개별 항목들이 묶이는 방식도 나라별로 약간씩 차이가 있었는데, 출생, 국적소지, 장기거주, 종교 항목들과 제도/법 존중과 소속감 항목들은 한두 나라를 제외하고는 일관되게 서로 구별되는 요인으로 적재되었으며, 언어요인은 시민적 요인으로 적재된 경우가 여섯 나라, 종족적 요인으로 적재된 경우가 여섯 나라였다. 비록 일부 나라에서 두 요인 추출에 실패하였더라도 앞으로의 분석에서는 각 항목들이 갖는 이론적 함의를 존중하여 종족적 요인과 시민적 요인으로 나누어 살펴볼 것이다. 그리고 언어항목이 국가별 분석에서는 양쪽 요인에 양분되어 적재되었지만, 통합자료 분석결과에 따라 시민적 요인에 적재된 항목으로 분류하였다.

(3) 분석틀

본 연구의 목적은 주요 국가 국민들의 국민정체성이 국민자격요건의 중요성을 평가하는 측면에서 어떻게 구분되어 나타나는지를 분석하고, 이를 통해 한국인들의 국민정체성이 세계 여러 나라와 비교해 어떤 특징을 갖는지를 살펴보는데 있다. 이 분석을 위해 33개국의 국민정체성을 종족적 요인, 시민적 요인으로 구분하여 평균을 비교하는 한편, 종족적 요인과 시민적 요인 중 어느 요인을 더 중요시 하는가와 관련된 한 축과 이 요인들을 중요하게 생각하는 강도와 관련된 다른 한 축을 중심

---

3) 조사대상 국가는 23개국이지만 서독과 동독이 각각 조사되어 총 24개 사례로 분석됨.

으로 4분형 모델에서 한국이 어느 정도의 위치를 차지하는지를 살펴보고자 한다.

　먼저, 종족적 요인과 시민적 요인 중 어느 요인에 더 중요성을 두는지를 비교하기 위해 두 요인간의 비율(시민적 요인/종족적 요인)을 각 국가별로 비교하였다. 값이 1 이상, 높을수록 종족적 요인보다 시민적 요인을 중요하게 생각한다는 의미이다. 그러나 각 국가별로 계산된 두 요인간의 비율에서 시민적 요인이 종족적 요인보다 강하다는 것이 판명되더라도, 그것이 곧 국민의 자격 요건 고려 시 이 요인들을 얼마나 중요하게 생각하는가 하는 것을 말해주는 것은 아니다. 즉, 시민/종족적 요인의 비율 점수가 1.1로 동일하지만, 4점 척도에서 종족적 요인이 2.92이고, 시민적 요인이 3.13인 일본과 종족적 요인이 3.34이고 시민적 요인이 3.56인 칠레의 경우를 비교하여 비슷한 유형이라고 말하기 어렵다. 따라서 시민/종족적 요인의 비율점수가 동일하다 하더라도, 시민적 요인과 종족적 요인 모두를 중요하게 생각하여 적용하고 있는 국가군과, 두 요인을 모두 중요하지 않게 생각하는 국가군을 구분하여 비교해 볼 필요가 있는 것이다. 이는 평균값의 크기로 알 수 있는데, 전자는 이 값이 크며 후자는 작을 것이다.

	종족적 요소 약	종족적 요소 강
시민적 요소 강	**시민형** 시민/종족 비율이 높은 경우	**혼합형** 시민요인, 종족요인에서 모두 - 다른 국가와 비교했을 때- 평균값이 큰 경우
시민적 요소 약	**다원형** 시민요인, 종족요인에서 모두 - 다른 국가와 비교했을 때- 평균값이 작은 경우	**종족형** 시민/종족 비율이 낮은 경우

한 국가의 국민정체성이 종족적 모델인가, 시민적 모델인가는 시민/종족적 요인의 비율로 비교적 쉽게 추론할 수 있지만, 이것이 곧바로 외국인에 대한 배타성/포용성으로 이어진다고 보기는 어렵다. 외국인 혹은 이주민에 대해 포용적인가, 아니면 배타적인가는 국민됨의 자격요건을 -그것이 시민적 성격이 되었던, 종족적인 성격이 되었던 상관없이- 중요하게 생각하여 엄격하게 적용하려는 경향과 밀접하게 연관되어 있기 때문이다.

Robinson(1999)의 주장을 고려해 보면, 종족적 요인과 시민적 요인이 모두 낮게 조사되는 국가군은 흔히 주장되듯 이주민에 대해 관대한 태도를 보인다기보다는 오히려 배타적이라고 해석될 수도 있다. 왜냐하면 역설적으로 국민됨의 어떤 요건들도 국민됨의 경계 변화에 영향을 미치지 않는다는 것을 뜻할 수도 있기 때문이다. 국민됨의 조건이 명확하지 않다는 것은 자격요건을 통해 국민이 되는 길이 상대적으로 막혀 있다는 것을 뜻한다. 이런 맥락에서 〈다원형〉은 〈강한종족형〉으로도 해석될 수 있겠다.

4. 한국인의 국민정체성은 다른 나라 사람들보다 더 종족적이고 배타적인가?

먼저 1995년 조사결과를 대상으로, 국민정체성을 종족적 요인과 시민적 요인으로 구분한 다음 23개 국가(동독과 서독이 각각 조사되어 총 24개 국가 사례)를 비교하여 제시하였다(〈표2〉 참조). 한국 자료는 2003년 KGSS 조사결과로서, 비교를 위하여 제시하였다.

〈표 2〉 나라별 국민됨의 자격요건 비교: 종족적 요인과 시민적 요인(1995년)

종족적 요인(a)		시민적 요인(b)		시민/종족 비율(b/a)	
1. 필리핀(RP)*	3.52	N	3.65	S	1.40
2. 불가리아(BG)	3.32	S	3.62	NL	1.36
3. 아일랜드(IRL)*	3.22	AUS	3.58	N	1.33
4. 미국(USA)	3.10	BG	3.55	CDN	1.32
5. 오스트리아(A)	3.09	USA	3.55	AUS	1.30
6. 이태리(I)*	3.07	A	3.54	SK	1.27
7. 폴랜드(PL)	3.07	SK	3.53	D-W	1.26
8. 한국(KOR)*	2.97	RP	3.52	LV	1.24
9. 영국(GB)*	2.96	CZ	3.52	CZ	1.24
10. 스페인(E)*	2.93	SLO	3.50	NZ	1.23
11. 슬로베니아(SLO)	2.90	LV	3.49	SLO	1.22
12. 러시아(RUS)	2.89	NZ	3.49	D-E	1.21
13. 헝가리(H)	2.89	H	3.46	H	1.20
14. 체코(CZ)*	2.86	CDN	3.44	RUS	1.18
15. 뉴질랜드(NZ)	2.82	PL	3.43	A	1.14
16. 라트비아(LV)	2.81	RUS	3.42	USA	1.14
17. 슬로바키아(SK)	2.79	I	3.38	GB	1.13
18. 일본(J)*	2.79	GB	3.36	PL	1.12
19. 노르웨이(N)	2.78	NL	3.35	J	1.11
20. 호주(AUS)	2.75	D-W	3.34	KOR	1.11
21. 동독(D-E)*	2.69	KOR	3.29	I	1.10
22. 서독(D-W)*	2.66	D-E	3.29	E	1.09
23. 스웨덴(S)	2.60	E	3.20	BG	1.07
24. 캐나다(CDN)	2.58	J	3.11	RP	1.00
25. 네덜란드(NL)	2.47	IRL	3.07	IRL	0.95
전체	2.90	전체	3.43	전체	1.18

주: 1) *표시는 요인분석결과 1개 요인만 추출된 국가임.
  2) 한국의 경우는, 2003년 KSGG 자료를 사용하되, ISSP 1995년 문항과의 통일성을 위해 "한국인 조상을 갖는 것"은 분석에 포함시키지 않음.

전체적으로 보았을 때, 아일랜드와 필리핀을 제외하고 대부분의 국가들이 시민적 요인을 종족적 요인보다 더 중요하게 평가하고 있다. 필리핀, 불가리아, 아일랜드, 미국, 오스트리아순으로 종족적 요인들을 중요하게 평가하고 있으며, 종족적 요인을 가장 낮게 평가하는 국가들은 네덜란드, 캐나다, 스웨덴, 독일, 호주, 노르웨이, 일본 등이다. 시민적 요인을 중요하게 평가하는 국가들은 노르웨이, 스웨덴, 호주, 불가리아, 미국 순이며, 낮게 평가하는 국가들은 아일랜드, 일본, 스페인, 독일 등이다. 이들과 한국을 비교하여 보았을 때, 한국은 24개국 가운데 종족적 요인은 8위로 비교적 높게 평가하는 국가군에 들어가며, 시민적 요인은 21위로 낮게 평가하는 국가군에 속한다.

<표 3> 4분형 모델에 따른 국가비교

	종족적 요소 약	종족적 요소 강
시민적 요소 강	시민형 스웨덴, 네덜란드, 노르웨이, 캐나다	필리핀, 오스트리아, 미국
시민적 요소 약	일본, 독일	종족형 아일랜드, (필리핀)

이상의 결과를 4분형 모델에 따라 대표적인 국가들을 구분하여 보면, <표3>과 같다. 종족적 요소가 약하면서 동시에 시민적 요소가 강한 경우는 <시민형>으로 구분될 수 있는데, 스웨덴, 네덜란드, 노르웨이, 캐나다 등의 국가들이 이에 해당된다. 반면, 종족적 요소가 강하면서 시민적 요소가 약한 <종족형>에는 아일랜드가 속한다.

흥미로운 것은 종족적 요소도 강하고 시민적 요소도 강한 소위 <혼합형>인데, 이 경우에는 필리핀, 오스트리아, 미국 등이 해당된다. 이들 국가는 종족적 요소나 시민적 요소건 상관없이 이주민들에게 엄격한 자격요건을 요구한다는 점에서 공통적이다. 이들 국가의 특성을 고려해

보았을 때, 종족적 요인이 강하더라도 시민적 요인이 동시에 강하면, 문화적 전통을 따름이나 출생, 거주 등의 종족적 요인 항목들이 −종족적 배타성을 의미한다기보다− 문화적 통합의 한 조건으로 이해되는 경향이 있다는 것을 의미한다고 보여진다.

가장 의미 있는 결과는 종족적 요소와 시민적 요소에서 모두 낮은 점수를 보이는 국가군이다. 흥미롭게도 이 군은 "관대"하기보다는 이주민에 대해 매우 배타적인 태도를 보이는 대표적인 국가들이 속해 있다. 이 결과는 역설적으로 어떤 자격요건도 자신들의 "국민" 개념의 경계변화에 영향을 주지 않는다는 것을 보여준다고 해석될 수 있다. 이 해석은 독일과 프랑스를 비교 연구한 Brubaker(1992)의 논의를 볼 때 더욱 명확해진다. 그의 논의에서 추론해보면, 독일의 경우 역사적으로 종족문화공동체의 발현이 국가라는 생각이 지배적이었기 때문에, 국가 멤버의 변화가, 국가에 선재하는 것으로 가정된 종족문화공동체의 경계에 큰 영향을 미치지 않고 있는 것으로 보인다. 일본의 경우도 이와 유사하다고 할 수 있다. 국민정체성 자격요건 설문에서 '조상(혈통)' 항목이 포함된 2003년 조사 결과에서 일본의 종족적 요소 평균값이 많이 상승했다는 것도 이러한 주장을 지지해 준다. 즉, 독일과 일본은 종족적 요소가 낮아서 소위 〈다원형〉에 속한 것으로 나온 것이 아니라, 오히려 종족적 요소가 너무 강하기 때문에 그럴 수 있다는 것이다.

〈표 4〉 나라별 국민됨의 자격요건 비교: 종족적 요인과 시민적 요인(2003년)

	종족적 요인(a)		시민적 요인(b)		시민/종족 비율(b/a)	
1	필리핀 (RP)	3.61	USA	3.69	S	1.46
2	베네수엘라 (VE)	3.52	VE	3.64	FR	1.38
3	칠레 (CL)	3.34	RP	3.63	N	1.30
4	폴란드 (PL)	3.3	FR	3.63	AUS	1.28
5	남아공 (ZA)	3.28	DK	3.61	DK	1.26
6	미국 (USA)	3.24	CDN	3.59	CH	1.24
7	러시아 (RUS)	3.21	N	3.57	FI	1.24
8	아일랜드 (IRL)	3.17	CL	3.56	D-E	1.23
9	포르투갈 (PT)	3.16	UY	3.56	D-W	1.23
10	우루과이 (UY)	3.15	IL-J	3.54	SLO	1.22
11	유대계이스라엘 (IL-J)	3.11	S	3.54	H	1.19
12	캐나다 (CDN)	3.06	H	3.53	NZ	1.19
13	오스트리아 (A)	3.05	NZ	3.51	TW	1.18
14	스페인 (E)	2.98	AUS	3.48	GB	1.18
15	한국 (KOR)	2.98	PL	3.45	CDN	1.17
16	헝가리 (H)	2.96	A	3.45	CZ	1.15
17	뉴질랜드 (NZ)	2.96	RUS	3.41	USA	1.14
18	일본 (J)	2.92	SLO	3.4	IL-J	1.14
19	아랍계이스라엘 (IL-A)	2.91	PT	3.39	SK	1.14
20	체코 (CZ)	2.89	GB	3.35	A	1.13
21	덴마크 (DK)	2.87	FI	3.35	UY	1.13
22	영국 (GB)	2.85	CZ	3.31	KOR	1.10
23	슬로베니아 (SLO)	2.78	D-W	3.3	E	1.08
24	노르웨이 (N)	2.75	KOR	3.29	PT	1.07
25	타이완 (TW)	2.74	CH	3.26	J	1.07
26	슬로박공화국 (SK)	2.73	TW	3.23	CL	1.07
27	호주 (AUS)	2.72	D-E	3.22	RUS	1.06
28	핀란드 (FI)	2.71	E	3.21	PL	1.05
29	서독 (D-W)	2.69	ZA	3.19	VE	1.03
30	프랑스 (FR)	2.63	J	3.13	IL-A	1.02
31	동독 (D-E)	2.62	SK	3.1	RP	1.01
32	스위스 (CH)	2.62	IL-A	2.96	ZA	0.97
33	스웨덴 (S)	2.42	IRL	2.91	IRL	0.92
	Total	2.99		3.41	전체	1.14

주: 1) 불가리아, 라트비아는 분석에서 제외됨.

2003년 조사를 보면, 아일랜드와 남아프리카공화국, 필리핀을 제외하고 대부분의 국가들이 시민적 요인을 종족적 요인보다 더 중요하게 평가하고 있다. 종족적 요인만 보았을 때, 1995년과 마찬가지로 필리핀이 가장 높았으며, 그 다음으로 베네수엘라, 칠레, 폴란드, 남아공 순이었다. 시민적 요인을 중요하게 평가하는 국가들은 미국, 베네수엘라, 필리핀, 프랑스, 덴마크 등이었으며, 시민적 요인을 낮게 평가하는 국가들은 1995년에도 이 군에 속했던 아일랜드 외에, 2003년에 새롭게 조사에 추가된 아랍계 이스라엘과, 슬로박공화국, 일본 등이었다. 이스라엘을 아랍계 이스라엘과 유대계 이스라엘로, 독일을 동독과 서독으로 구분하여 총 33개 국가와 비교한 결과, 한국은 종족적 요인은 15위로 비교적 높게 평가하는 국가군에 들어가며, 시민적 요인은 24위로 비교적 낮게 평가하는 국가군에 속한다.

〈표 5〉 4분형 모델에 따른 국가비교

	종족적 요소 약	종족적 요소 강
시민적 요소 강	시민형 스웨덴, 노르웨이, 스위스, 덴마크, 프랑스	필리핀, 베네수엘라, 미국
시민적 요소 약	아랍계 이스라엘, 슬로박공화국, 독일	종족형 아일랜드, 남아공, (필리핀)

2003년 결과를 4분형 모델에 따라 구분하여 보면, 〈표5〉와 같다. 1995년과 비교해 보았을 때, 기본적으로 각 유형별로 매우 유사한 국가들이 포진해 있음을 알 수 있다. 1995년과의 차이를 중점적으로 보면, 시민형의 경우 1995년에 조사대상이었던 네덜란드가 2003년 조사에서 빠져 있어 〈시민형〉에서 제외되었을 뿐, 1995년과 대부분 동일한 국가들이 해당된다. 종족형의 경우도, 2003년에 새롭게 조사된 남아프리카공화국이 포함된 것에 차이가 있을 뿐, 변화가 없다.

종족적 요소와 시민적 요소가 모두 강한 소위 〈혼합형〉의 경우는 2003년에 처음 조사된 베네수엘라 외에 약간의 변화가 있다. 즉 1995년에 혼합형에 속했던 오스트리아의 경우 2003년 조사에서 시민적 요소가 많이 약해져서 혼합형에서 제외되었다.

마지막으로 두 요소 모두가 약한 소위 〈다원형〉의 경우도 새롭게 조사된 이스라엘과 슬로박공화국이 포함된 것 외에 일본의 변화가 주목할 만하다. 일본의 경우, 1995년에 비해 2003년 조사에서 종족적 요소 점수가 많이 상승하여, 종족적 요소와 시민적 요소가 모두 약한 군에서, 보다 종족형에 가까워졌음을 확인할 수 있다. 이러한 변화는 8년이라는 두 조사시점의 차이 동안에 발생한 국민정체성의 변화라기보다는 설문 문항의 변화와 관계가 있는 것으로 보인다. 즉 2003년 조사에는 종족적 요소에서 "혈통"을 묻는 문항이 추가되었고, 1995년에 각 국가별로 지배적인 종교를 하나씩 지목한 후 그것의 전통을 따르는 것이라고 특정화되어 질문되었던 것이, 2003년에는 각 국가의 문화적 전통을 따르는 것이라는 보다 포괄적인 문항으로 수정되어, 특히 하나의 종교적 전통이 지배적이지 않거나 혈통적 전통이 강한 국가의 경우 종족적 요소의 점수에 변화가 생겼을 가능성이 높다.

〈그림 1〉 1995년 결과와 비교해본 한국의 위치　〈그림 2〉 2003년 결과와 비교해본 한국의 위치

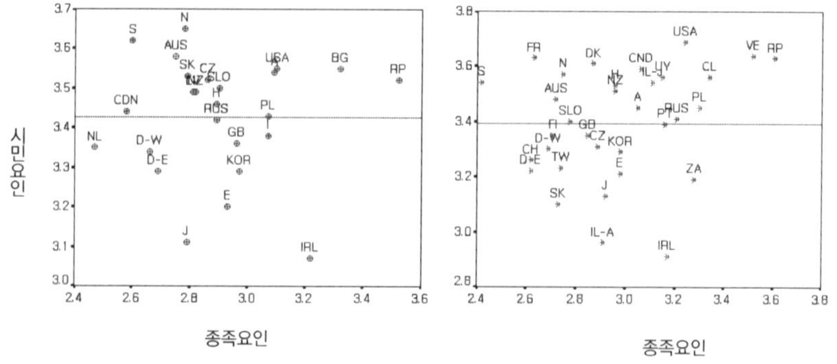

〈그림 1〉과 〈그림 2〉는 종족요인과 시민요인의 국가별 평균점수를 2개의 축으로 제시하여 놓은 것이다. 가운데 가로선은 Y축인 시민적 요인의 전체 평균값으로 참고를 위해 제시해 놓았다. 그림에서 볼 때, X축과 Y축의 점수가 같은 대각선(시민/종족비율=1)을 기점으로 아래쪽(즉 시민/종족 비율〈 1)에 위치해 있는 국가들이 4분형 모델에서 〈종족형〉에 해당한다. 그림에서 볼 때, 1995년에는 아일랜드, 2003년에는 아일랜드와 남아공이 해당됨을 확인할 수 있다. 반대로 대각선 기점에서 멀리 떨어져 있을수록, 즉 좌측 상단에 위치할수록 〈시민형〉에 해당된다. 프랑스, 노르웨이, 덴마크, 호주 등이 위치해 있다. 좌측 하단에는 시민요인과 종족요인이 모두 약한 군이, 좌측 상단에는 두 요인이 모두 강한 군이 위치해 있다.

1995년과 2003년을 비교해 보았을 때, 종족요인의 평균값이 좀 더 높아짐으로써(2.90→2.99) 전반적으로 약간 우측으로 이동한 것을 제외하고는 대부분의 국가들이 비슷한 위치를 점하고 있음을 확인할 수 있다. 대표적으로 변화를 보인 국가는 일본, 오스트리아, 캐나다 등이다. 오스트리아는 시민적 요소는 낮아지고 종족적 요인은 높아진 반면, 일본은 종족적 요인이 높아졌다. 캐나다는 좌측 상단에서 우측 상단으로 이동하여, 〈시민형〉에서 〈혼합형〉에 더욱 가까워졌다. 일본의 경우는 위에서 설명한 것처럼 설문문항의 변화가 영향을 미쳤을 가능성이 높지만, 흥미로운 것은 오스트리아와 캐나다의 변화이다. 오스트리아는 최근 강력해지고 있는 반이주민정서를 반영하고 있는 것으로 보이며, 캐나다의 경우는 오랫동안 유지해왔던 다문화주의 정책으로부터의 후퇴와 문화적 통합에 대한 국민적 지지 상승이 어느 정도 반영된 것으로 보인다.

2003년의 경우, 한국의 위치는 종족요인이 전체 평균값인 2.99와 비슷한 2.98이고, 시민요인이 전체 평균값인 3.41보다 낮은 3.29로서 〈시민형〉과 〈종족형〉의 중간에 위치해 있음을 확인할 수 있다. 일본과 비교했을 때, 좀 더 〈시민형〉에 가까우며, 자격요건을 비교적 중요하게 평가하고 있다. 그러나 전체적으로는 좌측 하단에 가깝게 위치하고 있어 〈다원형〉(이 글의 해석에 따르면 강한종족형) 혹은 〈종족형〉에 보다 가깝다고 할 수 있다.

5. 결론

우리는 오늘날까지 한국인의 국민정체성이 매우 종족중심적이고 배타적인 성향을 가지는 것으로 이해해왔다. 현재까지 우리가 겪어온 역사적 경험들을 돌이켜볼 때 한국인의 국민정체성에 대한 이러한 주장은 매우 설득력 있게 들린다. 그런데 이와 같은 우리 자신에 대한 자기평가를 다른 나라의 경우와 비교해볼 수 있는 기회가 거의 없었다. 마침 한국종합사회조사(KGSS)가 ISSP의 국민정체성 모듈을 통합하여 함께 조사함으로써 비로소 이런 국제비교를 해볼 수 있는 기회를 가질 수 있게 되었다.

'진정한 한국인이 되기 위한 자격조건'의 중요성에 대한 평가를 분석한 본 연구를 통하여 밝혀진 한국인의 국민정체성의 특징은 다음과 같이 요약해볼 수 있다.

첫째, 국민정체성을 구성하는 종족적 요인과 시민적 요인들 가운데 시민적 요인을 종족적 요인보다 더 중요한 것으로 평가하고 있으며, 이는 아일랜드, 남아공, 필리핀을 제외한 모든 나라 국민들에게 유사한 경향성이다.

둘째, 4분형 모델에 따르면, ISSP 국민정체성 조사에 참여한 국가들 가운데 〈시민형〉에 가까운 국민정체성을 갖는 나라는 스웨덴, 노르웨이, 스위스, 덴마크, 프랑스 등이다. 〈시민형〉은 -출생, 거주, 문화(종교)적 전통, 국적소지보다는- 언어, 법존중, 소속감 등의 시민적 요인을 중요하게 생각하는데, 쉽게 말하면 국적을 소지하지 않더라도, 문화적 배경이 다르더라도 영토 안에 거주하는 사람들에 대해서는 포용적인 입장을 보인다는 것을 의미한다. 그러나 이는 이민법적으로 이주민을 받아들이는 것(intake)이 용이하다는 의미에서 개방적이라는 것을 의미하지는 않는다. 오히려 이민법적으로 이주민 수용 조건이 까다롭게 되어 있기 때문에 상대적으로 문화적 다양성이나 국적소지여부에 관대할 수 있다. 이 분석결과에서도 스웨덴을 제외한 노르웨이, 스위스, 덴마크 등 〈시민형〉에 속한 국가들이 모두 이민법을 까다롭게 하고 엄격한 정치공동체 구성원으로서의 충성을 요구한다는 공통점을 가지고 있다는 것을 발견할 수 있다. 스웨덴도 최근 이러한 강력한 이민법 대열에 가세하고 있다.

셋째, 〈혼합형〉의 대표적인 경우는 미국이라고 할 수 있는데, 이 경우는 시민적 요소와 종족적 요소를 모두 중요하게 평가하는 경우이다. 국민됨의 자격요건을 엄격하게 적용한다는 것은 문화적 다양성이나 국적소지여부에 엄격하다는 점에서 배타적이라고 할 수 있지만, 동시에 어떤 면에서는 포용적이라고 할 수 있다. 즉 국민됨의 자격요건을 엄격하고 강하게 요구한다는 점에서는 배타적이라고 할 수 있지만, 국민됨의 자격요건을 통해 국민이 될 수 있다는 전제 하에 그 조건을 명확하게 제시한다는 점에서는 오히려 포용적이라고도 할 수 있다. 속지주의이면서 이민국의 전통이 오래된 나라일수록 이에 해당될 가능성이 높은데, 본 결과는 이를 증명해준다. 전통적인 이민국의 경우 종족형과는 다른 방식으로 국적소지나 문화적 통합이 국민됨에 중요하게 작동한다. 1995년 조사에 비해, 2003년의 조사에서 대표적인 이민국의 하나인 캐나다도 〈혼합형〉의 방향으로 이동하고 있음을 확인할 수 있다.

넷째, 〈다원형〉에는 가장 포용적이라는 기존의 주장과는 다르게 가장 배타적인 국가들이 위치해 있다. 이 결과는 종족적 모델에 가까울수록 오히려 어떤 국민됨의 조건도 중요하게 여기지 않을 가능성이 높다는 것을 증명해 주는 것으로 해석된다.

이상을 통해 보았을 때 결론적으로, 한국은 일본보다는 시민/종족 비율이 높고, 평균값 자체도 높아 보다 명확한 국민됨의 자격요건을 제시하고 요구한다는 점에서 덜 배타적인 특성을 가지고 있다고 해석될 수 있다. 그러나 전체 국가와 비교해 보았을 때, 상대적으로 여전히 〈종족형〉이나 〈다원형〉에 가깝다. 4분형의 모델로 국제비교를 해 보았을 때 기존의 연구들과는 달리 한국의 국민정체성이 여전히 종족적 성격을 강하게 띠고 있다는 것을 확인하게 해 준다.

본 연구는 국민정체성의 국제비교를 보다 다차원적으로 접근했다는 점에서 의의가 있다. 향후 개별국가의 이민법과 시민권 제도를 국민정체성의 분포와 체계적으로 연계하여 분석하는 연구들이 나오기를 기대한다. 이런 연구가 제대로 진행될 때야 비로소 과연 전 세계 국가들이 글로벌 시민성에 얼마만큼 근접해가고 있는지를 가늠할 수 있을 것이다.

이 글은 *Comparative Korean Studies* 19권 1호(2011년 4월 30일 발행)에 게재되었던 논문을 수정·보완하여 수록한 것이다.

참고문헌

강원택, 「한국인의 국가정체성과 민족정체성: 대한민국 민족주의」, 강원택 편, 『한국인의 국가정체성과 한국정치』, 동아시아연구원, 2006.

김동성, 『한국민족주의 연구』, 오름, 1995.

법무부, 「출입국·외국인정책 통계월보」 2010년 12월호, 출입국·외국인정책본부, 2011.

석현호·정기선·이정환·이혜경·강수돌, 『외국인 노동자의 일터와 삶』, 서울: 지식마당, 2003.

윤인진·송영호·김상돈·송주영, 『한국인의 이주노동자와 다문화사회에 대한 인식』, 이담(한국학술정보), 2010.

최현, 「한국인의 다문화 시티즌십(multicultural citizenship): 다문화의식을 중심으로」, 『시민사회와 NGO』 5.2 (2007): 147-205.

황정미, 「한국인의 다문화 수용성 분석: 새로운 성원권의 정치학(Politics of membership)의 관점에서」, Incorporating Immigrants and Redefining Social Membership in a Multicultural Society. International Conference (10. December 2010). KOSSREC, 2010.

Alfonsi, Alfonso. "Citizenship and National Identity: the Emerging Stirring in Western Europe." In T.K. Oosman. Ed. *Citizenship and National Identity.* Sage Publication, 1997.

Bogardus, Emory S.. "Measuring Social Distance." *Journal of Applied Sociology* 9 (1996): 299-308.

Breakwell, G. M. and E. Lyons. Eds. *Changing European Identities: Social Psychological Analyses of Social Change.* Oxford: Butterworth-Heinemann, 1996.

Brubaker, Rogers. *Citizenship and Nationhood in France and Germany.* Cambridge: Harvard University Press, 1992.

Castles, S., M. Kalantzis, B. Cope and M. Morrissey. *Mistaken Identity: Multicultralism and the Demise of Nationalism in Australia.* Sydney: Plute Press, 1988.

Choe, Hyun. *National Identity and Citizenship in China and Korea.* Ph.D. Dissertation, Irvine, University of California, 2003.

Cristiansen, Flemming and Ulf Hedetoft. Eds. *The Politics of Multiple Belonging: Ethnicity and Nationalism in Europe and East Asia.* Research in Migration and Ethnic Relations Series, 2002.

Evans, M. D. R. and Jonathan Kelley. "National Pride in the Developed World: Survey Data from 24 Nations." *International Journal of Public Opinion Research* 14.3 (2002): 303-338.

Fitzgerald, Keith. *The Face of the Nation: Immigration, the State, and the National Identity.* Standford, CA: Stanford University Press, 1996.

Gellner, Ernest. *Nations and Nationalism*. Oxford, England: Blackwell, 1983.

Hedetoft, Ulf and Mette Hjort. Eds. *The Postnational Self: Belonging and Identity*. University of Minnesota Press, 2002.

Hopkins, Nick and Neil Murdoch. "The Role of the 'Other' in National Identity: Exploring the Context-dependence of the National Ingroup Stereotype." *Journal of Community and Applied Social Psychology* 9 (1999): 321-338.

Hutchinson, J.. *Modern Nationalism*. London: Fontana Press, 1994.

Ireland, Patrick. *Becoming Europe: Immigration, Integration and the Welfare State*. Pittsburgh: University of Pittsburgh Press, 2004.

Johns, F. and F. Smith. "Individual and Societal Bases of National Identity: A Comparative Multilevel Analysis." *European Sociological Review* 17.2 (2001): 103-118.

Kennedy, Paul T. and Catherine J. Danks. Eds. *Globalization and National Idenitities: Crisis or Opportunity?*. Basingstoke: Palgrave Macmillan, 2001.

Kleg, Milton and Kaoru Yamamoto. "As the World Turns: Ethno-racial Distances after 70 Years." *The Social Science Journal* 35.2 (1998): 183-190.

Lahav, Gallya. *Immigration and Politics in the New Europe. Reinventing Borders*. Cambridge: Cambridge University Press, 2004.

McManus-Czubinska, Clare, William L. Miller, Radoslaw Markowski and Jacek Wasilewski. "Understanding Dual Identities in Poland." *Political Studies* 31 (2003): 121-143.

Oosman, T. K.. *Citizenship and National Identity*. Sage Publication, 1997.

Robinson, Vaughan. *Migration and Public Policy*. Cheltenham, UK: Edward Elgar Publishing, 1999.

Shin, Gi-Wook, James Freda and Gihong Yi. "The Politics of Ethnic Nationalism in Divided Korea." *Nations and Nationalism* 5.4 (1999): 465-484.

Shore, Cris. "Whither European Citizenship? Eros and Civilization Revised." *European Journal of Social Theory* 7.1 (2004): 27-44.

Smith, A.. *National Identity*. London: Penguin Books, 1991.

Soysal, Yasemin Nuhoglu. *Limits of Citizenship: Migrants and Postnational Membership in Europe*. Chicago: University of Chicago Press, 1994.

Wallace, H.. Ed. *Interlocking Dimensions of European Integration*. Basingstoke: Palgrave Macmillan, 2001.

Wigging, James A., Beverly B. Wiggins, and James Vander Zanden. *Social Psychology*. 5th Ed. New York: McGraw-Hill Inc., 1994.

결혼이주 여성의 가정(Home) 만들기

: 문화 접경지대 번역자로서의 이주여성

김현미[*]

1. 문제제기

최근 한국에서 국적이 다른 사람들 간의 결혼이 급증하고 있다. 2009년 6월 30일 현재 결혼을 통해 한국에 와서 살고 있는 외국인은 총 126,155명으로, 이 가운데 한국 남성과 결혼한 외국인 여성이 110,832명, 한국 여성과 결혼한 외국인 남성이 15,323명을 차지한다.[1] 현재 국적을 취득한 이주여성이 4만 5천 명을 넘어서면서 결혼이주여성의 총수는 15만 5천 명을 넘어섰다. 결혼이주자의 대부분을 차지하고 있는 외국인 여성 가운데 조선족인 한국계 중국인 및 중국인이 전체의 50% 이상을 차지하며, 베트남, 필리핀, 캄보디아, 몽골, 태국 등이 그 다음을 잇는다. 한국인과 결혼하는 외국인의 국적이 점차 다양해지고, 이로써 생긴 국제결혼가족들이 농촌과 도시 전 지역에 분포되어 살면서 이는 한국사회의 자연스런 현실로 자리 잡고 있다.

국제결혼은 한편으로는 한국인들이 국적과 인종, 지역을 초월하여 '사랑'을 하고 '가족'을 만든다는 점에서 한국 사회의 고질적인 외국인

기피증을 고쳐나가는 데 큰 기여를 할 뿐만 아니라, 폐쇄적인 단일민족주의에서 벗어나 개방적인 다문화사회를 만들어가도록 도와준다. 2006년 이후 '결혼이민자' 사회 통합을 지향해 온 한국 정부의 이주 정책이 다각도에서 발전되어 온 것이 사실이지만, 이주여성들에 대한 정부와 한국 사회의 관점이 한국어와 한국 문화 학습을 통해 여성들은 자연스럽게 '정착'을 하면서 사회통합이 이루어진다는 관점으로 진행되어지고 있다. 그러나 이민자들에 대한 사회통합은 단일문화사회로 이주민들이 어떻게 '녹아들어 갔는지'의 여부를 측정하기보다는 이민자와 선주민(先住民)의 '관계적' 지표를 통해 분석하는 것이 유효하다는 주장이 제기되고 있다.[2] '관계적' 지표는 이민자들이 정착 과정에서 주류 문화에 영향을 받는 것처럼 선주민들도 이민자와의 상호작용을 통해 영향을 주고받게 되는 것에 주목한다. 이 과정에서 새롭게 만들어지고 발전되는 사회적 관계와 문화적 형태들에 주목하는 것이 다문화주의적인 접근이라 할 수 있을 것이다. 이러한 관점으로 한국사회를 고찰할 때, 이주여성들만이 일방적으로 한국사회로부터 영향을 받는 것이 아니라 한국인들 역시 다양한 국가출신의 여성들로부터 영향을 받고 있음을 고려해야 한다. 이처럼 이주여성이라는 타자의 눈을 통해 한국 문화 또는 한국 문화라고 정의되는 특징들을 '낯설게' 보고 성찰하려는 노력이 있어야만 다문화적 인식의 확장이 이루어진다.

이주자는 이주하는 지역의 문화를 습득해가는 동시에 자신의 문화를 '운반'하며 이동한다. 인간은 특정 지역에서 자라고 성장하면서 고유의 문화를 획득해가는 '문화적 존재'이고, 이주는 문화를 옮기고 만나게 하며 문화적 차이를 협상해가는 과정이기 때문이다. 다른 문화를 만나 '차

---

2) Patrick Ireland, *Becoming Europe: Immigration, Integration, and the Welfare State*, Pittsburgh: University of Pittsburgh Press, 2004; Ruth Lister, et al., *Gendering Citizenship in Western Europe*, Bristol: The Policy Press, 2007.

이'를 인식하기 전에 모든 사람들은 자신의 문화가 가장 보편적이며 당연한 것처럼 생각한다. 그러므로 이주가 만들어내는 문화 접촉지대는 타문화에 대한 자신의 사회적 상상력이 얼마나 현실과 다른가에 대한 인식이 생겨나는 공간이다. 또한 구성원들로 하여금 자신의 정체성을 구성했던 '뿌리' 문화를 의식적으로 삭제해나가거나 선택적으로 강조하며 '협상'과 '교섭'을 만들어내게 하는 지점이기도 하다.

본 논문은 한국에 살고 있는 결혼이주 여성의 사례를 통해 이들이 접촉한 한국의 문화적 경관을 '집' 또는 '가정'이라는 지점을 통해 사유해보고 이들이 '차이'를 인식하고 해석하는 방식을 분석하려는 시도이다. 이때 집 또는 가정은 구체적인 물질성을 갖는 장소이며, 동시에 집이나 가정에 부착된 고유한 문화적 가치들이 '경합'을 벌이는 장소이다. 기존의 연구들이 이주여성의 적응 과정을 사회나 공동체로의 통합에 관심을 가졌다면 이 글은 가장 기초적이고 전면적인 경험의 단위인 가정을 초점으로 여성의 이주 경험을 분석한다. 특히 한국에 온 결혼이주 여성이 가정이라는 공간에서 한국 문화를 어떻게 경험하고 이해하고 있는지를 통해 여성들의 해석성을 강조하고자 한다.[3] 이는 이주여성이 한국 사회에서 겪는 사회문화적 갈등이나 적응의 과정을 강조하려는 의도보다는 이들이 문화적 차이를 어떻게 인지하며 두 문화의 차이를 중재하고 번역하고 있는지에 주목함으로써 이주여성을 문화 번역자의 위치로 구성해내려는 시도이다. 이 글은 한국의 가부장적 가정으로 이주한 여성

---

3) 이 글에서는 이런 의미들을 아우르는 개념으로 가정(Home)이란 개념을 사용한다. 구체적으로는 문숙재, 윤소영(2000)의『결혼과 노동』, 교문사, 7쪽에 설명된 가정의 개념을 활용한다. 여기서 가정이란 "가족이 있는 장소, 즉 가족이 주거하는 장을 의미하고" 한편 "가족집단이나 가정생활의 의미를 가지는 친지, 부부 등이 생활을 함께 하는 사회최소의 집단을 일컫는 말로, 가족의 인간관계와 생활관계 등을 전반적으로 막연하게 나타낼 때 사용하는 개념"이며 "혈연사회의 근원적 단위로, 집, 가족, 가정 생활을 포함하는 역동적인 생활 측면을 묘사하는 용어"로 사용한다.

들이 자신의 문화적 뿌리를 가정에 운반하고 부분적으로 현실화시키면서 유동하는 정체성을 어떻게 만들어내는지에 주목한다. 이주여성들의 해석은 한국 가정의 변화를 포착할 수 있는 사례를 제공해 줄 뿐만 아니라 한국 가정의 모순을 '간파'하고 낯설게 보게 하는 데 기여한다. 이를 통해 이주여성들이 '참여'하여 구성하고 있는 한국의 가족 문화는 안정성, 질서, 상징적 통일성과 체계를 가진 구조가 아니라 이질적인 문화적 요소들이 경합과 결합을 이뤄나가는 과정 중에 있음이 드러난다. 이 글에 등장하는 이주여성의 사례는 필자가 2005년부터 최근까지 개별적으로 면접한 사례와 2009년부터 2010년까지 서울, 인천, 김포, 양산에서 이주여성과 가진 집담회나 다문화 교육 시간을 통해 나눈 대화에서 발췌한 것과 이주여성이 쓴 수기나 이주여성을 다룬 학술지 등에서 인용한 것이다.

2. 문화 접경지대로서의 가정

이주여성들은 한국이라는 공간으로 이주하지만 한국 문화와 직접적으로 대면하며 관계를 만들어가는 일차적인 공간은 이들의 새로운 가정(Home)이다. 이런 의미에서 한국의 가정은 이질적인 문화들이 교류하고 교차되는 문화 접경지대이다. 로살도는 문화 접경지대는 '히스테리적' 공간이자 창조적 공간이라는 양면성을 지닌다는 점을 지적한다.[4] 문화 접경지대는 견고한 경계 안에서 자신의 정체성을 형성해 온 사람들에게 '접경지대 히스테리(borderlands hysteria)'를 불러일으킨다. 인종, 젠더, 나이, 국적, 생활양식, 지위 등이 다른 사람들 간의 문화적 교류와 교환

---

4) 레나토 로살도, 『문화와 진리』, 권숙인 역, 아카넷, 2000(Renato Rosaldo, *Culture and Truth*, Boston, MA: Beacon Press, 1989, 1993).

이 일어나는 장소인 접경지대는 자신의 문화 정체성을 본질적이고 본원적인 것으로 간주해 온 사람들에게는 신경증적인 감정을 일으키는 공간이다. 즉 의심, 공포, 두려움, 불편함의 감정으로 타자의 문화에 접촉한다. 그러나 문화 접경지대는 보이지 않고 말해지지 못한 문화적 의미들이 새롭게 드러나는 창조의 공간이기도 하다. 즉 이성, 감정, 충동을 가진 인간들이 문화적 차이들을 경험하고 실천하며 바꾸어 놓는 과정이 실현되는 장으로, 그 과정에서 새로운 이해에 도달하거나 창조적인 문화 실천이 만들어진다.[5]

문화 접경지대의 관점으로 이주여성들의 이주 경험을 바라보게 되면 이주여성들을 문화 번역자로 이해하게 된다. 이는 기존의 많은 연구물들이 이주여성들의 경험을 초기 '갈등' 과정과 이후의 '적응' 과정으로 분석했던 관점에서 벗어나는 것을 의미한다. 이주여성을 시간이 지남에 따라 한국 문화에 적응하는 이주민으로 전제하면서 이들을 적응자 또는 부적응자라는 이분법적 관점으로 재단하려는 시도는 문화접촉지대의 행위자나 번역자로서의 이주여성의 '위치'를 삭제하는 것이다. 이주여성과 한국인이 만들어내는 '가족'은 전형적인 한국 가족과는 차이가 있으며, 문화 경계지대로서의 새로운 형태의 '한국 가족'을 구성해간다. 또한 자신의 가족을 '정상적'인 가족으로 만들어내기 위해 이주여성과 한국인 가족 모두 복잡한 정치학에 참여하게 된다. 이주여성들은 자신의 이주 동기를 실현하기 위해 애쓰지만, 이러한 추구가 경제적인 이유 때문에 한국에 온 가난한 제3세계 여성이라는 사회적 편견을 강화하지 않도록 송금과 일자리 찾기에 있어 신중하게 '때'를 기다려야 한다. 또한 한국 가족들은 외국인 여성이 포함된 소위 '다문화가족'을 어떻게 한국인들끼리의 결합을 통해 구성된 한국 가족답게 만들어내느냐에 고심

---

5) 김현미, 『글로벌시대의 문화번역』, 또하나의 문화, 2005, 50.

하며 새로운 실천을 만들어낸다. 이주여성과 한국인 가족은 '한국어', '한국성', '한국 문화', '한국 사람들'이라는 상상된 문화적 본질에 대한 맥락적 선택과 강조를 통해 가족의 문화를 재생산해간다. 이런 이유로 한국에서 이주여성들이 만들어내는 문화적 실천은 중층적이고 복잡한 의미망 안에 놓이게 된다. 그 안에서 소수자로 유입되는 결혼이주 여성이 운반하는 뿌리 문화는 한국 가족 내에서 불평등한 지식과 삶의 양식들이 갖는 위계질서 속에 새롭게 '위치'지워진다.

여성들이 운반한 자신의 '뿌리' 문화는 한국 가족이나 사회구성원에 의해 '문제적인 것', '이질적인 것' 결국은 정착을 위해 '사라져야 할 것'으로 언어화되면서 자존감이 아닌 유보와 불안의 근원으로 존재한다. 왜냐하면 선주민들은 이주자가 자신의 문화의 옷을 벗고 생존을 위해 주류 문화의 행위자로 '공연'(perform)하는 과정을 흔히 '적응'과 '정착'을 잘 한 것으로 이해하기 때문이다. 특히 1990년대 시작되어 2000년이후 '붐'으로 불릴 만큼 급증한 국제결혼의 상당수가 중개업에 의한 결혼이라는 점을 고려할 때 여성들은 종종 한국 남편에 의해 '선택'되어 한국에 오는 경우가 많다. 남성에게 일방적으로 배우자 선택권이 주어지고, 정보가 허위이거나 부정확한 상태에서 짧은 시간 안에 배우자 선택이 강제되는 혼인 과정은 상업화된 결혼중개가 안고 있는 근본적인 문제들이다. 여기서 중요한 것은 이 과정에서 여성들의 자기 결정권이 박탈된다는 점이다.6) 또한 이들은 한국 사회에 유입되자마자 한국의 제도와 문화적 분위기에 의해 자신의 뿌리 문화를 '탈각'하도록 요구받는다. 그 중 대표적인 것이 한국 정부의 강력한 이주자 동화 정책과 한국어 학습이 곧 '정착'을 의미한다는 언어 내셔널리즘이다. 물론 이주자들의 뿌리 문화는 그 집단의 모든 구성원이 공유하고 이들을 결속하는 유

---

6) 김현미, 김민정, 김정선, 「'안전한 결혼이주'?: 몽골 여성들의 한국으로의 이주 과정과 경험」, 『한국여성학』 24.1 (2008): 121–55.

일한 문화는 아니다. 여성들이 '어떤' 문화적 특질을 뿌리 문화라고 선택하고 주장하는 것 또한 한국 문화와의 접속 속에서 결정되어진다. 아파두라이가 지적했듯이 문화는 본질적인 속성을 의미하는 '명사'의 형태가 아니라 형용사적 접근 방식을 통해 문화가 갖는 상황적이고 (contextual) 자기 발견적이며 또한 비교 가능한 차원들을 강조해야 한다.[7] 결혼이주 여성은 문화적 '차이'와 교섭하면서 유동적인 정체성을 구성해간다. 실제로 필자가 만나 본 많은 결혼이주자들은 시간이 지남에 따라 문화적 차이를 '해독'하고 '번역'할 수 있는 능력을 갖게 되면서 자기 문화와 한국 문화를 새로운 문화 위계 속에 재배열하기도 한다. 남편이나 시댁과의 힘의 역학이 변화되는 '순간'은 종종 이주여성들이 선택한 뿌리 문화의 일부가 '재생' 또는 '발현'되는 문화적 계기이다.

　문화 접경지대로서의 '가정'을 이해하기 위해서는 또한 여성들이 이주의 여정 속에서 상상한 한국에 대한 사회적 상상력을 이해해야 한다. 여성들은 다양한 통로로 국제결혼을 하지만 이들이 한국에 오기 전 '한국'에 대한 문화적 상상력을 획득한 방법은 TV나 인터넷을 통해 본 드라마를 통해서였다. 드라마는 관객의 '욕망'을 낚고 사회적 실천으로서의 상상력을 만들어 낸다. 한국 드라마를 보지 않거나 한국에 대해 잘 알지 못했던 여성의 경우도 한국 대기업의 홍보물이나 전자 제품 등을 통해 한국을 '작은 일본'이라고 상상했다. 또는 주재원이나 회사원으로 나와 있던 한국 남성과 소개와 연애를 통해 결혼한 여성들의 경우도 한국을 이해하기 위한 수단으로 한국 드라마를 보게 되었고, 남편이 연애 시절 들려주던 '이야기'나 친밀성의 표현 등을 통해서 한국 가족의 모습을 상상했다고 한다. 아시아 지역을 관통하는 한국 문화의 실체는 종종

---

7) 아르준 아파두라이, 『고삐풀린 현대성』, 차원현·채호석·배개화 옮김, 현실문화연구, 2004, 29(Arjun Appadurai, *Modernity At Large*, Minnesota: University of Minnesota Press, 1996).

한국 드라마를 통해 구현된다. 사회적 실천으로서의 상상력은 단순한 환상이나 도피, 욕망과 주체성의 새로운 형식들과 관련이 없는 단순한 관조가 아니라 조직화된 사회적 실천의 장과 일의 형식이며, 행위자들(개인들)이 서 있는 지점과 전 지구적으로 규정된 가능성의 현장들 사이를 관계 짓는 협상의 형식이 되었다.[8] 한국 드라마에서 드러난 한국의 이미지는 여성의 이주를 추동했던 구체적인 사회적 실천으로서의 상상력 중 하나였다. 실제로 드라마적 환상은 이주여성들에게 '무엇인가를 획득하고 어디론가 옮겨 가고자 하는 구체적인 욕망'을 만들어내며 이는 실천으로 현실화된다. 대부분의 여성들은 한국 드라마를 통해 한국의 경제 발전의 수준, 도시의 화려함, 리조트 같은 농촌을 한국으로 상상했다. 무엇보다도 드라마에서 보이는 친절한 남성의 이미지는 여성들의 환상을 자극한 것이 사실이다. 여성들의 이주를 추동한 경제적 동기는 이러한 '문화적' 상상력의 뒷받침 없이는 쉽게 실천될 수 없을 것이다. 그러나 여성들이 한국에서 체험한 구체적인 물질적 장소로서의 집과 상징적 장소로서의 가족은 드라마적 현실과는 매우 동떨어져 있었고, 여성들은 이미지로서의 한국과 실체로서의 자신의 가족사이의 경제적, 문화적 격차를 중재해야만 한다.

3. 물리적 장소로서의 집

한국으로 이주한 여성들은 한결같이 인천 공항에 내렸을 때 정신이 하나도 없었지만 "드디어 드라마에서 보던 한국의 이미지를 현실로 목격하고 있다"는 생각을 했다고 한다. 그러나 인천 공항에서부터 자신의 '집'으로 가기 위해 몇 시간 동안 산 속 깊숙한 곳으로 이동할 때 "내가

---

8) 앞의 책, 58.

납치되는 것이 아닌가?"하는 두려움에 떨었다고 한다. 한건수의 논문에서도 지적되듯이 전라도 농촌 마을에 이주한 고려인 여성들은 한국에 와서 집에 도착할 때까지의 과정을 "해가 지고 사면을 돌아보는데 길이 다 구불구불하지…… 산골 같은 느낌이 들었고…… 우리 어디로 팔려가는 것이 아닌가하는 불안감에 시달렸다"고 표현한다.9) 한국에서의 의존과 신뢰의 유일한 대상인 남편 집에 왔을 때의 충격은 농촌으로 시집 온 이주여성들이 공통적으로 경험하는 것이다. 이것은 한국 농촌의 경제적 열등함을 지적하는 것이 아니라 한국의 지형이나 자연 환경이 여성들에게는 매우 이질적이었고 이주하는 자의 심리적 불안을 가중시킬 만한 '고립감'을 주었기 때문이다. 조선족 결혼이주 여성에 대한 사례 연구에서도 산골로 이주해 온 여성의 당혹감이 잘 드러난다.10)

> 정말 산골이었어요. 중국에서도 이런 산골에 가본 적이 없는데 남편 따라 집에 가 보니 주변에는 아무 상점도 없고 산과 나무밖에 없는 거예요. 얼마나 무서웠으면 저녁에 눈도 감지 못할 정도였어요. (160)

농촌에 정착한 여성들은 사방이 산으로 둘러싸인 마을에서 심한 정서적 고립감을 경험한다고 말한다. 한 여성은 둘러싸인 산은 넘지 못할 '벽'으로 느껴지는데다 "영원히 이곳에 갇히게 될 것이다"라는 생각에 남편의 친절과 호의도 받아들일 수 없었다고 했다. 더 나은 삶을 위해 이동한 여정의 시작에서 마주친 물리적 장소로서 집은 '충격'이었고 열악한 공간이었다. 산으로 둘러 쌓여있고 논밖에 없는 한국의 전형적인 농촌 마을은 이주여성들에게 새로운 희망을 갖게 하기보다는 고립, 두

---

9) 한건수, 「농촌 지역 결혼 이민자 여성의 가족생활과 갈등 및 적응」, 『한국문화인류학』 39.1 (2006): 211.

10) 최금해, 「조선족 여성들의 한국결혼생활 적응유형에 관한 질적 연구」, 『여성연구』, 72.1 (2007): 143–88.

려움, 절망의 감정을 갖게 했다고 한다. "갇힌 것 같아 두려워" 아무 의욕도 느낄 수 없었다는 여성은 활력, 친밀감, 성취 등 한국 드라마가 제공해 준 이주 이후의 상상들이 자신의 현실과 아무 상관이 없다는 것을 고통스럽게 받아들여야 했다.

도시로 이주한 여성들도 낯선 주거 환경에 대해 문화적 충격을 경험한다. 2005년 9월에 한국에 온 우즈베키스탄 출신의 헤로나 씨는 자신의 경험을 다음과 같이 말한다.

> 한국에 처음 딱 와서 남편 집에 갔을 때 한국 드라마에서 봤던 막 그런 집은 전혀 아니었어요. 한옥 집이었는데 너무 낡았어요. 천장도 너무 낮으니까 막 숨이 막혔어요. 우즈베크에서는 빵집이라는 데서 사는데, 사이즈가 한국 집보다 훨씬 더 커요. 저희 집은 1층이고 시멘트로 지은 집인데 방이 9개예요. 우즈베키스탄에서는 (남편) 집 다 합친 것이 한 방이에요. (우즈베크에서 좀 잘 사는 사람 집이 그런가요?) 아니에요. 그게 보통이에요. 땅이 넓고, 넓어요. 집이 크고, 마당 있고, 땅도 있고. 과일이랑 야채 거기 다 심어서 먹었어요. 한국에 와서 정말 충격 받았어요.

고려인 결혼이민자 김○라 씨는 자신의 살던 집이 얼마나 풍요로운 공간이었나를 다음과 같이 표현한다.

> 집은 아파트가 아니고 단독 주택이었어요. 밭도 있는 집인데, 아버지가 밭을 매우 좋아했어요. 일 끝나고 오면 매일 밭에서 일을 해서 고추, 배추, 여러 가지 야채들 심어, 과일도 심고 해서 많이 먹었어요…… 집은 도시 한 가운데 있었어요.[11]

---

11) 문화콘텐츠기술연구원 다문화콘텐츠연구사업단 엮음, 『한국사회의 소수자들: 결혼이민자』, 경진, 2009, 15–17.

우즈베키스탄, 카자흐스탄이나 키르기스스탄처럼 넓은 평야가 있고 인구 밀도가 낮은 대륙 국가 출신의 여성들이 한국에 와서 가장 놀란 점은 '주거' 공간의 협소함이라고 한다. 도시와 농촌의 생활양식이 한국처럼 철저히 '분리'되어 있지 않은 혼합적 양식을 갖춘 이들 나라에서 넓은 집과 텃밭들은 주거를 구성하는 필수적인 자원이었기 때문에 한국 도시인들의 삶은 매우 척박해 보였다. 한국의 옥탑방, 원룸, 컨테이너 하우스에서 거주해 본 경험이 있는 이주여성들은 방, 화장실, 부엌이 함께 있는 공간은 자신이 한 번도 상상해 본 적이 없는 주거 공간이었다. 이처럼 좁은 공간에서 남편은 자신의 모든 행동을 통제하고 감시하는 철저한 권력자처럼 느껴져서 감금돼 있다는 느낌을 받았다고 했다. 특히 중국에서 온 여성들은 중국에는 보통 부엌에 문이 달려 있어 부엌 내에서 자유롭게 요리하고 노래했었지만 한국의 아파트에서의 '시집살이'는 늘 마음을 불편하게 했다고 한다. 한국에서는 거실에 앉아 있는 시어머니가 늘 부엌에서 요리하는 자신을 쳐다보고 있는 것 같아 "머리 뒤가 뜨거웠다"라고 표현한다.

무엇보다 중국, 베트남, 우즈베키스탄 등 사회주의권에서 온 여성들은 집을 계속 옮겨 다녀야 하는 한국의 주거 현실에 가장 충격을 받았다고 한다. 사회주의권 국가에서는 정부로부터 땅이나 집을 받는 경우가 대부분이다. 이 때문에 좋든 나쁘든 "누구나 집을 갖는 것은 당연한 일"이고 일이나 학교 문제 때문에 특별한 사정이 있어 이사를 가는 경우를 제외하고는 평생 내 집이 정해져 있다. 그렇기 때문에 한국의 월세나 전세 제도 등에 대한 이해가 없는 상황에서 자주 거주지를 옮겨야 하고 '돈' 때문에 마땅히 살 공간을 구하지 못하는 상황에 대해 매우 당황해한다. 중국에서 온 조선족 최옥분 씨는 무역 일을 해서 돈도 많이 벌었고, 중국에서 55평 이상의 아파트에 살았다. 한국 남성을 중국 현지에서 소개받아 한국으로 온 지 8년이 지난 지금 10번 정도 주거지를 옮겼다고 한다. 그녀는 10번의 이사와 짐풀기, 더 열악한 집으로의 이사 때문에 한국에서의 삶은 중국에서 한국으로 온 이주보다 더 뿌리가 뽑히고 떠도는 삶으로서의 불안감을 주었다고 한다. 그녀에게 "우리 집은 어디인가?"라는 질문에서 떠오르는 집은 상대적으로 안락하고 풍요로운 라이프 스타일을 제공해 주었던 중국의 집이고, 한국은 '집' 없는 자로서의 추락의 느낌만을 주는 임시적 거처일 뿐이라고 했다. 아무리 노력해도 '정착'을 할 수 없는 상황에서 최옥분 씨는 더 이상 집을 갖겠다는 꿈은 갖지 않겠다고 말한다. 그녀에게 한국의 집은 물리적 귀속성을 보장해주지 않기 때문에 사람을 사귀는 것도 불가능하고, 동네를 알아가면서 마음의 안정을 찾고 미래를 기획하는 것도 불가능하기 때문에 심리적 귀속감도 얻을 수 없는 공간이었다.

그뿐만 아니라 실제로 법정 최저 주거 기준에 못 미치는 공간에서 살아가는 이주여성들도 많다.[12] 한국에서 주거 난민 수준의 거주 경험을 갖는 여성들은 본국에서의 물리적으로 안정된 삶과 한국에서의 경제적으로 위계화된 불안한 삶을 대조하여 말한다. 그들은 이 때문에 '삶의 질'에 대한 새로운 생각을 갖게 되었다고 말한다. 한국에 오기 전에 드라마를 통해서, 혹은 남편의 얘기를 통해서 들은 한국이라는 사회는 이미지로 존재할 뿐 많은 한국 사람들은 너무나 많이 일하고 노력하지만 결코 여유롭고 풍요로운 삶을 유지하기 힘들다는 점이다. 여성들은 자신이 몸담고 있는 물리적 장소로서의 한국의 '집'에 대한 불만을 고향에서의 넓고 큰 집과 대조하거나 고향에서의 삶의 풍요로움을 한껏 부풀려 이야기하는 것으로 풀어나간다. 농촌에 이주한 여성들은 남편을 설

---

12) 주택법상 최저 주거 기준은 침실과 부엌 포함 1인 가구 12.28m²(3.7평), 4인 가구 37.24m²(11.3평)의 면적을 갖추어야 한다. 또한 부부와 나이든 부모의 침실은 분리되어야 하고, 만 8세 이상 이성 자녀의 침실 분리 등을 포함한다(「조선일보」, 2010년 7월 9일자).

득하거나 '위협'해서 '읍내'의 아파트로 이사하거나 분거하는 방법을 통해 농촌 속의 고립감을 해소하는 경우도 많다.

4. 한국 남성의 부인이 된다는 것의 의미

　한국 남성의 '부인'이 된다는 것은 어떤 의미일까? 이주여성들에게 그것은 매일 남편이나 시부모님의 '밥을 차려주는 여성'이 되는 것이라고 말한다. 간단한 먹을거리를 사서 아침을 해결하는 매식 문화권에서 온 중국이나 동남아시아 출신 여성들은 아침부터 밥, 국, 반찬 등을 차려서 먹는 한국의 조식 문화에 매우 놀랐다고 한다. 남녀 가릴 것 없이 경제 활동에 동등하게 참여하는 중국이나 동남아시아 여성들은 남성은 임금 노동자/여성은 가사노동자라는 성별 이분법에 근거한 여성들의 '밥 차리기' 문화를 매우 낯설어한다. 또한 밥을 차린다는 것은 그 말 자체로 매번 '쌀밥'을 만들어내는 것을 의미한다. 쌀밥보다는 빵이나 국수를 식사로 즐겨 먹는 중국 및 동남아시아, 우즈베키스탄이나 러시아 국가의 여성들은 왜 한국 사람들이 '쌀밥'만 '식사'로 인식하고 있는지 이해할 수 없다고 말한다. 이들이 유일하게 '갈등'을 해결하는 방법은 한국 식구들이 집에 부재한 때를 기다리는 것이었다. 남편이나 시부모가 집에 없을 때를 빵이나 국수를 먹을 수 있는 기회로 인식한다. 이들은 남편이 밥을 해결하고 들어오는 날이나 출장을 가는 때를 활용하여 국수를 해먹거나 고향 음식을 차린다. 같은 나라 출신 여성들과의 모임은 함께 음식을 해먹을 수 있는 기회이기 때문에 아주 중요하다. 또한 자신의 생일이나 아이들의 생일 때 '너그러워진' 한국 가족의 인정에 호소하며 자국의 음식을 만든다고 한다. 베트남 출신으로 한국에 온 지 12년이 된 티엣타이 씨는 가족의 큰 행사, 아이들 생일 때나 손님 초대 때에는 항상 베트남 음식을 차린다고 한다. 특히 이런 날은 남편을 앞세워 음식을 나르게 하고 음식에 대해 설명하게 함으로써 친척들과 아이들 친구들에게 베트남 음식의 '우수함'을 알린다고 한다. 그녀는 평소 때엔 한국식으로 먹지만 특별한 날에는 베트남 음식을 차림으로써 베트남 음식이 더 고급스럽고 귀한 음식임을 강조한다고 말한다.

키르기스스탄 출신의 고려인 로나 씨는 결혼한 지 몇 년이 되었지만 아이 없이 남편과 살고 있다. 로나 씨는 생선을 거의 먹지 않던 고향에서의 습관이나 아침에 간단히 빵을 먹던 습관을 남편을 위해 변화시켰다고 한다. 로나 씨는 아침 6시에 일어나 남편의 식사를 차린다. 남편의 식성에 맞게 주로 밥, 생선찌개와 야채 위주로 식탁을 차린다고 한다. 로나 씨는 키르기스스탄에서는 생선을 거의 먹지 않았으나 남편의 식성에 따라 아침부터 생선찌개를 해서 함께 먹는다. 그녀에게 아침은 남편과 함께 먹는 유일한 식사이기 때문에 힘들지만 가장 의미 있는 식사이기 때문이다. 사업 때문에 밤늦게 들어오는 남편과는 거의 저녁을 함께 먹은 적이 없다고 한다. 로나 씨는 저녁은 밥을 하지 않아도 되는 유일한 시간으로 먹고 싶은 빵과 차로 끼니를 해결한다. 그녀는 자신이 운이 좋은 편이라고 말한다.

> 러시아 쪽 사람들이 계속 밥만 먹는 게 익숙하지 않아서 빵이랑 다른 게 먹고 싶은데 남편이나 시댁 식구들은 그것을 이해하지 못해요. 밥 없이 어떻게 사냐고. 저는 운이 좋은 편이예요. 적어도 저녁은 밥을 먹지 않아도 되죠.

이주여성은 한국 여자들은 잘 났건 못 났건 이에 상관없이 '밥 차리는 여자'가 된다고 농담을 한다. 이주여성들은 "미워서 밥을 안 차려 줬다", "부인을 사랑해줬더니 반찬이 좋게 나왔다", "더운 밥을 꼭 차려주겠다"

등 '밥'을 중심으로 부부 관계의 애정이나 신뢰, 역할 기대 등을 표현하는 한국인들의 말을 이해 못했다고 한다. 그러나 시댁 식구들이나 남편들이 여성이 '부인 역할을 잘 하느냐'를 측정하는 가장 중요한 기준 중 하나로 아침에 일어나 밥을 차리는지의 여부에 관심을 두는 것을 알게 되면서 '밥 차리는 여자'가 되려고 노력한다고 말한다. 이주 기간이 오래된 여성일수록 밥 차리는 여성의 역할을 충실히 하는 것이 가정 내 갈등을 줄이는 길이라는 사실을 강조한다. 그러나 여성들은 남편이나 시댁 식구들과의 권력 관계의 변화에 따라 밥 차리는 일과 음식의 종류 등을 역동적으로 변화시키면서 자신의 디아스포라적 정체성을 유지하고자 한다.

5. 내 가족은 누구인가?

혼기를 놓친 한국 남성 중 상당수는 가족의 경제적, 정서적 지원 하에 국제결혼을 감행하는 경우가 많다. 한국의 가족 제도는 형태상으로는 '부부 중심의 핵가족'을 기반으로 해서 구성되지만 실제 가족의 유지와 재생산을 위해서는 전통적 부계 확대 가족의 가치관을 내재화한다. 이주여성들은 '이방인'으로 들어와 남편의 가족을 재생산할 책무를 갖게 된다. 이 때문에 한국 여성과 마찬가지로 남편과의 갈등 외에 시부모와의 관계를 가장 힘든 일이라고 말한다. 남편과의 갈등 또한 남편이 시어머니나 시누이들로부터 '독립된 존재'로 행동하지 못하기 때문에 생긴 갈등인 경우가 많다. 때로는 알코올 중독이나 폭력, 경제적 이유 때문에 집안의 골칫거리인 아들 또는 남편을 함께 견뎌내는 시어머니와 외국인 며느리는 가족을 유지하기 위해 함께 협력해야 할 동업자가 되기도 한다.

종종 시부모, 특히 시어머니는 철저한 이방인인 외국인 며느리를 한국식 가족으로 위치시키는 것을 자신의 임무로 간주하는 경향이 있다. 식습관, 외모 관리, 몸가짐, 예법, 노동 방식, 그리고 심지어는 잠자리에 이르기까지 시부모들은 정교한 관리와 통제를 하는 경우가 많다. 빨리 적응해야 된다는 이유로 밥과 김치만 먹이거나, 여성들의 얘기를 들으려 하지 않고 뭐든지 가르치려고만 하는 시어머니의 예가 이주여성들과의 인터뷰에서 자주 등장한다. 며느리들이 순응하는 대가로 물적, 문화적 보상을 받을 가능성이 별로 없는 빈곤 계층에서조차 시부모들은 외국인 여성의 한국식 개조를 만들어내는 주요한 행위자이다.

필자가 만나본 중국, 베트남, 필리핀, 몽골에서 온 여성들은 시부모와 함께 산다는 것을 전혀 몰랐거나 이해가 안 가는 일로 설명한다. 이는 한국 남성들이 '순종적이고 내 부모에게 잘할 것 같아서'란 이유로 필리핀과 베트남 여성과 결혼을 선택했다거나, '한국 사람과 외모 면에서 거의 차이가 없어서' 조선족, 베트남 여성을 택하는 경향에서 보이는 남성들의 기대와는 매우 다른 것이다.[13] 중개업체들은 '가족을 중시하고 순종하는 여성'으로 여성들에 대한 오리엔탈리즘적 이미지를 만들어내지만 실제로 이주여성들은 사회주의적 경험이나 개별화된 인격에 대한 근대적 경험을 통해, 또는 계층적 한계 때문에 핵가족을 당연한 것으로 받아들였다.

몽골 여성 라미 씨는 시어머니와 따로 살지만 남편과 자주 시댁을 방문했다. 한국에 온 초기에 남편이 시댁에만 가면 얼굴을 찡그리고 자신의 옆구리를 자주 찔렀다고 한다. 이유를 알지 못했던 그녀는 나중에 한국말을 알아듣게 되고, 주변 사람들의 말을 들은 후, 남편이 왜 그랬는지를 알게 되었다. 남편은 나이 든 시어머니가 혼자 부엌에 들어가

---

13) 설동훈, 이혜경, 조성남, 「결혼이민자 가족실태조사 및 중장기 지원정책방안 연구」, 여성가족부, 2006.

밥을 차리는 것을 그냥 쳐다보고 있는 부인을 이해할 수 없었고, 며느리로서의 '적절한' 행동과 태도를 요구했다. 그러나 그녀는 시어머니 집에서 시어머니의 요청이나 허락 없이 부엌에 들어가 요리를 하는 것은 '옳지 못한 짓'이라고 말한다. 그녀는 "가정의 생명이라고 하는 화로 공간은 여성의 책임"이라는 믿음이 강했다.[14) 그녀는 "하나의 불(화로, 난로, 부엌)은 한 여성에게 속한다"라는 생각 때문에 한 집안에 두 명의 여성이 불을 다루는 주인이 될 수 없다고 생각했다. 즉, 집 주인 여성이 부엌을 독차지하고 책임을 지는 것이 당연한데 만약 이를 무시하고 다른 여성이 허락도 없이 음식을 한다거나 '차'를 휘저으면 음식이 상하거나 차 맛이 달라진다는 몽골 문화대로 한국에서의 상황을 판단할 수밖에 없었다. 이 때문에 그녀는 따로 사는 시어머니를 존중하여 시어머니의 요청 없이는 부엌에 들어갈 수 없다고 생각했다. 이 상황을 전혀 이해하지 못하는 남편 때문에 한국에서의 생활 초기에 남편이 "한국에서는 며느리들이 다한다. 우리 엄마를 무시한다"라고 소리 지를 때 말을 잘 이해하지 못했을 뿐만 아니라 평소에 괜찮던 남편이 자기 집만 다녀오면 화나거나 '미친' 사람처럼 된다고 생각했다고 한다. 그녀는 남편이나 시어머니 등 가족 누구도 자기에게 쉬운 말로 상황을 설명해주거나 이해시키려 하지 않았고, '조용히' 있다가 화만 냈다고 한다. 라미 씨는 한국 사회에서 며느리에게 기대하는 행동에 대한 문화적 지식이 없어서, '상황적 독해'를 할 수 없었다. 때문에 단순히 심리적 위축감을 느끼며 충분히 설득되지 않은 상황에서 흉내만 내며 몇 년을 보냈다고 한다. 그녀에게 가족은 불을 다루는 한 여성과 그의 자녀들로 구성되는 '모계' 가족이다. 즉, 시어머니는 가족의 한 구성원이지만 불을 다루는 사람으로 그녀의 가족을 독립적으로 운영하는 사람이다. 적어도 시어머니와 같은

---

14) 채옥희, 홍달아기, 송복희, 「몽골 결혼이민여성의 한국가정생활 적응 사례」, 『한국 가족자원경영학회지』, 13.4 (2009): 176–77.

가족의 연장자에게 존경을 표하고 함께 만나는 것은 가능하지만 그녀의 가족과 시어머니의 가족은 두 개의 '분리'된 가족이다.

캄보디아 출신의 티암 씨도 경상남도의 한 작은 도시에서 시부모님과 살고 있다. 그녀는 한국 사람들이 '마음이 없다'고 말한다. '마음이 없다'는 말은 한국 사람들은 시부모 같은 연장자의 말은 무조건 '예, 예' 하면서 듣는 척하지만 실제로는 행동하지 않는 경우가 많다는 것이다. 그녀는 한국 사람들은 시부모를 모시고 살아야 한다는 것을 강조하지만 '마음 없이' 사는 사람이 많고, 그런 점에서 다들 힘들게 산다고 말한다. 남편이나 남편 형제, 그리고 그들의 부인은 그녀에게 "한국에서 며느리는 시부모 말에 복종해야 된다"는 말을 자주 했다고 한다. 그러나 그녀는 캄보디아에서 연장자의 말을 들어주는 것이 예의지만 옳지 않으면 무조건 '복종'하지는 않는 것이 일반적인 태도이고, 이런 태도를 갖춰야만 함께 살더라도 미워하지 않고 같이 살 수 있을 것이라고 말한다. 시부모 또한 함께 살려면 그런 지혜를 배워야 한다. 그녀는 시부모와 함께 사는 것을 알지 못하고 와서 스트레스를 많이 받았지만, 캄보디아 방식으로 연장자와도 평등한 대화를 나눌 수 있고 '마음 가는대로 행동할 수 있으면' 함께 살기가 훨씬 쉬울 것이라고 말한다. 그녀 또한 그런 태도로 시부모님과 살려고 애쓴다.

한국의 가족은 부부 중심이라기보다 '자녀를 중심에 둔 모성'으로 특징된다. 그렇다고 여성과 그녀의 혈연인 자녀로 구성된 모계 가족을 사회적으로 바람직한 형태의 가족으로 보는 것은 아니다. 부계제를 유지하기 위해 남편의 제도적 권위를 핵심으로 하고 여성과 자녀간의 심리적 의존을 중심으로 가족을 운영하는 '자궁가족'적 특성이 한국 가족의 기본 구조인 경우가 많다.[15) '자궁가족'은 어머니와 아이들의 심리적 상

---

15) '자궁가족(Uterine Family)'은 한 여성(어머니)과 그녀가 낳은 아이들(특히 아들)로 구성되는 단위를 지칭하는 말로 매저리 울프가 처음 사용한 개념이다. 그녀는 유교적

호 의존성은 강하지만 부부 중심성이 약하고 특히 남편의 경우 어머니나 부계 혈족과의 관계에서 심리적 독립성이 매우 약한 편이다. 어머니와 아이들의 심리적 연대나 공간적 결속이 강하지만 동시에 결혼 후에는 어머니와 아들 사이의 심리적 독립이 당연시되는 모계 가족의 특징이 강한 나라에서 온 필리핀, 몽골의 이주여성은 한국 남편이 그의 어머니나 누이들로부터 감정적 독립을 하지 못하는 상황에 대해 매우 낯설어한다. 또한 일방적으로 부계를 중심으로 아이들의 소속성이 정해지는 것에 대해서도 불만을 갖는다. 즉, 자신의 아이들이 남편을 통해 한국 국적을 부여받는 것은 이해하지만, 이들이 남편의 아이들로만 귀속되는 현실에 대해서는 문제를 제기하는 경우가 많다. 이주여성들의 사회적 위치는 아이와의 결속을 강화하는 조건이 된다. 이주여성들 중 꽤 많은 여성들이 한국에 와서 가장 행복한 순간을 '첫아이를 낳았을 때'라고 말한다. 아이에 대한 본원적인 사랑 때문이기도 하지만, 이들은 아이의 출생이 한국에서 '내 가족'을 구성한 '사건'이라는 점을 강조한다. 베트남 여성 팅티엠 씨는 그 이유를 다음과 같이 말한다.

> 나는 한국에 혼자잖아요. 이 아이는 내가 낳은 아이니까 이제 저는 한국에 '혼자'가 아니잖아요. 나도 내 가족이 한국에 생긴 거잖아요.

어려움을 당했을 때 도움을 받을 수 있는 친족 등 사회적 연결망이 없고, '외국인'으로 한국인과 늘 분류되는 자신의 사회적 위치를 고려해

가부장제 가족의 한 예로 대만의 부계 출계가족에 대한 연구를 통해, 여성은 부계 혈족 집단 내에서 공식적인 권력과 권위를 가지기 힘들지만, 자신의 자궁가족이라는 비공식적 집단, 특히 아들을 통해 자신의 입지를 공공히 하면서 아들과 아이들을 통해 권력을 발휘한다는 점을 강조한다. 매저리 울프, 「중국여성: 새로운 환경 속의 오래된 전략」, 미셸 짐발리스트 로잘도·루이스 램피어 엮음, 권숙인·김현미 옮김, 『여성·문화·사회』, 한길사, 2008, 257-80.

볼 때 아이의 탄생은 자신과 연결된 유일한 가족이라는 생각이 강하다. 남편과의 친밀성을 경험하기 어려운 상황에서 많은 이주여성은 외롭고 불안한 생활을 상쇄해 줄 유일한 대안을 '아이'로 여기게 되고 아이를 갖게 되었을 때 상대적으로 더 큰 만족감을 표현한다. 그러나 최근 급증하는 이혼의 현실을 고려해 볼 때 아이가 누구에게 속한 존재인가는 큰 논쟁거리가 되고 있다. 현실적으로 법적 이혼 과정이 쉽지 않기 때문에 이혼을 하지 않은 채 자기 나라로 돌아가는 여성, 한국에 남아 아이와 숨어버리는 여성들이 많다. 아이가 있으면서 남편과 헤어진 여성들 중 몇몇은 '아버지 없는 아이'의 존재를 자연스럽게 받아들이기도 한다. 자신의 성장 시절, 아버지는 부재했고, 헌신적인 어머니에 의해 키워졌던 모국에서의 경험이 자신의 삶에서 그대로 반복되고 있다는 것, '못된 아버지'로부터 아이를 격리하고 보호하는 것이 중요하다는 점을 강조하며 이혼과 별거를 '선택'으로 받아들였다.

여성들이 결혼한 한국 남성이 경제적으로나 사회적으로 주변적인 위치에 놓여 있다는 것을 깨닫게 되는 순간, 여성들은 더 이상 남편에게 의존해서는 안 된다는 판단을 빨리 내리는 편이다. 이들은 각종 아르바이트를 하거나 임시적인 일을 찾고, 주기적으로 집을 나와 친구 집에 거주하면서 돈을 벌고 다시 들어가 아이를 만나는 것을 반복하는 등 다양한 방식으로 '경제적 자립'을 추구하고 있다.

또한 많은 이주여성들은 "당신의 가족은 누구입니까?"라는 질문에 항상 본국의 가족을 언급하는 경향이 강하다. 그들에게 가족은 고향의 '내 가족'과 한국의 '우리 가족'을 포함한다. 여성들의 이주 동기 중 하나가 자신의 계층 상승뿐만 아니라 본국의 친정 식구가 자신의 결혼을 통해 얻을 수 있는 경제적 혜택을 고려한 것이기 때문에 이주여성들은 본국 가족과의 결속과 유대를 지속시키는 경향이 강하다. 또한 김정선의 논문에서 잘 드러나듯이 필리핀 이주여성들은 '초국적 가족'을 구성하며,

송금, 아이들의 양육, 교육, 사업 등을 통해 필리핀과 한국을 연결하며 '초국적 가족'의 개념을 구성해가고 있다.[16] 한국에서의 사회적 자본이 결핍된 이주여성들은 "위기 시 이러한 위기를 완충해줄 만한 사회관계를 갖고 있지 못하기" 때문에 국가 간 경계를 넘는 초국적 가족의 존재는 필수적인 자원이 된다.

6. 부부 되기: '친밀성'과 현대적 모성의 꿈

프리만(Freeman)이 지적한 것처럼 이주 후의 정착과 정주 과정에서 결혼이주자 여성들은 소위 '현대적' 또는 '경제적으로 발전한' 국가인 한국에 살고 있는 자신의 남편이나 남편의 가족들이 보여주는 보수적이고 '낡은' 젠더 관념과 기대를 발견하고 놀라워한다.[17] 이들의 한국으로의 결혼 결정은 짧은 순간에 배우자를 결정하는 맞선 때 이루어지는 것만은 아니다. 이들은 상당히 오랜 기간 한국 남성과의 로맨스를 무의식적으로 상상하면서 결혼 과정에 참여해왔다. 베트남 이주여성인 후앙 씨는 자신이 매우 '감정적인' 상황에서 국제결혼을 하기로 결심했다고 말한다.

> 베트남에는 7, 8월에 비가 아주 많이 옵니다. 우기 동안 밖에 나가 일을 할 수 없을 때는 열흘이고 며칠이고 집에 들어앉아 한국 드라마를 봤어요. 밖에는 비가 오고 조용히 드라마의 매력에 깊이 빠지게 돼요. 모든

---

16) 김정선, 「아래로부터의 초국적 귀속의 정치학」, 『한국여성학』 26.2 (2010): 1-39.
17) Caren Freeman, "Marrying Up and Marrying Down: The Paradoxes of Marital Mobility for Chosonjok Brides in South Korea," In Nicole Constable, Ed. *Cross-Border Marriages: Gender and Mobility in Transnational Asia*, Philadelphia: University of Pennsylvania Press, 2005, 80-100.

것을 멋있다는 '감정'으로 받아들여 그때 드라마 속에 비춰진 한국에서의 생활이 곧 내 미래가 될 것이라 생각했어요.

여성들은 자신의 사회가 가진 문제들로부터 벗어나서 자신의 세계관에 맞는 삶을 살기 위해 국제결혼을 선택한다. 베트남 여성들의 이야기에서 자주 등장하는 것은 새벽부터 밭에 나가 일도 하고 집안일을 하면서 가족 생계를 담당했던 어머니의 삶에서 벗어나서 내가 만든 '가족', 즉 내 일만 해도 되는 도시 핵가족 내 여성의 역할을 기대했다고 한다. 특히 중국, 베트남, 몽골에서 온 여성들은 사회주의 이후 시장경제로의 전환기에서 여성의 역할에 대한 상충적인 경험과 욕망을 갖고 있다. 양성 평등에 대한 인식, 생계 부양자로서의 책임감을 갖는 것과 함께 책임감 있고 경제력 있는 남편을 만나 준비된 모성을 실현하고 싶은 욕망을 갖는다. 이 때문에 여성들은 결혼이주를 통해 일을 하면서 경제력을 갖고 친정을 부양할 수 있다는 당연한 기대와 함께, '운'이 좋으면 집안일만 하면서 좋은 대우를 받고 살 수 있다고 생각한다.

또한 여성들은 국제결혼을 통해 '현대적 어머니'가 되는 것이 가능하다고 믿기도 한다. 경제적으로 부유해 보이는 한국 사회가 자본주의적 근대성을 실현하였다고 믿는 경향이 강하다. 그들은 부부 중심의 낭만적 사랑, 친밀성, 현대적 모성이라는 핵가족의 전형을 기대하는 경우가 많다. 상대적으로 나이가 어린 베트남 여성들은 한국 남자들이 나이가 많아 "감정이 일어나진 않았지만 '나만 사랑해 주고' '예뻐해 줘서' 낭만적 부부 관계를 이룰 수 있다"고 생각했다고 한다. 막연하게 외국인과의 결혼이 아니라 처음부터 한국인과의 결혼을 추구했던 몽골 여성 우트겔 씨는 한국 남성과의 결혼이 아이를 기르는 것에 '전념'할 수 있는 기회를 제공해 줄 것이라고 믿었다.[18]

---

18) 김현미, 김민정, 김정선, 앞의 글, 141–142.

대학에서 심리학을 마치고, 대학원 들어가기 전에 지금의 남편을 만났어요. 몽골에서는 20세 초반에 아무 준비 없이 애 낳고 결혼하는 경우가 많아요. 한국 남자를 선택한 이유는 남자들이 결혼하기 전에 집과 모든 걸 마련하고 결혼해서 모든 걸 책임질 수 있다고 생각했기 때문이에요. 한국에서 선을 보러오는 남성들이 나이가 많은 것도 '책임 있는 가장이 되기 위해 오랫동안 준비를 해서 나이가 들었다'고 생각했어요. 한국 남자와 결혼하면 나는 엄마라는 역할을 잘 맡아서 집에서 아이를 키우고 남편은 가정을 책임질 수 있다는 생각을 하였기 때문에 한국 남성과 결혼을 원했어요.

이 여성은 '준비된 모성'이 가능하리라는 믿음에서 결혼했지만 남편의 경제적 무능으로 현대적 모성을 실현하는 '전업주부'가 될 수 없었다. 가족 생계를 위해 길에서 신발과 핀을 팔고 있지만 시어머니와 남편의 학대에 시달리고 있었다.

이주여성은 가장 이상화된 '한국 남성의 이미지'를 그대로 수용하면서 결혼을 결정한다. 남편의 한국 내 현실, 즉 이미 노동시장에서 이탈하거나 경제적 자원이 없다는 점, 혹은 나이가 많거나 학력이 낮다는 점을 잘 알지 못한다. 이 때문에 남성은 경제를 책임지고 자신은 "높은 수준의 정서적 보살핌, 체계적인 지도와 교육, 가정 경제의 합리적 운영"으로 상상되는 현대 가족의 이미지와 여성의 역할을 구체적으로 실현시킬 수 있다고 믿는다.[19]

무엇보다 대부분의 이주여성들은 언어가 잘 통하지 않는 상황에서 남편이 어떤 사람인지 알 수 없어 힘들다고 말한다. '잘 알 수 없는 남편의 성격'을 이해하기 위해서 여성들은 궁금한 것이 많지만 한국의 남성들은 질문을 싫어한다고 말한다. 조선족 최연 씨는 12살 때 부모가 한국으

---

19) 황정미, 「저출산과 한국 모성의 젠더정치」, 『한국여성학』 21.3 (2005): 99-132.

로 와 일을 해서 보낸 돈으로 대학을 졸업했다. 2006년 한국인과 결혼한 최연 씨는 어린 시절 부모의 부재에 대한 원망으로 "내가 만약 결혼해서 애를 낳게 되면 진짜 사랑으로 키우고 아무리 살기 힘들더라도 애는 내가 꼭 데리고 살 거야"라고 생각하며 결혼을 했다.[20]

> 대부분의 아내들이 그렇듯 저도 역시 남편에 대해 궁금한 것이 많아서 밥을 차릴 때 계속 질문 공세를 해요. "오늘 회사에서 어땠어?" …(중략)… 아내들은 이런 종류의 질문들을 좋아합니다. 그런데 이런 질문들이 남편들을 미치게 만든답니다. 왜냐하면 아내가 추궁하면 마치 형사들에게 둘러싸여 심문을 받고 있는 것처럼 느끼고 자신을 더욱 지키려고 하기 때문입니다.

이주여성들은 왜 한국 남성이 자기 부인을 '형사'와 동일시하는지 왜 대화를 나누려 시도하는 것이 그렇게 많은 저항을 불러오는지 알 수 없다고 말한다.

여성들의 친밀성에 대한 욕망은 한국 남성들의 무뚝뚝함과 말없음에 의해 자주 좌절되지만, 한국 남편들도 초국적 가족의 구성원으로 자신의 역할과 행동을 변화시키기도 한다. 중국에서 온 김동매 씨는 50세인 남편이 공간에 따라 어떻게 자신의 역할과 태도를 변화시키는지에 대해 말한다.

> 남편은 중국 문화에 대해서 너무 잘 알고 있어요. 중국에 가면 애를 같이 안아주고, 물건도 들어줘요. 한국 공항에 딱 내리면 바로 변해요. 남들이 쳐다본다고 애도 안 안아주고, 가방도 안 들어요. 저는 한국에 오면 그냥 주부예요. 중국에서는 일했지만, 여기서는 그냥 주부가 되요. 애기 보고, 집안일 하는 것이 내 일이예요. 다른 일을 할 수가 없어요. 집안일을 많

---

20) 신은주, 「나의 선택, 나의 꿈」, 정인출판사, 2009, 10.

이 하고 집안 일만 하라고 하니까 너무 힘들었어요. 남편이 조금도 도와
주지 않아서 많이 싸웠어요.

김동매 씨는 점차 남편이 '중국'에서 보인 자상한 태도를 한국에서도 보
일 것이라는 기대를 갖고 남편과 집안 내에서 '성 전쟁'을 벌이고 있다
고 한다. 남편의 비일관성을 지적하고 "어떤 때 가장 가족답냐?"는 질문
으로 남편을 추궁하자 남편이 서서히 변해가고 있다고 한다. 국제 결혼
한 한국 남성들에 대한 생애사 연구에서 지적하듯이, 한국 남성들 또한
사업의 파트너, 성적 욕망의 실현, 지배욕구 등 '도구적' 목적으로 국제
결혼을 한 경우가 대부분이지만 결혼 과정에서 새로운 디아스포라적 정
체성을 갖게 된다.[21] 남성들은 여성들이 모국과 철저히 단절되기를 원
해 친정 방문을 허락하지 않았음은 물론 TV에서 여성의 본국 얘기가
나오면 채널을 돌리거나 시청을 방해하는 등 여성들의 모국과 연관된
모든 기억을 지우려고 했다. 그러나 이런 남성들도 여성들의 삶에 대한
'경험적 이해'에 도달하게 되면 여성의 친정 방문을 허락하거나 동반 방
문하고, 처가 쪽 식구들을 초청하고, 배우자들의 발달 욕구에 조응하여
여성을 대학에 진학하게 하거나 여성들의 공동체를 지원하기도 했다.
연구자들은 남성들의 이러한 변화는 '부인과 소수자로서의 연대의식 확
보 → 자기문화의 해체 → 타 문화와의 접점에서 재구성 → 디아스포라
위치에 서기'라는 과정을 통해 만들어진다고 분석한다. 이주여성도 자
신과 마찬가지로 상흔이 있는 소수자라는 것을 인식하게 되면서 한국
남성들은 근거 없는 우월 의식을 버리고 자신의 문화를 해체하는 작업
을 하게 되고 이후 여성들이 운반해 온 문화들의 긍정적인 점들을 이해
하고 수용하게 되는 과정에 이르게 된다.[22]

---

21) 이근무, 김진숙, 「국제 결혼한 남성들의 생애사 연구」, 『한국사회복지학』 62.1 (2009):
    135-62.

문화 경계지역으로서의 '가정(Home)'은 때로는 새로운 정체성을 만들어내는 창조의 공간이 되기도 하지만 때로는 갈등의 증폭을 통해 가정의 해체로 이어지기도 한다. 이주여성들은 이주 전과 초기 정착 과정에서 품었던 기대가 현실과 다름을 알게 되면서 남편과 무엇을 '거래'하거나 '교환'할 것인지를 판단하며 자신의 생존 전략을 만들어낸다. 때로는 한국 가족의 한국적 부인되기 또는 며느리 되기의 문화적 강압이 제대로 관철되지 못하는 경우도 생겨난다. 이들이 당연하게 수행해야 된다고 여겨지는 재생산 노동이 '재생산' 되지 않는 상황이 벌어진다. 언어도 잘 통하지 않고, 외부 출입도 자유롭지 않고, 경제적 자원도 주어지지 않은 상황에서 이주여성은 그저 방에 들어가 누워있거나 꼼짝하지 않는다. 남편이나 가족의 '흥분'과 성화에 반응을 보이지 않음으로써, 이들의 기대 수준을 낮추는 경우도 있다. 한국의 가족들은 '여자가 고집 세다' 또는 '게으르다'란 말로 비난하지만 여성들을 움직이게 할 별다른 자원을 갖고 있지 못하다. 여성들이 사용하는 '약자의 무기'는 가족이 유지되기 위한 기본적 노동과 태도를 노골적으로 거부하는 것으로 표현되기도 한다.[23]

7. 맺음말

결혼이주 여성들은 자신이 운반해 온 뿌리의 문화와 한국으로의 여정 속에서 새롭게 배운 문화 사이를 중재하며 한국 가족의 문화적 재생산을 독특한 방식으로 만들어내고 있다. 이주여성의 "이민 짐꾸러미 속에

---

22) 위 논문, 149-51.

23) Kim, Hyun Mee, "The State and Migrant Women: Diverging Hopes in the Making of "Multicultural Families" in Contemporary Korea." *Korea Journal* 47.4 (2007): 100-22.

는 고유의 문화와 전통, 의례, 가치관 등이 담겨져 있고 이러한 구성물들은 이민지의 문화와 만나 새롭게 변화되고 또한 이민자의 문화를 변형시킨다"[24]는 지적을 상기하는 것이 중요하다. 현재 결혼이주여성에 대한 지배적인 사회 통합 담론은 빠른 시간 내에 이주여성을 한국 사회에 적응시키고자 하는 목적에 집중되어 있다. 이 때문에 미디어에 재현된 이주여성은 종종 한국어를 열심히 배우고, 김치를 만들며 행복해하는 여성들이거나 부적응이나 아이 교육 문제에 힘든 시간을 보내는 여성들이다. 한국의 사회통합 담론은 다양한 이주여성들을 한국성과 한국 문화의 연기자(performers)로 재현하며 다양한 문화적 차이를 하나의 글로벌 한국 문화로 통합해낼 수 있다는 글로벌 문화민족주의의 형태를 보이고 있다. 그러나 이러한 재현은 한국 사회의 불안한 '욕망'을 담지할 뿐 개별 가족의 틀 안에서 문화적 차이들을 교섭하는 결혼이주 여성의 다양성을 간과한다.

　이주여성들은 '집' 또는 '가족'이라는 공간적, 물리적, 인식론적으로 다층적인 경험을 통해 문화적 '차이'를 강조함으로써 한국 사회에서 쉽게 안착할 수 없는 자신들의 탈구된(dislocated) 위치를 강조한다. 탈구된 위치는 불안, 결속으로부터 단절, 귀속감의 부재 등만을 의미하는 것이 아니라 이를 통해 뿌리 문화의 상대적 우월성을 강조하고 자신의 이주의 과정에서 직면하는 뿌리 뽑힘의 고통을 완화하기 위한 '약한 자의 문화전략'으로도 해석할 수 있다. 또한 이런 전략은 현재의 삶이 종착이나 정착의 지점이 아니라는 점을 강조하며 가족과 한국 사회에서의 지속적인 이동의 과정을 통해 자신의 문화를 승인받고 재생산하기 위한 외견적 발화 행위이기도 하다. 이로써 이들은 한국 이주를 결심할 때 가졌던 미래에 대한 상상력을 현실화시키려는 희망을 표현하기도 하고

---

24) 이근무, 김진숙, 2009, 138.

동시에 자기 문화의 정체성을 간직한 채 한국 문화를 배워나가려는 자아 확장적 인식의 계기들과 순간들을 만들어낸다.

이 글은 2008년 태평양학술문화재단의 학술연구비 지원을 받아 수행된 연구의 일부로 2010년 10월 15일부터 17일까지 국제비교한국학회와 제주대학교 탐라문화연구소가 공동주최하여 제주대학교에서 개최된 〈아시아-태평양 지역의 이주와 트랜스내셔널리즘〉 학술대회에서 발표되었으며 *Comparative Korean Studies* 18권 3호(2010년 12월 31일 발행)에 게재했던 논문을 수정·보완하여 수록한 것이다.

참고문헌

김정선, 「아래로부터의 초국적 귀속의 정치학」, 『한국여성학』 26.2 (2010): 1-39.

김현미, 『글로벌시대의 문화번역』, 또 하나의 문화, 2005.

김현미, 김민정, 김정선, 「'안전한 결혼이주'?: 몽골 여성들의 한국으로의 이주 과정과 경험」, 『한국여성학』 24.1 (2008): 121-55.

레나토 로살도, 『문화와 진리』, 권숙인 역. 아카넷, 2000 (Renato Rosaldo, *Culture and Truth*. Boston, MA: Beacon Press, 1989, 1993).

문숙재·윤소영, 『결혼과 노동』, 교문사, 2000.

문화콘텐츠기술연구원 다문화콘텐츠연구사업단 엮음, 『한국사회의 소수자들: 결혼이민자』, 경진, 2009.

매저리 울프, 「중국여성: 새로운 환경 속의 오래된 전략」, 미셸 짐발리스트 로잘도·루이스 램피어 엮음, 권숙인·김현미 옮김, 『여성·문화·사회』, 한길사, 2008.

설동훈, 이혜경, 조성남, 「결혼이민자 가족실태조사 및 중장기 지원정책방안 연구」, 여성가족부, 2006.

신은주, 『나의 선택, 나의 꿈』, 정인출판사, 2009.

이근무, 김진숙, 「국제 결혼한 남성들의 생애사 연구」, 『한국사회복지학』 62.1 (2009): 135-62.

채옥희, 홍 달아기, 송복희 , 「몽골 결혼이민여성의 한국가정생활 적응 사례」, 『한국가족자원경영학회지』 13.4 (2009): 171-92.

최금해, 「조선족 여성들의 한국결혼생활 적응유형에 관한 질적 연구」, 『여성연구』 72.1 (2007): 143-88.

출입국외국인통합정책본부, 2009.

한건수, 「농촌지역 결혼이민자 여성의 가족생활과 갈등 및 적응」, 『한국문화인류학』 39.1 (2006): 195-219.

황정미, 「저출산과 한국 모성의 젠더정치」, 『한국여성학』 21.3 (2005): 99-132.

Arjun Appadurai (차원현·채호석·배개화 옮김), 『고삐풀린 현대성』 *Modernity at Large : Cultural Dimensions of Globalization*, 현실문화연구, 2004.

Freeman, Caren. "Marrying Up and Marrying Down: The Paradoxes of Marital Mobility for Chosonjok Brides in South Korea." In Nicole Constable. Ed. *Cross-Border Marriages: Gender and Mobility in Transnational Asia*. Philadelphia: University of Pennsylvania Press, 2005. 80-100.

Ireland, Patrick. *Becoming Europe: Immigration, Integration, and the Welfare State*. Pittsburgh: University of Pittsburgh Press, 2004.

Kim, Hyun Mee. "The State and Migrant Women: Diverging Hopes in the Making of "Multicultural Families" in Contemporary Korea." *Korea Journal* 47 (2007): 100-22.

Lister, Ruth, et al.. *Gendering Citizenship in Western Europe*. Bristol: The Policy Press, 2007.

제주도 여성결혼이민자의 가족관계 양상

염미경[*]

1. 서론

세계화로 인해 전 세계의 사회와 문화의 상호교류가 가속화되고 있다. 이러한 흐름 속에서 한국사회는 매우 짧은 기간 동안에 노동이나 결혼 등을 목적으로 한 이주의 증가를 압축적으로 경험하였다. 1995년 27만 명에 불과하던 한국 체류 외국인 수는 2007년 8월 24일 단기체류외국인을 포함해 100만 254명으로 사상 처음 100만 명을 돌파했다. 2010년 1월 1일 현재 한국사회에 거주하고 있는 이주민[1]은 1,139,283명으로, 주민등록인구(49,773,145명)의 2.3%에 해당된다(행정안전부, 2010).

한국에서 결혼이주는 1990년대 초부터 농촌지역을 중심으로 시작되었고, 당시 정부와 지방자치단체가 주축이 되어 소위 '농촌총각 장가보

---

* 제주대학교 부교수

1) 혼인이나 기타 이유로 한국 국적을 취득한 외국인, 합법 여부에 관계없이 근로, 유학, 결혼 등의 이유로 90일 이상 체류하고 있는 외국인을 종전에는 '이주민'이라고 하였으나 2008년 5월 이후부터 '외국인주민'으로 명칭 변경해 사용하고 있다. 정부는 외국인주민의 범주에 90일 이상 체류 중인 외국인의 자녀, 한국인 부모 사이에서 태어났으나 이혼 뒤 부모 중 한쪽이 외국인과 결혼한 가정의 자녀도 외국인주민에 포함시켰다. 이 글에서는 가장 일반적으로 사용되고 있는 '이주민'을 기본적으로 사용하며, 정부나 지방자치단체 관련 통계나 자료를 인용하는 경우 해당 자료에 충실해 용어를 사용하고자 한다.

내기' 시책을 추진하면서 그리고 1997년 외환위기 이후 도시의 저소득 근로자의 국제결혼이 증가하면서 그 범주가 확대되었다. 정부는 이러한 상황을 한국사회가 다문화사회[2]가 되고 있는 것으로 보아 각종 정책을 마련해왔으며, 학계에서도 이에 대한 논의가 활발하게 전개되어 왔다. 여성가족부·법무부·고용노동부·교육과학기술부 등의 정부부처에서는 결혼이민자 관련 업무를 해왔으며[3], 최근 결혼이민자와 그 자녀의 교육문제와 이들의 사회적 통합문제가 사회 전면에 부각되면서 관련 법률의 제정 및 개정이 이루어졌고[4] 정부와 지방자치단체를 중심으로 해

---

2) 법무부의 다문화사회에 대한 정의를 살펴보면, "다문화사회는 언어, 종교, 관습, 가치관, 국적, 인종, 민족 등 다양한 문화적 배경을 지닌 이민자 등이 사회구성원으로 참여해 이루어진 사회"이다. 좀 더 세분화된 정의를 보면, 외국인이 한국에 장기적으로 체류하며 사회의 구성원이 되어가고 있는 객관적 현상을 지칭하는 용어가 다인종·다민족사회이고, 한국에서 외국인의 증가라는 객관적 현상에 대해 여러 나라로부터 유입된 외국인에 대한 포용적이며 상호존중적인 정책이나 태도, 문화로의 변화, 즉 사회문화적인 내재적인 변화를 지칭하는 용어가 다문화사회라는 것이다(김은미·김지현, 2008).

3) 2008년 3월 21일 제정되어 9월 22일부터 시행된 〈다문화가족지원법〉은 결혼이민자와 자녀들에 대한 전면적이고 총체적인 사회서비스를 제공하는 것을 목표로 이주의 전 단계와 과정에서 체계적인 서비스를 제공하기 위한 기본틀을 만들었다는 점에서 정책적 의의가 있다. 이 법안은 기존의 다문화가족 지원정책이 결혼이민자 본인에게 치중되어 자녀 및 배우자 등 가족 전체를 대상으로 한 통합적 정책이 미흡하다는 점과 초기 적응을 위한 한국어교육 등 일부 사업에 집중되어 지역별, 출신국가별 다양한 욕구 반영이 부족하다는 점이 문제점으로 지적되면서 이를 수정, 보완한 결과물이라 할 수 있다. 그럼에도 불구하고 이 법안은 국제결혼에 의한 결혼이민자가족 지원에 국한되어 있어 '결혼이민자가족 지원법'일 뿐이라는 한계를 지닌다.

4) 정부의 주요 법제과정을 보면, 2006년 5월 외국인정책위원회 설치, 2006년 10월 행정자치부의 '거주외국인지원 표준조례안', 2007년 5월 법무부의 '재한외국인처우기본법' 시행과 '국적법' 개정, 2008년 3월 보건복지부의 '다문화가족지원법'과 2008년 7월 문화체육관광부의 '다문화사회문화지원법' 등을 들 수 있다. 2010년 현재 한국의 다문화정책은 중앙부처 법률이 4개, 지방자치단체의 외국인지원조례가 무려 200개가 넘고, 예산은 2009년 1053억 원, 2010년 1173억 원으로 해마다 증가하고 있다. 160여 개에 달하는 전국다문화가족지원센터 네트워크, 전국에 300개가 넘는 종교기관과 시민단체가 외국인노동자, 다문화가족, 유학생을 위한 프로그램과 상담을 하고 있다. 최근 부처별 지역별 기관별로 제각각인 다문화정책을 종합적이고 체계적인 관리와

이들을 위한 프로그램이나 사업이 증가하였다.

다문화정책 추진방식이 정부 주도라는 것에 대해 각계에서 비판의 목소리가 있음에도 불구하고, '농촌총각 장가보내기' 시책은 한국의 농어촌가족을 위기에서 구할 수 있는 거의 유일한 방편이라는 지역사회의 기대감이 여전히 존재하고 있어 지방자치단체들은 이를 지원하고 있는 실정이다[5](김민정, 2007: 218). 특히, 2000년대 들어 나타난 한국남성과 외국여성 간 국제결혼에서의 특징적인 점은 아시아지역, 특히 동남아시아 출신 여성들과의 국제결혼이 급증하였다는 점이다. 자신의 낮은 경제적 지위와 열악한 문화자본으로 인해 자국의 여성들과 결혼하기 어려운 남성들은 외국여성과 결혼하고자 하며, 외국남성과 결혼하고자 하는 여성은 모국의 경제적인 열악함과 자국 남성들의 경제적 무능함에 좌절하여 보다 잘사는 나라로 이주하려고 하기 때문이다[6](Jones and Shen, 2008: 20; 이재경, 2009: 186). 이를 배경으로 하여 한국사회에서는 새로운 가족형태로 다문화가족[7]이 증가하게 된다.

이와 같이 한국에서 다문화 현상은 중앙정부나 지방자치단체, 학계와

연구를 담당할 수 있는 외국인정책 총괄기구가 필요하다는 주장이 나오고 있다(〈동아일보〉 2011년 2월 8일자, "압축성장식 다문화정책, 장점은 짧고 단점은 길다.").

5) 민주노동당 최순영 의원이 발표한 '전국 농어민 국제결혼비용 지원정책 현황'에 의하면 2007년에는 3개도와 60여 개의 시·군(市·郡)이 국제결혼 비용을 지원하는 결혼중매사업을 시행하며, 관련 조례를 제정한 곳도 26곳에 이른다. 지원비용은 남성 1인당 200만 원에서 800만 원이며 이를 위해 책정된 예산은 모두 28억 4천8백만 원에 달한다(〈한겨레신문〉 2007년 6월 8일자).

6) 이와 관련해 국제결혼의 경제적 동기만을 강조하거나 국제결혼을 인신매매나 매매혼으로 규정하는 것은 인종적, 계급적 편견을 재생산하는 논리가 될 수 있으므로 경계해야 한다(So, 2006). 외국여성을 아내로 맞이하는 한국남성들의 경우, 단순히 시부모 봉양이나 자녀출산을 위해 결혼했다고 국제결혼의 의미를 축소해버리는 것도 문제다(이재경, 2009: 198).

7) 한국사회에서는 국제결혼으로 이루어진 가족형태를 '국제결혼가족', '결혼이주자가족', '결혼이민자가족' 등 다양하게 지칭해오다가 2008년 3월 '다문화가족지원법'이 제정되면서부터 '다문화가족'으로 지칭해오고 있다.

시민단체 모두의 주요 관심사로 자리 잡았으며, 그 양상이나 상황에서 차이가 있을지라도 이는 세계 각국이 직면한 공통된 이슈이다. 이러한 상황에서 일반적인 한국가족과 특징을 달리하고 있는 여성결혼이민자들이 겪고 있는 결혼생활의 어려움을 여성결혼이민자의 가족구성과 가족관계를 중심으로 밝혀보고자 한다. 구체적인 분석 사례는 제주도의 여성결혼이민자가족이다.

2. 논의의 배경과 연구방법

(1) 논의의 배경과 연구쟁점

가족은 사회구조와 같은 외부환경에 좌우되는 사회제도인 동시에 개인의 욕구 충족은 물론 정서적 교감과 친밀성으로 외부의 자극과 긴장을 해소하는 사적 공간이다. 가족의 모습은 사회·인구학적 변화 추세가 확실한 만큼 계속적으로 변화할 수밖에 없다.

대체로 한국 여성과 남성은 가족에 대해 서로 다른 관계에 있다. 한국에서는 전통적으로 성(gender) 역할과 정체성이 강조되었고, 이러한 측면에서 여성의 삶을 이해하는데 있어 가족은 중요한 요소이다. 결혼을 통해 여성이 남편의 부계가족 질서 속으로 편입되어야 하는 한국 여성에게 아내·어머니와 며느리 역할 사이에 갈등이 증폭될 수 있고, 이는 여성결혼이민자가족에게서 더 심각하게 나타날 수 있다. 또한 여성결혼이민자가족은 한국의 부계혈통과 성별분업에 기반해 가족을 유지해야만 하는 한국 남성의 필요와 결혼이주를 선택하는 외국인 여성의 동기가 맞아 떨어져 성립되기 때문에 일반적인 한국의 가족관계와는 다른 양상을 띨 수 있다. 특히, 부계혈통집단이 존재하지 않는 필리핀 등에서 시집 온 외국인 여성은 한국 시어머니의 위치를 완전히 받아들이기 힘들다(김민정, 2007: 213).

한편, 여성결혼이민자들 대부분은 빈곤 국가 출신이며 일반 가족보다 훨씬 더 가부장적인 가족문화와 불평등한 부부관계에 처할 수 있다. 더욱이 여성결혼이민자들은 자신의 가족 문화와 배우자 가족의 문화가 바로 충돌하게 되면서 언어장벽은 물론, 가족 상호작용, 가족 규범, 가족에 편입되는 과정에서의 문제 등 적응 관련 문제를 겪는다(Chang & Myers, 2003). 또한 서로 다른 개인적 가치, 삶의 방식, 언어, 문화, 기후 등 다문화적 충격에 더하여 출산과 양육 문제를 겪으면서 가족 내 갈등이 발생할 소지도 다분하다(Chou 외, 2006). 실제로 여러 연구들(김영란, 2006; 설동훈 외, 2005; 최금해, 2006)은 한국의 여성결혼이민자들이 서로 다른 가정의례와 예의범절 등에 대한 상호 이해 부족으로 인해 시부모나 남편과 갈등 상황에 빠지곤 한다는 것을 보여준다.

일반적으로 결혼으로 형성된 가족은 경제적 문제, 자녀출산과 양육문제, 심리 및 성격 차이 등 다양한 어려움에 처한다. 결혼이민자가족의 경우 이러한 일반 가족이 처하는 어려움에 더하여, 언어소통의 문제와 상대방 국가와 문화에 대한 이해 부족 등으로 결혼 후 가족생활에서 많은 어려움에 봉착할 수 있다(강기정·변미희, 2009). 즉 한국 남성과 결혼한 외국인 아내, 즉 여성결혼이민자는 새로운 국가에서 문화와 언어를 접해야 하기 때문에 남편에 비해 결혼생활이나 가족관계에서 더 많은 어려움에 직면하게 된다. 국제결혼을 한 아내의 경우 언어와 문화적 차이에서 오는 어려움은 물론, '순종적인 아내를 얻어 가부장제적 결혼을 유지하고 싶어 하는 남편과 자국에서의 남녀차별적인 환경에서 해방되고픈 희망을 갖고 국제결혼을 선택한 아내'와 같은 부부간 성별 기대 차이로 인해 어려움을 겪는다. 또한 한국남성이 한국보다 경제적으로 어려운 나라의 여성과 결혼하는 경우 부부관계의 계급화 문제도 발생할 수 있다(정천석·강기정, 2008; 변미희·강기정, 2010: 128).

한편, 가족관계는 대체로 결혼으로 결합된 부부관계, 혈연관계로 연결된 부모자녀관계, 혈연을 공유하는 형제자매관계, 결혼으로 시작되는 고부관계 등으로 구성되는데, 이 글에서는 기존 연구들의 연장선상에서 부부관계와 고부관계를 살펴볼 것이다. 구체적인 분석에서 이 글이 취한 기본 관점은 다음과 같다.

먼저 여성결혼이민자의 가족생활에서 핵심은 남편과의 관계이다. 여성결혼이민자가족에서 부부관계는 한국국민이라는 위치와 경제력 대(對) 결혼에 의한 이주와 가사노동 수행이 교환되는 암묵적인 계약에 기반한다. 남편이 국민의 지위를 기반으로 외국인 아내에게 특정한 노동과 감정 서비스를 요구할 수 있다는 점은 이들 부부관계에 특징적인 구조적 불평등이다. 이에 외국인 아내인 여성결혼이민자는 자신의 모국에서의 방식을 주장하거나 다른 관계를 강화하거나 사랑과 책임감을 내세워 보상체계를 고안해야 할 필요를 느낄 수 있다고 본다.

다른 한편, 전통적으로 한국 가족은 부계 친족과의 유대가 강조되고 위계질서가 분명했다. 그러나 산업화의 영향과 가족 가치관의 변화로 인해 도시화와 핵가족화가 진행되고 여성의 사회진출이 많아지면서 개인의 자발적 선택의 폭과 양이 커졌으며 위계질서보다는 수평적인 가족관계가 중시되고 부부 중심의 가족구조로 변화하는 등 가족 형태에서 변화가 나타나고 있다(이효선, 2009: 165-166; 양옥경, 2000; 최샛별·이명진·김재온, 2003). 이처럼 한국사회는 가부장제적 가족구조가 부부 중심의 핵가족 구조로 변하고 있지만 가부장적인 사고방식이 남아있는 과도기적 단계에 있어 전통적으로는 효(孝) 사상으로 다스려졌던 고부관계에서 갈등이 표출되는 것이다. 이는 며느리들이 일방적으로 복종하고 인내하는 전통적인 가치관을 더 이상 따르려고 하지 않기 때문이다(박소영, 2010: 154).

다음으로, 가족관계 중에서 고부관계는 혈연의 관계가 없는 타인끼리 한 남성을 매개로 하여 법적, 인위적 관계를 맺은 것이므로 가장 복잡하고 갈등이 많은 관계 중의 하나이다(김밀양, 2004: 174; Bryant, and Conger, 1999; 김진숙·권석만, 2003). 한국의 고부관계는 여성을 타성(他姓)의 부계혈통집단에 편입시키는 부계친족체계의 핵심 부분인 동시에, 부계가족에서 연장자로서 여성의 권위가 보장되는 관계이기도 하다. 고부관계가 갈등이 많은 관계라는 점은 한국을 비롯한 동양이나 서양, 모두에서 공통적인 현상이다(Bryant, Conger, and Meehan, 2001; Willson et al., 2003; 김밀양, 2004). 그러나 고부갈등은 서구사회에서보다 동양사회가 더 심한데 그 이유는 가부장적 사고방식과 가족중심주의 때문이라고 할 수 있다(Lee, and Mjelde-Mossey, 2004; Huang, 2005). 한국사회에서는 자녀부부가 부모와 분가하여 사는 경우에도 가족중심주의적 사고방식을 벗어나기 어렵고 이로 인해 고부갈등이 발생할 소지가 그대로 남아 있게 된다(이영분·양영심, 1999).

그러면, 제주도 가족에 편입된 여성결혼이민자의 가족생활 경험은 어떠한가? 이 글에서는 여성결혼이민자를 그들의 배우자나 그 가족관계 속에 위치시켜, 그들이 결혼과 이주를 통해 배우자와 배우자 가족과의 관계 속에서 자신들의 삶을 어떻게 파악하고 있는지를 살펴보려고 한다. 또한 이 글이 제주도 사례를 대상으로 하고 있기 때문에 이를 제주도 일반 가족의 전형적인 특징에 비추어 설명해보고자 한다.[8]

---

8) '제주도 가족'의 전형적인 특징으로는 한국의 전통가족과 달리, 분가주의(分家主義), 부부가족 형태를 띠며, 따라서 부부간 의사가 자율적으로 결정되는 비율이 높다는 것을 지적한다(김혜숙, 1999; 이창기, 1999). 이 글에서는 이러한 '제주도 가족'의 전형적인 특징이 여성결혼이민자가족에서도 나타나는가 하는 것 자체를 설명하려고 하는 것이라기보다는 이 글이 제주도 여성결혼이민자가족을 사례로 하고 있기 때문에 '제주도 가족'의 전형적인 특징을 고려해 여성결혼이민자의 가족생활과 가족관계 양상을 살펴보려고 하는 것이다. 이는 분가주의 등과 같은 '제주도 가족'의 특징은 과거 제주여성과 같이 가족의 경제를 완전하게 책임지는 상황, 즉 제주여성의 노동경제력이 바탕이 되어야 본격적으로 논의할 수 있기 때문이다. 이에 대해서는 향후 연구되어야 할 것이다.

이와 관련해 이혜경(2009)은 여성결혼이민자가족에서는 농촌지역에서 일반적으로 나타나는 한국가족의 특성, 즉 일반 가족에 비해 시부모와의 동거비중이 높은 전통가족의 형태로 나타나고 있음을 보여준다. 이 글의 분석과 관련해 또 다른 주목할 만한 연구가 정기선(2008)의 연구이다. 정기선(2008)은 여성결혼이민자들을 출신국가별로 구분해 한국으로의 이주 특성을 파악해내고 이러한 특성이 이들의 한국사회 적응에 어떻게 영향을 미치고 있는지를 분석하고 있다. 특히 여성결혼이민자의 국제결혼과정과 한국으로의 이주경험, 한국에서의 가족생활, 한국사회에 적응하는 과정에서 발생한 정책적 욕구에서의 출신국가별 차이에 주목하고 있다[9].

이들 연구의 문제의식의 연장선상에서, 이 글은 제주도에 거주하는 여성결혼이민자의 경험을 남편과의 관계, 시어머니와의 관계를 병렬시켜 살펴보는 방식으로 제주도 여성결혼이민자가족의 가족관계 양상을 살펴본다. 특히, 결혼으로 편입된 남편의 가족 속에서 여성결혼이민자의 위치는 훨씬 열악할 가능성이 있고, 농촌지역의 특성상 일반 가족에 비해 시부모와의 동거비중이 높은 전통가족 형태일 가능성이 높다(이혜경, 2009: 153). 김희주(2008)에 따르면, 국제결혼에 의한 다문화가족의 유형은 도시에 거주할수록 부부나 그 자녀로 구성된 핵가족 형태로 사는 경우가 많고 부부나 그 자녀 외에도 시댁식구와 함께 사는 확대가족 형태도 전체의 14% 정도나 되며, 도시에 비해 농촌에 사는 여성결혼이민자의 경우 시댁식구와 함께 사는 경우가 3배 이상 많다고 한다. 이 글에서는 이 점에 주목해 제주도 여성결혼이민자가족의 가족관계 양상

---

9) 정기선(2008)은 국내 여성결혼이민자들의 출신국가에 따른 이민생활적응에서의 차이를 밝히고 있는데, 여성결혼이민자의 출신국가별 국제결혼추이와 지역별 거주현황, 2006년도 경기도에 거주하고 있는 810명의 여성결혼이민자에 대한 설문조사자료를 활용하여 국제결혼과정과 한국생활적응에서의 차이를 분석하였다.

을 살펴본다.

(2) 연구대상과 방법

2009년 말 현재 제주도의 이주민은 42개국 7,343명[10]으로 주민등록 인구(562,663명)의 1.3%를 차지했으며, 전년도 대비 5.7%(399명) 증가한 것으로 나타났다. 국적별 이주민 현황을 보면, 중국 국적자(조선족 포함)가 3,096명으로 전체 이주민의 42.2%로 가장 많으며, 베트남이 1,076명으로 전체 이주민의 14.7%, 필리핀이 507명으로 전체 이주민의 6.9%, 미국 448명으로 6.1% 등으로 나타났다. 지역별 거주 현황을 보면 제주시에 5,195명으로 70.9%, 서귀포시에 2,148명으로 29.3%가 거주하고 있다(제주특별자치도 자치행정과, 「2010년 외국인주민 실태조사결과」 (2010.2.1~3.31)).

제주도의 다문화정책은 한국 정부의 정책 기조에 맞춰 이주민과 함께 하는 지역공동체의 구현과 사회통합을 목적으로 하고 있고 외국인노동 자보다는 여성결혼이민자에 초점이 두어져 있다. 제주도에서는 2007년 관련 조례를 제정하였는데 표준조례안의 내용을 보면 법령이나 다른 조례로 제한규정을 두지 않는 한 지방자치단체는 공공시설 이용과 행정 혜택 등에 있어 거주 외국인을 주민과 동등하게 대우할 수 있게 되어 있다.[11] 거주외국인에 대해 한국어 및 기초생활 교육, 고충·생활·법

---

10) 이 가운데 외국인근로자는 2,563명으로 전체 외국인주민의 34.9%, 결혼이민자는 1,164명으로 전체 외국인주민의 15.8%, 유학생은 857명으로 전체 외국인주민의 11.7%, 재외동포는 252명으로 전체 외국인주민의 3.4%, 기타는 666명으로 전체 외국인주민의 9.1%로 나타났다. 또한 외국인주민의 자녀는 1,290명으로 전체 외국인주민의 17.6%를 차지했다.

11) 지방자치단체 차원에서 다문화정책 지원 근거로는 '거주외국인 지원 관련 조례'가 있다. 지방자치단체의 거주외국인 지원조례는 이주민의 증가와 문화다양성의 가시화에 따른 사회통합을 위해 이주민의 부적응이나 사회적 편견 등 사회통합에 부정적 요소를 완화하는 데 초점을 두고 있다는 점에서 '재한외국인 처우기본법'이나 '다문화

률·취업 상담, 생활편의 제공, 응급 구호체계 확립, 문화·체육행사 개최 등을 지원할 수 있도록 되어 있다. 2007년 4월에는 '제주특별자치도 국제결혼가정지원에 관한 조례'를 제정하였고[12] 매년 5월 21일을 '세계인의 날'로 지정해 1주일간 다문화 주간을 운영하고 있다.

이 글에서는 구체적인 분석을 위해 2007년 제주특별자치도 결혼이민자가족 실태조사(제주특별자치도, 2007) 자료, 2009년 전국 다문화가족 실태조사 연구(보건복지가족부·법무부·여성부·한국보건사회연구원; 제주특별자치도, 2010) 자료, 그리고 2007년 말 유네스코 동아시아지역 사무소의 지원으로 수행된 제주도 여성결혼이민자들에 대한 심층인터뷰 자료를 사용하였다(염미경·김규리, 2008). 심층인터뷰의 경우 제주이주민센터와 서귀포종합사회복지관이 주관하는 프로그램에 참여하는 여성결혼이민자들 중 눈덩이 표집(snowball sampling)[13] 방법으로 조사대상자를 선정하였는데, 중국 한족 5명, 중국조선족 2명, 필리핀 4명, 베트남 2명, 몽골 2명이 조사대상자로 선정되었다. 심층인터뷰대상자 선정이나 수집된 자료의 선택과 해석에서 의도치 않게 필자의 주관이 개입되었을 여지가 있는데, 이는 이 글의 자료수집방법 자체에서 오는 한계라는 것을 밝혀둔다. 조사대상자에 대한 심층인터뷰는 2007년 7월부터 10월 사이에 이루어졌다. 이 글의 심층인터뷰대상자로 선정된 여성결혼이민자들[14]의 인구·사회학적 특성을 정리하면 다음과 같다.

가족지원법'과 기본방향을 공유하고 있다.

12) 제주도에서는 이 조례에 근거해 국제결혼 비용을 지원해오고 있는데, 이 조례는 "제주에 거주하는 35세 이상의 미혼남녀의 국제결혼을 지원하여 건강한 가정을 이루게 하고 저출산·고령사회에 능동적으로 대응함을 목적으로 하고 있다."(제1조)

13) 눈덩이표집 혹은 누적표본추출은 산위에서 작은 눈덩이를 굴려 보내면, 내려가면서 눈이 점점 뭉쳐서 커지는 것에 비유한 표집방법으로, 눈덩이표집은 조사자가 표본사례의 소재를 잘 모를 때 처음 접근이 가능한 소수의 사례를 조사하고, 조사된 사례의 협조를 얻어 이들로부터 추가적 사례를 계속 확보해 나가는 표집방법이다.

14) 이 글에서는 제주도 여성결혼이민자가족 전반에 대해서는 심층인터뷰대상자 전체

〈표 1〉 심층인터뷰대상자의 인구·사회학적 특성

연번	출신 국가	나이	학력	배우자 연령	배우자 직업	결혼 경로
1	중국	41	중졸	43	농업인	아는 사람 소개
2	중국	26	대졸	32	중장비기사	인터넷채팅으로 연애결혼
3	중국	28	중졸	37	공무원	친구 소개
4	중국	28	대졸	35	택배기사	친구 소개
5	중국	27	중졸	40	아파트관리원	결혼중개업체 통해
6	중국	28	중졸	40	자동차 정비사	결혼중개업체 통해
7	필리핀	27	고졸	37	고물처리상	아는 사람 소개
8	몽골	29	대학중퇴	44	회사원	직장업무를 통해 연애결혼
9	중국	32	대졸	39	자동차 정비사	아는 사람 소개
10	필리핀	35	고교중퇴	42	환경미화원	통일교 통해
11	필리핀	25	고졸	37	공무원	결혼중개업체 통해
12	필리핀	26	대학중퇴	47	개인택시기사	결혼중개업체 통해
13	베트남	31	초교 졸	44	유흥업소 가수	친구 소개
14	베트남	22	고졸	37	컴퓨터수리/판매	친지 소개
15	몽골	32	대졸	41	건설회사 회사원	연애결혼

　　심층인터뷰 대상 여성결혼이민자들의 결혼동기 및 경로를 보면, 조사
대상자 15명 중 4명이 결혼중개업체를 통해 결혼하였으며, 1명이 통일
교를 통해, 7명이 친구나 친지 및 아는 사람의 소개로, 그리고 나머지
3명이 인터넷채팅이나 직장업무를 통해 연애결혼 하였다. 재혼인 1명을
제외하고 모두 20대에 현재의 남편과 결혼하였다. 남편과의 나이 차이
는 거의 모든 구술자들이 10살 이상의 차이가 있었다. 학력은 초등학교
졸업부터 대학교 졸업까지 다양한데, 대졸 또는 대학중퇴는 6명, 고졸
또는 고교중퇴는 4명이다. 남편의 직업은 농업인만이 아니라 중장비기
사, 서비스업 종사자, 컴퓨터 수리업, 자동차 정비사, 공무원, 택시기사,
회사원 등 다양하다.

　　에 대한 조사내용을, 구체적인 가족관계 양상에 대해서는 심층인터뷰 대상자들 중
연번 1~8의 결혼이민자들과의 인터뷰 자료를 주로 사용하였음을 밝혀둔다.

3. 제주도 여성결혼이민자의 가족생활과 가족관계

(1) 가족 구성의 특징

제주도 거주 여성결혼이민자 대상의 2007년 전수조사 결과[15)에 나타난 여성결혼이민자가족 구성에서의 특징을 정리하면 다음과 같다. 먼저 여성결혼이민자의 결혼유형과 경로를 살펴보면, 응답자 49.3%인 345명이 아는 사람을 통해 결혼하게 되었으며, 결혼중개업체를 통해 결혼한 경우는 25.9%인 183명, 직접 연애를 통해 결혼했다고 응답한 경우는 15%인 105명, 종교단체 주선으로 결혼한 경우는 8.0%인 56명으로 나타났다. 최근 결혼추세에서 증가하고 있는 베트남 출신 여성과의 국제결혼은 결혼중개업소를 통해 이루어지는 것이며, 아는 사람을 통해 결혼하게 되는 경우는 이미 결혼한 중국 출신의 여성결혼이민자가 자신의 연결망을 통해 국제결혼을 주선하는 경우가 많다(〈표 2〉 참조).

〈표 2〉 여성결혼이민자의 국적별 결혼경로 및 유형

국적	결혼중개업체를 통해	아는 사람의 소개	종교단체의 소개	행정기관의 주선	직접만남 및 연애	기타	합계
중국	36(10.3)	241(68.6)	0	1(0.3)	71(20.2)	2(0.6)	351(100.0)
베트남	119(68.4)	49(28.2)	0	0	3(1.7)	3(1.7)	174(100.0)
필리핀	20(22.5)	35(39.3)	28(31.5)	0	5(5.6)	1(1.1)	89(100.0)
일본	0	7(13.7)	26(51.0)	1(2.0)	15(29.4)	2(3.9)	51(100.0)
기타	8(22.9)	13(37.1)	2(5.7)	0	11(31.4)	1(2.9)	35(100.0)
계	183(25.9)	345(49.3)	56(8.0)	2(0.3)	105(15.0)	9(1.3)	700(100.0)

자료: 제주특별자치도(2007: 79)

---

15) 이 실태조사는 2007년 8월부터 9월 20일까지 1,009가구를 조사대상으로 한 것이다. 결혼이주여성 실태조사는 다문화가족지원법 제4조에 의거 3년마다 실시하는 것으로 보건복지부, 법무부, 여성가족부와 공동으로 실시되는 조사다.

전국적으로 국제결혼 중개업체와 아는 사람 소개를 통한 결혼이 국제결혼의 대부분을 차지하는데, 〈표 2〉에서 보는 바와 같이 제주도에서도 마찬가지 양상이 나타나고 있음을 알 수 있다. 국제결혼 중개업체는 한국의 신랑과 송출국 신부를 소개해주고 서류 수속을 수행하는 업무만 시행하는 것을 원칙으로 한다. 그러나 일부 중개업체에서는 배우자에 대한 허위 정보를 제공하고 서류를 위조하며 해당국 관료들에게 뇌물을 주는 등 탈법적 방법을 동원하기도 한다. 또한 국가 간 교류가 활발해지면서 국제결혼 통로가 지인이나 친척의 소개로 이루어지기도 한다. 먼저 결혼한 친구나 친척들의 중매로 이루어지는 경우가 결혼중개업체를 통하였을 때보다 훨씬 안정된 결혼생활을 영위할 수 있어 자매들이 결혼을 하는 사례가 있고 여성결혼이민자가 국제결혼중개업의 조직책으로 활동하는 경우가 있다(남인숙·장혼성, 2009: 17).

종교를 통한 국제결혼은 주로 통일교라는 특정 종교단체가 주도하였으며 필리핀과 일본 여성들이 주를 이루었다. 필리핀에서 통일교는 세계평화통일가정연합이라는 이름으로 알려져 있고 종교라기보다는 이상적 가족과 세계평화를 위한 운동조직으로 이해되고 있다. 필리핀 여성과 결혼하기 바라는 남성들은 신앙심과 상관없이 결혼을 위한 목적으로 통일교에 가입하고 결혼비용을 치르기 때문에 상업적 측면이 있음을 부인하기 어렵다(남인숙·장혼성, 2009: 14-15). 〈표 2〉에서 보는 바와 같이 제주도에서 종교단체를 통한 국제결혼은 필리핀과 일본 여성이 대부분이다.

한편, 제주도 여성결혼이민자의 결혼동기와 결혼경로를 교차 분석한 〈표 3〉을 보면 '직접 만남', 즉 '남편을 사랑해서/호감이 가서' 결혼을 택했다고 응답한 경우는 90명이었고, '아는 사람의 소개'로 결혼을 택했다고 응답한 경우가 206명으로 나타남으로써 '직접 만남'보다는 '주변의 소개'가 결혼에 더 영향을 미친 것으로 나타났다. 다음으로 '잘사는

138 다문화사회, 이주와 트랜스내셔널리즘

나라에 살고 싶어서' 결혼중개업체나 아는 사람 소개로 국제결혼을 선택했다고 응답한 경우가 94.7%를 차지하여 여성결혼이민자의 결혼경로에서 사회경제적 요인이 중요한 요인이었음을 알 수 있다.

<표 3> 결혼동기와 결혼경로의 교차 비교

구 분		결혼경로						
		결혼중개업체를 통해	아는 사람 소개	종교 단체 소개	행정 기관 주선	직접 만남 (연애)	기타	전 체
결혼동기	잘사는 나라에 살고 싶어서	69(40.6)	55(17.0)	4(7.1)	1(50.0)	2(1.9)	0	131(17.0)
	남편을 사랑해서/호감이 가서	50(29.4)	206(63.8)	11(19.6)	1(50.0)	90(86.5)	8(88.9)	366(55.1)
	종교적인 이유	0	0	37(66.1)	0	1(1.0)	0	38(5.7)
	본국의 경제적 지원 위해	23(13.5)	12(3.8)	2(3.6)	0	2(1.9)	0	39(5.9)
	한국에서 취업을 위해	4(2.4)	3(0.9)	1(1.8)	0	0	0	8(1.2)
	가족이나 친지 권유로	2(1.2)	5(1.5)	0	0	0	0	7(1.1)
	기타	22(12.9)	42(13.0)	1(1.8)	0	9(8.7)	1(11.1)	75(11.3)
전 체		180(100)	323(100)	56(100)	2(100)	104(100)	9(100)	664(100)

자료: 제주특별자치도(2007: 83)

다음으로 2007년 제주도 결혼이민자가족 실태조사와 2009년 전국 다문화가족 실태조사[16) 결과를 중심으로 제주도에 거주하고 있는 여성 결혼이민자의 혼인상태와 결혼경로를 살펴보면,[17) 2007년 결혼이민자

---

16) 이 실태조사는 2009년 8월부터 10월까지 1,444명을 대상으로 다문화가족 실태조사를 실시하였다. 조사내용은 일반적 특성(성별, 연령, 학력, 취업상태, 가족갈등은 물론 가족의 경제상태(소득, 지출, 자산 등), 사회통합도 측정에 관한 사항(국적별, 지역별, 예산행정 투입대비 사회적응도 지표분석 등), 국가별 문화적 특성을 고려한 잠재적 직업능력 분석 및 취업지원 상황 등 크게 4가지 영역이었다(제주특별자치도, 2010).

17) 혼인상태와 결혼경로에 대해서는 2007년과 2009년 조사에서 척도를 달리 조사했기 때문에 조사결과를 개략적으로 비교하였다.

의 혼인상태를 보면 초혼이 전체의 78.8%를 차지하고 있는 것으로 나타
났으며 재혼인 경우 18.1%로 외국인과 결혼하는 남성 10명 가운데 2명
이 재혼으로 나타났다. 2009년 조사에 나타난 여성결혼이민자의 혼인
상태는 배우자가 있는 상태가 전체의 97.1%를 차지하였고 이혼 1.4%,
사별 1.0%로 나타났다(제주특별자치도, 2010: 41-42). 결혼경로를 살펴보
면, 2007년 조사에서는 배우자인 한국 남성을 만나는 경로로 응답자의
48.8%가 아는 사람을 통해 결혼을 하였다고 응답했고, 결혼 중개업체
를 통한 결혼은 25.9%, 직접 연애 14.9%, 종교단체 주선 8.1%순으로
나타났다. 이에 반해, 2009년 조사에서는 40.3%가 결혼중개업체 또는
중개업자를 통해 결혼하였으며, 가족 또는 친척의 소개가 20.6%, 친구
및 동료의 소개 18.6%, 스스로 배우자를 만나게 된 경우가 7.9%, 종교
기관을 통해 4.9%순으로 나타났다. 최근 결혼중개업체의 증가로 결혼
중개업체를 통한 국제결혼 비중이 높아졌음을 알 수 있다(제주특별자치
도, 2010: 80).

한편, 제주도의 전형적인 가족관계의 특징 중 하나는 분가(分家)제도
이다.[18] 여성결혼이민자가족에서도 분가제도가 나타나는지를 살펴보
면 이 글의 심층인터뷰대상 여성결혼이민자들 중에는 4명이 시부모와
함께 생활하고 있었고, 이들 모두 결혼중개업체나 아는 사람의 소개로
결혼한 경우에 해당된다.

대체로 여성결혼이민자의 결혼동기에서 배우자를 선택하는 요인으로
경제적 동기('잘사는 나라에 살고 싶다', '본국 가족에게 경제적 지원을 하고
싶다'는 등)와 개인적 동기('남편을 사랑해서' 등)로 구분할 수 있다. 일반
적으로 결혼의 동기와 방법은 배우자를 결혼당사자가 선택하는 연애혼
과 가족이나 친지들의 소개에 의한 중매혼의 두 가지로 구분된다. 국제

---

18) 제주도 가족의 전형적인 특징에 대해서는 앞의 각주 8)을 참조바람.

결혼 역시 배우자 선택에 있어서 배우자의 배경을 고려한다는 것은 어느 정도 동일한 가치로 볼 수 있다. 대체로 다른 지역의 결혼이민자 실태조사의 경우 결혼동기에서 '잘 사는 나라에서 살고 싶어서'에 대한 응답이 높게 나타난 것에 반해, 제주도에 거주하는 여성결혼이민자의 경우 결혼동기로 '남편을 사랑해서/호감이 가서'가 51.8%로 높게 나타났다(제주특별자치도, 2007: 83; 2010: 81).

이러한 측면은 이 글의 심층인터뷰 대상 여성결혼이민자들에게도 비슷하게 나타나고 있다. 출신국 가족에게 경제적 지원을 하기 위한 결혼중개업체나 친구 혹은 아는 사람의 소개로 남편을 만나 한국으로 이주해왔더라도 남편을 사랑해서 국제결혼을 선택했고 남편을 사랑하기 때문에 자신이 처한 가족의 현실을 감내하는 경우가 많았다.[19]

이는 모든 결혼을 경제적 합리성과 정서적 요인이 결합된 것으로 보고, 동남아시아의 여성들이 한국, 타이완, 일본, 싱가포르 남성들과 결혼하여 남편의 나라로 이주하려는 동기의 이면에는 가난을 벗어나고 싶은 욕구, 직업을 갖고 경제력을 갖추고 싶은 욕망, 학업을 지속하고 싶은 기대 등 자신의 삶을 기획하고자 하는 여성의 행위성을 엿볼 수 있다고 해석한 이재경(2009)의 논의와 일맥상통한다. 즉 여성결혼이민자가 이주를 선택한 현실적인 동기는 친정가족의 경제적 보탬을 주고자 하는 가족전략의 의미와 일을 하고 싶다는 경제활동의 욕구에 있지만(김민정 외, 2006; Lu, 2005; 이재경, 2009) 결혼이주의 의미를 그것으로만 환원시켜 보기는 힘들다는 것이다. 따라서 여성결혼이민자들의 결혼동기를 단지 경제적인 차원으로 환원시키기보다는, 이들이 국제결혼과 이주를 선

---

19) 이 글의 심층인터뷰대상자인 중국 산둥 출신의 천퀸싱(가명, 28세) 씨는 중국에서 신문방송 관련 대학을 졸업한 뒤 신문사에 근무하다가 친구소개로 택배기사인 남편을 만나 결혼을 결정한 경우다. 남편과 결혼을 결정할 때 가족의 반대로 어려움을 겪었으며 결혼한 뒤에 시어머니와 갈등이 심해 이혼을 하겠다는 생각도 했지만 남편을 사랑하기 때문에 제주도에 살아보고 싶다고 하였다(심층인터뷰 결과).

택해 남편이나 남편 가족과의 관계를 어떻게 만들어나가는지에 대한 고찰이 필요한 것이다. 다음에서는 이에 대해 살펴본다.

(2) 가족생활과 가족관계 양상

여성결혼이민자가족에 대한 2007년과 2009년의 조사결과(제주특별자치도, 2007, 2010)를 보면, 제주도 거주 여성결혼이민자들의 가정생활에서의 만족도는 전반적으로 높은 편이다. 2007년 조사에서 매우 만족 12.2%, 만족 58.9%로, 2009년 조사에서는 매우 만족 22.6%, 만족 37.0%로 나타났다. 불만족이나 매우 불만족은 2007년 7.7%, 2009년 4.7%였는데, 이러한 불만족의 원인은 경제적 불만족이 36.1%로 가장 높고,[20] 의사소통의 어려움 25.6%, 시댁식구·남편 등과의 갈등 17.4%순이었다. 의사소통이나 시댁식구/남편과의 갈등은 여성결혼이민자들의 한국어 수준[21]과 밀접한 관련이 있다(제주특별자치도, 2007: 113-119).

이러한 양상은 이 글의 심층인터뷰 대상 여성결혼이민자들에서도 비슷하게 나타나는데, 조사한 여성결혼이민자들 대부분이 경제적 어려움은 물론, 남편 및 시댁식구와의 의사소통과 문화 차이로 인해 어려움을 겪고 있었다.

---

20) 2007년 조사에서 여성결혼이민자의 월평균 가구소득은 150만 원 이상~200만 원이 35.8%로 가장 많았으며 100만 원 이상~150만 원 미만 28.9%, 100만 원 미만 17.3%였다. 2009년 조사에서는 100만 원 이상~200만 원 미만이 37.4%로 가장 많았고 50만 원 이상~100만 원 미만 21.9%, 50만 원 미만 4.9%로 나타났는데, 세금 공제 이전 월 소득에 있어 가구 소득 역시 50~100만 원 미만이 전체 응답자의 26.8%를 차지하고 있는 것으로 나타나 여성결혼이민자들의 가계경제에서 소득구조가 전반적으로 낮다는 것을 알 수 있다(제주특별자치도, 2010: 63-64).

21) 이와 관련해 여성결혼이민자의 한국어 의사소통 수준을 보면 2007년 조사에서는 상 36.7%, 중 35.1%, 하 26.6%로 나타났고, 2009년 역시 한국어 말하기에서 보통 37.5%로 가장 많았으며, 한국어 읽기 실력 보통 35.9%, 잘한다 18.4%로 나타났으며, 한국어 쓰기의 경우 보통 35.2%, 서툰 편 20.4%로 나타났다(제주특별자치도, 2010: 49).

한편, 결혼이란 남녀의 결합뿐만이 아니라 서로 자라온 가문에 대한 풍습과 생활방식 등을 이해하기 위한 시간과 노력을 필요로 한다. 그런데 결혼이민자들은 남편이나 시댁과의 갈등이 발생할 경우 낯선 사회에서 다른 누군가에게 도움을 청하기도 어려운 상황이다(박미정·엄명용, 2009: 3). 여성결혼이민자들의 경우 한국생활에 적응하는 과정에서 겪는 복합적 어려움 속에서도 가장 가까이에서 핵심적인 도움이 될 수 있는 것은 남편과 가족의 지지다(장지혜, 2007; 최경숙, 2006). 여성결혼이민자들의 가족생활 경험을 부부관계와 고부관계를 중심으로 살펴보면 다음과 같다.

먼저 부부관계의 양상이다. 여성결혼이민자들은 한국의 부부관계에 혼란스러워했고 이를 모국의 남녀평등과 비교하였다. 이러한 측면은 여성결혼이민자들과의 심층인터뷰내용에서도 알 수 있다.

중국에선 남자가 자기가 높다고 생각을 하면서 여자를 사랑해 주는 거예요. 많이 봐주고, 많이 포용해 주는 거예요. 중국에선 남자가 집안일 많이 해요. 애기 보는 것도 남자가 잘 봐줘요. 집안일도 서로 같이 해요. 시간이 되면 같이 해요. 중국에서 '남편은 부인한테 어떻게 해야 된다'는 그런 건 없어요. 나만 사랑해 주면 되요. 중국에서는 여자는 일 많이 하지 않아요. 그래서 집에 있으면 남편은 자기가 맛있었던 것을 사다줘요. 그리고 일도 많이 도와주고 해요. 우리 형부가 지금 그렇게 해요. 우리 언니들은 형부들이 다 잘 해줘요. 나만 반대하는 결혼을 했어요. …… 너무 피곤해요. 나도 이제까지 많이 노력했는데 그게 잘 안 되니깐. (심층인터뷰대상자 1)

중국 같은 경우는 남자들도 집안일은 많이 도와주고 남자, 여자와의 관계가 평등한 관계잖아요. 한국은 그렇지 않은 것 같아요. …… 남편이 집에서 '남자는 하늘, 여자는 땅', 이렇게 말해요. 그래서 남편이 생각을

> 좀 바뀠으면 좋겠어요. 처음에 그게 적응이 안 됐어요. 그래서 처음에는
> 많이 싸웠어요. 지금은 이해하려고 많이 노력해요. 그 사람도 노력해서
> 좀 바뀌었고, 저도 노력해서 좀 괜찮아요. (심층인터뷰대상자 2)

> 친구소개로 만나 연애를 했고 결혼해서 한국에 오는 게 전혀 망설여지지
> 는 않았어요. (친정) 집에서는 많이…… (우리 결혼을) 완전 반대했어요.
> 그래도 내가 오겠다고 하니까 부모님도 허락해주셨어요. 부모님이 평소
> 에 의견을 많이 존중해 주세요. 부모님이 한국 사람은 이렇더라, 술 많이
> 마신다, 이렇게 말씀을 하셨지만……. 그래도 네가 이런 얘기를 듣고도
> 결정을 한다면 존중해 주겠다고 하셨어요. 나중에 결과는 네가 책임을
> 지는 것이기 때문에 우리는 책임이 없다고 그러셨어요. …… 남편을 만나
> 고 결혼하기까지 특별히 (한국어나 한국에 관해) 공부한 건 없어요. 여기
> 와서 알았는데, 많이 힘들어요. …… (남편은) 나한테 관심이 없는 것 같
> 아요. …… 한국 남자들은 보기에는 겉으로 표현하지 않고 대개 관용적으
> 로 보여요. 그래서 이렇게 무심한 것을 몰랐어요. 결혼하기 전에는 뭐
> 먹고 싶다고 하면 다 사주고 했어요. 그런데 결혼을 하니깐 완전 달라졌
> 어요. (심층인터뷰대상자 4)

이처럼 여성결혼이민자들은 문화적인 차이 중에서도 남녀불평등이나
가부장적 문화에 큰 혼란을 겪고 있었다. 또한 여성결혼이민자들은 가
정주부가 되었지만 가정경제 관리에서 주도권을 갖지 못한다. 즉 남편
은 아내를 믿지 못해 돈을 맡기지 못했으며 한국생활에 익숙하지 못하
다는 이유로 남편이 직접 생활비를 관리하기도 했다. 이는 중국과 필리
핀에서 온 여성결혼이민자들과의 심층인터뷰 내용에서도 확인된다.

> 결혼하고 나서 남편이 농사를 지어서 생활해요. 통장은 처음에는 안 맡
> 겼다가 남편이 다른 사람 돈 빌려주고 그래서…… 그 다음엔 시어머니가
> 맡기도 했어요. 생활비를 남편이 주기는 했어요. 나 혼자 (물품 등을) 사
> 지 못하잖아요. 그래서 같이 가서 샀어요. 그리고 남편이 카드로 계산

했어요. 이런 것 때문에 속상하지는 않았어요. 편했어요. (심층인터뷰대상자 1)

경제권은 지금 남편이 다 가지고 있어요. (남편으로부터) 돈을 타서 써요. 그 돈도 남편이 잘 안 줘요. 사람들이 '애기 이쁘다'고 하면서 주는 돈 같은 거는 모을 수 있어요. 그럴 때는 그것을 차비나 용돈으로 쓸 수 있어요. 남편은 가끔 기분이 좋을 때는 돈을 주기는 해요. 같이 일하면 20만 원, 30만 원 벌 수 있어요. 그런데 나한테는 만 원밖에 안 줘요. 자기가 돈 다 갖고 있고 돈을 못 만지게 해요. 통장에 저축을 하거나, 아니면 집에 있는 물건을 남한테 줄 때도 나한테는 말하지 않아요. (심층인터뷰대상자 6)

한편, 여성결혼이민자들은 자신들이 새로운 사회에 들어왔기 때문에 그 새로운 사회를 배우려는 노력을 가장 많이 해야 된다고 생각하면서도 남편이나 가족이 자신들의 모국 언어나 음식, 문화에 대해 관심을 보이지 않는 태도에는 서운해 하는 모습을 보이기도 한다.

중국에서 살던 거랑 많이 달라 너무 힘들었어요. 말하는 것도 힘들구요. 먹는 건 괜찮아요. 중국에 한국 친구들 있어요. 말하는 것이 힘들었어요. 남편하고 대화할 때 한국말로 해요. 남편은 중국말 하나도 못해요. 가족들과도 한국말로 대화해요. 손짓 발짓 하면서……. (심층인터뷰대상자 3)

남편이나 시댁식구들은 중국 문화에 관심이 없어요. 그냥 맘에 안 들면 '너희 중국에서는 그렇게 하고 사느냐?' 하고 말해요. 그러면 기분이 나빠요. …… 나는 돈을 아끼려고 옷도 5천 원짜리 사서 입는데, 그런 것도 잘 몰라주고 그래요. 저는 그런 말 들었어요. '중국 사람들은 머리도 안 감는다면서?' 이런 말 들었어요. 그리고 중국 상품이 안 좋다고 말해요. 중국에서는 농사지을 때 농약 많이 한다고 말해요. 그런데 우리 아버지는 교사 하다가 농사를 지었는데, 그렇게 농약을 많이 하지 않았어요. 그건 외국 사람들의 착각이어요. (심층인터뷰대상자 1)

이상에서 살펴본 바와 같이, 여성결혼이민자들이 사회 적응에서 가장 힘들어하는 것은 의사소통이며, 의사소통 해결의 책임은 현실적으로 여성결혼이민자들만이 떠안고 있다.

현대사회에서 부부권력은 주로 당사자의 개인적 요인에 의해 결정되고는 있지만 여전히 사회구조적 요인의 영향이 크다. 국제결혼에서 부부관계는 국가위계에 의해 결정되는 구조적 요인에 의해 일차적으로 결정되기 때문에 국제결혼에 의한 부부관계의 불평등구조는 국가위계에 따라 한국식의 젠더 위계나 성별분업이 지지되는 방식으로 구축되게 된다. 또한 부부권력은 한 사회의 전반적 문화에 의해서도 영향을 받는데 대표적인 것이 남성 중심의 가부장적 문화이다. 이러한 문화 속에서는 여성의 경제적 기여나 가정생활 기여도에 관계없이 여전히 남편이 권력을 갖게 되는 것이다(조정문·장상희, 2009: 203-204).

다음은 고부관계의 양상이다. 여성결혼이민자들이 가장 힘들어하는 부분은 시댁식구, 특히 시어머니와의 갈등이다. 시어머니와의 갈등은 한국의 일반적 주부들의 가장 높은 갈등 요인이기도 하다. 이 글의 심층인터뷰 대상 여성결혼이민자들 사례에서 보면 시부모가 생존해 있는 경우 시집살이로 결혼생활을 시작하는 경우가 많다. 남편과 시어머니가 밀착되어 아내로서 소외감을 느끼고 열악한 주거공간으로 인해 스트레스를 받기도 하였으며, 가족 내에서 자신의 위치에 대해 회의를 느끼기도 하였다. 이에 대해서는 다음과 같은 여성결혼이민자들과의 심층인터뷰 내용에서도 잘 나타난다.

한국에 2004년도에 왔어요. 한국에 와서 결혼식도 했어요. 한국에서는

시아버지, 시어머니, 남편이랑 함께 살아요. …… 시아버지가 아프신데
…… 3년 넘었어요. 내가 약혼을 해서 한 달 만에 그랬어요. 간암 판정이
난거예요. 시어머니는 다리 아파서 병원에 매일 다녀요. 나도…… 아픈
데……. 시어머니도 아프고, 시아버지도 아프고 해서 힘들어요. 힘들죠.
그런 것 때문에 스트레스를 받는 거죠. 시아버지 병수발도 해야 하고.
어쩔 때는 시어머니 위로도 해 드려야 하고……. 시어머니는 내가 시어머
니 도와 드리고 시아버지 병수발 해 드리고 그러는 거에 대해 …… 부담스
러워 하시는 것 같기도 해요. (심층인터뷰대상자 2)

시어머니도 처음에는 되게 좋아했어요. 시어머니가 결혼하기 전에는
'너는 내 딸이다, 진짜 잘 해주겠다' 해서 왔는데…… 지금은 그런 게 전
혀 없어요. 예전에 한번은 남편이 술을 마셔서 (저를) 때렸어요. 그런데
시어머니가 (그것을) 말리지 않으세요. …… 지금 제주도 집에는 시어머
니와 남편과 같이 살아요. 시아버지는 없어요. …… 시어머니랑 거의 이
야기를 안 해요. 하더라도 '빨래 널어라', '설거지해라', 간단한 이정도
만……. 제가 말을 정확히 할 줄 모르니깐 시어머님이 아예 말을 잘 안하
세요. …… 한국 시어머니들은 한국며느리랑 외국며느리랑 다르게 생각
하나요? 집에 우유가 있었는데 시어머니가 남편한테는 제일 큰 컵에 우
유를 따라줬어요. 그런데 저한테는 작은 컵에 따라 주더라고요. 우리 집
에 개가 있어요. 시어머니가 개 간식이나 사료는 잘 사다주는데, 저한테
는 뭐가 먹고 싶냐고 물어보지도 않고 간식을 사다 주시지도 않아요. 우
리 집에서는 시어머니가 첫 번째, 남편이 두 번째, 강아지가 세 번째, ○
○(내)가 네 번째예요. 왜냐면 강아지가 저보다 더 집에 오래 있었어요.
전 이제 와서 별로 중요하지 않게 생각하나 봐요. …… 남편은 (제게) 잘
해주려고 하는데, 시어머니가 뭐라고 해요. …… 한번은 남편이 김밥을
해 준다고 남편이랑 시장에 가서 김밥재료랑 물 네 병을 사가지고 왔는
데, 시어머니가 막 화를 내고 했어요. (심층인터뷰대상자 4)

시부모님이 나한테 잘 해주세요. 처음에 한번 안 좋았어요. 아까 말 한

것 중에… …식사 준비를 하면 빨리 와서 먹으라고 하는데 그러지 못해서
요. 그리고 할 일 하다가 부르면 빨리빨리 가야하는데, 늦으면 또 혼나고.
또 식사 준비를 할 때 남편이 도와주지 않고 방에만 계속 있었어요. 그런
건 중국에서는 없어요. 그래서 뭐라고 했더니 시어머니가 혼내셨어요.
나는 잘 모르겠어요. 중국 사람들이 볼 때는 아무런 일이 아닌데, 한국
사람들은 작은 일에도 신경을 많이 써요. 그리고 중국에서는 아내가 일을
하면 남편이 다 도와줘요. 그런데 여기는 그렇지 않아요. 하루는 그래서
남편한테 화를 냈어요. 그 다음부터 남편이 잘 도와줘요. 그런데 시어머
니 있으면 남편한테 뭘 시킬 수가 없어요. 화낼까 봐. 이런 건 이해가
안 돼요. 남편도 시어머니 말을 아주 잘 들어요. (심층인터뷰대상자 6)

제주도에 제일 처음 왔을 때 슬펐죠. (제주도에) 와 보니까 내일모레 돌
아가실 시아버지가 계시고, 그래서 급히 온 거예요. 그리고 집에 갔더니
집에는 먼지가 가득 쌓여 있고, 보일러도 안 되고, 화장실도 똥 싸면 팍
튀는 푸세식(재래식)이고, 반겨주는 사람도 없고, 그 때 생각에는 '어떻
게 하나?'하는 생각이 들었어요. 그런데 내가 중국에 다시 돌아가면 내
부모님은 어떡해요? 내 부모님이 마음 아파할 텐데. …… 내 꿈은 산산이
부서졌어요. 내가 이 모양 된 것을 생각하면 죽고 싶어져 …… 바닷가에
몇 번이나 갔어요, 죽으려고. 혼자 울면서. 옛날에는 내가 옷도 예쁘게
입고, 얼굴도 예뻤는데. 옛날에도 화장은 안 했어요. '화장 안 해도 예쁘
다'고 했어요. 사회에 나가서 내게 못 생겼다고 하지는 않았어요. 그런
데……. (심층인터뷰대상자 1)

   한국 문화권에서 고부갈등은 예로부터 존재했으며 부부갈등의 주요
요인이었다. 고부갈등의 유형은 크게 4가지로 분류된다. 첫째 유형은
가사처리권이나 경제권 등 가정관리의 주도권을 둘러싸고 갈등하는 권
력구조형으로, 이 유형에서 갈등은 전통적으로 시모에게 복종해야 하는
며느리가 복종을 하지 않아서 생긴다(고정자, 1989). 둘째 유형은 며느리

와 시어머니의 역할에 대한 상호기대와 수행의 불일치로 파생되는 역할 구조형 갈등으로, 주로 시부모 부양에 관한 전통적인 역할을 며느리가 경시할 때 빚어진다(박현옥, 1989). 셋째 유형은 모자 사이의 관계가 특별해서 파생된 갈등으로 시어머니가 아들을 며느리에게 빼앗긴 것으로 착각하거나 며느리가 남편을 시모에게 빼앗긴 것으로 착각하면서 서로 공격적 혹은 방어적 태도를 취하면서 갈등이 고조되는 애정구조형이다(고정자·김갑숙, 1993). 넷째 유형은 생활환경의 차이나 세대차이, 그리고 성격차이 등 서로 살아온 생활의 배경이 달라 초래되는 생활구조형 갈등이다. 이혜자(2003)에 의하면, 한국 가족에서는 상기의 4가지 유형의 고부갈등 중에서도 가장 빈도가 높은 것이 역할구조형이고, 다음으로 애정구조형, 생활구조형, 권력구조형순으로 나타난다. 그러면, 여성결혼이민자들의 경우는 어떠한가?

여성결혼이민자들의 경우, 한국 가족에서처럼 역할구조형 갈등이 지배적이지만 이러한 갈등 요인이 주로 의사소통의 어려움, 관심이나 문화 차이로 인한 상호 이해 부족, 그리고 각자가 지닌 상대방에 대한 기대감 차이 등에서 기인하는 경향이 있다는 점에서 한국 가족에서와는 차이가 있다. 즉 상호 의사소통을 통해 시어머니나 며느리의 가사 관리권에 대한 상호 이해나 타협이 이루어질 수 있지만 언어소통이 불가능하다보니 의사소통을 통한 상호 이해가 아니라 고함을 지르는 등의 감정적 대응 등이 나타나게 된다. 의사소통 문제로 인해 고부갈등이 더욱 악화되는 셈이다. 이러한 측면은 다음 심층 인터뷰한 중국 조선족 출신 여성결혼이민자 사례에서 단적으로 드러난다.

> 시어머니랑 얘기할 때는 처음에는 시어머니가 내 말을 못 알아들었어요. 처음에는 그냥 따라 했죠. 쌍년이라 그러면 쌍년이라고 하고. 옆에 사람들한테 '미친년' 이러면 아, '미친년' 그렇게 알고……. (심층인터뷰대상자 1)

이 경우는 개인적인 성장환경이나 가치관보다도 더 확연한 국가 간 문화 차이, 서로 다른 언어나 생활양식 관습 등이 전반적으로 여러 상황에서 타협점을 찾지 못하게 하는 등 서로 갈등을 불러일으키고 있다고 보는 생활구조형으로도 설명할 수 있다.

이처럼 여성결혼이민자가족에서 고부갈등은 권력구조형이나 애정구조형과는 거리가 멀다. 이는 여성결혼이민자가족에서는 시어머니의 압도적 권력 소유에 별다른 지장이 없을 뿐만 아니라 언어나 문화가 낯선 며느리가 이에 대한 도전도 할 수 없는 상황이기 때문으로 해석할 수 있다. 또한 시어머니는 아들에 대한 며느리와의 애정경쟁을 벌이지 않고 있고, 시어머니는 며느리에게 애정을 빼앗겼다는 인식보다도 며느리가 한국문화와 언어를 잘 배워서 시부모와 남편에 대한 봉사를 잘 하고 자식도 낳고 잘 사는 전통적인 한국 며느리로 만들어보자는 목표를 지니고 있는 경우가 있기 때문이기도 하다[22](공은숙, 2009: 131-132). 따라서 시어머니들은 '외국인' 며느리들이 '한국' 며느리가 되도록 하기 위해 통과의례처럼 받아들여야 하는 한국식 혹은 제주도식 '고유문화'를 반복적으로 수행하게 하여 그들에게 각인시키고자 할 것이며, 이것은 여성결혼이민자들을 힘들게 만드는 요인이 될 수 있다.

> 중국하고 한국하고 생활이 많이 달라 스트레스가 많고 좀 답답해요. 우울하구요. 한국음식은 전혀 먹지를 못하겠어요. 잘 안 맞아요. …… 시어머니나 남편이 정말 진심으로 관심을 가져줬으면 좋겠어요. 그게 가장 중요한 것 같아요. 밥을 안 먹으면 '너 어디 아프냐?', '다른 중국 음식이 먹고 싶니?' 이렇게 물어봐야 하는데, '너 밖에서 뭐 먹고 왔구나, 너 배부르구나' 이렇게 생각을 하세요. 그래서 ○○(친구)네 집에 자주 가서 밥 먹고 그래요. …… 나는 남편을 사랑해서 왔어요. 진짜 (남편을) 사랑하니까 이

---

22) 이를 밝히기 위해서는 여성결혼이민자의 시어머니에 대한 심층적인 조사가 필요하다. 이는 앞으로의 연구과제가 될 것이다.

혼하는 건 싫어요. 이혼은 절대 하고 싶지 않아요. 단지 시어머니하고 좀 떨어져서 살고 싶어요. (남편을) 사랑하니까 한국에 왔죠. 거기(중국)서 생활이 좋았는데 사랑하지 않았다면 내가 여기 왜 왔겠어요. …… 저, 매일 아침에 다섯시 반에 일어나요. 시어머니가 그 때 일어나셔서 저도 그 때 일어나요. 시어머니는 일 하세요. 한국 사람들은 아침에 일어나서 밀가루 음식을 먹지 않잖아요. 그런데 중국 사람들은 아침에 밀가루 음식을 잘 먹어요. 그런데 제가 아침에 중국식으로 밀가루 음식을 차려서 시어머니께 드렸는데, 시어머니가 한국 사람들은 아침에 밀가루 음식 잘 먹지 않는다면서 되게 화를 내셨어요. (심층인터뷰대상자 4)

또한 여성결혼이민자들은 한국이나 제주도의 음식문화에 적응하는 것을 많이 힘들어하고, 모국과는 다른 부부관계에서 성역할, 가족구성원으로서의 역할과 가족 내에서의 관습 등에서도 갈등을 겪고 있다. 심층인터뷰 한 여성결혼이민자들 사례를 들어보면 다음과 같다.

한국에 오니깐 중국과 언어도 다르고, 습관, 관습도 다 달라요. 너무 달라서 불편한 점이 많아요. 힘들었던 점은 …… 한국에는 규범이 너무 많아요. 한국에는 예의범절이 너무 복잡해요. 중국에서는 인사를 잘 안 해도 되지만 한국에서는 꼬박꼬박 인사를 해야 해요. 이건 뭐 해야 하고, 이건 뭐 해야 하고 이런 게 너무 많아요. 한국은 항상 인사를 잘 해야 해요. 중국에선 그러지 않아요. (심층인터뷰대상자 5)

(몽골과 한국) 서로 풍습이 다르잖아요. 한국 풍습은, 특히 제주도는……여기 촌(村) 같은 데서 살아보니까 제일 힘든 것은 풍습 같은 것을 잘 모르는 거예요. 근데 여기(제주도)는 좀 더 복잡한 거 같아요. 내 생각에는……. 우리나라(몽골)는 좀 심하지 않아도 제주도는 좀 복잡해요. 그래도 어떻게 해, 따라가야지 뭐. 몽골에서는 맞벌이를 많이 해요. 그런데 여기 제주도에서는 있잖아요. 친정어머니나 친정아버지가 우리 집에 와서 살 수가 없잖아요. 하지만 몽골 같은 경우에는 우리 시아버지, 시어머

니 계셔도 친정 부모님이 며칠씩 와서 살 수가 있어요. 아무 상관없어요. 다른 사람들도 뭐라고 하지 않아요. 그런데 여기서는 막 뭐라고 해요. 그리고 몽골에서는 제사 같은 거 없으니까, 우리나라(몽골)는. …… 여기는 제사도 있고, 벌초 같은 것도 해야 되고, 그런 것들이 복잡하잖아요. 우리는 그걸 잘 모르니까는 좀 자유롭기도 해요. (몽골에서는) 옛날부터, 30년 전부터 러시아의 영향을 많이 받아서 풍습이나 문화 같은 게 복잡하지는 않고. 내가 원하는 대로……. 이제 저는 여기서 짧은 치마 입고 싶어도 여기서는 못 입잖아요. 우리나라(몽골) 같은 경우는 그런 거 상관없어요. 시어머니가 옆에 살아도……. 가슴까지 보이는 옷 입어도 아무 상관없어요. 그런데 여기서 그런 거 입으면, 옆에 사람들이 “시어머니 앞에서 그런 거 입으면 어떻게 하나?”고 얘기하고……. 참 신경 쓸 것이 많아. 그런데 어떻게 해? 어쩔 수 없지. (심층인터뷰대상자 6)

이처럼 여성결혼이민자들은 한국사회에 대한 기대의 좌절, 음식 및 주거양식과 남녀 역할이나 언어 적응에서의 어려움, 특히 아내·며느리의 문화나 언어를 이해하려는 의지가 없는 남편과 시어머니와의 관계에서 어려움을 겪는다. 여성결혼이민자들은 자신들이 한국사회로의 이주를 선택했기 때문에 현재는 한국 것을 더 중요시하고 습득할 필요가 있다고 인식하면서도 한국 것만을 강조하는 가족이나 사회 분위기에 적응하는 것에는 힘들어하고 있음을 알 수 있다.

4. 결론

제주도 사례를 통해 살펴본 바와 같이, 여성결혼이민자들은 의사소통의 어려움, 관심이나 문화 차이로 인한 상호 이해 부족, 그리고 각자가 지닌 상대방에 대한 기대감의 차이 등으로 인해 가부장적 가족문화와 불평등한 부부관계에 처해 있다(장은주, 2000; 윤형숙, 2005; 설동훈, 2005; 김이선, 2006). 따라서 다문화가족 관련 정책을 수립하고 시행할 때 정책의 양성 평등적, 문화 양립적 시각이 반영되어야 한다. 아울러 문화 다양성과 상대방 문화의 존중 차원에서 남편과 시부모 등 가족성원들이 아내이자 며느리가 된 여성결혼이민자의 모국 문화를 이해하고 수용하도록 하는 문화수용성교육이 필요하다.

이와 함께 여성결혼이민자가족의 부부간, 고부간 가족갈등에 가족성원의 의무와 권리, 역할규정 인식에 대한 문화적 차이 요소가 작용하지만, 문화적 차이 요소 자체를 가족갈등을 야기하는 것으로 보기보다는 문화적 차이가 여성결혼이민자가족의 생존전략 속에서 동원될 수 있는 요소가 되는 점에 주목해야 한다. 이러한 측면에서 여성결혼이민자가족에 대해 가족행동의 내적 과정은 물론 가족관계 속에서 가족성원들 간 상호작용을 분석해나가는 다수준적 접근이 필요하다. 이는 앞으로의 연구과제가 될 것이다.

이 글에서는 한국 여성결혼이민자가족의 가족관계 양상을 제주도 여성결혼이민자가족 사례를 중심으로 살펴보았다. 대체로 제주도의 일반 가족에서는 고부 간 갈등이 전혀 없는 것은 아니지만 불만강도가 극히 낮아 한국의 전통가족에 비해 갈등이 심각하지 않으며 가정사를 부부간 의사에 따라 자율적으로 결정하는 비율이 높다(김혜숙, 1999: 48-49, 56, 79, 105-108, 113; 이창기, 1999: 290-291).

이렇게 보면 제주도의 여성결혼이민자들은 남편과의 관계나 고부관계에서 경험하는 문제가 적을 것으로 해석할 수 있다. 그러나 제주도 여성결혼이민자가족에서 제주도의 일반 가족의 특징이 비슷하게 나타날 것이라고 단정하기는 어렵다는 것을 이 글의 사례에서 어느 정도 확인할 수 있다. 이와 관련해, 앞으로 제주도의 전형적인 가족형태와 그것의 변화 양상 속에서 여성결혼이민자가족의 가족관계 양상을 좀 더 심층적으로 살펴보는 연구가 필요하다. 나아가 제주도와 다른 지역의 여성결혼이민자가족의 가족관계 양상을 비교해봄으로써 한국 여성결혼이민자가족 가족관계의 보편성과 특수성을 규명해야 할 것이다.

이 글은 제주도의 여성결혼이민자가족의 부부관계와 고부관계를 중심으로 여성결혼이민자가족의 가족관계의 양상을 한국의 일반 가족과 여성결혼이민자가족에 대한 기존 연구들 속에서 확인하는 것에 초점을 둔 기술적 수준의 글이다. 따라서 이 글은 제주도 거주 여성결혼이민자가족의 가족관계의 양상을 심층적이고 체계적으로 분석하기 위한 전초작업에 해당한다. 아울러 이 글은 문헌자료와 심층인터뷰자료를 중심으로 구성되었고 수집된 자료 가운데 일부를 취사선택하는 과정에서 연구자의 의도가 개입되었을 여지가 있다는 것을 밝혀둔다. 또한 이 글은 눈덩이표집에 의해 선정된 제주도의 여성결혼이민자가족 사례를 중심으로 해 가족관계 양상을 살펴보았으나, 이 글의 분석 결과를 제주도 여성결혼이민자가족 일반으로 확대시키는 데는 일정한 한계가 있다. 제주도가족의 변화 양상을 좀 더 심도 깊게 다루기 위해서는 최근 한국사회에서 등장하고 있는 다양한 가족변화의 모습을 포착해내고 그 속에서 제주도의 일반 가족과 여성결혼이민자가족의 특징을 비교해 살펴보아야 한다.

앞으로 국제결혼으로 초래된 지역사회의 변화 등에 대한 연구, 지역사회에서 결혼이민자를 주체로 한 이들의 일상적 경험과 실천에 밀착된 심층적 연구가 이루어져야 하며, 이를 위해 국내 지역 간 혹은 국가를 맥락으로 한 지역 간 비교연구가 필요하다. 한국이 처음부터 정부 주도로 다문화정책을 추진하고 있는 것에 반해, 일본은 다문화가족의 수가 증가하면서 각 지방자치단체 차원에서 관련 정책을 추진해오다가 근래에 정부 차원에서 다문화공생 정책을 수립하게 된 경우이다. 한국과 마찬가지로 일본도 공식적인 이민정책은 없지만 1970년대 이후 농촌지역에서 결혼적령기 여성의 숫자가 남성에 비해 적어지면서 농촌지역 남성의 결혼문제가 심각해졌고, 이러한 상황에서 아시아의 여러 지역으로부터 결혼이민을 받아들이기 시작해 외국여성과의 결혼이 급증하였다. 일본 외국인정책의 특징은 지방자치단체가 독자적인 정책 비전과 시책을 갖고서 추진하다가 추후에 중앙정부의 정책이 수립되는 과정을 밟았다는 점, 이렇게 해 2005년에 일본정부는 다문화공생을 정책의제로 채택하였고 2006년 3월에는 '다문화공생 추진계획'[23]을 수립해 전국적으로 추진해오고 있다는 점(김정진, 2010; 박동성, 2008)에서 한국과 일본에서 국제결혼의 역사적 흐름, 중앙정부나 지방자치단체의 정책적 대응, 그리고 국제결혼으로 초래된 지역사회의 변화와 그에 대한 결혼이민자의 대응 등 한국과 일본 양국의 다문화정책에 대한 다층위적이고 심층적인 비교연구가 수행되어야 한다. 이는 앞으로의 과제로 남겨두고자 한다.

이 글은 2010년 10월 15일부터 17일까지 국제비교한국학회와 제주대학교 탐라문화연구소가 공동주최하여 제주대학교에서 개최된 〈아시아-태평양 지역의 이주와 트랜스내셔널리즘〉 학술대회에서 발표되었으며 『탐라문화』 39호(2011년 8월 31일 발행)에 「제주도 여성결혼이민자의 가족관계 양상」이라는 제목으로 게재했던 논문을 수정·보완하여 수록한 것이다.

23) 일본에서 다문화공생은 '다른 문화적 배경을 가진 사람들이 상호의 문화적 차이를 존중하면서 평등하게 공정한 관계를 구축하고 함께 생활해가는 것'을 말한다(佐竹眞明·Mary Angeline Da-anoy, 2006: 113-114). 이 계획은 중앙정부와 지방정부의 역할, 다문화정책 추진체계를 구축하는 것 등이 주요 내용이다. 이 계획은 외국인을 단순한 지원 대상으로 간주하던 것에서 공생관계로 간주하는 것으로 정책방향이 변화하고 있음을 보여주며, 이주민에 대한 행정서비스의 향상, 인권보장, 타문화에 대한 시민들의 이해와 개방적인 태도의 확립을 목표로 하고 있다. 이를 효과적으로 추진하기 위해 지방자치단체들은 민관협력 방식으로 국제교류협회를 설치하고 있다.

참고문헌

강기정·변미희, 「다문화가족 남편의 결혼만족도에 영향을 미치는 부부 관련 변인」, 『한국가족자원경영학회지』 13.3 (2009): 123-136.

고정자, 「한국 도시 주부의 고부갈등에 관한 연구」, 한양대 박사학위논문, 1989.

고정자·김갑숙, 「고부관계 연구에 관한 고찰」, 『한국가정관리학회지』 11 (1993): 235-247.

공은숙, 「다문화가족의 고부갈등에 대한 사례연구: 한국인 시어머니를 중심으로」, 『한국노년학연구』 18 (2009): 124-134.

권숙인, 「일본의 '다민족·다문화화'와 일본연구」, 『일본연구논총』 29 (2009): 195-221.

김민정. 2007, 「한국가족의 변화와 지방사회의 필리핀 아내」, 『페미니즘 연구』 7.2 (2007): 213-248.

김민정·유명기·이혜경·정기선, 「국제결혼 이주여성의 딜레마와 선택: 베트남과 필리핀 아내의 사례를 중심으로」, 『한국문화인류학』 39.1 (2006): 159-176.

김밀양, 「고부관계 연구에 대한 이론적 고찰」, 『한국가족관계학회지』 9.2 (2004): 173-187.

김영란, 「한국사회에서 이주여성의 삶과 사회문화적 적응관련 정책」, 『아시아여성연구』 45.1 (2006): 143-189.

김은미·김지현, 「다인종·다민족사회의 형성과 사회조직: 서울의 외국인 마을 사례」, 『한국사회학』 42.2 (2008): 1-35.

김이선, 「다문화사회의 전개 양상과 문화정책 방향」, 『다문화사회를 향한 전망과 정책적 대응』, 한국여성정책연구원 협동연구결과발표회자료집, 2006.

김정진, 「국가별 다문화정책의 비교」, 『월간 복지동향』 138 (2010): 18-23.

김진숙·권석만, 「부부문제에 대한 인지행동적 접근」, 『심리과학』 12.4 (2003): 41-64.

김현미, 「이주자와 다문화주의」, 『현대사회와 문화』 26 (2006): 57-79.

김혜숙, 『제주도 가족과 궨당』, 제주대출판부, 1999.

김희주, 「다문화가족문제: 결혼이주여성을 중심으로」, 『지역사회』 59 (2008): 43-47.

남인숙·장흔성, 「결혼이민여성 가족의 출신국 문화이해」, 『사회이론』 35 (2009): 7-31.

박동성, 「일본 과소지역에서의 '국제가족'의 형성과 지역사회의 대응: 야마가타현의 사례분석」, 『한국문화인류학』 41.1 (2008): 129-165.

박미정·엄명용, 「여성결혼이민자의 사회적 관계가 생활만족에 미치는 영향에 관한 연구」, 『한국가족관계학회지』 14.2 (2009): 1-26.

박소영, 「고부관계에서 남성의 역할에 관한 연구」, 『한국가족복지학』 28 (2010): 151-186.

박현옥, 「고부갈등에 영향을 미치는 제 변인에 관한 연구」, 숙명여대 석사학위논문, 1989.

변미희·강기정, 「다문화가족 아내의 결혼만족도에 영향을 미치는 부부 관련 요인」, 『한국가족복지학』 15.2 (2010): 127-141.

설동훈, 「이민과 다문화사회의 도래」, 김영기 편, 『한국사회론』, 전북대학교 출판부, 2005.

설동훈·김윤태·김현미·윤홍식, 『국제결혼 이주여성 실태조사 및 보건복지 지원 정책방안』, 보건복지부, 2005.

양옥경, 「한국 가족 개념에 관한 질적 연구」, 『한국가족복지학』 6 (2000): 77-99.

염미경·김규리, 『제주사회의 결혼이민자들: 선택과 딜레마, 그리고 적응』, 선인, 2008.

윤형숙, 「외국인 출신 농촌주부들의 갈등과 적응: 필리핀 여성을 중심으로」, 『지방사와 지방문화』 8.2 (2005): 299-339.

이영분·양영심, 「가족의 변화에 따른 가족복지서비스의 대응」, 『한국가족복지학』 3 (1999): 117-148.

이재경, 「사랑과 경제의 관계를 통해 본 이주결혼」, 『여성학논집』 26.1 (2009): 183-206.

이창기, 『제주도의 인구와 가족』, 영남대출판부, 1999.

이혜경, 「다문화가족 지원정책의 유형화에 관한 연구」, 『한국가족복지학』 25 (2009): 147-166.

이혜자, 「시모의 고부갈등 유형화와 관련 변인 연구」, 『노인복지연구』 19 (2003): 31-59.

이효선, 「한국 여성들의 삶의 이해를 위한 가족 패러다임의 재구성: 여성세대 생애사를 중심으로」, 『여성학논집』 26.1 (2009): 135-181.

장은주, 「문화적 차이와 인권―동아시아 맥락에서」, 『철학연구』 49.1 (2000): 155-178.

장지혜, 「여성결혼이민자의 사회적 자본과 생활만족도」, 전북대 석사학위논문, 2007.

정기선, 「결혼이주여성의 한국이주특성과 이민생활적응」, 『인문사회과학연구』 20 (2008): 69-104.

정천석·강기정, 「국제결혼 이주여성의 한국생활적응 유형에 관한 연구」, 『한국가족복지학』 13.1 (2008): 5-23.

제주특별자치도, 『제주특별자치도 결혼이민자 가족 실태조사와 정책과제』, 2007.

제주특별자치도, 『제주특별자치도 다문화가족 기본계획』, 2010.

제주특별자치도 자치행정과, 『2009년 외국인주민 정착지원 업무계획』, 2009.

조정문·장상희, 『가족사회학: 현대사회에서의 가족은 무엇인가』, 아카넷, 2009.

최경숙, 「결혼이민자의 사회적 지지와 결혼만족도에 관한 연구」, 계명대 석사학위논문, 2006.

최금해, 「한국남성과 결혼한 중국 조선족 여성들의 한국에서의 적응기: 생활체험에 관한 연구」, 『아시아여성연구』 44.1 (2006): 329-364.

최샛별·이명진·김재온, 「한국의 가족 관련 사회정체성 연구」, 『한국사회학』 37.5 (2003): 1-30.

행정안전부, 『2010년 지방자치단체 외국계주민 현황』 (보도자료 2010년 6월 11일자), 2010.

佐竹真明·Mary Angeline Da-anoy, 『フィリピン―日本国際結婚―移住と多文化共生』, めこん, 2006.

Bryant, C. and Conger, D., "Marital success and domains of social support in long-term relationships: Does the influence of network members ever end?" *Journal of Marriage and Family* 61.3 (1999): 437-450.

Bryant, C. Conger, D. and Meehan, J., "The influence of in-laws on change in marital success." *Journal of Marriage and Family* 63.3 (2001): 614-626.

Chang, C. Y. & Myers, J. E., "Cultural adaptation of the wellness evaluation of lifestyle: An assessment challenge." *Measurement and Evaluation in Counseling and Development* 35.4 (2003): 239-251.

Chou, P. H., Wang, H. H., Chiang, P., Lin, Y. R., Kang, C. W. & Lee, W. C., "The pregnancy and labor experience of Southeast Asian women in transnational marriage." *Journal of Evidence—Based Nursing* 2.4 (2006): 311-321.

Huang, W. J. "An Asian perspective on relationship and marriage education." *Family Process* 44.2 (2005): 161-173.

Johns, Gavin and Hsui-hua Shen. "International marriage in East and Southeast Asia: trends and research emphases." *Citizenship Studies* 12.1 (2008): 9-25.

Lee, M. Y., and Mjelde-Mossey, L.. "Cultural dissonance among generations: a solution-focused approach with East Asian elders and their families." *Journal of Marital and Family Therapy* 39.4 (2004): 497-513.

Willson, A., Shuey, K., and Elder, G.. "Ambivalence in the relationship of adult children to aging parents and in-laws." *Journal of Marriage and Family* 65.4 (2003): 1055-1072.

여성결혼이민자의 한국 식생활 적응요인 및 식행동 연구

신원선[*]

1. 서론

현재 우리나라에는 100만 명의 외국인이 살고 있다. 이중 외국인 노동자는 약 80만, 국제결혼 이민자는 19만 명 정도이다. 특히 국제결혼 건수는 폭발적으로 증가하여 최근 15년간 한국남성과 외국여성 사이의 결혼이 47배나 증가하였다.[1] 통계청 자료에 따르면 국제결혼 건수가 1991년만 해도 663명밖에 되지 않던 것이 2001년도에 10,006명, 2007년도에는 38,491명으로 증가하여 전체 결혼 건수의 11.7%를 차지하였다. 국제결혼 증가로 인해 우리나라의 가족형태도 다양한 구조로 변화되어 2008년 3월 다문화가족지원법이 제정 공포되었고, '다문화가족'이라는 용어가 공식적으로 사용되고 있다. 그러나 다문화가족, 특히 여성 결혼이민자는 한국생활에 많은 어려움을 겪고 있다. 가정 내에서는 문화차이에서 오는 인식의 문제, 언어 갈등의 문제, 생활습관의 문제로 주로 의사소통에 많은 불편을 느끼고, 이질문화에 대한 한국인들의 배타적인 태도로부터 받는 스트레스는 매우 크다(Hong, 2008). 문화와 언어가 다른 사회에서 성장한 아내를 이해하려는 의지가 부족한 남편들은

---

* 한양대학교 교수

1) Korean Nation Statistical Office, 2008.

부인을 일방적으로 자기 기준에서 맞추려 하고 일상생활에서의 배려도 약하다. 이러한 문화적 충격의 영향은 국제결혼으로 탄생하는 2세들에게까지 연결되는 중요한 문제이기도 하다. 결국 어머니의 부적응은 자녀의 심리 및 사회적응에 영향을 미치게 된다(Lee, 2007).

여성 결혼이민자의 부적응의 원인과 개선책에 대한 사회과학적 연구가 많이 이루어지고 있다. 그러나 한국생활 적응에 기본요소라고 볼 수 있는 식생활 적응에 대한 연구는 미비한 실정이다. 나라마다 각자 독특한 식문화를 가지고 있고, 결혼이민자들은 이미 최소 20년의 기간 동안 자국 식문화에 젖어있는 상태이기 때문에 쉽게 한국음식문화를 받아들이기 어렵다. 결혼초기에는 한국음식을 먹는 일 자체가 어려운 일이고, 한국음식을 요리하지 못하는 데서 오는 어려움은 남편이나 시댁과의 크고 작은 갈등으로 표출된다. 실제로 필리핀, 베트남, 몽골 출신의 결혼이민자를 대상으로 "지금까지 한국생활을 하는 동안 가장 어려운 점은 무엇인가?"를 묻는 설문문항에서 '한국어 배우기'가 50.0%, '외로움'이 18.2%, '자녀양육'이 13.7%, '한국문화 적응'이 9.1%, '한국음식 적응'이 4.5%순으로 응답하였다. 응답자들은 이를 한국살이에서 겪어내야 할 과제로 인식하고 있었다(Sim, 2008). 따라서 결혼이민자들이 느끼는 자국과 한국음식문화의 차이를 이해하고, 그 원인 및 한국식생활 적응에 미치는 요인을 분석하는 연구는 한국식생활 적응의 문제와 식문화 차이 수용의 문제와 같은 두 가지 측면에서 의의가 있다. 따라서 본 연구에서는 국적이 다른 여성결혼 이민자의 한국식생활 적응정도를 파악하고, 영향을 미치는 요소를 검토하여 적응 강화요인과 저해요인을 확인하는 데 의의가 있다. 또한 적응결과 나타나는 식행동을 통하여 올바르지 않은 식습관을 교정할 수 있는 근거자료를 마련하고, 대책연구의 필요성을 확인시키고자 한다. 더불어, 자녀에게 전달될 수 있는 식습관을 사전 점검하여 식생활지도 및 영양교육 지도에 도움이 되도록 하는 데 목적이 있다.

2. 이론적 배경

(1) 한국 사회속의 다문화가정

① 국제결혼 현황과 다문화 가정

최근 9년 동안 국제결혼 혼인건수는 2000년 11,605명에서 2008년 현재 36,204로 3배 이상 증가하였다. 국제결혼 건수가 2005년에는 최고치(42,356명)에 달하고, 2006년부터 감소하는 양상을 보이고 있지만, 전체 혼인건수 대비 외국인 아내와의 혼인비율이 2000년 2.1%(6,945명)에서 2008년 현재 8.6%(28,163명)으로 4배 이상 증가하였다.[2]

Table 1. Increase of intermarriage and foreign wives

Year	Total marriage	Intermarriage		Foreign wives	
		Frequency	%	Frequency	%
1992	419,774	5,534	1.3	2,057	0.5
1993	402,593	6,545	1.6	3,109	0.8
1994	393,121	6,616	1.7	3,072	0.8
1995	398,484	13,494	3.4	10,365	2.6
1996	434,911	15,946	3.7	12,647	2.9
1997	388,591	12,448	3.2	9,266	2.4
1998	375,616	12,188	3.2	8,054	2.1
1999	362,673	10,570	2.9	5,775	1.6
2000	332,090	11,605	3.5	6,945	2.1
2001	318,407	14,523	4.6	9,684	3.0
2002	304,877	15,202	5.0	10,698	3.5
2003	302,503	24,776	8.2	18,751	6.2
2004	308,598	34,640	11.2	25,105	8.1
2005	314,304	42,356	13.5	30,719	9.8
2006	330,634	38,759	11.7	29,665	9.0
2007	343,559	37,560	10.9	28,580	8.3
2008	327,715	36,204	11.0	28,163	8.6

자료: 통계청, 인구동향조사, 시군구별 외국인과의 혼인 2008. 재구성

---

2) Korean Nation Statistical Office, 2008.

국제결혼의 비율이 많아짐에 따라 국제결혼에 대한 인식도 점차적으로 변화되어가고, 국제결혼에 대한 수용의 움직임도 생겨났다. 이러한 움직임으로 2008년 3월에는 다문화 가족지원법이 제정되어 9월부터 시행되기에 이르렀다(Hong 2008). 이들을 '다문화 가정'이라는 우리 사회의 새로운 가족형태로 받아들이고, 구성원들이 안정적인 가족생활을 영위할 수 있도록 함으로써 삶의 질 향상과 사회통합에 이바지하기 위한 정부차원의 노력이라 할 수 있다. 이처럼 국제결혼을 통한 다문화 가정의 출현은 더 이상 무시해서는 안 될 사회현상으로 자리 잡았다.

'다문화'란 각 나라의 고유한 형태로 나타나는 문화를 연결시켜 반영하고 적용해서 조화와 공존을 이루는 상태를 말한다. 다문화 가족 용어는 1997년 이주 노동자를 위해 활동하는 민간단체에서 한국인과 아시아인 사이의 국제 결혼한 가정에서 태어난 2세를 지칭해서 '코시안'으로 부르기 시작하다가 국제결혼 가정을 지칭하는 말이 되었다(Kwak, 2008). 그러나 '코시안'이라는 용어자체가 인종차별이라는 지적에 부딪혀 한계점을 가지게 되었다. 특히, 국제결혼의 자녀들을 지칭할 때 필요한 혼혈인에 대한 용어가 필요하게 되었는데, 결혼이민을 연구하는 학자들은 혼혈인이라는 말보다 '이중문화 또는 다중문화 가정의 자녀'라는 용어를 사용하였다. 이어 2003년 30개의 시민단체로 구성된 건강가정시민연대가 '국제결혼', '혼혈아' 등의 차별적 용어를 추방하고 대신 '다문화 가족'이나 '다문화 가족 2세'로 부르자고 제안함으로써 '다문화'라는 용어가 사용되기 시작하였다. 이러한 제안은 크게 호응을 얻어 현재에는 '결혼이민자', '국제결혼'이라는 용어보다는 '다문화'라는 용어로 고쳐 부르고 있으며, 2008년 3월에 제정, 공포된 다문화가족지원법에서는 다문화 가족이라는 용어로 정의하고 있다(Hong, 2008).

② 국제결혼의 증가 원인

한국 내의 국제결혼의 증가는 국제결혼에 영향을 미치는 한국사회 내부의 구조적 변동과 더불어 전 세계적으로 진행되고 있는 이주와 관련된 구조적 변동에 영향을 받는 사회적 현상이다(Sim, 2008). 오늘날 우리 사회가 경험하고 있는 국제결혼은 자본, 노동, 이미지의 국가 간 이동성이 가속화되고 있는 지구화의 체제 내에서 발생하는 다층적인 현상이다. 즉, 지구적 자본주의 체제는 국가 간의 '경제적 차이'를 사적인 차원에 성적 결합으로 변화시켜내는 국제결혼을 통한 여성의 이주를 촉진하고 있는 것이다. 이 상황은 소위 '이주의 여성화'로 불린다(Kim H. 2006). 한국사회의 국제결혼 증가 또한 이러한 이주의 여성화가 나타내는 현상이다.

우리나라 여성결혼이민자 증가는 성비불균형으로부터 기인한다. 한국사회는 1960~1970년대 압축적인 성장을 하며 본격적으로 산업화를 이룩하였다. 즉, 여성의 탈농촌의 증가와 여성인구의 유입이 부족한 상황에서 농촌에는 고령인구와 미혼 남성이 주로 남아있게 되었다. 1980년대 후반 이후 농촌지역의 미혼 남성들의 결혼문제가 사회적으로 대두되면서 '농촌총각 장가보내기 운동'이나 각 지방자치단체의 국제결혼 주선 등이 그 대안으로 제시되고 중개업체와 통일교의 국제결혼 주선이 증가하게 되면서 농촌지역의 국제결혼은 큰 폭으로 증가하게 되었다. 1990년대에 국제결혼이 급증하게 되는데 한국사회에서 주변화 된 남성들과 경제적으로 빈곤한 국가의 여성들과의 결혼이 주를 이루게 되었다. 결혼문제로 어려움을 겪고 있는 농촌총각과 중국의 조선족 처녀들과의 결혼이 그 시초가 되었다(Kwak, 2008). 그러나 2000년대 들어서게 되면서 국제결혼 이주여성의 국적이 다변화 되는 현상이 나타났다 (Table 2).

Table 2. Increase of foreign wives by nationality

variables	2001	2002	2003	2004	2005	2006	2007	2008
China	6,977(72.0)	7,023(65.6)	13,347(71.2)	18,489(73.6)	20,582(67.0)	14,566(49.1)	14,484(50.7)	13,203(46.9)
Vietnam	134(1.4)	474(4.4)	1,402(7.5)	2,461(9.8)	5,822(19.0)	10,128(34.1)	6,610(23.1)	8,282(29.4)
Philippines	502(5.2)	838(7.8)	928(4.9)	947(3.8)	980(3.2)	1,117(3.8)	1,497(5.2)	1,857(6.6)
Japan	701(7.2)	690(6.4)	844(4.5)	809(3.2)	883(2.9)	1,045(3.5)	1,206(4.2)	1,162(4.1)
Cambodian			19(0.1)	72(0.3)	157(0.5)	394(1.3)	1,804(6.3)	659(2.3)
Thailand	182(1.9)	327(3.1)	345(1.8)	324(1.3)	266(0.9)	271(0.9)	524(1.8)	633(2.2)
mongolia	118(1.2)	194(1.8)	320(1.7)	504(2.0)	561(1.8)	594(2.0)	745(2.6)	521(1.8)
Uzbekistan	66(0.7)	183(1.7)	328(1.7)	247(1.0)	332(1.1)	314(1.1)	351(1.2)	492(1.7)
USA	262(2.7)	267(2.5)	322(1.7)	341(1.4)	285(0.9)	331(1.1)	376(1.3)	344(1.2)
Etc	742(7.7)	702(6.6)	896(4.8)	911(3.6)	851(2.8)	905(3.1)	983(3.4)	1,010(3.6)
Total	9,684	10,698	18,751	25,105	30,719	29,665	28,580	28,163

자료: 통계청, 시도/외국인 아내의 국적별 혼인 2008. 재구성

③ 다문화 가정 자녀 현황

국제결혼 증가 추세에 따라 학교 내 다문화가정의 자녀수도 크게 증가 하고 있다. 2008년 교육과학기술부에 따르면, 전체 다문화 가정의 자녀수는 44,400명에 이르고 있으며, 이 가운데 초, 중, 고등학교에 재학 중인 다문화 가정 자녀수가 18,769명으로 나타났다. 이는 2005년 6,121명에 비해 3배가량 증가한 모습을 보여주고 있다. 지역별로는 서울과 경기도에 63.5%가 집중해 있으며, 학년별로는 초등학생의 비율이 가장 높게 나타나고 있다. 또한 다문화 가정 자녀 중 3~5세 비중이 높은 것으로 나타나 향후 학교에 입학하는 아동은 더욱 증가할 것으로 예상하고 있다.[3] 그러나 다문화 가정의 자녀들은 국적이 다른 부모로부터 이질적인 문화를 받아들이고 학교생활에 적응하는 데 어려움을 겪고

---

3) Ministry for Health Welfare and Family Affair, "The Advice Plan for Multicultural Family", 2008.

있다. 특히 다문화가정 아동들의 학교적응에 있어서 어머니의 국적 분류 및 자녀와 어머니와의 대화 이해 수준 정도가 영향을 미치는 것으로 나타나(Noh 2008) 어머니의 한국생활 적응이 아동의 학교생활에도 영향을 미칠 것으로 사료된다.

(2) 다문화가정의 문제점

① 가정 및 사회적 측면의 문제점

결혼이주란 개인과 개인의 결합을 떠나 한 인간에게 자신에게 익숙한 환경을 떠나서 새로운 사회로의 진입을 의미한다. 즉, 결혼이라는 개인과 개인의 결합에 '이주'라는 과정이 동반되면서 이주여성들은 새로운 문화와 접촉하게 되고 이에 적응해야 하는 문제에 봉착하게 되는 것이다(Sim 2008). 결혼이주여성들은 문화적 이질성 때문에 부부관계, 시댁 및 자녀양육에 어려움을 겪는다. 가장 큰 문제는 언어문제이다. 의사소통이 원활하지 않기 때문에 이해가 부족하거나 대화를 포기하는 경우가 있다. 이로 인해 오해가 발생하거나 가족으로부터 소외되어 심리적 박탈감을 느낀다. 동양에서는 남편 중심적 생활양식을 취하기 때문에 일방적으로 남편에게 맞추어야 한다는 스트레스를 경험하는 여성들이 많다. 부부관계에 있어서 가사분담에 대한 불만과 가부장적인 분위기에 대한 부적응이 많이 나타나고 있고, 특히 이러한 불만은 남성의 가사분담률이 높은 국가에서 이주해 온 여성의 가정에서 많이 일어난다 (Yoon 2004). 또한 남편의 경제적 무능력이나 도박, 가정폭력, 배우자의 부정 등의 가정불화 사례가 나타나고 있다.

다문화 가정의 가장 큰 고민 중 하나는 2세의 교육문제이다. 자녀들을 보육기관에 맡기려 해도 혹시 보육소에서 상처받는 일이 있을까봐 아이를 쉽게 맡기지도 못한다. 자녀 교육문제를 전문적으로 도와주는 사람이나 단체가 소수에 그치고 있고, 이러한 문제를 하소연 할 기관도 부족하다. 한국사회의 배타의식 때문에 집안 식구로부터 배척, 주위 사람들의 시선 등으로 다문화 가정의 부모와 자녀들은 소외감과 정신적 긴장감, 고독과 긴장의 연속 속에서 살아가게 된다. 아버지와 어머니의 가치관과 생활태도가 각각 다른 이중문화의 성격을 지닌 국제결혼 가정으로부터 태어난 2세들은 성장하면서 많은 갈등과 혼돈을 경험하게 된다. 첫째, 문화 차이에서 오는 인식의 차이 문제, 둘째, 언어소통에서 오는 부모자식간의 대화를 통하여 서로를 이해하거나 자기를 이해시키는데 어려움을 겪는 문제, 셋째, 부모의 서로 다른 가치관과 생활풍습 중에서 어떤 것을 따라야 할지 혼돈을 겪는 문제 등으로 구분할 수 있다 (Hong 2007).

결혼이민자 여성들은 가정뿐 아니라 한국사회와 출신국간의 가치관 차이로 인하여 어려움을 겪는다. 한국사회안의 남성 중심의 가부장제와 한국인 민족주의 경향 속에서 배제와 차별을 경험한다. 서구문명에 대해서는 사대주의와 함께 다소 열등의식이 깔린 불신을 보여 왔고, 반면에 제3세계인들을 대하는 한국인들은 그 바탕에 자민족 중심주의와 인종주의 같은 문화 심리적인 경향을 바탕에 두고 있으며 후진국에 대해서는 극단적인 우월의식을 과시한다. 따라서 한국인은 국제결혼이 민족 정체성 감소와 희석화를 가져온다고 인식하고, 지금까지 단일민족, 단일문화의 이데올로기가 지배적이었던 우리 사회에서 이민족과의 문화적 접촉과 갈등은 새로운 변화와 도전으로 받아들여지고 있다(Kwak 2008).

② 음식문화의 차이에서 오는 문제점

앞에서는 결혼이주여성들이 겪는 가정 및 사회적 갈등을 살펴보았다.

살아온 환경이 한국사회에 적응하며 살아가는 과정에는 적응해야 할 많은 과제가 있지만, 그 중에서 제일 처음 당면하게 되는 어려움은 '음식문화 적응'의 문제이다. 식품섭취는 개인의 생명유지 및 건강, 가족화합, 자녀양육 등 광범위한 범위에 영향을 미친다. 실제로 선행연구에서 대부분의 결혼이주여성들은 '한국 음식섭취'가 한국생활 적응에 가장 어려움을 겪는 요소라고 조사되었다. 다른 문화에서 성장한 사람들이 짧은 기간 동안에 한국음식문화를 수용하는 것은 아주 어려운 일이다. 심영희 교수의 한국살이의 적응문제와 적응과정에 대한 보고서(2008)에서는 이주여성들에게 음식에 대한 적응은 단순히 새로운 음식을 잘 먹느냐의 문제로 그치지 않고, 주부로서의 역할 문제 및 가족갈등에 영향을 미친다고 밝히고 있다. 특히, 필리핀, 베트남, 몽골 출신의 이주여성들은 공통적으로 입국초기에 맵고 짠 한국음식에 적응하지 못하는 것으로 나타났다. 따라서 결혼 초기에는 이주여성들에게 한국음식을 먹는 일 자체가 어려운 일이 될 수밖에 없다. 이는 출신국의 독자적인 식문화에 길들여져 있기 때문이다. 이와 관련하여 결혼이주여성 심층면접에서는 몽골출신 이주여성들은 고기를 먹던 습관 때문에 쌀밥과 김치 등의 한국음식을 먹으면 몸이 붓고 속이 거북함을 느끼는 경험을 했다고 보고했다. 또한 베트남 여성들은 대부분 농촌 출신으로 한국음식을 접할 기회가 없어 처음에는 김치를 잘 못 먹고, 베트남에서 준비해 온 음식이나, 빵, 계란 등 맵고 짜지 않은 음식들 위주로 1년 정도 생활한 것으로 나타났다. 이주여성들이 결혼 초기의 음식적응 과정에서 직면하게 되는 또 다른 문제는 한국음식을 요리하는 과정에서 생겨난다. 가족들은 이주여성들이 전업주부로서의 역할을 담당하기를 기대한다. 그러나 결혼 이전에 한국음식을 먹어본 경험이 없는 이주여성들이 결혼 초기 한국음식을 요리하는 것은 쉬운 일이 아니다. 한국음식을 요리하지 못하는 데서 오는 어려움은 남편이나 시댁과의 크고 작은 갈등들로 표출된다. 한국말도 못하는데다가 음식까지 못하는 자신에 대해 불평불만을 하는 시댁가족들로 인해 심리적인 고통을 경험하게 된다. 즉, 결혼 초기에 한국음식을 먹고 요리하는 데 있어서 본인 스스로가 익숙하지 않아서 생기는 적응상의 어려움도 있지만, 한국음식을 잘 만들지 못하는 이주여성에 대한 부정적인 태도를 가진 남편과 불만을 겉으로 표현하는 시댁 가족들과 크고 작은 갈등을 가지고 있으며, 때로는 이러한 과정에서 마음의 상처를 입는 경우도 있는 것으로 나타났다(Sim, 2008). 이러한 음식문화 부적응 및 이로 인한 스트레스는 자녀에게도 막대한 영향을 미친다. 부모의 식품에 대한 기호는 아동이 속해 있는 여러 환경요인(동년배그룹, 지역사회의 특성, 텔레비전 등) 중에서 아동에게 영향을 줄 수 있는 대표적인 요인으로 알려져 있다. 이처럼 결혼이주여성의 식문화 적응은 개인 뿐 아니라, 가정의 화목, 정신적 신체적으로 건강한 자녀양육, 더 나아가 바람직한 다문화사회 구축 및 사회통합을 위해 매우 중요하다. 그러나 '식문화 적응'은 한 방향으로만 이루어 질 수 없다. 사회적으로 소수의 숫자라고 그들이 다수와 똑같이 되어줄 것을 요구하는 것은 진정한 의미에서 다문화 사회라 할 수 없기 때문이다.

우리나라보다 앞서 다문화사회를 맞은 유럽에서는 이들의 문화적 정체성 유지를 인정해 주고, 비차별을 법제화하였다. 더 나아가 정책적으로 문화적 권리를 지원해 주는 다문화주의 입장을 지닌다. 즉, 다수중심문화로의 흡수에서 벗어나 소수집단의 정체성과 문화적 이해를 적극적으로 인정하는 것이다. 그러나 우리나라의 경우 국제결혼이 한국사회에 주는 의미에 대한 이해수준은 '취약계층에 대한 보호'라는 초보적 인식수준을 넘지 못하는 상황이다(Seol, et al., 2008). 현재 상황에서 유럽수준의 다문화사회의 국민 소양을 기대하기는 어렵지만, 보다 미래지향적인 다문화사회 구축을 위해서는 기존 시민들과 새로운 이주자들이 함께 공존할 수 있는 문화적 완충막을 찾아야 한다. 따라서 한국음식문화의 적응을 도와주는 방안을 연구하면서 한편으로는 이주여성의 출신국 음식문화에 대한 이해도 병행되어야 할 것이다.

3. 연구내용 및 방법

(1) 조사대상 및 기간

본 연구는 2009년 6월 26일부터 7월 17일까지 서울과 경기에 소재하는 건강가정지원센터 한국어교실에 다니는 초, 중, 고급반 여성결혼이민자 총 112명을 대상으로 조사하였다. 본 조사에 앞서 서울시 성동구 건강가정지원센터의 한국어 교실 수강자 19명을 대상으로 전반적인 한국음식 적응상태 및 부적응 원인에 대한 사전예비조사를 실시하였다. 국적별로 6-7명으로 그룹을 만들어, 자국어 통역으로 심층면접을 실시하였고, 이를 바탕으로 본 조사의 설문문항을 추출하였다. 본 조사는 경기도 수원, 안양, 의정부, 서울시 성동구 건강가정지원센터, 그리고 기타 무소속 여성결혼이민자를 대상으로 한국어, 중국어, 베트남어, 영어, 러시아어, 일본어 등 6개 국어로 번역된 질문지를 통하여 실시하였다. 설문문항이 자국어로 구성되어 이해에 큰 어려움은 없었으나, 자국에 없는 한국음식명은 한국어 독음을 자국어로 표시하고 간단한 설명을 덧붙여, 한국어 교사와 같은 국적 친구의 도움을 받도록 했다.

(2) 조사내용

본 연구에서는 결혼이민자들의 한국음식 적응상태 비교, 한국음식 적응에 미치는 요인분석, 적응 후 나타나는 식행동을 비교하기 위하여 4영역으로 질문지를 구성하였다. 국적, 나이, 거주기간, 시부모 동거경험 유무, 언어, 종교, 학력 등을 묻는 일반사항 영역, 한국 거주시작 후 현재까지의 한국음식 적응도를 알아보기 위한 한국음식 적응상태 영역, 결혼 전 한국음식 경험유무 및 섭취경로, 한국음식과 자국음식의 차이 정도 등을 묻는 한국음식 적응에 미치는 요인 영역, 여성결혼이민자들이 한국생활에 적응을 하고 나타나는 식행동을 알아보기 위한 적응 후 나타나는 식행동 영역에 대해 설문조사 하였다.

(3) 조사 자료의 통계처리

본 연구의 결과는 SPSS 13.0 통계 프로그램을 이용하여 실시하였다. 수집한 자료에 대해 빈도와 백분율, 그리고 평균과 표준편차 등의 통계치를 산출하고 기술통계 분석을 실시하였고, 조사 변수 간에 유의성 차이는 교차분석(Chi-square test)과 t-test 및 일원분산분석(one-way ANOVA)을 적용하여 검증하였고, 각 변인간의 상관관계는 상관관계분석(Correlation Analysis)을 사용하였다. 집단 간 유의수준은 p<0.05로 검증하였다.

4. 연구결과 및 고찰

(1) 일반사항

여성 결혼이주자 112명을 대상으로 조사한 일반적인 특성은 Table 3과 같이 나타났다. 국적별로는 중국여성이 42명으로 가장 많았고, 베트남 35명, 필리핀 15명, 우즈베크 10명, 기타 11명순으로 조사되었다. 이는 2009년 통계청이 발표한 외국인 아내의 국적 분포순위인 중국(19,203명), 베트남(8,282명), 필리핀(1,857명)과 일치하였다. 기타 국적으로는 일본인 4명, 태국인 2명, 캄보디아인 2명, 몽골인 1명, 대만인 1명, 과테말라인 1명이 포함되었다.

거주기간은 1년 미만이 42.9%로 가장 많았고, 1–3년 미만이 26.8%, 3년–7년 미만 17.9%, 7년–10년 미만 8.9%, 10년 이상 3.6%순으로 나타났다. 거주기간이 길어질수록 조사대상자가 줄어드는 것은 연구대상자가 다문화가정의 '한국어 교실' 수업을 듣는 사람들로서, 거주기간이 길어질수록 한국어가 능숙하여 더 이상 수업에 참여하지 않기 때문인 것으로 생각된다.

시부모와 과거 또는 현재 동거한 경험이 있는가에 대한 질문에 전체 대상자 중 48.2%가 있다고 응답하였고, 51.8%는 없다고 응답하여 Jang(2009)의 연구결과와 마찬가지로 결혼이민자들은 한국주부들에 비해 상대적으로 시부모와 동거하는 경우가 많은 것으로 나타났다. 이는 조사지역이 농촌이 아닌 수도권 지역임을 고려할 때 Jang의 연구와 같이 국제결혼을 한 남성들이 농촌총각들이나 저소득층 근로자들이기 때문이 아니라, 한국음식 및 생활에 익숙하지 않은 여성결혼이민자들의 적응을 돕고 가족으로 융화하기 위한 가족 내 조치로 생각된다.

남편의 직업을 묻는 문항에는 '생산직, 단순 노동직'과 '일반사무직'이 각각 28.6%로 가장 많았다. 다음으로는 '서비스업'(18.8%), '자영업'(14.3%), '무직'(5.4%), '기타'(4%), '전문직'(0.9%)순으로 나타났다. 여성결혼 이민자들의 최종학력은 '고등학교 졸업'이 43.8%로 가장 많았고, '전문대 및 대학졸업'이 25.9%, '중학교 졸업'이 21.4%, '초등학교 졸업'이 8.9%순으로 조사되었다. 특이점은 국가별로 최종학력을 비교하였을 때, '전문대 및 대학졸업'이 가장 많은 나라는 '필리핀'으로 조사대상자 중 66.7%가 대학을 졸업하였으며, '우즈베키스탄' 40.0%, '중국' 17.1%, '베트남' 2.9%순이었다. 이처럼 국가별로 학력차가 발생하는 것은 각국별 교육정책 및 가족 내 경제사정과 관계가 있을 것으로 생각된다. 언어

능력은 가족간 의사소통 및 한국음식 습득환경과 관련이 있는 변인으로
서 표와 같이 '매우 잘한다'와 '잘한다'라고 응답한 대상자가 15.2%로
나타났으며, 대부분의 여성결혼이민자는 자신이 한국어를 잘 못한다고
느끼고 있었다. 종교를 묻는 문항에서는 '기타'(무교 포함)가 30.4%로 가
장 많았고, 그 다음으로 불교, 천주교, 기독교, 이슬람교, 힌두교순으로
조사되었다.

연령은 20대(20~29세)가 61명, 30대(30~39세)가 41명, 40대(40~49세)
가 9명, 50대가(50~59세)가 1명이었고, 평균 연령은 29.3세(SD=6.51)로
20대 후반과 30대 초반에 높은 분포를 보였다.

Table 3. General characteristics of female marriage immigrants in Korea

Variables		Frequency (n=112)	%
Nationality	China	42	37.5
	Uzbekistan[1]	10	8.9
	Vietnam	35	31.3
	Philippines	15	13.4
	Etc	10	8.9
Length of residence in Korea	$D<1$	48	42.9
	$1 \leq D < 3$	30	26.8
	$3 \leq D < 7$	20	17.9
	$7 \leq D < 10$	10	8.9
	$10 \leq D$	4	3.6
Experience live together with husband's parents.	Have	54	48.2
	Have not	58	51.8
Husband's occupation	production workers	32	28.6
	services	21	18.8
	businessman, self-employ	16	14.3
	An office workers	32	28.6
	Professional work	1	0.9
	unemployed	6	5.4
	Etc	4	3.6
Education levels	Elementary school	10	8.9
	Middle school	24	21.4
	High school	49	43.8
	College and university	29	25.9

	very excellent	2	1.8
	Good	15	13.4
Korean language skill	Average	45	40.2
	Poor	40	35.7
	Not at all	10	8.9
	Catholicism	20	17.9
	Christianity	16	14.3
Religion	Buddhism	32	28.6
	Islam	6	5.4
	Hinduism	4	3.6
	기타	34	30.4
	20 - 29	61	54.5
	30 - 39	41	36.5
Age	40 - 49	9	8.0
	50 〈	1	0.9
	Average	29.37(SD=6.51)	

1) Uzbekistan=Uzbek

(2) 한국음식 적응상태 비교

① 적응소요기간

여성결혼이민자가 한국에 처음 왔을 때 상황으로 돌아가서 음식적응에 걸린 소요기간에 대해 조사를 한 결과를 Table 4에 나타내었다. 대상자들이 한국음식 적응에 걸린 시간은 '1개월~3개월 미만'이 34.8%로 가장 많았고, '처음부터 잘 먹음'이 25.0%로 두 번째로 많았다. 거주기간과 적응기간에는 유의적인 차이가 있었는데(p〈0.05), 7년 미만 거주여성(n=98) 중에 '처음부터 잘 먹었음'이라고 응답한 사람이 27.6%로 나타난 반면, 7년 이상 거주여성(n=14)은 7.1%만이 처음부터 잘 먹었다고 응답하여 한국에 온 지 얼마 안 되는 최근 이주여성일수록 한국음식에 대한 적응이 빠른 경향이 있었다. 이는 최근 '한류'의 영향을 받아 자국에서 한국음식을 접해 볼 기회가 많고, 인터넷 또는 각종 미디어를 통해 쉽게 한국음식문화를 배울 수 있기 때문인 것으로 생각된다.

Table 5는 국적과 적응기간의 차이를 나타낸 것이다. 유의적인 차이는 없었으나, 필리핀 여성의 경우 '처음부터 잘 먹었음' 또는 '1~3개월 미만'으로 응답한 사람이 73.4%로 가장 많았다. 이와 같은 결과는 필리핀의 식문화가 중국, 말레이시아, 스페인, 그리고 미국식의 여러 음식 문화가 혼합하여 형성되었기 때문에 한국의 식문화 또한 큰 거부감 없이 개방적으로 수용할 수 있는 것으로 추측된다.

Table 4. Length of residence in Korea and Korea foods period of adaptation(n=112)

Variables		Length of residence in Korea						x^2 (P)
		D<1[1]	1≤D<3	3≤D<7	7≤D<10	10≤D	Overall	
A[2]	From first ate well	12(25.0)[3]	3(10.0)	12(60.0)	0(0)	1(25.0)	28(25.0)	45.457 (.001)
	1≤M< 3	22(45.8)	10(33.3)	2(10.0)	4(40.0)	1(25.0)	39(34.8)	
	3≤M< 6	10(20.8)	6(20.0)	1(5.0)	2(20.0)	0(0)	19(17.0)	
	6≤M< 12	2(4.2)	6(20.0)	2(10.0)	2(20.0)	2(50.0)	14(12.5)	
	1≤Y< 3	2(4.2)	4(13.3)	2(10.0)	0(0)	0(0)	8(7.1)	
	10≤Y	0(0)	1 (3.3)	1(5.0)	2(20.0)	0(0)	4(3.6)	

1) D: Length of residence in Korea(years)
2) A: Period of Korea foods adaptation (M: Month/ Y: year)
3) Number(%)
* Statistical methods: Chi-square test

Table 5. Nationality and period of Korea foods adaptation(n=112)

Variables		Nationality						x^2 (P)
		China	Uzbek	Vietnam	Philippines	Etc	Overall	
A[1]	From first ate well	11(26.2)[2]	0(0)	9(25.7)	4(26.7)	4(40.0)	28(25.0)	19.703 (.477)
	1≤M< 3	11(26.2)	5(50.0)	15(42.9)	7(46.7)	13(30.0)	39(34.8)	
	3≤M< 6	7(16.7)	3(30.0)	5(14.3)	1(6.7)	0(0)	19(17.0)	
	6≤M< 12	8(19.0)	0(0)	4(11.4)	2(13.3)	1(10.0)	14(12.5)	
	1≤Y< 3	3(7.1)	1(10.0)	2(5.7)	1(6.7)	1(10.0)	8(7.1)	
	10≤Y	2(4.8)	1(10.0)	0(0)	0(0)	1(10.0)	4(3.6)	

1) A: Period of adaptation (M: Month/ Y: year)
2) Number(%)
* Statistical methods: Chi-square test

② 체중 및 BMI 변화

사전 예비조사에서 결혼이주여성들은 적응초기에 체중이 감소하는 경향을 보였다. 사유에 대하여 인터뷰 한 결과 한국음식이 입맛에 맞지 않아 음식을 제대로 섭취하지 못했다고 응답한 여성들이 대부분이었다. 특히 베트남 여성들의 경우, 우리나라의 추운 날씨와, 자국 식문화와 차이로 인해 체중이 자국에 있을 때보다 2~3kg 감소하였다고 응답하였다. 그러나 현재 체중을 물었을 때 2~3개월의 적응기간이 끝나면 본래 체중으로 돌아오거나 증가하였다고 응답하였다. 이에 본 조사를 통해 적응초기의 체중감소와 한국음식에 대한 적응상태를 알아보기 위해, 여성결혼이민자들의 체중변화 및 BMI를 조사하여 Table 6의 결과를 얻었다. 단, 총 112명 대상자 중 임신부들(n=14)은 본 조사에서 제외하였고, 체중과 신장은 실측이 아닌 본인의 기억에 의존하여 조사하였다. 여성결혼이민자들의 국적별 체중변화는 유의적인 차이를 나타내지 않았으나, 전체 대상자 중 '체중 증가'가 49명(50.0%)으로 가장 많았고, '체중 감소'가 27명(27.75), '변화 없음' 22명(22.4%)순이었다. 사전예비조사와 같이 베트남 여성들의 체중이 34.5% 감소하여 중국, 우즈베크, 필리핀과 비교하여 가장 많이 감소하였고, BMI 변화도 체중변화와 거의 같은 추이를 보였다. 반면, 필리핀 여성들의 85.7%는 체중이 증가하여 다른 국가와 현저한 차이를 보였다. Park & Chung의 외국인 노동자의 식생활에 관한 연구에서는 필리핀 출신 노동자는 체류기간이 증가할수록 체중도 증가하는데 그 이유는 고국에서는 한 가정에서 한두 명이 벌어서 7명 내지 8명을 부양하고 하루 끼니도 2끼 정도밖에 섭취하지 않는 반면 한국에서는 혼자 벌어서 혼자 먹고 3끼니를 꼬박 먹었기 때문에 증가한 것으로 분석되었다. 이를 근거로, 필리핀 이주여성 또한 고국에서보다 한국 가정에서 식품섭취량이 늘었기 때문에 체중이 늘었을 것이라고 유추해 볼 수 있다.

Table 6. Change of weigh and BMI after immigration[1] (n=98)

Variables		Nationality[1]						x^2(P)
		China	Uzbek	Vietnam	Philippines	Ets	Overall	
Weight	Same	9(25.7)[2]	1(10.0)	8(27.6)	1(7.1)	3(30.0)	22(22.4)	10.928 (.206)
	Up	15(60.0)	6(60.0)	11(37.9)	12(85.7)	5(50.0)	49(50.0)	
	Down	11(31.4)	3(30.0)	10(34.5)	1(7.1)	2(20.0)	27(27.6)	
BMI	Same	8(22.9)	1(10.0)	8(27.6)	1(7.1)	3(30.0)	21(21.4)	10.504 (.231)
	Up	16(45.7)	6(60.0)	11(37.9)	12(85.7)	5(50.0)	50(51.0)	
	Down	11(31.4)	3(30.0)	10(34.5)	1(7.1)	2(20.0)	27(27.6)	

1) Except pregnant women (n=14)
2) Number(%)
* Statistical methods Chi-square test

Table 7은 대상자들의 체중과 키를 근거로 한국거주 전 자국에서의 영양 상태와 현재 시점에서의 영양 상태를 판정한 결과이다. 영양 상태 판정은 WHO의 BMI 아시아 기준을 사용하여, BMI$<$18.5는 저체중, 18.5$\leq$BMI$<$23은 정상, 23$\leq$BMI$<$26은 과체중, 26$<$BMI은 비만으로 구분하였다. 한국 거주전 전체 대상자 영양 상태는 BMI 20.2로 정상범위에 해당하며, 각국별 영양 상태에 유의적인 차이가 있는 것으로 나타났다(p$<$0.05). 필리핀 여성은 평균 BMI가 가장 낮고(18.9) 무려 64.3%나 저체중 상태이므로, 다른 나라 여성들에 비해 영양상태가 열악한 것으로 나타났다. 반면 중국 여성들은 5.7%가 저체중, 77.1%가 정상, 8.6%가 과체중 또는 비만으로 영양판정의 4가지 상태(저체중, 정상, 과체중, 비만)가 모두 존재하였고, 과체중과 비만인 여성이 모두 6명(17.2%)으로 다른 나라의 여성들과 달리 영양과잉 현상도 보였다. 현재 시점에서 전체 대상자 영양 상태는 BMI 20.6으로 역시 정상범위에 해당하나, 각국별 영양 상태에 유의적인 차이는 없었다. 그러나 한국거주 전 영양 상태

와 비교하였을 때, 전체 BMI가 20.2에서 20.6으로 0.4 증가하였고, 저체중 비율은 24.1%에서 18.4% 감소하고 과체중 또는 비만 비율이 8.2%에서 12.3%로 증가하여, 한국 거주이후 영양상태가 개선되었음을 알 수 있다. Ryu(2008)의 연구에서는 베트남 결혼이주여성의 거주기간이 길수록 BMI, weight, waist circumference가 증가했다고 기술하였는데 본 연구에서는 필리핀 여성의 경우 저체중 비율이 64.3%에서 21.4%로 대폭 감소하고, 정상비율이 28.6%에서 57.1%로 증가, 과체중 또는 비만이 7.1%에서 21.4%로 증가하여 영양상태 역전현상이 두드러졌다. 또한 한국거주 전에는 각국 간 영양 상태에 유의적인 차이가 있었으나, 거주 후에 사라진 것은 결혼이주여성들이 한국음식문화에 동화되어 영양상태의 평준화가 이루어졌음을 반증한다고 볼 수 있다.

Table 7. Nutritional status[1] comparison before and after immigration (n=98)

Variables		China	Uzbek	Vietnam	Philippines	Etc	Overall	x^2 (P)
B e f o r e	Under	2(5.7)[2]	2(20.0)	8(27.6)	9(64.3)	0(0)	21(24.1)	31.897 (.001)
	Normal	27(77.1)	8(80.0)	21(72.4)	4(28.6)	9(90)	69(70.4)	
	Over	3(8.6)	0(0)	0(0)	1(7.1)	0(0)	4(4.1)	
	Obesity	3(8.6)	0(0)	0(0)	0(0)	1(10)	4(4.1)	
	BMI	21.1±2.6[3]	20.1± 1.9	19.6± 1.8	18.9± 2.3	20.5± 2.5	20.2± 2.4	
P r e s e n t	Under	4(11.4)	2(20.0)	8(27.6)	3(21.4)	1(10.0)	18(18.4)	10.741 (.551)
	Normal	25(71.4)	8(80.0)	19(65.5)	8(57.1)	8(80.0)	68(60.4)	
	Over	1(2.0)	0(0)	2(6.9)	1(7.1)	0(0)	4(4.1)	
	Obesity	5(5.0)	0(0)	0(0)	2(14.3)	1(10.0)	8(8.2)	
	BMI	21.4± 2.6	20.5± 2.3	19.7± 1.7	20.6± 2.9	20.7± 2.7	20.6± 2.5	

1) Nutritional status: Under(under weight)/Normal(Nomalcy)/Over(Over weight)/Obesity
2) Number(%)　　　　　3) Mean± SD　　　　　*Statistical methods: Chi-square test

③ 한국음식 만족도 비교

Table 8은 결혼이주여성들의 한국음식에 대한 현재 만족도에 대한 질문의 결과를 나타낸 것이다. 조사 대상자 전체 중에 '보통'이 33.9%로 가장 많았고, '매우 좋아함' 31.3%, '좋아함' 28.6%, '약간 싫어함' 4.5%, '매우 싫어함' 1.8%순으로 조사되었다. '좋아함' 이상의 만족도가 59.8%로 현재 시점에서 결혼이민여성들은 한국음식의 만족도가 높은 것으로 생각된다. 국적별, 거주기간별 한국음식 만족도는 통계적으로 유의적인 차이를 보였다($p < 0.05$). 필리핀 여성의 46%가 한국음식을 '매우 좋아함'이라고 응답하여, 다른 국가에 비해 높은 만족도를 나타냈다. 또한, 거주기간별로 만족도를 보면 '매우 좋아함'이라고 응답한 빈도가 거주기간이 길어질수록 25%에서 100%로 (25.0→26.7→30.0→50.0→100%) 증가하는 것을 볼 수 있다.

만족도와 체중변화의 상관관계를 살펴본 결과는 Table 9와 같다. 현재의 체중이 한국거주 전보다 증가 또는 감소하였는지를 구분하고, 그 정도와 만족도의 상관관계를 분석한 결과 체중증가가 클수록 현재 한국음식에 대한 만족도가 높으며(상관 계수=0.233), 상관관계가 있음을 알 수 있었다($p < 0.05$). 그러나 체중감소와 한국음식 만족도간의 상관계수는 −.144이나 유의도 수준이 미달되어 상관관계가 없는 것으로 나타났다.

Table 8. Satisfaction for Korea foods

Variables		satisfaction					x^2 (P)
		strongly agree	agree a little	average	disagree a little	strongly disagree	
Nationality	China	12(28.6)[1]	16(38.1)	13(31.0)	1(2.4)	0(0)	32.192 (.009)
	Uzbek	3(30.0)	4(40.0)	2(20.0)	1(10.0)	0(0)	
	Vietnam	11(31.4)	3(8.6)	18(51.4)	3(8.6)	0(0)	
	Philippines	7(46.7)	4(26.7)	2(13.3)	0(0)	2(13.3)	
	Etc	2(20.0)	5(50.0)	3(30.0)	0(0)	0(0)	
Residence	D<1[2]	12(25.0)	12(25.0)	19(39.6)	3(6.3)	2(4.2)	26.419 (.048)
	1≤D< 3	8(26.7)	13(43.3)	7(23.3)	2(6.7)	0(0)	
	3≤D< 7	6(30.0)	6(30.0)	8(40.0)	0(0)	0(0)	
	7≤D< 10	5(50.0)	1(10.0)	4(40.0)	0(0)	0(0)	
	10≤D	4(100)	0(0)	0(0)	0(0)	0(0)	
Overall of Immigrants		35(31.3)	32(28.6)	38(33.9)	5((4.5)	2(1.8)	

1) Number(%)   2) D: Length of residence in Korea(years)

* Statistical methods: Chi-square test

Table 9. Correlation of satisfaction for Korea foods and change of weight

Variables	weight up	weight down
Satisfaction for Korea Foods	$0.233^{1)}$	$-.144$

1) $p<0.05$
* Statistical methods: Correlation Analysis

(3) 한국음식 적응에 미치는 요인

사전 예비조사에서 대상자들의 대부분은 시어머니와 동거하지 않더라도 한국음식 조리법은 시어머니로부터 배우며, 실제로 음식을 할 때는 남편이 도움을 준다고 응답하였다. 그밖에도 TV나 인터넷을 통해 한국음식을 요리하고 잘 섭취하게 되나, 가장 큰 도움을 주는 요인으로는 '가족의 배려'를 꼽았다. Lee(2007)는 최근 한국음식의 우수성에 세계적인 관심이 많아지고, 한류의 영향을 받아 한국음식이 아시아인에게 큰 호응을 얻고 있다고 밝히고 있다. 따라서 한국음식에 대한 사전 인지도가 높거나, 섭취 경험이 있는 경우, 또는 한국음식의 첫 느낌이 좋을수록 한국음식문화 적응에 도움을 준다고 가정하여 다음과 같은 질문을 통해 한국음식 적응에 영향을 미치는 요인을 조사하였다.

① 한국 거주 초기의 부적응 경험 및 원인

Table 10은 거주 초기에 한국음식 부적응을 겪었는지에 대한 여성결혼이민자의 응답결과이다. 전체 중 '약간 그렇다' 30.4%, '보통이다' 29.5%, '그렇지 않다' 21.4%, '매우 그렇다' 12.5%, '전혀 그렇지 않다' 6.3%순으로 응답하여 결혼 이민자 중 72% 이상이 '보통이다' 이하로 적응에 어려움을 겪었다고 할 수 있다. 거주기간별로 한국음식 적응에 어려움 여부를 묻는 질문에 유의적 차이가 나타났는데(p<0.05), 적응에 매우 어려움을 겪었다고 대답한 응답자 수가 7년 이상 거주여성 35.7%,

1년 미만 10.4%, 1~3년 미만 10.0%, 3~7년 미만 5.0%순으로, 7년 이상 거주한 여성이 한국음식 적응에 매우 어려움을 겪었던 것으로 생각된다. 이는 앞서 1.한국음식 적응상태 비교 가. 적응소요기간에서 '한국음식을 잘 먹을 수 있을 때까지 걸린 기간'이 가장 길었던 7년 이상 거주한 여성의 적응상태와 일맥상통한다고 볼 수 있다. 국적과 한국음식 부적응에는 유의적인 차이는 없었으나, 베트남 여성이 다른 국적여성에 비해 '매우 그렇다'가 8.6%로 가장 적고, 반면 '전혀 그렇지 않다'가 8.6%로 가장 많아, 선행 논문인 Jang의 연구결과와 같이 베트남 출신 여성이 가장 잘 적응하고 있다고 말할 수 있다.

Table 10. Difficulty in Korea foods at first time

Variables		Degree of difficulty					x^2 (P)
		Strongly agree	Agree a little	Average	Disagree a little	Strongly disagree	
Nationality	China	4(9.5)[1]	18(42.9)	10(23.8)	8(19.0)	2(4.8)	15.642 (.478)
	Uzbek	2(20.0)	3(30.0)	3(30.0)	2(20.0)	0(0)	
	Vietnam	3(8.6)	6(17.1)	14(40.0)	9(25.7)	3(8.6)	
	Philippines	4(26.7)	6(40.0)	2(13.3)	2(13.3)	1(6.7)	
	Etc	1(10.0)	1(10.0)	4(40.0)	3(30.0)	1(10.0)	
Residence	D<1[2]	5(10.4)	13(27.1)	14(29.2)	12(25.0)	4(8.3)	26.419 (.048)
	1≤D< 3	3(10.0)	14(46.7)	9(30.0)	3(10.0)	1(3.3)	
	3≤D< 7	1(5.0)	4(20.0)	8(40.0)	5(25.0)	2(10.0)	
	7≤D	5(35.7)	3(26.4)	2(14.3)	4(28.6)	0(0)	
overall of Immigrants		14(12.5)	34(30.4)	33(29.5)	24(21.4)	7(6.3)	

1) Number(%)
2) D: Length of residence in Korea(years)
* Statistical methods: Chi-square test

거주초기 한국음식 부적응 정도에 '매우 그렇다', 약간 그렇다', '보통이다'라고 응답한 81명에 대하여 그 원인을 조사한 결과를 Table 11에 나타내었다. '기타'를 제외하고, '너무 맵거나 짜서'가 23.5%로 가장 많고, '냄새, 색깔이 싫어서' 17.3%, '조리방법이 익숙하지 않아서' 14.8%, '너무 달아서' 8.6%순이었다. 거주 초기 한국음식 부적응 원인과 국적 간에는 유의적인 차이가 있었다(p<0.05). 중국과 필리핀 여성들은 '너무 맵거나 짜서'를 부적응 원인 중 가장 많이 응답하였고, 우즈베크 여성들은 '냄새, 색깔이 싫어서'가 50.0%로 가장 많은 응답수를 나타내 냄새와 외관에 민감한 것으로 나타났다. 베트남 여성들은 '너무 달아서' 30.4%를 가장 많이 응답하였고, 역시 재료자체의 신선함과 담백함을 선호하는 것으로 드러났다. 그러나 거주초기 한국음식 부적응 원인과 거주기간 간에는 유의적인 차이가 나타나지 않았다.

Table 11. Reasons of difficulty in Korea foods at first time(n=81)

Variables		Reasons of difficulty						x^2 · (P)
		Hot & spicy	Smell & Color	Cooking[1]	Material[2]	Sweety	Etc	
Nationality	China	9(28.1)[3]	6(18.8)	7(21.9)	4(12.5)	0(0)	6(18.8)	41.219 (.003)
	Uzbek	0(0)	4(50.0)	0(0)	1(12.5)	0(0)	3(37.5)	
	Vietnam	2(8.7)	1(4.3)	3(13.0)	2(8.7)	7(30.4)	8(34.8)	
	Philippines	5(41.7)	3(25.0)	2(16.7)	1(8.3)	0(0)	1(8.3)	
	Etc	3(50.0)	0(0)	0(0)	1(16.7)	0(0)	2(33.3)	
Residence	D<1[4]	7(21.9)	6(18.8)	5(15.6)	3(9.4)	4(12.5)	7(21.9)	20.041 (.455)
	1≤D< 3	8(30.1)	4(15.4)	5(19.2)	3(11.5)	2(7.7)	4(15.4)	
	3≤D< 7	2(15.4)	2(15.4)	1(7.7)	1(7.7)	0(0)	7(53.9)	
	7≤D< 10	2(25.0)	2(25.0)	0(0)	2(25.0)	0(0)	2(25.0)	
	10≤D	0(0)	0(0)	1(50.0)	0(0)	1(50.0)	0(0)	
Overall of Immigrants		19(23.5)	14(17.3)	12(14.8)	9(11.1)	7(8.6)	20(24.7)	

1) Cooking: The method which makes foods is not familiar
2) Material: The material is strange
3) Number(%)
4) D: Length of residence in Korea(years)
* Statistical methods: Chi-square test

② 결혼 전 한국음식 섭취 경험 및 경로

Park(2005)의 연구에서는 한국혈통의 가정에서 성장한 몽골여성의 경우, 할머니 또는 어머니로부터 한국 전통음식 섭취할 기회가 생기고 이것이 한국음식문화 계승 및 적응에 도움이 된다고 진술하였다. 중국인과 영어권 외국인을 대상으로 조사한 Joo(2007)의 연구에서는 한류 열풍으로 인한 한국음식 인지도가 높아지고 이것이 기호도에 영향을 미쳐, 만족도가 높아진다고 하였다. 또한 Han 등의 연구(1995)에서는 한국음식에 대한 정보와 경험을 가질수록 한국음식에 만족한다고 하였는데, 선행논문을 근거로 하여 결혼이주여성들이 결혼 전 출신국가에서 한국음식을 먹어본 경험이 있는지 여부와 만족도와의 상관관계, 섭취경로 등에 대하여 알아보았다. Table 12는 결혼 전 출신국에서 한국음식을 먹어 본 경험이 있는가에 대한 결과표이다. 전체 대상자 중 '있다' 71.4%, '없다' 28.6%로 상당수가 한국음식 섭취경험이 있는 것으로 나타났고, 국적별 유의적 차이는 없었으나, '있다'고 응답한 대상자 중 기타를 제외하고 우즈베크 여성들이 80.0%로 가장 많았고, 필리핀 65.7%, 중국 71.4%, 베트남 65.7%순으로 우즈베크 여성들이 가장 많고 베트남 여성들이 가장 적었다. 사전 섭취경험의 유무에 따른 한국음식 만족도에는 유의적인 차이를 나타냈다. 한국거주 전에 한국음식을 먹어 본 경험이 있는 경우는 '매우 좋아함' 33.8%, '좋아함' 31.3%, '보통' 28.8%, '약간 싫어함' 3.8%, '매우 싫어함' 2.5%순이고, 경험이 없는 경우는 '보통' 46.9%, '매우 좋아함' 25.0%, '좋아함' 21.9%, '약간 싫어함' 6.3%, '매우 싫어함' 0%순으로 조사되었다. 섭취경험이 있는 경우는 '좋아함' 이상의 만족도가 전체 65.0%이고, 섭취경험이 없는 경우는 46.9%이므로, 섭취경험이 있는 경우는 없는 경우보다 상대적으로 한국음식 만족도가 높음을 알 수 있다.

섭취경로는 식당에서 사서 61.9%, 가족이 만들어 주어서 13.1%, 직접
요리해서 11.9%순으로 Kweon 등의 서울거주 중국인들의 섭취경로와
같은 양상을 보여 한국음식이 한국계 가정뿐 아니라 일반 외국인들도
시중에서 섭취할 수 있을 정도로 보편화되어 있다는 것을 짐작할 수 있
다(Table 13).

Table 12. Experience on Korea foods before emigration and satisfaction

Variables		Experience		x^2 (P)
		Have	Not have	
Nationality	China	30(71.4)	12(28.6)	1.307 (−0.86)
	Uzbek	8(80.0)	2(20.0)	
	Vietnam	23(65.7)	12(34.3)	
	Philippines	11(73.3)	4(26.7)	
	Etc	8(80.08)	2(20.0)	
Satisfaction	Strongly agree	27(33.8)	8(25.0)	26.419 (.048)
	agree a little	25(31.3)	7(21.9)	
	average	23(28.8)	15(46.9)	
	disagree a little	3(3.8)	2(6.3)	
	strongly disagree	2(2.5)	0(0)	
Overall of Immigrants		80(71.4)	32(28.6)	

1) Number(%)

* Statistical methods: Chi-square test

Table 13. Root for eating Korea foods before emigration

Variables	N	%
House	11	13.1
Restaurant	52	61.9
Self-cooking	10	11.9
Etc	11	13.1
Overall of Immigrants	84	100.0

③ 한국음식 적응에 도움을 준 매체

결혼이주여성이 한국음식에 적응할 때까지 가장 큰 도움을 준 것이 무엇인가에 대한 질문에 Table 14의 결과를 얻었다. 전체 대상자 중 '남편'이 50.0%로 가장 많았고, 그 다음은 '시어머니' 26.8%, '친구나 이웃주민' 8.9% '요리강습' 5.4%, '인터넷' 3.6%, 'TV, 신문, 잡지, 음식점 메뉴' 2.7%순이었다. Jang의 연구에서는 한국음식에 관한 지식과 정보를 얻는 경로에 대하여 질문하였는데, '시어머니'가 39%로 가장 많고, 그 다음은 '남편' 29%, '친구나 이웃주민' 13%로 차이가 있었다. 한국음식에 대한 지식과 정보는 시어머니로부터 가장 많이 받지만, '한국음식 적응'에는 지식 및 정보제공뿐 아니라, 심리적인 지지를 해 주는 '남편'이 가장 큰 도움을 주는 요인으로 인식한 것이라고 볼 수 있다. 실제 사전예비조사에서도 결혼이민자들의 남편들이 결혼초기에 음식적응에 힘들어하는 아내를 위해 출신국의 음식을 구해다 주고, 외식을 하는 등의 노력을 했다고 응답한 여성이 많았고, 본인이 만든 음식을 맛있게 먹고, 칭찬해 줄 때 한국음식을 더 잘 배워야겠다는 의지가 생겼다고 했다. 이는 심영희의 연구(2008)와 같이 한국살이 적응에 가족의 배려 및 심리적 지지가 얼마나 큰 영향을 미치는 것임을 보여주며, 그 중심에는 시어머니보다는 남편이 있다는 것을 느끼게 한다. 국적과 한국음식 적응 도움매체 간에 유의적인 차이가 나타나지 않았으나, '남편'에게 가장 도움을 많이 받았다고 응답한 출신국은 우즈베크(70.0%)이고, '시어머니'가 가장 많은 출신국은 필리핀(40.0%)이었다.

Table 14. The media that help to be familiar with Korea foods (n=112)

Variables		Nationality						x^2 (P)
		China	Uzbek	Vietnam	Philippines	Etc	Overall	
M e d i a	Husband	18(42.9)	7(70.0)	21(60.0)	5(33.3)	5(50.0)	56(50.0)	21.766 (.593)
	Husband's mother	12(28.6)	2(20.0)	9(25.7)	6(40.0)	1(10.0)	30(26.8)	
	Friends	6(14.3)	1(10.0)	0(0)	2(13.3)	1(10.0)	10(8.9)	
	Internet	1(2.4)	0(0)	2(5.7)	0(0)	1(10.0)	4(3.6)	
	TV, Newspaper	1(2.4)	0(0)	1(2.9)	1(6.7)	0(0)	3(2.7)	
	Cooking class	4(9.5)	0(0)	1(2.9)	0(0)	1(10.0)	6(5.4)	
	Menu of restaurant	0(0)	0(0)	1(2.9)	1(6.7)	1(10.0)	3(2.7)	

1) Number(%)

* Statistical methods: Chi-square test

④ 거주기간 및 시부모 동거경험의 영향

Kim(2008)의 연구에서는 한국 거주 외국학생들이 거주기간이 짧을수록 한국음식에 대한 만족도가 컸다고 하였다. 한국의 식문화를 이해하고 경험하는 기회가 많아지면서 만족도가 높아질 것이라는 일반적인 생각과는 달리, 오히려 감소하는 경향을 보였는데, 여성결혼이민자의 경우도 같은 결과를 나타내는지 알아보기 위해 거주기간과 만족도의 상관관계를 분석하였다. Table 15에 나타난 바와 같이, 거주기간과 한국음식만족도 간에는 부적인 상관관계가 존재하였다(p⟨0.01). 즉, Kim(2008) 연구결과와 같이 거주기간이 짧을수록 한국음식에 대한 만족도가 높다고 할 수 있는데, 그 이유는 거주기간이 길어질수록 거주 초기와 달리 한국음식에 대한 호기심이 점차 줄어들고 맛있어서 먹기보다는 한국식 문화에 동화되어 익숙하게 느끼기 때문이라고 생각된다. 또한 긴 타국 생활에 따른 자국음식에 대한 향수가 커져 상대적으로 만족도가 떨어진 것이라고 추측된다. 시부모와의 동거경험과 한국음식 적응소요기간에는 유의적인 상관관계가 없었으며, 국적별 시부모 동거경험의 차이도 나타나지 않았다.

Table 15. Correlation of satisfaction for Korea foods and length of residence in Korea

Variables	Satisfaction for Korea foods
Length of residence	$-.254$ [1]

1) $p < 0.01$
* Statistical methods: Correlation Analysis

⑤ 언어능력 및 학력과 한국음식 만족도의 관계

Jung(2009)은 어머니의 영양지식 수준이 높을수록 이를 식생활에 적용하여 식습관이 양호해진다고 하였다. 결혼이주여성들은 한국음식을 좋아하는 이유를 상당수가 '건강에 좋기 때문'이라고 답변하였는데 한국음식의 우수성을 아는 여성일수록 의도적으로 한국음식을 더 잘 먹으려고 노력하고 쉽게 적응 할 수 있을 것이다. 또한 언어능력이 높을수록 매체활용능력이 뛰어나며, 의사소통이 원활하므로 한국음식 적응에 도움이 될 것이다. 이에 여성결혼이주자 스스로 느끼는 한국어 능력과 적응소요기간의 상관관계를 조사하고, 학력과 만족도 간의 관계를 알아보았다. Table 16은 여성결혼이주민의 한국어 능력 차이를 나타낸 것이다. 전체 조사 중 본인 스스로 한국어 실력이 어느 정도인지를 묻는 문항에 '매우 잘한다'가 1.8%, '잘한다' 13.4%, '보통이다' 40.2%, '잘 못한다' 40.2%, '거의 못 한다' 8.9%로 응답하였다. 본인이 한국어실력을 '보통' 이하로 평가한 여성결혼이주민이 89.3%로 한국어 교육이 더 필요함을 시사하였다. 한국어 능력 차이는 국적별, 거주기간별로 유의적인 차이를 보였다($p < 0.05$). 특히 필리핀 여성은 '잘한다' 이상으로 응답한 여성이 66.7% 로 다른 나라 여성들에 비해 본인이 한국어 실력이 우수하다고 평가하였다. 거주기간별로는 '잘한다' 이상으로 응답한 빈도가 '10년 이상' 거주여성이 50.0% 로 가장 많았고, 다음은 '3~7년' 25.0%, '1~3년' 13.3%, '1년 미만' 10.4%, '7~10년' 10.0%순으로 나타났다. '7~10년' 거주여성을 제외하면, 거주기간이 길수록 본인의 한국어에 능

아예 한 달에 한 번도 자국음식을 섭취하지 않는 여성이 26.8%나 되어, 선행논문인 장복심의 연구와는 달리 여성결혼이주민들은 자국음식을 자주 섭취하지 못하는 것을 알 수 있다. 사전 예비조사에서도 자국음식을 자주 먹지 않는다고 응답한 여성들이 많았는데 한국음식의 만족도가 일반적으로 높은 편이고, 가족과 함께 식사를 하기 위해 주로 한국음식을 먹으려고 노력하기 때문인 것으로 조사되었다. 또한 Sim의 보고서에서와 같이 가족들이 자국의 음식을 하는 것을 별로 좋아하지 않고, 본인을 위해서 식자재를 구입해서 먹는 것이 주부의 도리가 아니라고 생각하는 여성들도 있었다. 국적별, 거주기간별로 자국음식 섭취빈도는 유의적인 차이는 나타나지 않았으나, 중국은 '1~2회/주'가 33.3%로 가장 낮았고, 우즈베크 '1~3회/주' 40.0%, 베트남 '1~3회/주' 54.3%, 필리핀 '0회/월' 53.3%로 가장 많은 자국음식 빈도를 보였다.

② 외식횟수와 음식의 종류

결혼이민자들 112명을 대상으로 한 외식횟수에 대한 결과는 Table 21과 같다. '한 달에 1~2회'가 가장 많아 56.3%이고, '한 달에 3~4회'가 18.8%, '거의 안 한다'가 13.4%, '한 달에 5~6회'가 6.3%순으로 나타났다. 세계적인 정보미디어기업 '닐슨컴퍼니[4])'가 2008년 보고한 자료에 의하면 한국인들은 60%가 '한 달에 1번 이상 외식'을 하고, 40%는 '한 달에 1번 미만 또는 외식하지 않는다'고 하였는데, 여성결혼이주민 또한 한국인과 비슷한 외식패턴을 보였으나, 한 달에 1회 이상 외식을 하는 빈도가 86.6%, 한 달 동안 거의 하지 않는다가 13.4%로, 한국인들에 비해 약간 더 외식을 자주 하는 것으로 생각된다. 국적에 따른 외식횟수는 유의적인 차이를 나타내었는데(p〈0.05), 베트남은 '한 달에 1~2회'가

---

4) http://kr.nielsen.com

71.4%로 가장 많고, 중국은 '한 달에 1~2회' 52.4%, 우즈베크 '한 달에 3~4회'가 50.0%, 필리핀 '한 달에 1~2회'가 46.6%로 가장 많은 외식 빈도를 보였다. 우즈베크를 제외한 나라들의 한 달 동안의 외식 빈도는 1~2회가 가장 많았다. 거주기간에 따른 외식횟수는 유의적인 차이가 나타나지 않았다.

Table 22는 가족과 함께 외식할 때 선택하는 음식의 종류를 나타낸 것이다. 조사대상자 전체의 81.3%가 외식할 때 한식을 선택하였고, 자국음식을 2.7%만 선택하여서 한식위주의 외식생활을 하고 있음을 알 수 있다. 닐슨컴퍼니(2008)의 조사에서는 한국인들이 가장 좋아하는 음식은 '전통 음식'(34%), '미국 음식'(32%), '이탈리아 음식'(14%), '일본 음식'(8%), '중국 음식'(4%)순이라고 밝혔는데, 여성결혼이주민도 같은 양상을 보였다. 외식의 종류는 국적별로 유의적인 차이를 나타내었다 (p<0.05). '한식'을 가장 많이 선택한다고 응답한 국적은 필리핀으로 86.7%의 빈도를 나타냈고, 그 다음으로는 '중국' 85.7%, '우즈베크' 80%, '베트남' 74.3%순이었다.

Table 20. Frequency of home country's dish

Variables		Frequency of home country's dish[1]					x^2 (P)
		Every meals	5~6T/W	1~2T/W	1~3T/M	0T/M	
Nationality	China	5(11.9)[2]	2(4.8)	14(33.3)	12(28.6)	9(21.4)	18.761 (.281)
	Uzbek	1(10.0)	1(10.0)	2(20.0)	4(40.0)	2(20.0)	
	Vietnam	1(2.9)	1(2.9)	6(17.1)	19(54.3)	8(22.9)	
	Philippines	0(0)	1(6.7)	2(13.3)	4(26.7)	8(53.3)	
	Etc	0(0)	1(10.0)	1(10.0)	5(50.0)	3(30.0)	
Residence	$D<1$[3]	4(8.3)	5(10.4)	10(20.8)	17(35.4)	12(25.0)	14.901 (.532)
	$1 \leq D < 3$	2(6.7)	1(3.3)	10(33.3)	13(43.3)	4(13.3)	
	$3 \leq D < 7$	1(5.0)	0(0)	2(10.0)	9(45.0)	8(40.0)	
	$7 \leq D < 10$	0(0)	0(0)	2(20.0)	3(30.0)	5(50.0)	
	$10 \leq D$	0(0)	0(0)	1(25.0)	2(50.0)	25(0)	
Overall of Immigrants		7(6.3)	6(5.4)	25(22.3)	44(29.3)	30(26.8)	

1) T: times/ W: a week / M: a momth   2) Number(%)
3) D: Length of residence in Korea(years)   * Statistical methods: Chi-square test

Table 21. Frequency of eating out for a month

Variables		More than 7T	5-6T	3-4T	1-2T	0T	x^2 (P)
Nationality	China	2(4.8)[2]	5(11.9)	5(11.9)	22(52.4)	8(19.0)	27.625 (.035)
	Uzbek	0(0)	1(10)	5(50.0)	3(30.0)	1(10.0)	
	Vietnam	1(2.9)	1(2.9)	4(11.4)	25(71.4)	4(11.4)	
	Philippines	3(20.0)	0(0)	5(33.3)	7(46.7)	0(0)	
	Etc	0(0)	0(0)	2(20.0)	6(60.0)	2(20.0)	
Residence	D<1[3]	3(6.3)	3(6.3)	7(14.6)	29(60.4)	6(12.5)	17.090 (.380)
	1≤D<3	1(3.3)	0(0)	6(20.0)	20(66.7)	3(10.0)	
	3≤D<7	2(10.0)	3(15.0)	2(10.0)	9(45.0)	4(20.0)	
	7≤D<10	0(0)	1(10.0)	5(50.0)	3(30.0)	1(10.0)	
	10≤D	0(0)	0(0)	1(25.0)	2(50.0)	1(25.0)	
Overall of Immigrants		6(5.4)	7(6.3)	21(18.8)	63(56.3)	15(13.4)	

1) T: times
2) Number(%)
3) D: Length of residence in Korea(years)
* Statistical methods: Chi-square test

Table 22. Types of eating out

Variables		Home country's dish	Korean foods	Fast foods	Chinese foods	Snack	Etc	x^2 (P)
Nationality	China	2(4.8)[1]	36(85.7)	2(4.8)	0(0)	0(0)	2(4.8)	35.868 (.016)
	Uzbek	0(0)	8(80)	1(10)	0(0)	1(10)	0(0)	
	Vietnam	0(0)	26(74.3)	1(2.9)	0(0)	0(0)	8(22.9)	
	Philippines	1(6.7)	13(86.7)	1(6.7)	0(0)	0(0)	0(0)	
	Etc	0(0)	8(80.0)	0(0)	1(10.0)	1(10.0)	0(0)	
Overall of Immigrants		3(2.7)	91(81.3)	5(4.5)	1(0.9)	2(1.8)	10(8.9)	

1) Number(%)
* Statistical methods: Chi-square test

③ 한국 음식 조리숙련도

한국 식생활에 적응 및 자아 효능감 확인을 위하여 여성결혼이주민 스스로 본인의 한국음식 요리 실력을 어느 수준이라고 평가하는지에 대하여 질문하였다. 그 결과(Table 23) 41.3%가 '보통이다'라고 응답하였고 그 다음 '잘 못한다' 27.7%, '잘한다' 15.2%, '거의 못 한다' 13.4%, '매우 잘한다' 2.7%의 순으로 나타났다. '매우 잘한다'와 '잘한다'가 17.9%인 반면, '잘 못한다'와 '거의 못 한다'가 41.1%이므로 여성결혼이주민들은 대부분 본인의 한국요리 실력에 자신감이 없었다. 한국 음식 조리숙련도 평가와 국적 간에는 유의적인 차이가 있었는데(p⟨0.05) 중국, 우즈베크, 베트남 여성들은 본인의 한국요리 실력이 '보통이다'(각 40.5, 60.0, 51.4%) 라고 응답한 사례가 가장 많은 반면, 필리핀 여성들은 '잘한다'라고 평가한 빈도가 46.7%로 가장 많아, 다른 국가와 차이를 보였다. 즉, 필리핀 여성은 한국음식에 대한 자신감이 높은 것을 의미한다.

Table 23. Self assessment about Korea foods skill

Variables		Korean Foods skill					x^2 (P)
		Very excellent	Good	Average	Poor	Not at all	
Nation ality	China	1(2.4)[1]	4(9.5)	17(40.5)	11(26.2)	9(21.4)	33.242 (.007)
	Uzbek	0(0)	1(10.0)	6(60.0)	3(30.0)	0(0)	
	Vietnam	0(0)	4(11.4)	18(51.4)	11(31.4)	2(5.7)	
	Philippin	2(13.3)	7(46.7)	1(6.7)	4(26.7)	1(6.7)	
	Etc	0(0)	1(10.0)	4(40.0)	2(20.0)	3(30.0)	
Reside nce	D⟨1[2]	1(2.1)	7(14.6)	12(25.0)	17(34.4)	11(22.9)	22.726 (.121)
	1≤D⟨3	1(3.3)	1(3.3)	17(57.7)	8(26.7)	3(10.0)	
	3≤D⟨7	1(5.0)	5(25.0)	10(50.0)	3(15.0)	1(5.0)	
	7≤D⟨10	0(0)	3(30.0)	4(40.0)	3(30.0)	0(0)	
	10≤D	0(0)	1(25.0)	3(75.0)	0(0)	0(0)	
Overall of Immigrants		3(2.7)	17(15.2)	46(41.3)	31(27.7)	15(13.4)	

1) Number(%)   2) D: Length of residence in Korea(years)
* Statistical methods: Chi-square test

④ 선호하는 음식의 종류

한국음식에 대한 선호는 Likert 5점 척도로 '매우 좋아함'(5점)에서 '매우 싫어함'(1점)까지로 구성되어 점수가 높을수록 선호도가 높음을 의미한다. 여성결혼이민자의 국적별 한국음식에 대한 선호는 Table 24에서 보는 바와 같이 개고기, 육개장, 해물탕, 육회, 과일에 대한 선호도에서 유의미한 차이를 보였다. 개고기는 한국여성, 외국여성 모두 혐오식품으로 간주하여 선호하지 않는 음식이나, 중국여성들은 다른 국적의 여성들보다 높은 점수(3.29)를 나타냈는데, 혐오식품에 대한 편견 없이 식재료를 광범위하게 사용하는 중국식문화를 대표하는 결과라고 생각된다. 해물탕의 경우 베트남 여성의 점수가 4.14로서 다른 국적의 여성들보다 더 선호하는 것으로 나타났다. 베트남은 지리적으로 바다로 둘러싸여, 풍부한 수산물을 이용할 수 있고, 특유의 향신료를 사용하는 식문화가 존재한다. 따라서 베트남에서는 각종 해산물을 넣고 시원하고 얼큰하게 끓인 한국의 해물탕을 선호하는 것으로 생각된다. 육회의 경우 우즈베크의 Mean 값이 3.18로 가장 높고, 베트남이 2.11로 가장 낮았는데, 우즈베크는 대륙의 한가운데 위치한 나라로 전통적으로 소, 양, 말 등의 가축을 즐겨 섭취하였기 때문에 육회에 대한 거부감이 다른 나라에 비해 낮을 것으로 추측된다.

여성결혼이주민 전체의 한국음식 선호도 순위를 살펴보면 '과일'이 4.69로 가장 높고, 그 다음은 '불고기' 4.04, '소갈비' 4.02, '돼지갈비' 4.00, '삼겹살' 3.96, '삼계탕' 3.93, '빵, 과자류' 3.91, '닭볶음탕' 3.85 '나물' 3.83순으로 나타났다. 과일, 나물, 빵 및 과자류를 제외하면, 모두 육류 음식으로 찌개류, 밥류, 면류보다 높은 선호도를 보였다.

Table 24. Preference of Korea foods in different nationality

Variables	China	Uzbek	Vietnam	Philippin	Etc	overall	P
samgeubsal	3.86±1.12[1]	3.58±1.27	4.14±1.00	4.33±0.62	3.96±1.08	1.36	0.252
beef galbi	4.07±1.02	4.41±0.70	3.80±1.11	4.00±1.13	4.02±1.03	0.84	0.505
pork galbi	4.10±0.85	3.30±1.25	3.94±0.94	4.33±0.82	4.00±0.98	1.91	0.114
fride pork	3.48±1.17	3.31±0.68	3.71±1.05	3.87±0.83	3.59±1.05	0.70	0.591
bulgogi	4.12±0.97	4.13±1.45	4.06±0.94	3.93±0.88	4.04±1.00	0.40	0.806
fride chicken	3.76±1.19	3.90±0.88	3.74±1.01	4.33±0.82	3.85±1.05	0.97	0.427
dog meat	3.29±1.52	2.12±1.20	2.03±1.22	1.73±1.39	2.41±1.49	7.80	0.000
dolsot bibimbob	3.88±1.09	4.13±0.99	3.40±1.06	3.47±0.74	3.68±1.04	1.62	0.174
kimchi fried rice	3.62±1.21	3.41±1.27	3.53±1.08	3.60±1.06	3.52±1.12	0.47	0.755
kimbob	3.88±0.99	3.50±1.51	3.31±0.96	4.00±0.76	3.66±1.02	2.07	0.090
rice cake soup	3.24±1.03	2.81±0.79	3.29±0.93	3.33±0.62	3.24±0.90	0.73	0.575
zuk	3.48±1.09	3.40±1.27	3.17±0.95	3.07±0.59	3.29±1.01	0.78	0.544
mandoo guk	3.31±1.05	3.53±1.08	3.06±1.08	3.40±0.83	3.26±1.03	0.57	0.689
kalguksu	3.64±1.01	3.54±1.08	3.37±1.09	3.67±0.98	3.55±1.03	0.45	0.775
ramyeon	3.62±1.01	3.41±0.97	3.43±1.04	3.73±0.88	3.5±1.02	1.00	0.410
naengmyeon	3.74±1.08	3.30±1.34	3.43±1.17	3.80±0.78	3.58±1.11	0.74	0.568
soondoobu stew	3.48±1.07	2.70±0.82	3.31±1.16	3.33±0.90	3.37±1.07	1.56	0.191
kimchi stew	3.33±1.22	3.61±1.17	3.54±0.98	3.93±0.88	3.54±1.11	0.90	0.469
doenjang stew	3.71±1.11	3.54±1.18	3.46±1.07	3.80±0.94	3.61±1.08	0.43	0.783
seolleongtang	3.95±1.08	4.23±0.79	3.60±0.98	3.53±0.99	3.76±1.05	1.49	0.211
haejangguk	3.17±1.23	3.21±1.14	3.29±1.15	2.87±0.92	3.13±1.12	0.75	0.558
gamzatang	3.94±0.85	3.51±1.35	3.71±1.13	3.47±1.06	3.69±1.08	1.17	0.327
youkgaegang	3.95±0.94	3.20±1.03	3.23±1.00	3.27±0.80	3.5±1.03	3.54	0.009
haemultang	3.86±1.10	2.54±1.08	4.14±0.91	3.87±0.74	3.78±1.11	5.66	0.000
samgaetang	3.86±1.10	4.21±0.92	4.11±0.72	3.87±0.83	3.93±0.97	1.36	0.252
sauteed chicken	3.83±0.85	4.13±0.88	3.80±0.93	3.80±0.78	3.85±0.86	0.26	0.904
sauteed fish	3.86±1.10	3.80±0.92	3.63±1.14	3.67±0.72	3.78±1.02	0.54	0.709
japchea	3.55±1.17	3.50±0.94	3.31±1.21	3.27±0.96	3.44±1.12	0.35	0.846
sundae	3.12±1.17	2.91±1.20	2.97±1.32	3.20±0.94	3.00±1.19	0.86	0.490
tteokbokki	3.36±1.03	3.64±1.27	3.06±0.97	3.27±0.96	3.29±1.00	1.00	0.410
namul	3.81±0.97	3.75±0.95	3.97±1.12	3.67±0.98	3.83±1.00	0.31	0.868
kimchi	3.74±1.25	3.61±1.35	3.86±1.09	4.13±1.06	3.79±1.18	0.70	0.597
ggankdoogi	3.52±1.29	3.70±1.06	3.71±1.07	3.53±0.92	3.58±1.14	0.26	0.903
haemul jeon	3.41±1.15	2.81±1.48	3.20±1.02	3.40±0.83	3.3±1.12	0.86	0.489
salted fish	3.17±1.10	2.73±1.42	2.89±1.11	3.07±0.96	2.99±1.10	0.39	0.818
fried dish	3.14±1.10	3.51±0.85	3.37±0.81	3.87±0.92	3.35±0.97	1.73	0.149
sikhae	2.95±1.32	4.00±0.94	3.23±1.26	3.60±0.83	3.23±1.22	1.97	0.104
yukhae	2.76±1.51	3.18±0.88	2.11±1.23	3.13±1.13	2.65±1.31	2.56	0.043
fruit	4.79±0.72	4.92±0.32	4.71±0.67	4.67±0.62	4.69±0.71	2.98	0.022
bread, cookies	3.62±1.15	4.44±0.70	3.91±1.10	4.33±0.90	3.91±1.10	1.88	0.120

1) Mean±SD   *Statistical methods: one-way ANOVA

5. 결론

위 결과를 볼 때 여성결혼이민자들은 이민 초기에 한국음식 적응에 어려움을 겪었고, 가족과 미디어의 도움을 받아 점차 적응해 나갔다. 한국의 여성결혼이민자수가 급속히 증가하는 것을 고려하면 이들이 겪는 한국식생활 적응 문제는 단순히 개인적인 차원에서 해결해야 할 문제는 아니다. 그럼에도 불구하고 정부차원의 지원과 노력은 미비한 실정이다. 조사에 도움을 준 '다문화가족지원센터'에서는 '한국어 교실'은 필수 프로그램으로 운영하고 있었지만, '한국요리 교실'은 '특강' 형태로 운영하고 있었다. 여성 결혼이민자들의 원활한 식생활은 온 가족의 건강과도 직결된다. 건강을 유지할 수 있는 적당한 음식섭취와 조리능력, 영양지식은 여성결혼이민자뿐 아니라 남편과 자녀들의 식생활에 큰 영향을 미친다. 따라서 여성결혼이민자들이 한국음식을 체험하고 조리해 볼 수 있는 기회가 충분히 제공되어야 하고, 가족들이 출신국 음식을 큰 거부감 없이 섭취할 수 있도록 출신국 음식을 응용한 한국음식 개발도 이루어져야 할 것이다. 또한 올바른 식품을 선택하고 가공식품의 표시를 제대로 읽을 수 있도록 기초적인 영양교육 및 지도가 필요하다. 이들을 위한 교육프로그램과 지도방법에 대한 연구가 지속되어야 할 것이다.

이 글은 2009년도 정부재원(교육과학기술부 인문사회연구역량강화사업비)으로 한국연구재단의 지원을 받아 수행된 연구(KRF-2009-371-B00045)로 2010년 6월 12일 숙명여자대학교에서 개최된 한국여성학회 제26차 춘계학술대회에서 발표되었으며 *Comparative Korean Studies* 19권 1호(2011년 4월 30일 발행)에 게재했던 논문을 수정·보완하여 수록한 것이다.

참고문헌

Chang, Moon Jeong, and Cho, Mi Sook. "Recognition and Preference to Korean Traditional Food of Foreign Visitors in Korea." *Korean Journal of Dietary Culture* (2000): 215-223.

Cho, Hoo Jong, and Yoon, Duk Ihn. "A Study on Vietnam Food Culture—Fermented Fish Sauce Culture and Daily Meal." *Korean Journal of Dietary Culture* (1997): 289-299.

Choi, Hong Sik. *Han'guk ŭi kimch'i munhwa wa siksaenghwal.* Hyoil Publishers Press, 2002.

Han, Jung Dong, Huh, Soo Min, and Kim, Min Ho. "American's Acceptance of Korean Foods Department of Home Management." *Journal of Resource Development* (1995): 93-99.

Hong, Young Sook. "A Study on Children's Educational Problem of Multicultural Family and It's Implications." Graduate School of Education, Gwangju National University, MS thesis, 2007.

Hong, Ji Min. "Ecological Variables Affecting Adjustment to School Life of Children form Multi-Cultural Families." Graduate School of Child Welfare Psychotherapy, Department of Child Welfare, Sookmyung Women's University, Doctoral thesis, 2008.

Jang, Bo Sook. "A Study on Dietary Life of Female Marriage Immigrants." Graduate School of Education, Kyung Hee University, MS thesis, 2009.

Jung, Young Hee. "Influence of Mother's Food Habit, Food Ideology, and Perception of Body Image in Preschool Children's Nutrient Intake." Department of Food and Nutrition, Graduate School, Keimyung University, MS thesis, 2005.

Joo, Gi Hey, and Sul, Woo Sung. "Influential Factor on Korea Foods Preferences of Foreigners Living in Korea." *Korean Academy of International Business Management*, 2007.

Kim, Chon Ho. "Comparative Study on Dietary Culture in Mongol and Central Asia." *Asian Comparative Folklore Society* (2002): 133-159.

Kim, Mi Hee. "Foreign Students Staying in Korea Who Prefer Korean Food." Graduate School of Traditional Culture and Arts, Sookmyung Women's University, MS thesis, 2008.

Kim, Ha Min. *Global Gender Politics of Cross—Border Marriage—With a Focus on Marriages Between Korean Men and Vietnamese Women.* Korea Society of Industrial Association Press, 2006.

Korean National Statistical Office. "The Census for International Marriage." 2008.

Korean National Statistical Office. "The Census for Marriage age." 2008.

Korean National Statistical Office. "The Census for Foreign Wives' Nationality." 2008.

Kwak, Doh Hwa. "Research to Ingestion of Food and an Attitude from Food and Drink of Multi-cultural Family." Graduate School of Woosong University, MS thesis, 2008.

Kweon, Seok Lim, and Yoon, Suk Ja. "Recognition and Preference to Korean Tradituonal Food of Chineses at Seoul Residence." *Korean Journal of Dietary Culture* (2006): 17-30.

Lee, In Jung, et al.. "Comparative Study of 'Food Han Ryu'." *The Academic Association of Business Administration* (2006): 383-402.

Lee, Young Joo. "A Study on the Influences of Protective Factors on Psychosocial Adjustments of International Couples Children." *The Korean Journal of Woman Psychology* (2007): 83-105.

Noh, Mi Hyang. "A Study on Child Rearing in Marriage Immigrant Families." Department of Social Welfare, Graduate School, Keimyung University, MS thesis, 2008.

Ministry for Health Welfare and Family Affair. "The Advice Plan for Multicultural Family." 2008.

Park, Young Min, and Choi, Suk Ki. "A Study on Units Constitution of Korean Textbook in the Multicultural Society." *Journal of Cheongram Korean Language Education*, 2006.

Park, Young Sun, and Chung, Young Sook. "Korean Traditional Food Perception and Cultural Aspect of Korean Mongolian Housewives." *Korean Journal of Dietary Culture* (2005): 35-43.

Ryu, Ji Eun. "Nutritional Status of Vietnamese Female Marriage Immigrants to Korea in Relation to Length of Residence in Korea." Graduate School of Food and Nutrition, Ewha Woman's University, MS thesis, 2008.

Seol, Dong Hun, and Yoon, Hong Sik. *Socioeconomic Adaptation and Welfare Policy for Immigrant Women on Marriage: Similarities and Differences among Countries of Origin.* The Korea Social Security Association Press, 2008.

Sim, Young Hee. *The Adaption Process and Transnational Identity of International Marriage Women.* Women's Institute of Hanyang University, 2008.

Yang, Hyang Ja. *World Food Culture Tour(Asia).* Clover Publishers Press, 2006.

Yoon, Hei Ry. "A Study on Recognition and Preference of Koesan Foods for Foreigner in Different Nationality." *Korean Journal of Dietary Culture* (2005): 367-373.

Yoon, Hyen Sung. *Conflict and Adaptation of International Marriage Spouse, South Korea's Minorities, Actual Conditions and the Outlook.* Hanwol Publishers Press, 2004.

Won, Yoong Hee. *Story of the World Food.* Backsan Publishers Press, 2003.

다문화사회와 참여적 미디어교육

: 미디어를 활용한 다문화교육을 중심으로

정의철[*]

1. 들어가는 말

국내 체류 외국인은 2012년 1월 기준 1,409,577명이며, 전년 대비 11% 증가했고, 전체 인구의 2.8%이며, 경기(30.1%), 서울(28.8%), 인천 (5.2%) 등 수도권에 64.2%가 거주하고 있다.[1] UNESCO와 OECD는 2007년 이미 한국을 다문화국가로 규정한 바 있다(정한업, 2009). 반면, 우리나라는 UN의 인종차별철폐위원회로부터 혼혈인과 외국인에 대한 인종차별적인 제도를 개정하고 "단일민족," "순수혈통" 등 인종차별적 용어의 사용을 자제할 것을 요청받았다(김은미·양옥경·이해영, 2009). 또한, 최근 어머니가 베트남 출신이라는 이유로 '리틀 싸이'에게 인종차 별적 댓글 공세가 가해지는 등 다문화감수성(multi-cultural sensitivity) 이 부족한 실정이다.[2] 이는 "단일민족", "순혈주의"의 신화 속에 "이중 적 인종주의"가 강하게 남아있는 현실과 다른 문화와의 공존 노력이 부

---

* 상지대학교 부교수

1) 이주노동자 588,944명(41.8%), 결혼이주민 144,214명(10.2%), 유학생 87,221명(6.2%) 의 순이며, 국적별로는 중국(조선족 포함) 781,616명(55.4%), 베트남 162,254명 (11.5%), 미국 68,648명(4.9%), 남부아시아 62,862명(4.5%), 필리핀 59,735명 (4.2%)이 다. 외국인주민 자녀는 12%정도인 168,583명이다(행정안전부, 2012. 7).

2) 조선일보. 2013. 5. 2. 엄마가 베트남인이라고… 악플 표적된 '리틀싸이'.

족했던 우리 사회의 문제점을 보여준다.[3] 이주노동자와 결혼이민자는 이주민의 다수를 차지하는데 복지, 인권, 건강, 정치 참여 등의 영역에서 불리한 위치에 있다. 이주민은 새로운 나라로 오면서 원래 가졌던 사회적 연결망의 상당부분을 상실하는 것은 물론 언어적·문화적 차이로 커뮤니케이션 및 사회관계 형성에서도 어려움을 겪는다. 의사소통 능력과 커뮤니케이션 수단에 대한 접근 및 사회적 지지가 부족해 일상생활에서의 불확실성도 큰 실정이다(Meyrowitz & Maguire, 1993; Silverstone & Georgiou, 2005). 한편, 한국 정부는 취약계층의 한 부분인 이주민의 다양한 욕구에 반응하기 보다는 동화와 사회화를 위한 다문화정책과 교육에 치중하고 있다(전숙자·박은아·최윤정, 2009). 다문화 복지예산이 2006년 12억에서 2011년 1162억으로 증가했음에도, 다문화 예산·정책사업의 80% 이상이 결혼이주민 가족에 집중되며, 이벤트성 행사의 중복 실시, 정책 계획과 평가의 미비, 부처 간 협조 부족으로 정책효율성이 낮다고 한다(류현숙·박선주·홍승희, 2012). 이 과정에서 이주민과 내국인 모두를 대상으로 한 다문화에 대한 인식 개선 및 상호 소통 강화를 위한 정책과 교육은 주목을 받지 못하고 있다.

다문화사회는 미디어, 교육, 사회화를 통한 공존을 목표로 한 관용의 단계, 비차별의 제도화 단계, 소수집단의 정체성과 문화적 권리를 공공 영역에서 적극 인정하는 다문화주의 단계로 발전한다(김남국, 2010). 다문화사회의 1단계는 인종적·문화적 소수자가 증가하면서 다수와 소수사이의 권력관계가 역전되지 않음을 전제로 관용하는 단계, 2단계는 다수의 동의를 전제로 차별금지를 제도화하는 단계, 3단계는 소수의 문화적

---

3) 우리나라는 미국이나 유럽 출신 등 백인에게는 우호적인 자세를, 흑인이나 동남아 출신에게는 차별적 태도를 보이는 등 이중적 인종주의의 영향을 받는다. 또한, 주류 미디어는 백인은 지적이고 문화수준이 높은 집단, 이주여성은 가족제도를 유지시켜 주는 보호의 대상, 이주노동자는 일자리를 빼앗는 불법이라는 인종과 문화에 대한 이중적 자세를 강화하는 경향이 있다(안정임·전경란·김양은, 2009).

표현을 공공영역에서 인정하면서 소수집단을 위한 정책을 만드는 단계인데 정치·경제 권리뿐 아니라 소수집단의 "정체성 인정"과 "문화적 생존" 및 올바른 미디어 재현을 통한 편견 타파가 중요시된다(김남국, 2010). 우리나라는 1단계에 있으면서 2단계의 문제도 부각되고 있는 상황에 놓여있다. 다문화사회에서는 다양한 집단에 대한 포용 및 공존 방식에 대한 합의 도출 능력과 소통 기술이 중요한데 이는 다양한 교육을 통해 배양된다(전경옥, 2010). 법/제도 개혁을 통한 차별/편견 철폐와 함께, 소수집단이 목소리를 내고, 이들의 사회권과 문화권을 인정하는 다문화감수성 및 "다문화커뮤니케이션 능력"(multi-cultural communication competence) 교육이 요구된다(윤인진·송영호·김상돈·송주영, 2010).

교육은 학교뿐 아니라 가족, 동료, 이웃, 교회 등 종교 단체, 미디어 같은 다양한 사회적 장들을 통해서 이루어진다. 이 점에서 미디어는 다문화사회 시민교육을 위한 "사회적 커리큘럼(societal curriculum)" 역할을 수행한다. 미디어를 통한 간접경험은 다른 문화를 배우고, 믿음을 계발하며, 태도를 내면화하고, 행동패턴을 형성하는 장을 제공하며 (Cortes, 2003), 여론과 정책에도 영향을 준다. 2012년 다문화가족 실태조사에 따르면 2009년에 비해 여성결혼이민자의 고용률이 36.9%에서 53%로 늘었고, 월평균 소득 200만원 미만 가구 비율이 59.7%에서 41.9%로 감소하는 등 경제적 측면은 개선되었지만, '외국인이라는 이유로 차별이나 무시를 당한 적이 있다'는 응답은 36.4%에서 41.3%로 상승했다고 한다. 이는 더불어 사는 다문화사회를 위한 교육의 중요성을 보여준다.[4] 미디어에 등장하는 문화에 관한 내용은 상호문화 이해를 돕고(배현주, 2009) 타문화에 대한 감수성과 공감능력(empathy)을 증진시키는 등 다문화교육의 효과적인 교수자료가 된다(원진숙 외, 2010). 또한, 다문화감수성과 공감능력은 뉴스, 드라마, 다큐멘터리, 광고에 대

---

4) 중앙일보. 2012. 8. 27. 다문화가족, 살림 폈지만 차별 여전.

한 비판적 읽기 및 해석, 즉 미디어리터러시(media literacy) 교육과 표현 능력 교육을 통해 극대화된다는 점에서 미디어의 역할은 크다. 이 연구는 다문화주의와 다문화사회의 발전, 다문화교육과 미디어의 역할에 대해 문헌조사를 통해 알아보고, 이주민 대상 미디어교육이 이루어지는 현장 및 다문화학생이 참여하는 학교 방송, 이주민 주체 미디어에 대한 조사를 통해 미디어를 활용한 참여적 다문화교육 방안을 탐색하였다.[5] 또한, 다문화의 역사가 오래된 미국의 다문화경험과 다문화교육의 사례를 살펴보면서, 우리나라 다문화교육에 주는 시사점을 탐색하였다.

2. 다문화주의와 다문화사회

이주노동자와 결혼이주여성의 이주가 늘면서 국내 외국인의 비중이 2020년에는 전체 인구의 5%에 달할 것으로 전망되면서(김미선, 2009) 다문화에 대한 관심이 커지고 있다. 다문화주의는 이주민을 경제적 가치 외에 인정하지 않던 "차별배제"모델에서 동화를 대가로 사회 일원으로 인정하는 "동화주의"모델로, 다시 동등한 공존과 참여가 강조되는 "다문화주의"모델로 발전해 왔다(김은미 외, 2009). 다문화주의는 "사회적 소수집단의 정체성과 문화적 이해를 공공영역에서 적극적으로 인정하려는 일련의 흐름"으로 정의된다(김남국, 2005). 다문화주의는 문화 본질주의(동화주의, 융합주의)에 기초한 안정성, 동질성, 순수성을 넘어 유

---

5) 다문화 미디어교육에 대한 인터뷰는 2010년 7–9월에 걸쳐 진행되었다. 이주민미디어교육을 주관한 부산과 광주 시청자미디어센터의 담당자(C씨 , J씨)와 다문화미디어교육을 실시한 부산의 강사(Y씨, N 씨), 이주민 대상 미디어교육과 일반인 대상 다문화교육을 전개하고 있는 〈이주민방송〉의 이주민 제작자(S씨, Y씨) 및 한국인 제작자(B씨), 일반인 대상 미디어교육을 수행중인 시민단체의 Y씨를 인터뷰하였다. 이차적 자료로 미국의 다문화교육에 대해 알아보기 위해 두 명의 한인 학부형 및 세 명의 미국 초·중등학교 교사와 인터뷰한 내용이 활용되었다.

동성, 다양성, 혼혈성을 인정하고 다양한 문화가 상황에 따라 변화하는 재즈(jazz)라는 동적이미지를 강조한다(하윤수, 2009). 다문화주의라는 용어는 1970년대 초 캐나다에서 처음 사용된 후 인종, 민족성(ethnicity), 장애인, 소수자 집단의 문제에 적용되어왔다.6) 이에 따르면 다문화사회는 공동체 구성원의 언어, 민족, 문화적 배경이 다양한 상태 자체이기보다는 공동체를 구성하는 모든 하위집단이 공평한 기회를 갖고 언어, 민족, 문화집단의 가치가 무시되거나 비하되지 않는 정치, 사회, 문화적 상태를 의미한다(윤재희·유향선, 2009).

자유주의적 다문화주의는 모자이크형 사회에서 구조, 특성, 범주라는 개념을 강조하고 차이를 "공간화"하며 법적 보호 장치를 만들며 문화적 상대성을 인정하고 학교 등 공공기관에서 차이를 표현하도록 장려한다. 또한, 집단을 범주화하고 경계선을 획정해 개인의 자율성을 경시하고 배제의 태도를 조장하며 집단 간 불평등 관계를 외면하는 등 갈등의 소지도 안고 있다(정한업, 2009). 지배적 다문화주의 또는 "얇은 다문화주의"(thin multiculturalism)는 소수자를 인종과 같은 배타적인 문화 범주 틀에 가두고 소수자와 다수자가 함께 관여되는 역동적 상황을 외면하며 (Georgiou, 2005), 음식, 춤, 의복 등 문화적 다양성을 즐기게 하고 (entertain) 촉진하기도 하지만 고정관념을 더욱 강화할 수 있다(Mahtani, 2002). 자유주의적 또는 영미식 다문화주의는 관용과 다양성 담론을 바탕으로 사회적 갈등을 줄이고자 하지만 결국 이주민의 주류사회로의 동화에 집중하는 경향이 있다(Jakubowicz, 2006). 즉, 집단의 인정과 공존에 초점을 맞추고 다문화 상황을 서술(description)하는 데 그치며 불평등한 현실에 대한 행동에 비중을 두지 않는다(정한업, 2009). 미국의 다

---

6) 캐나다의 다문화주의는 1971년 이래 정부정책의 가이드라인이자 캐나다 사회 구성에 대한 국가 담론의 토대이며 민족적·인종적 다양성 인정과 사회활동 참여에의 평등한 권리를 보장하는 원칙이다(Mahtani, 2002).

문화주의는 "아래로부터의 변화"를 도모하기 보다는 국가 정체성과 사회통합을 위한 담론으로 작동하며 다문화주의라는 이름으로 격리를 촉진하고 민족 집단의 건강한 통합을 오히려 저해한다고 한다(Karim, 2008). 캐나다의 경우도 자유주의적 다문화주의가 캐나다인으로 간주되는 사람과 그렇지 않은 사람 사이에 "거리의 공간"을 만들고 불평등을 숨기면서 고정관념을 강화하며 다문화정책이 모든 문화를 춤과 음식으로 축소한다는 비판을 받는다(Mahtani, 2002).

자유주의적 다문화주의가 소수집단의 문화를 용인한다는 점에서 의미가 있지만 주류사회-소수집단이라는 이분법적 틀을 유지하면서 집단 간 특성을 "자연"으로 고정화·보편화하며 불평등한 구조의 변혁을 외면한다는 한계가 있다. 이는 집단 내와 밖을 구분하고 집단 밖에 대해서는 배타적이고 집단 내 다양한 목소리에 대해서는 억압적인 태도를 보이는 것으로 나타난다(하윤수, 2010). 반면 비판적 다문화주의는 출신국의 특성을 간직하면서도 조화롭게 공존하며 집단 차이를 사회적 과정의 산물로 보고 억압, 지배, 주변화, 차별의 문제를 개인이 아닌 사회의 과정으로 보고 해결하려는 관점이다(Glasser, Awad & Kim, 2009).

비판적 다문화주의는 다수의 관용 단계를 넘어 다수-소수의 권력관계의 근본적인 변화를 추구하는데 이주민을 보호나 지원의 대상이 아니라 새로운 삶을 개척하는 주체로 간주한다(한도현, 2010). 또한, 정체성과 인정의 정치를 바탕으로 다양한 정체성의 공존과 평등한 문화적 권리를 지지하며(이동희, 2010) 동질성보다는 차이, 개인보다는 젠더, 인종, 민족성, 계급 등의 차이가 나타나는 맥락에 주목하며(Hurtado & Silva, 2008) 관용을 넘어 불평등의 개선을 강조한다. 즉, 문화 간, 민족 간 "차이"를 본질적이지 않고 관계와 맥락중심으로 파악한다(하윤수, 2009).[7] 또한, 교육에서도 이주민 등 다문화주체의 권리를 강조하고 아래로부터의(bottom-up) 참여를 통한 편견/불평등 해소에 초점을 둔다

(김은미 외, 2009). 자유주의적 다문화주의가 문화의 공존이나 전시, 경축에 비중을 두는 반면 비판적 다문화주의는 교육과정에서 불평등을 극복하는 방법을 가르쳐야 한다는 입장으로 구체화된다(하윤수, 2010).

3. 다문화교육과 미디어의 역할

다문화사회에서는 타인의 감정과 권리를 존중하고, 다른 문화의 입장으로 감정, 사고, 가치관을 이해하고 표현하는 능력의 교육이 중요하다(김선미·김영순, 2008). 미국의 다문화 학자인 뱅크스(Banks)는 다문화교육을 "다양한 사회계층, 인종, 민족, 성 배경을 지닌 모든 학생이 평등한 교육기회를 경험할 수 있도록 교육과정과 제도를 개선하고자 하는 교육개혁운동"으로 규정한다(정한업, 2009). 다문화교육은 평등한 교육기회뿐 아니라 교육과정이 전방위적으로 인종 간, 문화 간 이해와 존중, 공존을 돕는 방향으로 개혁되어야 함을 의미한다. 은지용(2007)은 민족, 인종, 계층에 따른 집단의 문화를 이해하는 능력과 문화 차이에 의해 발생하는 편견이나 갈등에 대처하는 능력을 함양하는 교육으로, 장인실(2006)은 인종뿐 아니라 다양한 집단에 속해 있는 사람들의 상호 이해와 평등관계를 바탕으로 편견을 줄이기 위해 지식, 태도, 가치를 가르치는 교육으로 정의한다. 조화로운 소통을 위한 다문화교육은 인종, 문화, 젠더, 능력, 성적취향이 다르지만 주변적 존재로 취급되거나 비정상적인 존재로 규정되지 않고 그들의 정체성과 차이를 수용하는 교육을 의

---

7) 비판적 다문화주의는 차이에 따른 특성에 섬세하게 반응해야 함을 강조하며(권순희·박상준·이경한·정윤경·천호성, 2010), 집단의 차이를 사회적 과정의 산물로 보며 사회적 위치의 차이가 교육의 질, 직업, 권위와 영향력, 법적 지위에서의 차이를 낳으며, 억압, 지배, 주변화, 차별의 문제를 개인이 아닌 사회적 과정으로 간주해 해결책을 찾으려는 관점이다(Glasser, et al., 2009).

미한다(원진숙 외, 2010).

다문화교육은 정착지원과 복지차원을 넘어 한 사회의 "모든 구성원"을 대상으로 한 교육이 돼야 한다(배현주, 2009). 뱅크스도 다문화교육은 소수자를 위한 교육이나 복지프로그램 이상을 의미한다고 주장했다(원진숙 외, 2010). "이주민"이나 "다문화가정" 꼬리표를 붙여 그들만을 분리해 특별 대상으로 삼는 식의 교육보다는 젠더, 인종, 계급에 따른 특성에 섬세하게 반응해야 한다(권순희 외, 2010). 미국에서도 다양성을 인구학적 특성으로 제한하는 것은 다문화교육의 범위를 좁히고 소수자 학생을 보상적 교육의 대상으로 만들고 차별의 내면적 패턴을 밝히지 못하게 한다(Schoorman & Bogotch, 2010)는 비판이 있다. 다문화교육을 음식, 노래, 춤으로 제한하는 것은 집단 간 갈등이나 주변화가 영속되는 방식을 해결하기보다는 "수동적시민성"을 촉진하며(Carr & Porfilio, 2009) "동화" 및 "사회화"에 치중해 이주민의 정체성과 욕구를 외면하는 문화적 폭력이 될 수 있다(배현주, 2009). 전문화된 프로그램을 개발하고 교육체계를 다문화에 맞게 변화시켜야 하며 "문화적으로 연관된" 교육(culturally relevant teaching)을 통해 이주민 문화를 교육내용에 결합하고 이주민이 적극적 행위자(agency)로 교육에 참여하고 이를 통해 문화적 권력관계가 역전되도록 유도해야 한다(윤재희·유향선, 2009).

〈표 1〉 다문화교육의 네 가지 영역(안정임 외, 2008)

1. 소수자 적응교육
   한국어, 한국문화교육
2. 소수자 정체성 교육
   자신이 속한 문화와 집단에 대해 긍정적 태도를 갖게 하는 것을 목적
3. 소수자 공동체 교육
   소수 집단 간(동일한 소수집단 내) 편견, 고정관념 및 갈등 해소
4. 다수자 대상의 소수자 이해교육
   차별 및 편견제거를 위해 다수자들의 인식을 바꾸는 교육

〈표 1〉중 우리 사회는 첫 번째 다문화교육 영역에 치중하고 있다. 즉, 동화주의에 따라 한국어와 한국문화 교육 등 정착지원에 집중하는 반면 소수자의 문화와 정체성을 보호하고 자긍심을 갖게 하는 교육, 소수자 공동체 내부 또는 공동체 간 고정관념을 타파하는 교육, 다수자를 대상으로 소수자에 대한 편견을 줄이기 위한 반편견교육(NBE: non-biased education)은 소홀히 된다(민경희, 2008). 이런 현실에서 이주민의 문화정체성을 존중하고 차별에 반대하는 반편견교육 차원의 다문화교육의 필요성이 크다고 하겠다. 뱅크스는 네 가지 다문화교육 접근법을 제시한다.

① 기여적(contribution) 접근: 영웅, 명절, 음식, 특별한 문화적 요소를 축하. 예를 들면, Chinese New Year에는 아시아의 명절에 대해 공부하며 지식을 획득.
② 부가적(additive) 접근: 교육과정의 기본구조에 변화를 주지 않으면서 민족적 내용, 주제, 관점을 교육과정에 첨가.
③ 전환적(transformation) 접근: 다양한 민족·문화적 관점에서 개념, 문제, 사건, 주제를 이해하도록 교육과정을 변화하고 다양한 관점에서 관찰에 근거한 비판적이고 타당한 일반화를 할 수 있도록 촉진.
④ 사회행동(social action) 접근: 중요한 사회 문제에 대해 해결책을 찾고 행동을 취할 수 있도록 가르침.

기여적/부가적 접근법은 음식, 춤, 노래, 의상, 명절 등 다양한 문화현상을 교육과정에 첨가하지만 교육과정의 구조적 개편이나 사회변화와의 연계에 대해서는 주목하지 않는 다문화교육법이다(원진숙 외, 2010; 장영실, 2009). 이 접근은 다양한 문화를 교과과정 외의 프로그램에서 소개하는 단계와 교육구조를 변화시키지 않고 교육과정에 다문화적인 개념, 내용, 강의를 첨가하는 단계로 구성된다. "관광 커리큘럼"(tourist curriculum) 또는 "명목접 접근"으로 볼 수 있는데(Schoorman & Bogotch, 2010) 오히려 주류문화의 가치를 고수하는 데 기여할 수 있다. 전환적/사회행동 접근법은 주류문화의 규정과 가치를 벗어나 각자의 문화를 존중하는 높은 수준의 개혁과 교육과정 및 사회 변화에 관여할 수 있는 능력을 길러주는 다문화교육법이다. 특히 사회행동 접근법은 비판적다문화주의의 실천원리로도 볼 수 있는데 타문화에 대한 관용이나 다양성 인정 또는 자축에 그치지 않고 현존하는 편견과 불평등에 대한 적극적인 개선 노력을 강조한다. 사회 변화의 근본이 되는 지식, 반성적 사고, 행동에 중점을 둔 비판적 교수법(critical pedagogy)을 통해 다양한 문화를 가르침으로써 사회정의와 민주주의를 실현함을 목표로 한다.

기여적/부가적 접근법은 문화의 독특함을 전시하는데 치중하면서 각 문화의 고정화된 이해를 촉진하는 "얕은 다문화주의" 또는 "차이 다문화주의"(difference multiculturalism)와 가까우며 이는 문화적 경계를 줄이기보다는 고정화하며 소수자를 인종과 같은 배타적 틀 속에 가두어 바라보게 한다는 문제점이 있다(Georgiou, 2005; Sreberny, 2005). 이러한 한계를 감안하면 다문화교육은 정착지원이나 표면적인 문화 현상의 소개를 중심으로 한 "관광 커리큘럼"에서 벗어나 평등한 관계와 사회변화를 추구하는 사회행동접근이 필요한 상황이다.

4. 미국의 다문화주의와 다문화교육

미국은 건국초기 이민에 대해 별 제한을 두지 않다가 이민자가 증가하자 19세기 후반부터 차별적인 이민 정책을 도입해 1950년대 말까지 시행한 바 있다. 1960년대 민권운동은 교과서의 유럽 중심 편향성과 사회·경제적 불평등 및 사회 갈등의 주제가 언급되지 않는 교육현실에 대한 개혁운동과 관계가 깊다(민경희, 2008). 1960년대 초 흑인 등 유색인종들은 공공기관에서의 차별에 저항했는데 학교가 특히 차별이 심했기 때문에 교육과정의 획기적 개혁을 요구했다(정한업, 2009). 즉, 비유럽 이주민의 증가로 갈등을 조화롭게 조정하기 위해서 평등한 교육기회와 함께 교육내용이 수정되어야 한다는 요구가 부상했고 이는 다문화교육의 배경이 되었다(전경옥, 2010). 미국의 다문화주의는 교육문제를 중심으로 한 민권투쟁에 뿌리를 두며 교육개혁과 연관되고 이주민에 대한 차별이 오래 지속되었다는 점에서 우리나라에 주는 시사점이 있다. 미국의 이민·다문화 역사를 요약하면 아래 표와 같다.

<표 2> 미국의 이민·다문화 역사

- 건국 초기에는 이민에 대한 제한이 없었음. 19세기 초 부터 영국계 이민자 중심의 "구이민자"와 남부 및 동부 유럽 출신의 "신이민자" 사이 갈등이 심화. 신이민자와 유대인을 차별하는 게토화 현상. 증가하는 유태인, 아시아, 중남미, 카리브해인 이민을 제한하고자 19세기 말경부터 인종 차별적 이민정책 실시.
- 1882년 "중국인 이민금지법"(Chinese Exclusion Act): 국적에 따른 이민을 금지한 최초이자 유일한 법.
- 1882년 "이민규제법": 저능아, 천치, 심약한 사람, 간질병자, 광인, 만성적 알코올 중독자, 거지, 방랑자, 결핵 등 전염성 있는 질병을 가진 자, 검사에 의해 정신적, 신체적 부적격으로 판정된 사람, 징병을 피해 미국을 떠난 사람, 중죄나 도덕적으로 비열한 범죄로 선고받은 사람, 일부다처제 실천자, 아나키스트, 성판매자, 계약노동자, 밀항자 등의 이민 규제.
- 1906년 "기본적 귀화법(Basic Naturalization Act): 영어 능력 시험에 통과한 사람에 시민권 수여.
- 1917년의 "이민법": 문자해독능력(literacy test)에 합격한 사람에 이민 허용. 1917년 아시아 이민금지지역 설정(Asia Barred Zone Act of 1917).
- 1913년 캘리포니아의 "외국인 토지법": 시민권 있는 사람에게만 토지 소유 허용(1870년 귀화법은 백인과 아프리카계 미국인 흑인에게만 시민권 허용). 시민권 없는 일본인 이민자의 토지소유 금지.
- 1920년대에 이민의 질적 제한뿐만 아니라 양적 제한을 목적으로 하는 정책을 마련하기 시작, 출신국가에 따라 이민 비율을 조정(쿼터제)하는 등 차별적 조항을 명시.

- 1952년의 "맥캐란-월터 법"(McCarran-Walter Act): 체제전복 경계, 동성애자 이민 금지 등 차별적 요소 유지.
- 1960년대 시민권운동: 인종차별이라는 문제의식이 가시화되면서 1965년에 이민자 쿼터제 폐지.
- 쿼터제 폐지로 미국 내 아시아인들과 중남미인들, 흑인 등의 이민이 크게 증가. 문화적 다양성 증가와 함께 이들 소수민족이 주류사회로 편입되지 못하면서 인종갈등과 불신이 고조됨.

1910-20년대에 "미국화운동"(Americanization Movement)은 "미국식 삶의 양식"을 따르고 모국어와 전통 관습 및 모국에 대한 충성심을 버리고 100% 미국인이 될 것을 요구했다(민경희, 2008). 1882년 "중국인 이민금지법"(Chinese Exclusion Act)부터 1952년의 "맥캐란-월터 법"(McCarran-Walter Act)에 이르기까지 차별적 이민 법규들이 있었지만 1965년 "이민과 국적에 관한 법"(Immigration and Nationality Act)을 통해 이민자의 국적제한이 폐지되고 라틴아메리카와 아시아로부터의 이민이 증가하기 시작했다(King, 2005). 이에 따라 학교에서 인종적·민족적 다양성이 높아졌으며 남성, 엘리트, 유럽중심 교과서 및 교육과정에 대한 변화가 요구됐고 자민족중심주의나 편파적인 개념들을 교과서에서 제거하는 교육개혁 작업이 필요하게 되었다(민경희, 2008).

미국의 다문화교육은 내용통합, 편견감소, 평등한 교육을 통해 소수민족 집단의 주변화를 해결하는 것을 목표로 했다(Schoorman & Bogotch, 2010). 1950년대까지 공공연했던 교육현장에서의 인종차별과 분리에 맞서 지배 집단의 가치와 경험을 토대로 교과서, 수업방식, 학교정책에 대한 문제를 제기했다(전경옥, 2010). 미국교육백과사전은 다문화교육을 "다양한 문화, 인종, 사회에 속한 집단들이 사회에 서로 다른 다양한 기여를 한다는 사실을 강조하고 이를 가르치는 교육과정을 채택, 실행하는 것"으로 규정한다. 미국대학교육협회가 제시한 "하나의 미국 모델은 없다"(No one model America) 원칙은 학교가 차이를 없애는 동화의 기관이 아니라 다원주의를 교육하는 기관이어야 함을 주장하며 동화가 불가피하거나 최선이 아니라고 주장한다(전경옥, 2010에서 재인용). 미국의 교육체계는 연방정부는 입법을 통해 법적 근거를 마련하고 기금을 제공하지만 대체적으로 주 정부의 책임 하에 교육이 실행되고 있다(장인실, 2006). 주정부가 교육에 관한 헌법적 권한을 갖고 공립학교의 교육과정과 교재제작을 통제한다. 주에 따라 다른 교육체계와 법령을 가지는데 다문화교육도 독자적으로 운영되고 다문화교육에 대한 인식정도와 적용도 주에 따라 다르며 다문화교육 과정과 교사 교육과정에 다문화교육을 적용하는 양상도 다르다(장인실, 2006).

이 연구는 이차적 연구방법으로 미국의 다문화교육에 대한 조사를 위해 미국 뉴저지주의 초·중등학교 교사와 한인 학부형과의 인터뷰를 실시했다.[8] 인터뷰에 의하면 초·중등학교에서 다문화교육은 정규커리큘럼의 부분으로 이루어지는 것이 아니라 일부 다문화교육 요소를 기존 교과과정에 첨가하는 방식으로 실시되고 있었다. 또한, 이미 미국은 하나인데 굳이 다르다는 것을 정규교과에서 가르칠 필요가 없다는 인식이 강했고 학교에서 음식, 의복, 춤, 기념일 등의 피상적인 다양성을 소개하는 것을 다문화교육으로 간주하고 있었다. 한인 학부모들이 거주하는 뉴저지 버겐카운티의 경우 한인의 비중이 높고 경제적 수준도 높지만 다문화교육은 한국 음악, 태권도, 의복을 보여주는 수준에 머물러 있었다. 또한, 한인 학부형들은 인종차별에 대한 경계심이 컸고 이에 따라 한인학부모 모임과 "한국어린이의 날" 등 다문화 행사에 아동과 함께

---

8) 인터뷰 참여자는 뉴저지 하이랜드 파크(Highland Park)에 있는 바틀 초등학교의 4학년 담당 F교사와 에디슨(Edison)의 토마스제퍼슨 중학교에서 7학년과 8학년을 가르치는 H교사 및 A교사였고 학부형은 여성으로 미국에 10년 이상 거주했고 대학원 이상의 학력을 가진 P씨(40세)와 K씨(55세)이다. 미국 교사 및 학부형 인터뷰는 연구주제의 특성상 이차적 자료로만 활용되었다.

학부모까지 적극 참여해 한국문화를 알림으로써 차별을 우회하려는 모습을 보였다. 그 행사들의 경비도 한인 학부모들이 지불해야 했다. 이러한 기여적/부가적 수준의 다문화교육 방식은 자녀들의 동화를 통해 "하나의 미국"에 편입됨으로써 차별을 받지 않으려는 의도와 맞물려 있는 것으로 보인다. 미국사회의 다문화교육이 표면적으로 드러나는 문화 현상 소개와 동화 중심으로 이루어짐을 알 수 있다.

인터뷰에 의하면 미국의 다문화교육은 다양한 문화적 배경에 따른 음식, 춤, 노래, 의상, 명절 등을 교육과정에 첨가해 소개하지만 교육과정의 구조적 개혁이나 사회변화의 시도가 중심이 되지는 못하고 있었다. 즉, 구조적인 인종주의와 불평등 및 차별의 문제보다는 겉으로 나타나는 다양성에 대한 소개나 경축에 치중하는 명목주의적 다문화교육이 지배적이었는데(Schoorman & Bogotch, 2010) 이는 얕은 다문화주의의 영향일 수 있다. 교사와의 인터뷰에서는 미국사회의 보수화 및 성취지향적인 엘리트 교육의 강화로 다문화교육에 대한 정부지원의 감소가 언급되었는데 이는 한국 상황에도 시사점을 준다. 전체적으로 미국 사회와 학교에 여전히 집단 및 문화 간 위계와 갈등이 존재함을 알 수 있었다. 또한, 이벤트나 축제 중심으로 다문화 요소를 교육과정 외에 추가로 첨가하는 다문화교육이 주가되는 것으로 파악되는데 뱅커스의 이론을 따르면 기여적/부가적 접근법에 머물고 있다고 해석할 수 있다.

미국은 다양한 이민 집단이 순차적으로 들어왔고 배타적 공간에 정착했다는 점에서(정한업, 2009) 우리나라는 차이가 있다. 하지만, 인종주의와 반이민정서가 강했고 1960년대 시민권운동을 통해 유색인종, 이민자, 여성, 장애인에 대한 차별철폐와 동등한 교육기회에 대한 관심이 고조되었다는 점에서 시사점도 발견할 수 있다. 또한, 미국과 한국은 다문화교육에서 동화를 통한 사회통합에 비중을 두면서, 기여적/부가적 수준의 접근이 주를 이루고 있다는 공통점이 있다. 양국의 사례를 볼 때 교육은 사회 환경의 한 부분이기 때문에 '성취' 중심의 엘리트 교육 체제하에서는 다문화교육이 위축될 수 있음을 알 수 있다.[9] 이런 상황에서 미디어를 활용한 참여적인 다문화교육의 의미는 크다. 미국에서는 20세기 중반까지 차별적 이민 정책을 유지했고 용광로주의에 입각한 동화노력에 치중하다가 문화의 차이를 존중하는 "샐러드볼"로 대변되는 문화다원주의가 등장했다. 이후 주류문화 편향의 교육에 대한 개혁운동이 전개되고, 다양함의 이해뿐 아니라 교육커리큘럼에서도 적극적으로 불평등을 극복해야 한다는 비판적 관점이 대두되었다(하윤수, 2010). 즉, 집단 간 분리와 갈등이 존재함에도 기여적/부가적 다문화교육에 머물고 있는 현실에 대한 성찰이 있었다(전경옥, 2010). 이 연구에 의하면 한인 학부모들은 다문화교육보다는 자녀들이 미국사회에서 엘리트로 살아가는데 관심이 크고 인종차별을 의식해 차별받지 않기 위해 한국문화 행사 등 다문화행사를 조직하는 모습을 보였다. 주로 한국 명절이나 국경일에 맞춰 한국 문화행사를 조직하고 있었는데 이는 표면적인 문화 소개에 치중하는 제한적인 다문화교육의 사례이다. 단순히 문화 차이를 인정하고 관용하며 조화롭게 지내자는 식의 다문화교육은 오히려 뿌리 깊은 집단 간 불평등 및 편견 해소, 소수자의 목소리 제기와 문화 간 소통을 어렵게 할 수 있다.

5. 미디어를 활용한 참여적 다문화교육과 반편견교육

우리나라의 다문화교육은 소수자 대상의 한국화 교육(한국어와 한국문화교육), 한국문화를 전달하는 한국전달교육, 국제경쟁력 향상을 위한

---

9) 레이건 대통령은 1983년 "위기에 처한 국가"(A Nation at Risk) 보고서를 통해 국가 경쟁력을 위해 엘리트교육을 주장했고 인종차별을 하는 사립학교에 세금 면제 혜택을 주지 않는 관행을 깨려고 시도했으며 언어교육 예산을 삭감했다(전경옥, 2010).

이중언어교육, 귀국자 자녀교육이 중심이었다. 국내 초·중·고등학생에게는 국제이해교육에 초점을 두고 있다(정한업, 2009). 즉, 이주민의 "한국화"에 치중하지만 내국인의 다문화감수성 증진을 위한 교육과 이주민의 사회문화적 권리와 정체성보호를 위한 교육은 거의 없었다(전숙자 외, 2009).[10] 반면 캐나다는 1971년 "다문화주의법"(Multiculturalism Act)을 통해 다문화주의를 정치, 경제, 사회, 문화 전반의 기본 원칙으로 천명했고 상호존중, 다양성, 평등을 바탕으로 소수자(원주민 교육), 이민자(언어 및 생활적응 교육), 모든 학생(반인종주의, 캐나다 다양성증진 콘테스트)을 대상으로 다문화교육을 실시해왔다(원진숙 외, 2010). 이는 우리나라 다문화교육의 방향을 보여준다. 즉, 다문화교육은 다양한 문화의 특성을 이해하고 존중하도록 전체 시민의 공감 능력 함양을 목표로 해야 한다. 반편견교육을 통해 차별이나 특별대우를 하지 않도록 하는 교육(원진숙 외, 2010)과 "모두"를 대상으로 소수자의 자긍심 존중 및 배려하는 마인드와 관용의 태도 교육이 중요하다(김선미·김영순, 2008).

진정한 다문화주의는 인종, 민족, 젠더, 성적취향 등의 다원성이 교육과정을 통해 반영되고 "구경거리"가 아니라 "삶의 모습"으로 받아들여지도록 해야 한다(원진숙 외, 2010). 다문화교육은 이주민과 그들의 문화를 희화화하거나 "구경거리화"하지 않고 우리 삶의 한 부분으로 받아들일 수 있는 감수성을 배양해야 한다. 다문화교육은 자연스럽게 이루어지지 않고 미디어를 포함한 도구를 활용해 체계적으로 진행해야 한다. 미디어를 활용한 다문화교육의 목적은 미디어콘텐츠의 생산과 소비를 통해 다른 문화와 소통하는 능력의 배양에 있다. 미디어는 위로부터의 지배의 수단이면서도 아래로부터의 참여와 자기표현, 소통 및 연대

---

10) 우리나라 다문화교육 주관부서의 역할은 중복되며 전문성이 약하고 참여 대상이 제한적이며 단조로운 내용을 다루고 효율적으로 운영되지 못하고 있으며, 국제이해 교육도 추상적이다(전숙자 외, 2009).

의 도구이기도 하다. 또한, 일상에서 쉽게 접할 수 있고 화면, 자막, 음성을 통해 동시에 메시지를 전하기 때문에 효과적인 교육도구가 되며 특히 영상 미디어는 시각과 청각을 통해, 또한 자막이나 해설을 결합해 공감각적으로 내용을 전하기 때문에 강한 설득력을 가지며 교육적 잠재력이 크다(배현주, 2009). 이는 다문화사회 소통과 반편견 교육을 위해 적극적으로 미디어를 활용해야 하는 이유이다.

(1) 다문화 리터러시와 다문화 스토리텔러 교육

다문화교육은 동화주의 관점으로부터 자율적, 개방적, 상호존중의 방법으로 전환해야 한다(권순희 외, 2010). 즉, 가르침과 배움의 상호작용을 바탕으로 공감능력 배양 및 사회변화를 함께 추구하는 "참여적 다문화교육"이 요구된다. 다양성 자체의 기념 또는 문화적 차이를 교육과정에 첨가하는 다문화교육이 아니라(Carr & Porfilio, 2009) 생생한 문화 간, 인종 간 문제를 파악하고 해결책을 모색하는 다문화교육이 필요하다. 사회변화 지향적인 참여적 다문화교육을 위해서는 미디어가 유용한 도구로 기능하는데 미디어의 다문화 프로그램은 인권과 사회정의 차원에서 고정관념, 편견, 차별의 구조를 드러내고 합리적 해결방안을 제시하는 반편견교육의 도구가 된다(강진구, 2009; 권순희 외, 2010).

미디어, 특히 텔레비전은 맥락에 관한 정보보다는 드라마틱한 현상에 치중하고 탐사보다는 "논쟁" 형식을 선호하기 때문에 이주민 이슈에 대해 단순하고 부정확한 정보를 제공할 가능성도 크다(Boyle & Schmierbach, 2009). 이런 차원에서 먼저 비판적 미디어 읽기와 해석, 즉 미디어리터러시 교육이 필요하다. 고정관념은 부정적 태도와 감정의 바탕이 되는 편견과 차별행위를 낳으며 이는 배제와 차별의 이데올로기를 강화하기 때문에(윤인진 외 2010) 고정관념과 편견을 감소시키기 위한 반편견교육이 필요하다. 반편견교육은 인종, 민족, 성에 따른 차별을 제거해 사회 정의와 평등 실현을 목표로 하며(강진구, 2009) 다양성을 수용하고 긍정적 자아개념을 발전시켜 반편견적 태도와 비판적 사고 및 행동을 가르치는 교육이다(권순희 외, 2010). 즉, 다양한 집단의 시각으로 문화 현상을 바라보고, 소수집단의 박탈감에 대한 반성을 토대로 고정관념과 편견을 줄이려는 노력에 초점을 둔다(김선미·김영순, 2008). 주류문화 중심 인식에서 탈피하고 반편견적 시각으로 다문화를 사고하는 방법을 가르치는 것이 필요한데 미디어를 활용한 비판적 읽기 교육이 그 출발점이 될 수 있다.

다문화사회 문제에 대한 진단을 뛰어넘어 뉴스, 드라마, 다큐멘터리 등 미디어 프로그램을 통한 간접체험을 통해 다문화를 이해하고 문제점을 숙고하며 해결책을 제시하는 노력이 필요하다. 이 과정에서 가르치는 사람과 배우는 학습자와의 파트너십이 형성되며 참여적 교육 방식을 통해 학습자가 해결책을 탐구하도록 돕는 것이 효과적일 것이다(구정화 외, 2009). 아래는 반편견모니터링 체크리스트의 예인데, 이를 통해 미디어 내용에 대한 비판적 이해와 해석 능력을 교육할 수 있다.

〈표 3〉 반편견모니터링 사례(뉴스 프로그램)

체크 항목	주요 내용	특이사항
뉴스 제목		
언론사 이름		
뉴스 키워드		
뉴스 주제		
뉴스의 대상		
대상인물의 특성		
뉴스의 주요 정보원		
희망적, 부정적, 중립적		
의견/해결책 제시		

　반편견모니터링 교육을 위해 프로그램을 선택할 때는 먼저 어떤 다문화 관련 이슈들이 우리사회에 존재하는 관찰해야 한다. 우리 사회는 "고용허가제," "미등록이주"를 중심으로 한 법과 제도의 문제, 국제결혼중개업의 문제나 결혼이주여성에 대한 가정 폭력, 이주민을 차별적으로 대하는 사회적 인식의 문제, 이주민 자녀의 교육 문제, 열악한 노동과 의료 등 인권 문제가 함께 존재한다. 이러한 문제와 관련되는 미디어 콘텐츠를 선택해 교육 자료로 활용한다. 즉, 이러한 콘텐츠를 활용해 문제에 대해 인식하게 하고, 의견을 제시하고, 토론하게 하며, 해결책을 모색하도록 유도할 수 있다. 반편견교육은 미디어콘텐츠를 해석, 비판할 수 있는 능력과 제작, 생산하는 능력의 배양을 통해 이루어진다. 미디어를 활용한 다문화교육의 핵심은 미디어 콘텐츠를 활용해 한 사회 안에 공존하는 다양한 문화에 대해 이해하고, 반응하고, 소통하는 능력을 가르치는 것이다. 반편견교육의 첫 단계에서는 미디어콘텐츠를 활용해 타문화에 대해 알리고 존중하는 태도를 가르치며 단순화되고 정형화된 묘사 등 고정관념에 바탕을 둔 콘텐츠를 역이용해 비판 능력을 키워야 한다. 이는 미디어를 통해 다양한 생활방식을 이해하고, 불평등의 원인을 분석하며 문화의 상호관련성을 이해하고 차별에 대해 비판하는 다문화 리터러시 교육과 관련된다(김선미·김영순, 2008). 다음 단계는 미디어콘텐츠 제작을 통해 다문화이슈를 탐구하고 표현하며 적극적 참여자가 되도록 교육하는 것이다. 아래는 다문화 리터러시와 다문화 스토리텔러 교육의 2단계로 이루어진 참여적 다문화교육 과정이다.

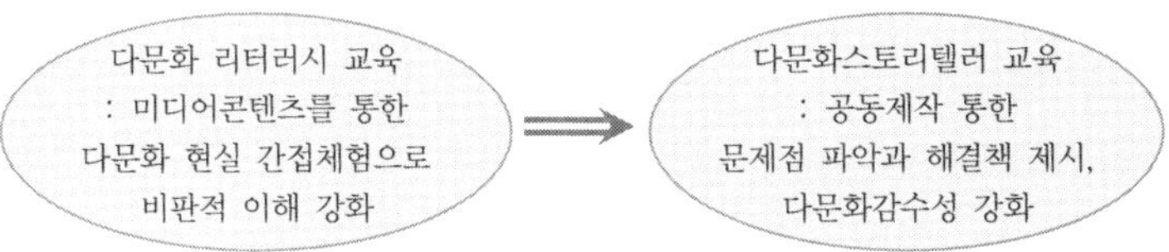

〈그림 1〉 미디어를 활용한 참여적 다문화교육

콘텐츠의 표면에 드러나는 시각 및 언어기호를 해석 및 비판하고 스토리텔링 도구인 문화코드를 도출해 의미를 파악하고 해석하며 비평하는 과정(김선미·김영순, 2008)이 다문화 리터러시 교육이다. 다문화스토리텔러 교육은 지식을 바탕으로 한 표현을 통해 세상을 변화시킬 수 있다는 믿음에 근거해 미디어와의 상호작용에 능동적으로 참여하고 콘텐츠를 제작해 표현하는 능력을 배양하는 교육법이다. 미디어를 활용한 다문화교육은 다수자를 대상으로 문화적 배타성을 완화하고 타문화를 존중하며 편견을 극복하도록 유도하는 반편견교육 차원에서 이루어져야하며 행동 변화로 연결돼야 한다. 이는 뱅커스가 제시한 다문화교육의 사회행동 접근법과 연결되는데 소수자와 다수자 모두를 위해, 또한 미디어콘텐츠에 대한 비판적 해석과 대안적 목소리 표출을 통해 사회변화에 기여할 수 있다. 먼저, 학습자의 참여에 바탕을 둔 "읽기와 토론", "분석과 의견제시"는 참여적 다문화 리터러시 교육의 기본이다. 이어 다문화스토리텔러 교육을 통해 학습자를 수동적 수신자가 아니라 콘텐츠의 구성에 적극 참여하는 스토리텔러로 양성해야 한다. 이러한 다문화 미디어리터러시 교육과 스토리텔러 교육은 상호보완적으로, 또한 통합적으로 이루어져야 한다.

미디어에 나타나는 다문화 주제 및 그 주제가 표현되는 방식은 다양하다. 루저 발언으로 물의를 빚은 〈미녀들의 수다〉와 같은 오락프로그램은 가벼운 신변잡기나 개인적 이야기들을 주요 소재로 한다. 이주민이 등장하는 드라마나 영화의 경우 이주민이 고정관념에 따른 역할을 부여받는다. 정보제공 및 의제설정에서 큰 역할을 하는 뉴스에서는 이주민 관련 미담이나 감동적 스토리 또는 범죄나 사고 등 부정적 이야기가 주로 다루어진다. 즉, 고생하며 성취하려고 노력하는 이주민, 또는 일탈적이고, 부정적인 이주민의 양 극단이 뉴스에서 중점적으로 선택되고, 재현되는데, 이는 미디어가 시청자의 이목을 집중시켜야 하는 시청률 경쟁에 몰입하기 때문이기도 하다. 신문이나 방송의 다문화콘텐츠는 주제의 선택과 묘사에서 사회적 맥락과 함께 편견 또는 고정관념이 반영된다는 점에서 다문화교육의 효과적인 교수자료로 활용될 수 있다.

〈러브 인 아시아〉나 〈미녀들의 수다〉는 공중파 방송의 특성상 수용자에게 보다 쉽게 도달할 수 있다. 〈러브 인 아시아〉는 이주민에 대한 이해를 확대한다는 긍정적 의미와 함께 이주민의 적응과정의 어려움이나 감동적인 스토리 등 등 개인의 어려움 극복에 초점을 두고 동정적·시혜적으로 묘사해 오히려 이주민에 대한 고정관념을 강화한다는 비판도 있다. 〈미녀들의 수다〉는 외국인 출연진의 목소리를 통해 문화적 차이와 갈등 문제를 논의하는 장을 제공하는 교육적 역할을 수행하지만 백인이나 일본 등 선진국 출신 외국인들이 오히려 한국문화를 희화화하고 한국문화의 특수성을 비하해 "문화사대주의" 또는 "역인종주의"의 부정적 결과를 낳기도 한다. 흥미요소가 강한 〈미녀들의 수다〉나 〈러브 인 아시아〉의 콘텐츠를 통해 다문화 재현을 비판하고 역효과도 함께 성찰할 수 있다는 점에서 오락/교양 프로그램을 활용한 다문화 리터러시 교육의 효과가 있다. 대학생의 다수도 다문화에 대한 정보를 방송을 통해 얻고 있다는 사실에서(강진구, 2009) 방송프로그램을 활용한 다문화 리터러시 교육의 의미는 크다. 방송프로그램을 중심으로 가정이나 학교에서 다문화교육을 할 수 있는 방안을 제시해 보면 다음과 같다.

① 다문화방송프로그램 탐색하기

방송사별로 어떤 다문화 프로그램이 방송되고 있는지 찾아보는 시간을 주고 이를 통해 학습자들은 언제, 어떤 방송사에서 다문화프로그램이 방송되는지 배울 수 있다. 또한 인터넷홈페이지를 통해 방송프로그램이 어떤 의도로 제작되는지 찾아보고 원래 기획 의도를 생각해 보고 이해하는 것이 참여적 미디어 교육의 첫 단계가 된다.

② 시청후기 쓰기

뉴스와 달리 오락/교양 프로그램은 시청자의 감정이나 감성에 호소하는 경우가 많다. 따라서 1주일의 시간을 주고 〈러브 인 아시아〉를 보게한 뒤 시청 소감을 쓰도록 하자. 소감문에는 함께 본 사람과 시청 시간 및 장소, 프로그램의 지향, 프로그램이 무엇을 이야기하는지, 프로그램에 등장한 다문화가정의 특징이나 문화적 배경, 프로그램을 보고 느낀점, 프로그램이 시청자에게 미치는 영향 등을 기록하게 한다. 학습자들은 시청소감문을 서로 이야기하면서 다문화가정의 현실에 대한 이해를 도모할 수 있다. 소감문과 함께 등장인물의 출신국가에 대해 조사하도록 하는 것도 필요하다. 그 국가의 종교, 문화, 인구, 산업 등을 파악하고 자신들이 찾은 정보를 친구나 동료들과 공유할 수 있는 기회를 주는 것도 유용하다. 이 과정에서 교수자가 의견을 첨가하고 함께 토론하는 것도 유익할 것이다.

③ 시청자게시판 활용하기

방송프로그램들은 시청자게시판을 운영하며 시청자들은 시청소감이나 의견을 올리는데 시청자게시판을 적극적으로 다문화교육에 활용할 수 있다. 학습자에게 시청자게시판에 올라 온 내용을 정리해 발표하도록 하고 본인의 의견도 제시하게 한다. 또한 시청자게시판에 올라 온 방송시청소감을 본인의 감상문과 비교하도록 한다.

교수자와 학습자가 함께 〈러브인 아시아〉등 다문화 프로그램을 시청한 후 학습자들이 팀을 이뤄 토론하며 그들의 느낌과 반응을 평가지를 이용해 공유한다. 학습자가 언급하지 않은 맥락을 교수자가 설명하고 토론을 다시 촉진한다. 교수자는 프로그램을 시청한 후 학습자의 반응을 집단적 토론을 통해 관찰하며 방송프로그램의 긍정적인 면과 부정적인 면을 파악해 그에 따라 비평과 조언을 제공한다.

<표 4> 다문화 방송프로그램 평가지

프로그램의 이름과 방송일시는?	〈러브 인 아시아〉, 매주 화요일 저녁 7시 15분
프로그램에 등장한 인물은?	주로 동남아시아 출신에 초점(주로 여성이 등장, 직업은 주부가 많고 힘없게 묘사)
프로그램의 주요 시청대상은?	일반시청자와 일부 이주민 대상
프로그램을 통해 다문화에 대해 배운 점은?	이주민의 어려운 삶과 희망을 발견함
프로그램 내용 중 동의할 수 없는 부분은?	이주민을 단순화/개인화 함, 시혜적/동정적 태도로만 재현(불쌍하고 도움이 필요한 대상으로만 묘사)
프로그램의 개선 방향은?	흡수/동화, 동정적/시혜적이 아닌 동등한 삶의 주체로 이주민을 바라보는 프로그램의 필요성

참여적 다문화 미디어 교육은 다문화콘텐츠를 제작하고 표현할 수 있는 능력의 배양으로 연결되어야 한다. 이는 수동적 이야기 향유에서 능동적 이야기 창조로 교육 초점이 변화함을 의미하며 적극적 "다문화 스토리텔러"(multicultural storyteller) 양성으로 이어진다. 이는 기존의 "읽기와 토론", "분석/의견제시"는 물론 직접 생산에 참여하는 다문화 커뮤니케이터 양성을 의미한다. "다문화 스토리텔러" 교육의 사례로는 "다문화 기자 만들기"(뉴스소재 발굴 및 취재와 기사쓰기), "다문화 미니다큐 만들기"(소재 발굴과 직접 촬영 및 편집하기), "다문화 공익광고 만들기"(다문화소재 공익광고 만들기) 등이 있다. 다문화 스토리텔러 교육을 통해 학습자는 프로그램 제작과정의 적극적 참여자가 됨으로써 학습자가 주체가 되어 다문화이슈를 체험하고 표현할 수 있게 된다(윤영태 외, 2007). 이 학습을 통해 다문화에 관한 중요 주제를 발굴하고 이야기로 구성하는 능동적 다문화커뮤니케이션 능력을 키울 수 있다. "다문화 기

자 만들기"는 장기적으로는 "시민저널리스트"로 방송이나 신문, 인터넷 매체 등에 다문화 관련 기사를 발굴해 송고할 수 있는 능력까지 키워줌을 목표로 한다. 아래는 제작단계와 기대효과이다.

〈표 5〉 다문화 스토리텔러 제작단계와 기대효과

다문화 뉴스 제작 단계	내용과 기대효과
· 1단계: 주류미디어에서 잘 다루지 않는 주제 선정	이주노동자 및 결혼이주 여성 문제가 무엇이 있는지 숙고하고 토론함
· 2단계: 가상인터뷰와 취재	인터뷰를 가상하면서 누가 중요한 정보원인지 생각하기, 취재를 위한 자료조사를 통한 학습
· 3단계: 가능한 해결책 제시	뉴스의 마지막에 해결책을 제시하는 것을 통해 능동적 참여자로의 능력 배양
· 4단계: 토론 시간 제공	문제지적과 원인분석에서 나아가 해결책을 함께 찾는 능력 및 다양한 목소리와 의견을 수렴하는 능력 배양

미디어 생산하기가 가지는 교육적 효과에 대해서는 이주아동과 일반 아동 모두를 대상으로 미디어 교육을 실시하고 있는 강사와의 인터뷰에서 잘 드러난다.

이 미디어교육은 미디어 제작을 통해 능동적인 사회 구성원이 되게 함을 목적으로 한다. 아이들이 참여하고 주체적인 사회구성원이 되도록 교육한다(N씨, 다문화미디어교육 강사).

"다문화 미니다큐 만들기" 교육은 읽고(read), 쓰고(write), 듣고(listen), 말하는(speak) 것을 중심으로 교육의 수동적 대상으로 간주되던 학생들이 직접 촬영하는 등 제작에 관여하게 한다. 3~4명이 한 팀을 이뤄 학습을 바탕으로 직접 이주노동자나 결혼이주여성의 삶을 비디오로 담고 이 과정에서 다문화 주제에 대해 토론하고 성찰하게 되는 과정을 갖는다. 주류미디어에서 잘 반영되지 않는 이주민들의 목소리가 표현될 수 있는 장을 제공하면서 현장에 밀착해 다문화 콘텐츠를 구성하는 방법이다. "다문화 공익광고 만들기"는 다문화와 관련된 사회 문제에 대해 2~3명씩 팀을 이뤄 함께 토론해 주제를 정하고 30초에서 1분 분량으로 문제점과 대안을 담은 공익광고를 제작해 보는 것이다. 먼저 최근의 다문화와 관련한 공익광고를 보여준 뒤에 토론하도록 하고 스스로 가능한 주제를 탐색하고 촬영방향을 논의하도록 유도해야 한다.

다문화 스토리텔러 교육에서는 학습자의 팀 활동이 우선시된다는 점에서 참여적 속성을 가진다. 교수자의 개입을 최소화하고, 중요 주제를 브레인스토밍하고, 해결책을 찾는 과정, 취재 및 촬영일정을 설정하고, 보완하는 과정을 학습자가 스스로 계획할 수 있도록 여건을 만들어주어야 한다. 한편, 다문화 리터러시와 다문화스토리텔러 교육에서는 다문화사회의 배경과 문제에 대해 교수자가 설명해 주는 것이 필요하며 취재, 촬영 및 편집방법에 대한 보다 전문적인 교육은 지역 시청자미디어센터나 이주민 미디어와 연계하는 것도 좋은 방법이 될 것이다.

(2) 미디어를 활용한 다문화교육의 사례

미디어를 활용한 다문화교육 사례조사를 위해 부산과 광주, 대구 지역의 지역 시청자미디어 센터, 학교, 이주민 미디어를 방문해 관찰과 인터뷰를 실시했다.[11] 관찰과 인터뷰를 통해 지역 시청자미디어센터가 실시하는 소외계층 대상 미디어 교육(어린이, 장애인, 여성, 이주민 등이 대상)의 일부가 이주민을 대상으로도 실시되고 있음을 알 수 있었다. 부산시청자미디어센터는 아시아공동체 대안학교의 다문화가정 자녀와 이주아동 및 한국인 가정 아이들을 대상으로 한 미디어교육을 지원했다.

---

11) 광주 및 대구 지역 미디어교육 현황 조사는 이 연구를 도와준 이창호 박사가 진행하였다.

앞서 언급한 부산의 다문화 미디어교육 강사인 N씨는 3시간씩 8주차 동안 8명의 아동을 교육했으며 카메라로 자신의 이야기를 하도록, 즉 영상을 통해 자신를 표현하고, 드러내고, 스토리를 만들어 보도록 가르쳤다고 한다. 먼저 아동들이 카메라를 들고 동네를 돌며 자신들이 원하는 것을 촬영하고 설명하도록 했다고 한다. 인터뷰에 의하면 한국 및 다문화가정 아동들이 처음엔 따로 놀다가 미디어제작을 통해 함께 어울렸으며 다문화가정아동과 한국 아동의 행동에 큰 차이가 없음을 발견했다고 한다.

부산시청자미디어센터는 이주민을 대상으로 한 미디어교육도 지원했다. 부산에서 이주노동자를 대상으로 미디어교육을 실시하는 Y강사와의 인터뷰에 따르면 이주노동자들은 장비 다루는 법, 연기하는 법 등 미디어에 대한 전반적 이해가 부족했고 주류방송의 드라마나 영화를 모방하거나 답습하는 경향도 있었다. 하지만 미디어교육을 통해 자신의 목소리를 자신의 시선과 관점으로 표현하는 법을 익히게 되는 것을 관찰했다고 한다.

광주시청자미디어센터는 2010년 5월 말부터 두 달간 이주여성을 대상으로 미디어교육을 실시했다. 8회에 걸쳐 매주 토요일 3시간 교육이 진행됐다. 교육 제목은 "이주여성 및 이주민을 위한 미디어교육"이었고 중국, 일본, 인도, 필리핀 출신의 여성이 교육에 참석했고 16명의 이주여성이 교육과정을 수료했다. 인터뷰에 의하면 이들은 캠코더 촬영 및 편집 등 간단한 제작기술을 배운 뒤 자신의 출신국가 요리를 만드는 과정을 찍어 서로 공유하는 등 미디어교육을 통해 자신감과 성취감을 공유했다. 다문화대안학교인 새날학교에서는 다문화가정자녀를 대상으로 한 교육을 실시했는데 3월부터 7월까지 한 학기 9명의 다문화가정 아동을 대상으로 했다. 미디어교육 전문 강사 한 명과 보조강사 한 명이 교육을 진행했고 주로 아동의 정체성을 영상으로 표현하는데 중점을 둬

<그림 2> 이주여성 등 이주민이 촬영 등 기술을 배우는 장면

디지털 카메라로 스스로 원하는 이야기를 구성하게 가르쳤다. 그 결과 반 친구들과 선생님을 찍는 아이들도 있고 일상생활 이야기를 소설처럼 만들어 표현하는 아이들도 있었다. 아이들이 사진을 찍으면 사진을 찍은 의도와 구성에 대해 이야기하는 시간을 갖게 했다.

광주시청자미디어센터의 담당자는 다음과 같이 이주민을 대상으로 한 미디어교육의 과정과 목적을 이야기했다.

이주여성들이 자기네 나라의 음식문화를 촬영하면 호응도 높고 너무너무 재미있어할 것 같아 요리를 소재로 교육을 실시했다. 이들이 한국에 와서 살면서 느낀 점을 영상으로 만들어 소통하도록 하는 게 이 사업의 궁극적 목적이다(J씨, 광주시청자미디어센터 미디어교육 담당자).

이 담당자는 미디어교육 교재가 없고 교육 계획에서 장기적 안목이 부족하다는 점을 지적했다. 이주민을 대상으로 한 미디어교육이 좀 더 체계화될 필요성이 있다는 주장은 부산시청자미디어센터의 담당자도 제기하였다.

> 시청자미디어센터가 부산여성회 등의 이주여성이나 이주노동자를 대상
> 으로 한 미디어교육을 지원하고 있지만 정규 프로그램이 아니라 어려움
> 이 있다(C씨, 부산시청자미디어센터 미디어교육 담당자).

부산의 Y강사는 자원봉사로 이주노동자 미디어교육을 실시하고 있
다. 인터뷰에 의하면 부산시청자미디어센터가 지원한 이주노동자 대상
미디어교육은 2시간씩 모두 8회에 걸쳐 진행되었으며 주로 라디오 제작
교육을 실시했다. 20-40대의 파키스탄과 중국 출신 17명의 이주노동자
가 수강했는데 이들은 미디어제작을 통해 자신들의 이야기를 하고 싶어
했다고 한다. 작품을 통해 한국인과의 문화 차이뿐 아니라 같은 나라
출신 이주노동자 간의 입장 차이도 관찰되었다고 한다. 이주민 특히 이
주노동자를 동질적인 집단으로 고정관념화하는 주류미디어의 재현 경
향을 감안할 때 이러한 발견은 의미가 크다고 하겠다. Y강사는 이주민
대상 미디어교육의 문제점과 발전방향을 다음과 같이 지적하고 있다.

> 좀 더 긴 기간 동안 미디어교육이 실시돼야 하며 교육 커리큘럼을 좀 더
> 체계화해야 한다. 또한 미디어교육 관련 웹페이지도 만들어야 할 것이다
> (Y씨, 이주민대상 미디어교육 강사).

미디어는 거대 주류미디어만을 의미하는 것은 아니다. 초·중·고등
학교는 물론 대학도 방송반(국)을 가지고 있고 교내 미디어 활동을 하고
있다. 이러한 교내 방송매체를 다문화교육의 도구로 활용한다면 어릴
때부터 다문화감수성을 키우는 데 도움이 될 것이다. 한 사례로 대구의
죽전초등학교는 2010년 4월말부터 5월까지 매주 수요일과 금요일 오전
10분간 재학 중인 다문화가정 학생들이 직접 진행하는 아침방송을 실시

해 일반학생들로부터 큰 호응을 얻었다. 다문화학생들이 직접 아침방송 진행자로 나서 교육과학기술부가 제작한 "다름에서 어울림으로"라는 제목의 CD 내용 및 다문화교육 우수사례를 소개했다.[12]

교내방송을 이용한 다문화교육은 다문화가정 자녀의 정체성과 자부심 강화는 물론 한국 학생의 다문화이해와 다문화감수성 증진에도 도움이 될 것이다. 또한, 자연스럽게 미디어 활용능력을 배양할 수 있는 미디어교육의 장 역할도 수행한다. 이 학교는 2010년 2학기에도 매주 금요일 아침방송을 통해 세계 여러 나라의 문화를 접하고 이해하는 기회를 가지도록 다문화방송을 진행했는데 모든 학생이 다양한 문화를 경험함으로써 특정문화에 대한 편견을 줄이고 다문화감수성을 함양하는 것이 주목적이었다. 학생들은 다문화방송을 본 후 생각과 의견을 만화로 표현하거나 관련 내용을 퀴즈로 만들어보는 등 복습의 기회도 갖는다. 또한 다문화방송을 보고 알게 된 점이나 느낀 점 등을 자유롭게 발언하고 토론함으로써 다문화에 관해 배운 것을 자기 것으로 만들고 공유하는 과정을 거친다. 이는 학교가 미디어를 활용한 다문화 리터러시 및 다문화 스토리텔러 교육의 장을 제공할 수 있음을 보여준다.

이주민 미디어 활동가가 미디어교육을 수행하는 것도 효과가 클 것이다. 〈이주민방송: MWTV〉은 2005년 4월 퍼블릭엑세스 방송인 시민방송(R-TV)을 통해 처음 방송했고 11개 국어로 다국어뉴스와 다큐멘터리를 방송했으며, 이주노동자의 권리를 지키기 위한 미디어교육과 다문화교육, 이주민 영화제, 인터넷 팀 및 기자단 운영 등의 활동을 하고 있다. 현재는 여러 어려움으로 활동이 축소되었고, 인터넷 방송에 집중하고 있다. 〈이주민방송〉은 2008년부터 이주노동자와 이주여성을 대상으로 1회 3개월 단위로 미디어교육을 실시했는데, 미디어에 익숙한 〈이주민

---

12) 이 학교는 2010년 초 다문화정책연구학교로 선정됐으며 향후 2년간 다문화이해교육과 관련된 다양한 프로그램을 실시하게 된다.

〈그림 3〉〈이주민방송〉 총회에서 사업계획을 논의하는 이주민과 한국인 제작진

방송〉 제작자들이 이주민을 대상으로 카메라, 컴퓨터 등 장비 사용법을 가르침으로써 이주민 스스로의 목소리로 이야기하고 소통할 수 있도록 교육했다. 덧붙여 일반학생을 대상으로 이주민 제작자가 다문화 강사로 출강해 다문화교육을 실시하는 등 이주민과 일반인 사이의 이해 증진을 위한 다문화교육도 실시했다. 이주민이 주도하는 미디어 및 다문화교육의 목적에 대해 다음과 같이 설명하고 있다.

> 이주민 스스로 영상을 통해 자신과 주변의 이주민의 소식을 이주민의 시선으로 전달할 수 있는 이주노동자 미디어 활동가를 양성하고자 하는 목적으로 정기적인 미디어 교육을 실시한다. 또한 일반학생을 대상으로 다문화교육을 실시해 문화 간 이해의 폭을 넓히고자 한다(Y씨, 〈이주민방송〉 현 대표, 버마 출신).

이주민을 대상으로 한 미디어교육의 성과와 의의에 대해 한국인으로 〈이주민방송〉에 참여하고 있는 제작자는 다음과 같이 말하고 있다.

이주민영화제에 나오는 영화들이 이주민 감독들이 만든 영화인데 이주민 감독들을 먼저 교육시켜서 감독으로 만든다. 감독이라고 하기엔 부족하지만 감독이라는 이름으로 작품을 출품하면서 '나도 할 수 있구나'라는 자신감이 생기면 그 다음에 생산성 있는 걸 만들기도 하고 실제로 자신감을 얻어서 카메라를 산 사람도 있다. 카메라는 처음엔 〈이주민방송〉이 지원도 하면서 교육이 진행된다(B씨, 〈이주민방송〉 제작자, 한국인).

〈이주민방송〉은 매년 〈이주민 영화제〉를 개최하는데 이는 미디어교육을 통해 제작자로 양성된 이주민이 주체적으로 그들의 시각으로, 그들의 근심을 표현하도록 한다는 점에서 의미가 크다.[13] 영화제를 통해 이주민이 다수자와 소수자 모두를 대상으로 영상 메시지를 전하는 스토리텔러가 되며, 다문화교육의 주체가 된다. 이는 이주민이 교육 대상만이 아니라 적극적 행위자이자 교육 주체가 되고 이를 통해 문화적 권력관계가 역전될 수 있음을 암시한다. 영화제를 참여 관찰한 바에 따르면 일반인들이 많이 동참할 수 있는 극장(2010년 서울의 경우 대학로 CGV)에서 이주민과 일반인 모두가 참여한 가운데 영화를 상영함으로써 이주민의 스토리가 공유되고 공감될 수 있는 장을 제공했다. 2010년 영화제는 '그림자에서 인간으로'라는 슬로건을 통해 이주민이 한국에서 일만 하는 그림자가 아니라 함께 일하고 문화를 만들어가는 동료이자 친구라는 메시지를 이주민이 주체가 되는 영화를 통해 전달하고 이주민과 한국인 관객사이의 이해를 모색함을 목적으로 제시했다. 이는 이주민과 내국인 모두에게 반편견교육의 장이자 참여적 다문화교육의 장을 제공할 수 있다. 아울러, 이주민이 직접 생산한 다양한 다문화 관련 콘텐츠를 영화제를 통해 수집하고, 데이터베이스화해 다문화교육이나 미디어교육에 활용할 수 있는 효과도 낳을 수 있다.

---

13) 2011년부터 〈이주민 영화제〉로 명칭이 변경되었다.

6. 다문화사회와 참여적 미디어교육의 방법

사회화는 "닫힌 체제"로 사회체계의 재생산과 유지, 결과에 주목하는 방식인 반면 교육은 "열린 체제"로 사회의 변혁과 가르침과 배움의 과정에 주목한다(배현주, 2009). 다문화교육에서도 "참여적인 열린 교육"을 통해 불평등한 현실을 개선하기위한 방법을 탐색해야 한다. 미디어를 활용하는 방법은 교수자와 학습자가 함께 불평등 구조를 탐사하고 해결책을 찾는 참여적 교육법이 될 수 있다. 한편, 미국에서는 비유럽 이주민 유입에 따른 사회 갈등을 조정하기위해 평등한 교육기회와 함께 교육 내용이 재검토되고 수정되어야 한다는 요구가 제기되었지만(전경옥, 2010) 문화적 다양함에 대한 표면적 전시에 치중했고 불평등관계를 수정하기 위한 체계적인 교육은 부족했다. 즉, 교육과정 개혁이나 사회변화를 위한 "아래로부터의 변화"보다는 표면적인 문화적 차이의 전시에 초점을 두는 다문화교육이 주를 이루고 있었다. 다문화교육으로 보이는 것이 사실은 국가에 중점을 두는 국제 교육이었고(Schoorman & Bogotch, 2010) 기여적/부가적 수준에 머물고 있으며 최근에는 출세 지향적 엘리트 교육의 여파로 다문화교육이 위축되고 있었다. 불평등한 권력관계를 수정하기 위해서는 행동하는 시민을 양성해야 한다는 관점에서 볼 때 미국의 다문화교육의 퇴조는 두드러진다. 우리나라도 이주민 등 사회적 약자를 위한 미디어교육이나 미디어활동에 대한 지원이 줄고 있다는 점에서 대안수립이 절실하다. 이는 〈이주민방송〉 제작자나 미디어교육 시민단체와의 인터뷰에서도 잘 나타난다.

> 시민방송도 정부지원을 받지 못해 재정적으로 많이 힘든 상태이다. 우리도 예전에 한 달에 2번하던 방송을 한 달에 1번으로 줄였다. 현재, 한 달에 1번씩 다국어 뉴스와 이주민관련 다큐를 진행하고 있다(S씨, 〈이주민방송〉 전 대표, 버마 출신).

학교 대상 출장미디어 교육을 실시하고 있다. 500차례 이상 초등학교, 지역아동센터 등에 출장해 미디어교육을 실시해 미디어 제작 교육을 실시하고 있다. 하지만 학부형들이 영재교육에 관심이 있지 미디어교육에 대해 무관심한 편이다(Y씨, 〈여성민우회 미디어운동본부〉 대표).

위의 언급들은 다문화교육이나 이주민 미디어 활동, 미디어교육 전반에 대한 정책 지원과 적극적인 인식 개선 캠페인의 필요성을 보여준다. 연구결과에 따르면 미디어를 활용한 다문화교육은 이주민과 내국인 스스로가 다문화 주제를 발굴하고 대안을 공유한다는 차원에서 참여적이고, 변화 지향적인 교육법으로 볼 수 있다. 미디어를 활용한 다문화교육은 지역사회 프로그램을 통해서는 물론이고, 학교와 가정에서도 폭넓게 적용되어야 한다. 정기적으로 행정단위별로 다문화방송제나 영화제를 개최하고, 거주 이주민과 내국인을 초대해 다문화 관련 미디어 작품을 함께 감상하고, 평가를 들어보는 것도 유익한 다문화교육이 될 수 있다. 학교 내에서 다문화가정 아동과 일반아동이 함께 만든 뉴스, 인터뷰, 다큐멘터리 등 미디어콘텐츠를 감상함으로써 일반학생과 학부모가 이주민에 대해 더 잘 알게 되고, 다문화가정 아동은 이주민의 이슈와 관심사를 전달할 수 있다. 교내 방송이나 신문을 활용한다면 일반 아동과 학부모, 교사의 다문화에 대한 이해를 넓히는 것은 물론, 다문화가정 아동과 일반 아동간의 상호접촉을 통한 공감증진에도 도움이 될 것이다. 가정에서도 일상적으로 접하는 미디어콘텐츠를 활용해 자녀를 대상으로 다문화교육을 자연스럽게 실시할 수 있다. 〈이주민방송〉 제작진 등 이주민 미디어 활동가가 다문화강사로 다문화사회 공존의 필요성을 알리고, 미디어교육을 실시해 이주민 미디어 활동가를 양성하는 것도 이주민이 주체가 되는 참여적 다문화교육의 방법이다. 이주민 미디어 활동가가 주도하는 다문화교육의 효과는 아래의 설명에서 나타난다.

우리가 만든 영상을 통해서도 한국인들이 함께 고민할 수 있는 자리를 마련할 수 있다. 또한 그런 영상을 접한 한국인들은 이후 다문화 가정의 아이들을 만났을 때 그 아이들을 더욱 잘 이해할 수 있게 될 것이다(S씨, 〈이주민방송〉 전 대표, 버마출신).

이주민인 다문화 강사가 미디어를 활용해 이주민도 우리와 다르지 않은 공동체의 일원임을 가르치는 것은 이주민이 주체가 되는 아래로부터의 반편견교육의 방법이 된다. 미디어를 활용한 다문화교육은 이주민과 일반인 모두를 대상으로 비판적 미디어 읽기와 참여적 미디어 제작이 결합될 때 효과가 극대화된다. 특히, 이주민 등 소수자 집단이 참여하는 미디어교육은 주류사회의 관점으로 파악할 수 없는 그들의 문제를 스스로 발굴하고 미디어를 통해 공유하며, 해결책을 논의할 수 있게 한다. 인터넷이 정보와 지지의 채널이며 대인 및 미디어 상의 연결과 참여를 강화한다(Boyle & Schmierbach, 2009; Georgiou, 2005)는 점에서 인터넷을 다문화교육 도구로 적극 활용하는 것도 유익할 것이다.

앞의 사례처럼 일반인(학생)을 대상으로 한 이주민 주도 다문화교육과 학교 방송 시설을 활용하는 다문화교육은 다수자의 다문화감수성을 높이는 방법이 될 수 있다. 또한, 이주민과 일반인이 같이 이주민에 관한 프로그램을 시청하고 비평하거나, 함께 프로그램을 제작하는 것도 미디어를 활용한 효과적인 참여적 다문화교육법이다. 인터뷰에 의하면 이주민을 위한 미디어교육이나 〈이주민방송〉 등 대안매체에 대한 정부 지원이 줄어 활동이 어렵다고 한다. 정부는 지역 시청자미디어센터의 이주민 대상 미디어교육이나 〈이주민방송〉 등 대안미디어 및 미디어교육 시민단체에 대한 지원을 강화해 이주민 등 소수자가 목소리를 표출할 수 있도록 교육의 장을 제공해야 한다. 이주민 미디어는 학교나 지역사회의 프로그램에 다문화·미디어교육 강사를 파견하는 등 더 적극적으로 연대해야 한다. 이를 통해 이주민 미디어가 고립된 소수자 미디어를 벗어나 다수자와 소수자 모두를 위한 다문화·미디어체험 및 교육기관의 역할을 수행할 수 있을 것이다.

이 연구는 다문화사회의 진전에 주목해 다문화교육과 미디어교육의 발전방향을 살펴보고, 미디어를 활용한 참여적 다문화교육의 의미와 대안을 논의하였다. 후속연구에서는 보다 다양한 미디어활용 다문화교육 사례들을 조사하고, 이를 바탕으로 더욱 구체적인 미디어활용 교육법들을 소개할 필요가 있다. 또한, 미디어를 활용한 다문화교육이나 이주민 대상 미디어교육을 들은 수강생들의 반응과 의견을 분석해 대안을 제시하는 작업도 요구된다. 후속 연구는 이러한 제한점들을 보완해 다수자와 소수자 모두를 위한 미디어를 활용한 참여적 다문화교육의 다양한 방법들을 제시해야 할 것이다.

이 글은 2009년도 상지대학교 교내연구비 지원에 의해 수행된 연구로 *Comparative Korean Studies* 19권 1호(2011년 4월 30일 발행)에 게재했던 논문을 수정·보완하여 수록한 것이다.

참고문헌

강진구, 「다문화교육이 대학생들의 다문화 인식에 미친 영향」, 『다문화의 이해: 주체와 타자의 존재방식과 재현양상』, 도서출판 경진, 2009, 174-196.

구정화·박윤경·설규주, 『다문화교육 이해』, 동문사, 2009.

권순희·박상준·이경한·정윤경·천호성, 『다문화사회와 다문화교육』, 교육과학사, 2010.

김경숙·김도연·주성순, 「독일 스포츠 다문화교육의 운영 현황 탐색」, 『한국사회체육학회지』 36 (2009): 431-446.

김남국, 「다문화의 도전과 사회통합: 영국, 프랑스, 미국 비교연구」, 『유럽연구』 28.3 (2010): 133-174.

김명준, 「대안/독립미디어 운동과 이주노동자 미디어 운동」, 『2008 미디어교육 자료집』, 이주노동자의 방송, 2008: 61-73.

김범수·김현희·정명희, 『미디어교육과 교수법』, 양성원, 2009.

김선미·김영순, 『다문화교육의 이해』, 한국문화사, 2008.

김영순 외, 『미디어교육과 교수법』, 커뮤니케이션북스, 2006a.

김영순 외, 『미디어교육과 교육과정』, 커뮤니케이션북스, 2006b.

김은미·양옥경·이해영, 『다문화 사회, 한국』, 나남, 2009.

김현덕, 「다문화사회의 도래와 국제이해교육의 역할. 유네스코 아시아·태평양 국제이해교육원」, 『다문화사회와 국제이해교육』, 동녘, 2008, 115-145.

류현숙·박선주·홍승희, 「ICT를 활용한 다문화 복지서비스의 쟁정과 개선방안」, 『입법과 정책』 4.2 (2012): 135-165.

모경환, 「'다문화 교사 교육과정의 실태와 개선방안' 보고서」, 2010.

민경희, 『미국 이민의 역사: 이론과 실제』, 도서출판 개신, 2008.

박명선, 「독일 이민법과 통합정책의 외국인 차별에 관한 연구」, 『한국사회학』 41.2 (2007): 271-303.

박순호, 「미국 다문화 교육의 실태와 정책적 시사점: 위스콘신주의 오클래르교육구를 중심으로」, 『사회과교육연구』 17.3 (2010): 31-47.

배현주, 「미디어를 활용한 다문화교육의 가능성 모색」, 『교육문화연구』 15 (2009): 139-164.

서종남, 『다문화교육의 필요성과 가정에서의 다문화교육 방안』, 2008.

안병환, 「다문화교육의 현황과 다문화교육 접근방향 탐색」, 『한국교육논단』 8 (2009): 155-177.

안성혜, 『창의적인 아이를 만드는 에듀테인먼트 교육법』, 대교출판, 2010

안정임·전경란·김양은 엮음, 『다문화와 미디어교육』, 방송통신위원회·한국전파진흥원, 2009.

윤영태·안영민·이진규·안선영, 『지역사회소외계층을 위한 미디어교육 사례연구』, 시청자미디어센터, 2007.

윤인진·송영호·김상돈·송주영, 『한국인의 이주노동자와 다문화사회에 대한 인식』, 이담, 2010.

윤재희·유향선, 「한 걸음 더 나아가기:영·유아 다문화교육의 새로운 방향 모색」, 『다문화의 이해: 주체와 타자의 존재방식과 재현양상』, 도서출판 경진, 2009, 149-173.

은지용, 「청소년 다문화학습프로그램 모형개발 연구」, 『청소년학연구』 14.3 (2007): 217-241.

원진숙·김정원·이인재·남호엽·박상철·김광수·류재만, 『글로벌 시대의 다문화교육』, 사회평론, 2010.

이동희, 「이주노동자와 시민공동체: 인정의 정치와 상대주의를 중심으로」, 『이주노동자들의 권익과 시민공동체』, 백산서당, 2010, 11-50.

이명현, 「텔레비전 오락프로그램에 재현된 결혼이주여성: 〈사돈 처음뵙겠습니다〉를 중심으로」, 『다문화의 이해: 주체와 타자의 존재방식과 재현양상』, 도서출판 경진, 2009, 310-329.

이창호·오성배·정의철·최승희, 『소수집단 청소년들의 생활실태 및 지원방안 연구』, 한국청소년정책연구원, 2007.

전경옥, 「다문화사회의 학교 내 다문화교육에 관한 연구: 미국 캘리포니아 주 공립학교 다문화교육 사례를 중심으로」, *Journal of Social Paradigm Studies* (2010): 41-76.

전숙자·박은아·최윤정, 『다문화 사회의 새로운 이해』, 그린, 2009.

정한업, 「프랑스의 상호문화교육과 미국의 다문화교육의 비교연구」, 『프랑스어문교육』 32 (2009): 105-121.

장인실, 「미국 다문화 교육과 교육과정」, 『교육과정연구』 24.4 (2006): 27-53.

장인실, 「다문화 청소년 정책의 과제와 방향」, 『한국사회 다문화교육의 방향 세미나 자료집』, 한국청소년정책연구원, 2007.

정현숙, 「문화 간 커뮤니케이션 갈등에 관한 연구: 한국에 거주하는 외국인 노동자의 체험담을 중심으로」, 『커뮤니케이션학 연구』 12.3 (2004): 27-45.

하윤수, 「미국 다문화교육의 동향과 사회과 교육과정」, *Social Studies Education* 48.3 (2009): 117-132.

황정미, 「다문화시민없는 다문화교육: 한국의 다문화교육 아젠다에 대한 고찰」, 『담론 201』, 13.2 (2010): 93-123.

행정안전부, 『2012년 지방자치단체 외국인주민 현황』, 서울: 행정안전부, 2012.

Boyle, M. P. & Schmierbach, M., "Media use and protest: The role of mainstream and alternative media use in predicting traditional and protest participation." *Communication Quarterly* 57.1 (2009): 1-17.

Benson, R., "The political/literary model of French journalism: Change and continuity in immigration news coverage, 1973-1991." *Journal of European Area Studies* 10 (2002): 49-72.

Burke, R., "Invitation or invasion?: The family home metaphor in the Australian media's construction of immigration." *Journal of Intercultural Studies* 23 (2002): 59-72.

Carr, P. R. & Porfilio, B. J., "Computers, the media and multicultural education: Seeking engagement and political literacy." *Intercultural Education* 20 (2009): 91-107.

Cortes, C. E., "Knowledge construction and popular culture: The media as multicultural educator." In J. A. Banks & C. A. M. Banks. Eds. *Handbook of Research on Multicultural Education*, Jossey-Bass, 2003, 169-183.

Dong, Q., Day, K. D. & Collaco, C. M., "Overcoming ethnocentrism through developing intercultural communication sensitivity and multiculturalism." *Human Communication* 11.1 (2009): 27-38.

Georgiou, M.. "Diasporic media across Europe: Multicultural societies and the universalism
    -particularism continuum." *Journal of Ethnic and Migration Studies* 31.3 (2005):
    481-498.

Glasser, T. L., Awad, I. & Kim, J. W. "The claims of multiculturalism and ournalism's
    promise of diversity." *Journal of Communication* 59 (2009): 57-78.

Hurtado, A. & Silva, J. M.. "Creating new social identities in children through critical
    multicultural media: The case of Little Bill." In M. Azmitia, M. Syed & K.
    Radmacher. Eds. *The intersections of personal and social identies. New
    Directions for Child and Adolescent Development* 120 (2008): 17-30.

King, D.. "Facing the future: America's Post-multiculturalist trajectory." *Social Policy
    & Administration* 39.2 (2005): 116-129.

Legrande, S. & Vargas, J. G.. "Working together: Multicultural media literacy and "the
    community."" *Journal of Film and Video* 53 (2001): 77-92.

Mahtani, M.. "Racializing the audience: Immigrant perceptions of mainstream Canadian
    English-language TV news." *Canadian Journal of Communication* 33 (2008): 639-
    660.

Mahtani, M.. "Integrating the Hyphen-Nation: Canadian multicultural policy and 'Mixed
    race' identities." *Social Identities* 8 (2002): 67-90.

Marchi, R. M.. "Race and the News: Coverage of Martin Luther King Day and Diade
    los Muertos in two California Dailies." *Journalism Studies* 9 (2008): 925-944.

Meyrowitz, J. & Maguire, J.. "Media, place, and multiculturalism." *American Culture*
    (1993): 41-48.

Schoorman, D. & Bogotch, I.. "Moving beyond 'diversity' to 'social justice': The
    challenge to re-conceptualize multicultural education." *Intercultural Education*
    21.1 (2010): 79-85.

Silverstone, R. & Georgiou, R.. "Editorial Introduction: Media and minorities in
    multicultural Europe." *Journal of Ethnic and Migration Studies* 31 (2005):
    433-441.

Sreberny, A.. "Not Only, But Also': Mixedness and media." *Journal of Ethnic and
    Migration Studies* 31.3 (2005): 443-459.

Viswanath, K. & Arora, P.. "Ethnic media in the United States: An essay on their role
    in integration, assimilation, and social control." *Mass Communication & Society*
    3.1 (2000): 39-56.

〈신문기사〉

조선일보. 2013. 5. 2. 엄마가 베트남인이라고…악플 표적된 '리틀싸이'.

중앙일보. 2012. 8. 27. 다문화가족, 살림 폈지만 차별 여전.

다문화가정 초등학교 아동의
일상생활에 관한 현상학적 연구

도남희[*]

1. 서론

세계화와 정치사회적인 변화, 경제성장, 미혼 남성이 증가하면서 지난 10년간 우리나라에서도 국제결혼이 하나의 대안적인 결혼형태로 되어왔다. 특히, 국가 경제개발과 도시화로 농촌총각의 결혼문제가 사회적 문제로 대두되면서 동남아시아를 중심으로 한 국제결혼으로 인한 여성 결혼이민자들의 비율이 급격히 증가하고 있다. 현재(행정안전부, 2010) 결혼 이민자는 181,671명으로 2009년 167,090명에 비해 연평균 8.7% 증가하였고 결혼 이민자의 증가에 따라 그들의 자녀수도 급격하게 증가하고 있는 추세이다. 2010년 자료에 의하면 183,934명의 결혼이민자와 114,560명의 자녀들이 있는 것으로 보고되고 있다. 다문화가정의 자녀들 중 만 6세 이하 영유아가 75,776명으로 전체 다문화 가정의 62%를 차지하고 있지만, 초등학교, 중학교 등 학령기에 들어가는 아동수도 크게 증가하고 있다. 행정안전부(2010)의 자료에 따르면 2006년에서 2010년 사이의 다문화가정 아동의 학생 증가 추이는 8,834명에서 31,788명으로 거의 250% 정도의 증가율을 나타낸다.

* 육아정책연구소 부연구위원

다문화가정의 자녀들에 관한 연구는 다양한 연령대와 주제에 따라 진행되어 왔는데 영유아기부터 학령기, 자녀의 양육 실태와 발달, 양육지원과 육아지원기관 생활에 대한 연구 등이 있다. 다문화가정의 자녀들은 한국에 연고가 없는 외국인 어머니와 함께 생활하고 있으며, 혼인과정에서 진정성이 결여된 경우도 많아 결혼 후 정상적인 가정생활을 영위하지 못하거나 가족이 해체되는 등 심각한 문제들이 발생할 소지를 가지고 있다(정주희, 2008). 또한 다문화가정의 절반이 넘는 52.9%가 최저 생계비 이하의 소득인 것으로 나타나 이들 가정의 절대빈곤 문제가 매우 심각한 것으로 드러났다(박정숙·박옥임·김진희, 2007). 구체적으로, 다문화가정의 가구소득은 한국 전체가구소득의 59% 수준, 한국 전체 생산직가구소득의 68% 수준에 해당, 다문화가정의 상당수가 저소득 빈곤층에 속해있다. 그러나 실제로 정부의 지원이나 생활보조금을 받는 경우는 4%로 매우 적게 집계되었고 그들의 한국에서의 경제생활수준에 대한 주관적 인식 또한 '하층'에 가깝다고 인식하는 것으로 조사되어, 주관적·객관적 지표 모두 다문화가족의 높은 빈곤율과 낮은 생활수준을 보여주고 있다(설동훈·이혜경·조성남, 2006).

다문화가정의 어머니들은 한국어를 제대로 배우지 못한 상태로 결혼생활에 임해야 하므로 언어적 의사소통에 많은 어려움을 경험한다. 언어적 의사소통의 어려움과 문화적 차이에서 오는 문제로 남편과 시부모뿐만 아니라 자녀관계에도 어려움에 직면하게 된다. 이러한 어려움은 다문화가정 어머니가 자녀 양육의 역할을 효과적으로 수행하는데 걸림돌이 된다. 효과적인 양육은 부모자신과 아동의 특성뿐만 아니라 가정을 중심으로 경험하는 다양한 환경체계 내에서 발생하는 스트레스와 그러한 스트레스를 완화해 줄 수 있는 지원 등에 달려 있다는 점(Bronfenbrenner, 1986)에서 다문화가정의 가정환경은 자녀들의 발달에 깊은 영향을 미칠 것이다.

다문화가정의 자녀는 이국적인 외모와 언어발달의 지연으로 인해 또래들로부터 따돌림을 받거나 정체성 혼란을 겪을 가능성이 있다(오성배, 2005). 이 시기에 또래 따돌림과 정체성 혼란은 자아지각과 이후 아동기와 청년기의 사회적 적응문제와 관련이 되는 사회적 상호작용의 기초로 사회정서 발달에 중요한 영향을 미친다. 사회적 유능성이 부족한 아동은 자신에 대해 부정적인 자아개념을 가지거나 또래에게 거부되는 등 발달상의 어려움을 경험하고 이후 삶의 부적응의 위험요인이 될 수 있다고 연구들은 지적한다. 그러므로 본 연구는 다문화가정의 자녀로서 갖는 성장환경이 그들의 적응에 어떤 영향을 미치고 있는지 살펴보고자 한다. 그리하여 미래 한국사회의 중요한 인적 자원이 될 다문화가정의 자녀가 당면할 수 있는 문제를 예방하고 더 나은 삶을 위한 대안을 마련하는 데 기초 자료로서 기여하고자 한다.

2. 이론적 배경

많은 연구들은 가정환경이 아동 발달에 많은 영향을 미치는 중요한 변인이라고 지적하고 있는데, 다문화가정의 아동들은 일반 가정의 아동들과는 다른 가정환경요인을 가지고 있으며 다른 발달 궤적을 가질 수 있음에 주목해야 한다. 다문화 가정으로서의 보편적 어려움은 가족 내 양육지원과 참여, 부부관계, 의사소통 등 다문화 가족의 구체적 특성에 따라 해당 가족의 적응과 생활상에 다양한 변이와 차이를 지적하고 있다.

다문화가정 어머니의 개인변인에 따라 양육태도가 어떻게 차이가 나는지 알아보고, 양육태도와 자녀의 언어능력, 사회적 능력의 관계를 밝히기 위해 유치원에 다니는 다문화가정 유아와 어머니 103명을 대상으로 연구를 실시하였다. 그 결과, 어머니들의 개인변인에 따른 양육태도는 큰 차이를 보이지 않았지만, 자녀와 의사소통 시 한국어를 사용하는 어머니가 모국어를 사용하는 어머니보다 양육태도가 좀 더 자율적이며, 거부적인 태도가 적었다고 한다(임진숙, 2008). 또한 농촌지역 다문화가정 유아가 경험하는 교육적 어려움을 파악한 연구 결과, 농촌지역 다문화가정의 유아가 부모의 양육태도, 자신의 외모로 인한 정체성 혼란, 가정 내 언어자극 부족으로 인한 언어문제, 또래따돌림에 대한 두려움으로 인해 자기표출을 회피하며, 가난한 나라에서 온 어머니와 불쌍한 아이라는 주변의 편견으로 인한 정신적 고통을 경험하고 있다고 한다(서현·이승은, 2007).

그러나 이러한 연구들은 다문화가정의 어머니와 자녀들이 한국사회에서 생활하면서 경험하게 되는 문화적인 이질감을 전제로 사회경제적으로 비슷한 수준의 일반가정과의 직접적인 비교 없이 단순히 비교했다는 한계를 지니고 있다. 그러나 박경자·김송이(2007) 연구에서는 농촌지역 다문화가정 유아와 어머니의 애착 표상과 자아지각, 교사가 평정한 사회적 유능성을 살펴보기 위해 농촌지역에 거주하는 다문화가정 유아 60명과 일반가정 유아 91명을 대상으로 검사를 실시하여 비교 연구하였다. 연구 결과, 다문화가정 남아가 교실 내에서 위축된 경향을 보였으나, 나머지 유아들은 전반적으로 사회·정서적 적응에 크게 어려움을 겪지 않은 것으로 조사되었다.

최근에는 상대적으로 간과되었던 다문화가정의 어머니-자녀와의 상호작용에 초점을 두고 일반가정과 다문화가정의 어머니와 아동을 모두 포함하는 연구들이 증가하고 있는데 지금까지의 연구에서 간과된 부모-자녀 관계의 과정적 측면을 파악할 수 있다는 점에서 의의가 있다고 하겠다. 외국의 경우, 미국 내의 아랍 무슬림의 이민자 가정의 모-자 상호작용과 아동행동문제를 조사한 연구결과에 따르면, 어머니-자녀

관계가 아동행동문제에 영향을 미치는 모 스트레스와 아동의 대처양식 효과를 중재하는 것으로 나타나, 이민자 어머니와 자녀의 관계가 이후의 아동의 사춘기의 적응에 유의한 영향을 준다는 것을 보여준다(Aroian, Hough, Templin, Kulwicki, Ramaswamy & Katz, 2009). 또한, 이민자 가정과 토착인 가정의 유아들의 인지적 발달과 행동을 비교한 연구에 따르면 사회경제적 지위와 함께 어머니의 교육정도가 뚜렷한 예언력을 지니는 것으로 나타났다. 경로분석 결과, 사회경제적 지위의 직접·간접 효과는 두 가정에서 차이보다는 유사성이 더 많았고, 언어적 자극과 어머니의 지지가 인지적 발달을 매개하는 것으로 나타났다(Mistry, Biesanz, Chien, Howes & Benner, 2008).

이민자 가정의 초기 발달적 능력을 조사한 연구는 많지 않은데, 2,194명의 저소득층 연구를 통해 비이민 가정의 아동들에 비해 이민자 가정들의 1, 2세대는 인지적·언어적으로 떨어지나 사회·정서적 기술이나 행동은 우수하다는 것을 발견했다. 즉, 후의 학업성취와 성공을 보여줄 수 있는 어린 나이의 이민이 가진 강점을 시사한다고 보겠다(De Feyter & Winsler, 2009). 즉, 아동초기의 질높은 가정환경자극은 아동의 지적능력, 언어발달, 사회·정서적 발달과 관련이 있는 것으로 나타나고 있다(김혜경·조성연, 2002; Brooks-Gunn, Klebanov & Duncan, 1996). 특히, 경제적 어려움은 가정환경의 질과 직접적으로 연관되는 변인으로 어머니의 상호작용, 가정의 물리적 환경과 관련하여 유아기와 학령기 초기의 학습 기회 부족은 인지적 성취와 언어발달에 영향을 미친다고 한다(Brooks-Gun, et al., 1996).

다문화가정 아동의 언어 및 인지발달에 관해서는 크게 두 가지 관점에서 논의되고 있다. 첫째, 한국어가 미숙한 외국인 어머니와 함께 생활함에 따라 언어발달이 지체되고 이로 인해 의사소통에 제한을 받으며(류현주·김향희·김화수·신지철, 2008; 조영달, 2006), 다문화 가정의 유아들은 한국 표준화 집단에 비해 사실에 대한 지식 습득도 영역에 있어 낮은 인지적 수준을 가지고 있다는 관점이다(구효진·최진선, 2007). 다른 관점은(김갑성, 2006; 오성배, 2005) 이들의 일반적인 의사소통 능력이나 언어 또는 인지능력에는 큰 문제가 없으나, 독해, 어휘력, 쓰기, 작문능력이 일반 유아에 비해 현저히 떨어지므로 이후 학교교육 또는 학업성취도 차원에서 예방과 중재를 실시해야 한다는 것이다. 즉, 언어 발달의 취약성이 이후 다문화 아동의 사회정서적 발달에까지 지속적으로 영향을 미친다는 것이다. 언어발달의 지연이 취학 후 학습부진으로 이어지며, 비동조성, 우울 및 공격적 사회성의 표출과 관계가 있다는 것이다(구효진, 2009). 또한 취학 전 다문화가정 유아의 사회·정서 발달 상태를 조사한 연구(전혜정·민성혜·이민영·최혜영, 2009)에 의하면 다문화가정의 유아들이 우리나라 일반아동에 비해 분노-공격적 행동특성과 불안-위축행동 특성이 높은 것으로 나타났다.

같은 맥락에서 언어발달의 지연과 의사소통에 제한을 받아 문화 부적응으로 기관 적응에 어려움을 보인다는 연구도 있다(설동훈·김윤태·김현미·윤홍식·이혜경·임경택·정기선·주영수·한건수, 2005; 오성배 2005; 이재분·강순원·김혜원·이혜경·서유미, 2009). 이러한 연구들은 다문화가정 아동의 경우 일반적으로 학교에서 나이와 맞지 않는 학년에 배정되는 경향이 있으며, 이 경우 자신보다 나이 어린 학생보다 부진한 성적으로 인해 스트레스를 받거나 위축된 자아상으로 타인에게 자기 의사를 제대로 전달하지 못하는 경우가 많은 것으로 보고하였다. 이러한 과정에서 학교나 주변으로부터 집단 따돌림이나 놀림, 구타 등에 시달리는 경우가 많고 다문화가정의 아동들은 이로 인해 아동기에 정서적 충격을 경험하게 된다는 것이다. 또한 다문화가정의 아동이 학교생활에 잘 적응하기 어렵거나 소극적인 태도를 취하는 경우가 많은 것으로 나타났다(조영달, 2005). 다문화 아동의 전반적인 영유아기 발달수준의 차이가 이후 학령기의 전반적인 학교생활 적응과 학업, 성격의 형성 등에 유의한 영향을 미치는 것으로 나타났다(보건복지부, 2005). 한편, 다문화 가정의 아동들은 고학년으로 올라갈수록 학교와 일상생활에서 적응수준이 더 낮아질 것이라고 예측하고 있다(이영주, 2007).

다문화가정 아동들의 기관 적응에 관련된 다른 연구들을 살펴보면, 윤갑정과 고은경(2006)은 다문화가정 아동의 적응 양상은 문화적 배경이나 국적에 따라 다소 차이를 보였으나, 다문화가정 아동의 사회적 관계 형성 양상은 문화적 배경이나 국적에 의한 차이점보다는 개인적인 성격이나 변인에 따른 차이가 더 크다고 하였다. 다문화가정 자녀의 발달적 특성을 파악하고자 어린이집에 다니는 다문화가정 아동 2명을 관찰한 연구(구수연, 2007)에서 교사와 인근지역 다문화가정 아동 담당교사를 면담하였다. 연구 결과, 다문화가정 아동들의 언어 발달과 사회성 발달은 일반가정 아동과 큰 차이를 보이지 않았고, 놀이나 또래 관계에서 다문화가정 배경이 드러나지 않았으며, 교사들의 인식은 다문화가정 아동이라는 이유로 특별한 관심과 교육은 필요하지 않다고 보고 있었다.

또한 최근 유아교육기관(보육시설 113곳, 유치원 103곳) 교사 216명을 대상으로 다문화가정 영유아의 전반적인 발달 및 적응수준을 살펴본 연구에 따르면(문무경·조혜주, 2008), 대부분의 교사들은 다문화가정 영유아와 일반가정 영유아간에 발달상의 별 차이를 못 느끼는 것(87.5%)으로 보고되었다. 다른 연구들은 다문화가정 유아의 발달지연과 사회적 부적응 문제가 심각한 정도는 아님을 밝힘으로써 다문화가정유아에 대한 이해에 새로운 관점을 제시하고 있다. 김희태와 권영덕(2007)은 또래들의 지원적 파트너십으로 인해 다문화가정 유아가 어떻게 변화·발전하여 가는지를 관찰·분석한 결과, 언어적 표현과 반응을 잘하지 못하던 대상 유아가 또래와의 상호작용으로 긍정적인 사회적 상호작용의 변화를 보였고, 또래들은 대상 유아를 사회적 놀이 파트너로 수용하게 되었다고 보고하였다. 즉, 다문화가정 유아의 사회적 기술은 향상되었고 사회적 유능감도 증가되었다고 보고하였다. 또한 다문화 아동과 일반아동간의 발달수준의 차이는 학령기 아동의 나이가 증가할수록 언어와 심리사회적 적응 모두에서 줄어든다는 연구도 있다(박주희·남지숙, 2010).

그동안의 많은 연구들이 다문화가정의 어머니를 중심으로 그들의 자녀관계와 적응 양상을 질문지 형식의 양적 연구로 주로 다루어왔으나, 실제적인 아동들의 생활을 살펴보기 위해 직접 인터뷰를 하는 경우는 많지 않았다. 본 연구에서는 다문화 가정의 아동들을 심층 인터뷰를 통해 그들의 가정생활과 학교생활에서 나타난 모습들을 분석하여 논란의 중심에 서 있는 다문화 가정 아동들의 적응의 실제 모습을 살펴보고자 하였다.

3. 연구방법

본 연구는 다문화가정의 자녀, 초등학교 학생들을 대상으로 그들의 가족생활과 학교생활에서의 경험을 현상학적으로 이해하고자 하였다. 현상학적 접근이란 동일한 현상을 경험한 개인들을 대상으로, 그 경험이 가진 핵심을 심층적으로 이해하려는 철학적 관점이자 방법이다(van Manen, 1990). 개인의 생생한 경험을 통해 특정 현상의 본질을 도출하기 위해 그 현상에 대한 개인의 인식과 의미 등이 중요하다. 연구자는 이들의 의미를 재구성하는 경험을 알아보고자 질문들을 사용하였다.

(1) 연구 참여자

본 연구의 참여자들은 인터뷰에 응한 다문화가정의 자녀 초등학생

15명이며 일반적 특성은 〈표 1〉과 같다. 연구자들의 일반적인 특징을 살펴보면, 남아가 9명이었고, 여아는 6명이었다. 학년별로 보면, 2학년 학생이 3명, 3학년 학생은 4명, 4학년은 2명, 5학년은 4명, 6학년 2명이었다. 국적별로 살펴보면, 필리핀 어머니를 둔 아동이 7명, 일본 국적의 어머니를 가진 학생은 4명, 태국 국적의 어머니를 가진 학생이 4명이었다.

(2) 자료 수집

본 연구의 자료수집 방법은 질적 연구 방법의 하나인 인터뷰이며, 이러한 인터뷰의 목적에 대해 van Manen(1990)은 인간 현상에 대해 보다 깊이 있고 풍부한 이해를 하기 위한 수단과 경험의 의미에 대해 인터뷰 대상자와 좌담식의 관계를 성립시키는 수단으로 경험적이고 화법적인 자료를 수집하고 조사하는 방법이라고 설명하였다.

인터뷰를 하기 위한 참가자들과의 만남은 경기도 연천군에 있는 여성복지 회관의 상담 선생님으로부터 소개를 받고 이들로부터 또 다른 이들을 소개받는 눈덩이 표집 방식으로 이루어졌다. 인터뷰를 시작하기 전에 비밀 보장과 익명성을 설명하였다. 인터뷰 기간은 2009년 10월부터 12월까지 실시하였으며, 주로 주말을 이용하여 참가자의 집이나 여성복지회관의 상담실에서 15분에서 25분 정도 인터뷰 하였다.

참가자들과 라포 형성을 위해 집단 상담 프로그램을 실시하는 날에 참관하여 얼굴을 익히고 다과와 식사를 같이 하여 친밀함을 도모하였다. 그 후 프로그램 시작 전이나 종료 후의 시간을 이용하거나 참가자의 집을 방문하여 인터뷰를 실시하였다. 대부분의 참가자들은 인터뷰에 무리 없이 응하였으나 개인 성향과 표현 정도에 따라 인터뷰의 시간은 차이가 있었다. 특히 연구 참여자들이 초등학교 학생들이라 자신의 이야기를 자연스럽게 전개해 나가기보다는 연구자의 질문에 답하는 반구조적 면접으로 실시되었다. 연구자는 참여자들에게 녹음기 사용을 설명하고, 참여자의 허락 하에 인터뷰의 전 과정을 녹음하였으며, 구술 자료를 필사본(text)으로 옮겨 분석 자료를 마련하였다.

<표1> 연구에 참여한 다문화가정 아동의 일반적 특성

사례	이름	성별	학년	어머니 국적
1	김○○	여	3년	필리핀
2	최○○	여	4년	일본
3	전○○	남	5년	필리핀
4	김○○	남	6년	필리핀
5	김○○	남	3년	필리핀
6	원○○	여	5년	필리핀
7	원○○	여	3년	필리핀
8	정○○	남	6년	일본
9	정○○	남	5년	일본
10	백○○	남	2년	일본
11	한○○	여	4년	태국
12	한○○	여	3년	태국
13	전○○	남	5년	필리핀
14	한○○	남	2년	태국
15	김○○	남	2년	태국

(3) 자료 분석

본 연구에서는 van Manen(1990: 172-173)의 연구방법에 따른 분석과정을 거쳤으며, 각 단계를 세부적으로 나타내면 다음과 같다. 먼저 현상에 대한 텍스트의 주제적 측면을 드러내기 위해 전체론적 접근법과 선택적 접근법을 적용하여 글 읽기를 하였으며, 이를 위해 모든 인터뷰 원문에 대한 거듭된 숙독을 실시하였다. 전체론적 접근법을 통해 전체로서의 텍스트에 주목하면서 어떤 핵심어구가 전체로서의 기본 의미나 주된 의의를 포착할 수 있는지 살펴보았다. 또한, 선택적 접근법을 통하여 경험의 핵심이자 생동감 있는 경험의 구조로 포착된 주제(theme)를 어떤 진술이 본질적인 의미를 기술하는지 살펴보았다. 즉, 인터뷰 원문에 드러난 주제는 원문 전체의 기본적이고 주요한 의미를 해석함으로써 선별되고, 그러한 경험들을 대표하는 필수적인 구절들을 선택하였다.

4. 연구결과

본 연구결과는 다문화 가정의 아동들이 그들의 가정 경험과 학교 경험을 중심으로 국제결혼 이주여성, 외국인을 엄마로 두고 있는 다문화가정 아동의 관점을 통해서 그들의 생활을 현상학적으로 이해하고자 하였다. 먼저 연구 참여자들은 자신이 초등학생으로서 가정생활과 학교생활의 경험을 어떻게 이해하고 있는지 알아보고, 그들이 국제결혼 이주여성을 어머니로 둔 다문화가정의 자녀라는 사실을 어떻게 인지하고 있는지 조사하고자 하였다. 그런 다음 가정생활과 학교생활의 경험들이 자아지각과 연관이 되는지 고찰하고자 하였다.

(1) 가족생활 경험하기

연구 참여자들은 자신의 가족 구성원들을 잘 이해하고 있었는데, 엄마와 아빠의 관계, 조부모와의 관계, 동생과의 관계 등을 통해 자신의 위치를 파악하고 있었다. 그리고 같은 가족 내에서의 형이나 언니의 경우는 동생보다 가족관계를 가족체계 속에서 이해하고 부모를 이해하려는 노력을 엿볼 수 있었다. 그러므로 그들의 또래집단과 달리 부모에게 바랄 수 있는 욕구나 바람을 갖기 보다는 부모에게 바라는 특별한 욕구나 바람이 없다고 진술하고 있었다.

할머니랑 엄마 동생이랑 살고 있어요. 아빠는 돌아가셨고요. 가족이 별
로 말을 안 해요. 엄마한테 바라는 건 없어요, 엄마가 일을 나가서 늦게
오시고 힘드시니까. (정○○)

엄마 아빠랑 지내는 시간이 별로 없어요. 엄마와 아빠가 늦게 오셔요.
(가족 간의 불편하거나 어려운 것, 또는 바라는 것 없나요?) 없어요. (부
모님한테 불만인 것 없어요?) 네. (김○○)

(엄마 아빠 나이 잘 알아요?) 잘 몰라요… 아빠는 50대, 엄마는 40대…
엄마 아빠 다 일하셔서 같이 지내는 시간이 많지 않아요. 엄마는 할머니
간호일 때문에 엄마 일이 밀려서 더 늦게 오셔요. 엄마 아빠 사이는 좋긴
좋은데 어떤 때 좀 싸우셔요. 엄마 아빠가 힘든 것 같아서, 벽돌 같은
거 해서 힘들게 일하시니까 엄마 아빠한테 바라는 거 없어요. 밥은 차려
져 있고 반찬 같은 건 제가 해먹으면 되니까 살면서 큰 어려움은 없어요.
(김○○)

할머니랑 아빠와 동생 둘이서 살아요. 아빠는 출장을 자주 가시니까…
일주일에 두세 번 정도는 할머니가 일 나가셔서 저희가 해요. 할머니는
쓰레기를 줍는 거요. (한○○)

다문화가정의 아동의 환경에서 자주 언급되는 것이 경제적 어려움이
다. 이들 가정의 부모들은 대부분 경제적으로 풍족하지 않은 상태였고,
농사를 짓거나 가축농장을 하더라도 부부가 같이 일을 하는 경우가 많
았으며, 남편이 농사를 짓더라도 부인은 근처의 김치공장이나 축산품
공장 등의 생산시설에서 일하는 경우가 많았다. 부모의 사회경제적 상
태와 자신에 대한 태도가 이민자 가정 아동의 적응과 밀접한 관계가 있
다는 연구결과(Bowman & Overman, 2004)에서 지적했듯이 다문화가정

의 경제적 어려움은 아동의 적응에 일반아동과는 다른 영향을 미칠 것
이라고 보았다. 즉, 연구 참여자들이 진술하였듯이 부모가 일을 하는
경우가 많았으므로 부모와의 대화 시간이 많지 않았고, 자신들이 식사
와 동생을 돌보는 일을 도와야 하는 경우가 많았다.

> ○○는 할머니랑 살아요. 엄만 요기에서 살고 저는 저기 살고. 예전에 거
> 기서 태어나고 여기 몇 달 있다가 알아 볼 때부터 할머니 집에서 살고
> 있어요. (전○○)

> 엄마보고 싶어요. 제일 바라는 것이 엄마가 자주 오는 거야? 네. 힘들
> 때는 친구들이랑 노는 생각해요. 엄마 바빠서…… 전화 해 봤는데……
> (한○○)

> 엄마가 예전에는 일본사람이라고 놀리고 했는데, 이제는 애들이 부러워
> 하고요… 예전에 할머니는 나쁘다고만 했어요. 저한테는 잘해주셨는데,
> 할머니가 치매 걸려서… 예전에는 엄마한테만 뭐라고 하셨는데, 욕하고
> 그랬는데 이제는 할머니가 시어머니했어요. 지금도 다 싫어해요. 어려운
> 관계는 없고 다 친해요… (최○○)

> 안 싸웠으면 좋겠어요. 누구랑? 할머니랑 엄마랑 아빠랑 엄마랑이요 할
> 아버지랑 엄마랑 그리고 할아버지랑 할머니랑 엄마가 할아버지 할머니
> 한테 말대꾸를 심하게 해서 그렇구, 엄마 아빤 몰라요. 싸움을 말릴 생각
> 을 하는데 그냥 안 해요. (김○○)

부모들의 상황을 이해할 뿐만 아니라, 가족 내의 갈등도 인식하고 있었
는데-자신의 엄마와 시댁 간의 갈등, 고부간의 갈등 등을 구체적으로
알고 있었다. 실제로 아동들의 이야기를 들으면서 고부간의 갈등으로
인해 아동이 할머니와 어머니 사이에서 정신적으로 힘들어 하는 경우도

있었다. 할머니가 아이를 키우면서 어머니와 공간적으로 분리되어 할머니 집과 어머니가 있는 집으로 왔다 갔다 하는 경우도 있었다. 그러한 갈등의 원인을 자기 나름대로 생각하면서 가족 내에서 자신의 적절한 역할을 통해서 가족관계를 유지하려고 노력하는 것으로 보였다.

> 숙제할 때 제가 모르는 것 물으면 엄마도 외국인이라 몰라가지고요, 가끔씩 컴퓨터를 이용할 때가 많아요. 가족과는 사이가 좋은데, 엄마는 안 혼냈으면 좋겠어요. 시험 못 볼 때 너무 화내요. 맨날 동생과 함께 놀아요, 몰라요, 차별해요. 옛날에 둘째 큰아빠가 어떨 때 자주 돈 달라고 했어요. 아니요 지금은 돌아가셨어요. 그런데, 그렇게 많이 하면, 그 둘째 큰아빠가 너무 미웠어요. 그 둘째 큰아빠네 가족 빼고 다른 가족들이 도와줬어요. 지금은 행복해요. (원○○)

> 엄마랑 조금 말이 안통해요. 드라마가 나오면 제 이름이 뭐냐? (원○○)

다문화 가정의 아동들은 초등학교에 다니게 되면서부터 한국어 실력이 나아지므로 의사소통이 훨씬 원활해지는 반면, 어머니의 한국어 능력은 아동만큼 높지 않으므로 드라마나 주변의 상황에 대한 것들을 어머니들이 아동들에게 묻는 경우도 많았다. 또한 학교 준비물이나 숙제 등에 관해 부모에게 도움을 청하고 싶지만, 엄마도 잘 모르기 때문에 어려움이 있다고 이야기 했고, 인터넷을 통해 지식을 검색하게 된다고 하였다. 앞서 논의했듯이(구효선·최진선, 2007; 서현·이승은, 2007), 언어발달의 지연과 의사소통에 제한을 받아 학업성취나 정서적으로 어려움을 보일 수 있음을 암시한다고 하겠다.

(2) 학교생활 경험하기

아동들의 학교생활은 즐거운 것으로 나타났지만, 학교 수업의 진도를 따라가는 것은 대부분 힘든 것으로 나타났고, 그로 인해 미술, 음악, 체육 등의 과목은 선호하나 사회와 같은 구체적 역사적 맥락을 가지는 과목이나 논리적인 생각을 필요로 하는 수학과 과학 과목에 어려움을 나타내고 있었다. 또한 일부 초등학교 저학년 학생은 아직도 읽기에 대한 어려움을 나타내고 있었다.

보통이에요. 어렵지도 않고 쉽지도 않아요. 말하는 거 힘들어요. 평소에 말을 잘 안 해서…… (정○○)

학교 생활은 좋은 것 같아요. 친구들하고 말하니까. 수업은 재미있는 것도 많은데 하기 싫은 것도 있어요. (재미있는 것 뭐예요?) 체육이요. (제일 어려운 과목은 뭐예요?) 국어요. 국어랑 사회요. 어려워요. 귀찮은 게 아니고 잘 안 외워져요. (정○○)

학교생활 너무 무서워요. 선생님이 저한테 잘못도 없는데 애들 때문에 어제 다 혼나서 무서워요. (김○○)

수학이 좀 어려워요. (김○○)

학교 생활 재미있어요. 어… 체육이 재밌어요. 미술도 좋아해요. 공부하는데 어려움은 없어요. 수학이 좀 어려운 게 많은 것 같아요. (김○○)

학교 생활은 재미있어요. 좋아하는 과목은 국어고요, 제일 어려운 과목은 사회나 과학… (최○○)

학교생활은 평범해요. 수업은 쉬워요, 그런데 시험은 어려워요. 공부는 따라하는 건 괜찮아요. 확실히 사회랑 수학은 어려워요. 사회는 옛날 복잡한 것 막 있어서 모르겠고요, 수학은 공식을 잘 모르겠어요. (원○○)

수업은 좋은 것 같아요. 어려운 거하고 잘 모르는 거요. 따라 하기 불편하고요… 약분이 어려워요. 수학도 어렵고 사회도 어려워요. 1학기에는 경기도의 생활이었는데, 지금은 회사 그런 거인데… 어려워요. 또 책을 읽을 때 읽었는데, 이해가 안갈 때 어려워요. 미술은 좋아요. (한○○)

(학교생활 중 제일 재미있는 거요?) 그림그리기, 책읽기, 공부… (백○○)

학교생활에서 수업을 따라가기 힘들거나 어려운 과목들이 있지만, 아동들은 친구들을 만나 이야기하고 활동을 같이 할 수 있는 것에 만족하는 것으로 보였다. 그리고 공부 자체에 대한 흥미가 없기 보다는 한국어에 능숙하지 않고 공부에 대한 도움을 많이 받지 못하는 것으로 인해 수업에 어려움을 나타내는 것으로 보였다. 일단 읽기에 자신을 가진 학생은 말하기와 수업을 따라가는 것이 크게 어렵게 느끼지는 않은 것 같지만(오성배, 2005), 그래도 방과 후 학습이나 도움을 받으면 좋을 것이라고 하였다.

학교생활요? 그냥 별로… 어떨 때는 좋고 어떨 때는 별로예요. 다양할 때는 좋고 싸울 때는 싫고…(학교수업은 어때요?) 공분데, 뭐… 재미없어요. 수학은 좀 관심 있어요, 도형문제 이런 거? 재미난 거요? 아… 체육이요. (전○○)

(학교 생활은 어떤가요?) 좋아요. 친구들을 만나서 놀아요. 얘기도 하고… (학교수업은 어떤가요?) 싫어요. 너무 많이 해요. 공부를… 달리기는 좋아요. 국어는 잘 안 읽어져요. 어려워요. (그 외 어려운 점은 없어?) 친구들이 안 놀아주는 거. (김○○)

학교수업보다 동생하고 노는 것이 더 재미있어요, 학교수업은 어려운 것도 있고 쉬운 것도 있고 그래요. 음 국어가 쉽고요, 수학은 어려워요. 사회도 아니고… (김○○)

　처음에는 많은 인터뷰 대상자들이 학교생활이 괜찮다고 말하거나 수업이 느리다고 말할 때는 아동들이 수업에 어려움이 없는 것이라고 생각하였다. 그러나 좋아하는 과목을 말하라고 하였을 때 대부분의 아동들은 예체능 과목들을 좋아하는 과목으로 선택하였다. 많은 아동들이 예체능 과목을 선호한다는 것을 듣고 그들이 가진 생활상의 느낌과 정서를 표현하기 쉬운 과목이라 좋아하는 것으로 추측하였다. 인터뷰 내용을 정리하면서 생각한 결과, 다문화 가정 아동들은 어머니보다는 한국어를 능숙하게 말할 수 있으나, 학교 수업이나 교과목의 내용 이해를 필요로 하는 다른 교과목은 어렵게 느낄 수 있기 때문이다. 실제로 두 명의 학생을 제외하고는 학습의 어려움을 호소하는 경우가 많았다.

　　선생님이 저를 많이 도와주시는 것 같아요. (배려를 해 주시는 것 같아?) 네. (친구들과의 관계는 어떤가요?) 저희 반만 하는 특별한 놀이가 있어요. 발표해서 지거나 이기면 점수가 제일 높은 사람이 제일 낮은 사람한테 뿅망치 같은 거로 때려요. (한○○)

　　선생님이요, 잘 해주는 것 같아요. (모르거나 힘든 거 이야기한 적도 있어요?) 네. (한○○)

　　선생님이 저를 자랑스러워하는 것 같아요.(어떤 면에서?) 일기장 쓸 때요. 일기장 끝에 자랑스럽다라고 써 주세요. (선생님이 친절한 것 같아요?) 네. (백○○)

　　(선생님이 원래 친절하세요?) 저한테만 거의… 애들이 저만 갖고 놀리거든요. (전○○)

　선생님과의 관계에 있어서도 선생님의 개인적인 차이는 있을 수 있지만, 인터뷰 내용을 분석하면서 아동들이 다문화 가정 자녀라는 이유만으로 특별히 다른 대우를 받기 보다는 다른 학생들과 동등하게 대한다고 느끼는 아동들이 많았다(구수연, 2007). 다문화가정 아동들에 대한 교사의 배려와 태도에 관한 질문에 대부분의 아동들은 아주 간결하게 응답하였다. 이는 다문화 가정 아동들과 교사들과의 친밀한 관계가 많지 않다는 것을 추측하게 하였다. 사실, 한 명의 학생들을 제외하고는 교사와의 관계는 일상적인 수준의 상호작용을 하고 있다고 생각되었다.

(선생님과의 관계는?) 몰라요. (잘해주시는 거 같아?) 네. (한○○)

(선생님과의 관계는?) 괜찮아요. (김○○)

(선생님과의 관계는?) 친해요. (정○○)

(선생님은?) 다른 애들하고 똑같이 대하세요. (김○○)

(선생님은?) 음… 다 신경 써 주시는데요? (김○○)

선생님이 잘 해 주셔요. 친절하셔요. 네, 찾아 오셨어요. 평소 학교에서 친절해요. (최○○)

선생님은 편한데 제가 잘 못해요. (원○○)

많은 연구들에서 이미 지적하였듯이 다른 나라의 연구에서도 소수민족 학생의 적응을 촉진하는 가장 강력한 특징의 하나는 지원적인 학교 환경, 그 중에서도 교사–학생 간의 지원적이고 긍정적인 관계의 경험이라고 한다. 다문화가정의 아동들이 가질 수 있는 소외감으로 인해 주변을 맴도는 그들에게 교사의 관심과 인정은 고립감을 극복하고 자신을 되찾게 하는 힘을 발휘하게 할 것이다. 실제로 담임선생님이 자신에게 관심이 있으며 칭찬을 했다고 인식하고 있는 아동은 적응도 잘하고 있었다.

> 친구들하고 사이가 좋은 편이예요. 서희랑 채연이랑 보아는 단짝 친구예요. 나한테 많이 도와주고 항상 웃어주고… (한○○)

> (친구들과의 관계는 어떤가요?) 보통이예요. 좋긴 좋아요. 친구들이 자주 재밌는 거 얘기 많이 해 줘요. 동화 같은 거… 단짝 친구 한 명 있어요. (한○○)

> (친구들 많아요?) 네. 같은 반에 7명이 있고요… 1학년 때 같은 반 황금노을. 자전거 타면서 아니면 술래잡기 아니면 팽이치기. (백○○)

> (친구들과의 관계는?) 좀 나쁜 편. 같은 반만요. 거의 다 저거 저거 하니깐요. 싸우기도 하고 같은 반이니까. 걔네들이 먼저 싸움을 걸어요. 그냥 재수없다고. 단짝 친구는 거의 없어요. (학교 가면 외롭지 않아요?) 아니요. 아, 그냥 핸드폰으로 여친하고 전화도 하고… 학교에서 어려운 것은 친구들 사이… 친구들은 있긴 한데, 학교 폭력…? (전○○)

> (친구들과의 관계는 어떤가요?) 쪼끔 싫어요, 안 놀아줘요. 친한 친구 빼고. 단짝 친구는 4명. 공부를 못해서 안 놀아주는 것 같아요. (한○○)

> 친한 친구 세 명이요. (김○○)

친구들과의 관계에 있어서도 단짝 친구가 있는 경우가 많았으며 친구들과 지내는 시간을 매우 의미 있게 생각하고 있었다. 학교생활이나 학교 수업을 하는 것이 어렵거나 힘들더라도 학교에서 만나는 친구들과의 시간은 매우 소중하게 생각하고 있었다. 그러므로 단짝 친구의 이사, 멀어짐과 놀림 등은 아동들에게 마음의 짐으로 느껴지고 있었다. 친구들이 보여주는 미소나 들려주는 이야기 등에서 즐거움을 느끼고 있었다. 또한 남자 아동들은 학교에서 친구들과의 운동과 함께하는 놀이 등을 통해 갈등관계를 해소하고 있었다. 그리고 가정이나 학교에서 적응이 어려웠던 친구는 이성 친구를 통해 위로를 받으며 어려움을 이겨내고 있었다.

평소에 말을 잘 안 해서… 친한 친구가 전학 가서 좀… 다른 친구가 있긴 한데 별로 안 친해요. (정○○)

맨날 노는 애들이요? 2명이요. 축구랑 게임해요. 같이 놀아요, 마음이 맞아요. (정○○)

친구들은? 어떤 한 명은 운동 못한다고 저 때리고… 네, 나머지 학생들은 친구가 잘 되어 주었는데 어떤 때는 저한테 막 놀려요. 겁쟁이라고. 저도 몰라요. 자동적으로 놀려요. 같이 축구도 하고 놀아요. (김○○)

다른 애들과 비슷해요. 여자 애들은 안 친한데 남자 친구들이 더 많아요. 여자애들은 여자애들끼리 노니까. (김○○)

친한 친구요? ○○, ○○, ○○, 또 있는데 이름을 까먹었어요. 이렇게 4명이예요. 같이 놀아요. (김○○)

제일 친한 친구는 세 명이예요. ○○도 있고요… 그냥 친하게 친해요. 예전에는 사이가 좋았는데, 엄마가 트집을 잡아요. 네, 공부같이 하고 놀기도 같이 하고… ○○가 있었는데요. 예전에는 욕하고 나쁜 말을 많이 했어요. (최○○)

친한 친구 많아요, 단짝 있어요. 세 명이요. 이학년에 만났어요. (원○○)

다문화가정의 아동으로서 친구들에게 놀림을 받거나 따돌림의 경험을 가진 친구들도 많았다. 친구들에게 외모나, 억양, 또는 어머니의 모습이 다르기 때문에 놀림을 당한 적이 있다고 이야기 했고, 특히 어린 시절에 그런 경우가 많았다고 하였다. 표현을 구체적으로 하지는 못했지만, 자신이 다른 아동들과 다름에 대한 인식을 하고 친구들이 자신들에게 다르게 대하는 태도를 이해한 아동들은 따돌림이나 차별의 이유 없음을 인식하고 있었다(이영주, 2007; 조영달, 2005). 하지만 어린 나이인 경우는 약간의 원망을 가지고 자신이 겪는 차별에 대한 문제의식을 이야기하였다. 그러나 단짝 친구와 또래 관계는 정서적인 지원을 제공하고 동일감을 갖게 하여 적응에 긍정적으로 기여하고 있는 것으로 나타났다(김희태·권영덕, 2007).

(3) 자기모습 이해하기

연구에 참여한 아동들은 보통 자신에 대한 지각을 긍정적으로 하는 편이었고 보통이거나 잘 모르겠다고 말하기도 했다. 일반적으로 인지능력에 대해서는 대부분 보통으로 말하고, 외모에 대한 자신감은 자신이 없거나 보통이라고 말하였다. 그러나 자신이 잘 하는 분야나 과목에 대한 자신감을 표현하는 경우도 많았다. 특히, 많은 아동들이 신체건강에 대한 자신감과 운동−그 중에서도 달리기에 대한 자신감을 나타내는 친구들이 많았다. 일반아동들의 신체건강과 자아지각과의 관계를 비교할 수는 없지만, 다문화가정의 아동들이 느끼는 달리기에 대한 자신감은 생동감과 건강함으로 해석할 수 있겠다.

> 머리는 보통인 것 같아요. 모르는 것도 있고 또 부족한 것 같아요. 친구들이 저한테는 제가 친구들을 도와주니까 저한테 항상 고맙다고 해요. 외모요? 보통수준이에요. 제일 좋아하는 것은 잠자는 것밖에 없어요. (한○○)

머리는 보통…(왜?) 못해서… 몸은 보통이요, 100점 아래요, 70점이요. 시험 볼 때마다 모르는 문제가 많아서요. 어떨 때는 80점, 공부량은 50점 아래요… (한○○)

운동을 잘한다. 공부? 잘해요. 올백 맞았어요. (자신이 생각할 때 자랑스러워요?) 네. (백○○)

(머리는 좋은 거 같아?) 네. (어떨 때?) 달리기… (공부는 또?) 수학이요. (친구들이 좋아하는 거 같아요.) 모르겠어요. 한 90점이요. (한○○)

(자기 자신에 대해 자랑하고 싶은 거 있어요?) 없어요. (제일 좋은 점, 자신있다 그런 거 없어요?) 없어요. (정○○)

머리는 보통인데, 춤은 잘 춰요. 단짝 친구들은 좋다고 하고 나머지 학생들은 저를 이상하게 봐요. 처음에 초등학교 들어왔을 때 애들이 먼저 놀렸어요. 모습이 틀리다고. (김○○)

머리는 어떤 때는 나쁜 것 같기도 하고요… 음 시험 볼 때는 잘 할 것 같은데 많이 틀려요. 다른 사람들이 싫어하지는 않는 것 같아요. 그림 그리는 점에서는 괜찮은데 몸 같은 건 뚱뚱하니까 달리기도 못하고… (김○○)

자아지각은 사회적인 상호작용을 통해 형성되고 발달하므로(Harter, 1986) 가장 자신과 가까이 지내거나 중요한 대상들에 대한 반응과 상호작용에 의해 자신에 대한 가치를 규정지어 간다. 그러므로 다문화가정의 아동들의 자아지각은 그들에게 가까운 타인과의 상호작용이나 또래들의 반응을 통해 형성되어 갈 것이다. 즉, 그들이 또래 관계와 교사 관계 등 주변 사람들과의 관계에서 어떤 경험을 하였는가에 따라 긍정

적 또는 부정적 자아지각의 형성과 이후의 사회적 적응과 관계가 있다
(이영주, 2007).

> (장점은?) 선생님이 친구들하고 잘 지낸다고. 음…… 달리기를 잘해요.
> 별로 마음에 안 드는 것 없는데요? (김○○)

> 좋은 점은 달리기, 오래 달리기, 반에서 일등 했어요. 왕복 달리기……
> 저는 잘 모르겠는데, 공부 잘 한다고 하고요, 아빠는 노력을 많이 한대
> 요. 공부…… 훌라후프 잘해요. 점이 많아요. 엄마가 빼 준대요. 잘 모르
> 겠는데요, 있긴 있는데, 지금은 생각이 안나요. 아요 예전에는 발표 자신
> 없었는데, 요즘에는 여기 상담 프로그램에서 자신 좀 생겼어요. 잘 할
> 것 같아요. (최○○)

> (자신의 좋은 점, 나쁜 점 있어요?) 축구 잘해요. 골은 많이 안 넣어 보고
> 수비하는 골키퍼예요. (머리는 좋은 것 같아요?) 네. 잘 하는 것도 있고
> 못하는 것도 있어요. 운동 잘 하는 면에서 자랑스러워요. (정○○)

> 어 모자란 점은 공부를 복습을 안 하고요, 잘하는 점은 애들 맨날 웃겨
> 주는 거랑…… 공부 그래도 못해도 열심히 하는 것이요…… 머리요? 머리
> 는 뇌는 보통이예요. 남자 애들 빼고…… 여자 애들은 좀 좋아하는 것 같
> 아요. 달리기는 못해요. 다른 것은 모르겠는데, 달리기는 항상 꼴찌예요.
> 어…… 열심 하는 거랑 오카리나 잘 부는 거요. (원○○)

> 웃긴다는 것…… 좀 까먹어요. 외모는 자신이 없어요. 친구랑 같이 얘기
> 하고 그러는 것…… (원○○)

학령기 아동은 자신을 유아기보다 더 정확히 지각하게 되며, 자기를
안정적으로 기술한다고 한다. 다문화가정 아동들의 자신에 대한 태도와
자신에 대해 기술하는 내용을 들으면서 자아지각이 긍정적이기보다는

자신에 대한 표현이 조심스럽고 자신이 없음을 알 수 있었다. 즉, 이들의 자아지각의 형성에 이전의 경험이 영향을 주었을 것이다. 만일, 타인과의 상호작용의 경험이 긍정적이었고 부정적 생활사건이 적었다면 다문화가정 아동의 자아지각은 보다 긍정적일 것이며 세상에 대한 태도도 긍정적이었을 것이다. 그러므로 그들이 주변과 사회에 대한 긍정적 경험을 많이 할 수 있도록 지원해야 할 것이다.

(4) 장래희망 말하기

자신의 장래희망에 대해 이야기 하라고 했을 때, 자세히 설명하는 아동이 있는 반면, 한참을 생각한 후에 장래희망이 있다고 이야기하는 아동도 있었다. 아동들의 장래희망은 자신의 생활 속에서 경험한 아쉬움과 채워지지 않은 바람들이 승화된 경우가 많았다. 자신의 부모나 친척이 아프고 그 이후에 그들이 세상에서 떠난 경험이 간호사나 의사, 남을 돌보는 직업을 의미 있게 바라보도록 하였다.

> 간호사요…… 유치원 때 아팠을 때 병원에 가잖아요. 제가 주사 맞고 그랬을 때 아팠어요. 근데 다음에 나았을 때 내가 사람들을 고쳐주고 싶다는 생각이 들었어요. (한○○)

> 의사가 되고 싶어요, 아빠가 아픈 걸 보고 되고 싶었어요. (정○○)

> 어른 때요? 가족을 지키는 일…… 유치원 때부터요. 친척 중에 많이 돌아가셨어요. (다른 꿈은 없어요?) 네, 아 꿈이요…… 군인이요. 담임 선생님이 죽어가는 사람이 많다고 산소가 많이 생긴다고 해서 지키고 싶어요. (김○○)

> 동물조련사요, 티비에서 봤는데요… 그 꿈이 되고 싶었어요. 동물이랑 같이 동물을 교육시키잖아요. (한○○)

공부 잘 하는거. 태권도 사범님, 태권도 사범님은요, 잘 해주고 친구들을 사귀게 해 줘요. (한○○)

(하고 싶은 것은?) 꿈이요…… 예전에는 있었는데, 지금은 없어요. 예전에는 선생님이었다가 아나운서였다가 요리사였다가, 디자이너였다가 미용사였다가…… 한 살 먹을 때마다 바뀌어요. 네, 지금은 없어요. 엄마가 아직은 안 해도 된대요. 크면 알아서 생긴데요. (최○○)

오카리나 선생님,,, 네, 작년에 오카리나 처음 배웠는데, 어…… 오카리나 배울 때부터 재미있어서, 컴퓨터에 오카리나라고 썼는데, 어떤 아저씨가 나와서 오카리나를 부는 거예요. 근데 너무 멋져 보여서…… 선생님 되고 싶어요. '언제나 몇 번이라도' 영화 센과 치히로의 행방불명요, 엔딩 곡이요. 애들이 다 좋아해요. (원○○)

다문화 가정의 아동은 자신이 타인과 긍정적인 관계를 맺거나 긍정적인 경험을 하게 된 경우, 그러한 긍정적 관계의 사람이나 경험이 하고 싶은 일이나 되고 싶은 사람이 장래희망이 되었다. 또한 그들의 연령대에서 흔히 볼 수 있듯이 방송매체, 책과 주변의 인물을 통해 부럽거나 좋아 보였던 경우도 장래 희망으로서 바라고 있었다.

우주비행사, 축구선수. 과학책을 많이 읽어서…… 축구를 많이 하고요 축구에 관심 있어서요. (백○○)

꿈은 프로게이머, 또 있었는데 까먹었어요. (왜?) 컴퓨터를 주로 사용하니까. (전○○)

경찰관이나 소방관이요. 멋있어요, 하는 일이요… (정○○)

화가, 그림 그리다보니까 잘 그려서…… (김○○)

만화가요, 만화가 재미있으니까. (김○○)

가수가 되고 싶어요. 좋아하는 가수 샤이니예요. (원○○)

5. 논의

본 연구는 경기도 한 지역의 다문화가정의 초등학교 아동 15명들을 대상으로 반구조적인 질문들을 통해 그들의 일상생활–가정생활과 학교생활의 모습들과 그들이 가진 생각들을 분석해 보았다. 연구 참여자들은 다문화가정의 초등학교 학생들로서 자신들이 외국인 어머니를 둔 보통의 아동들과는 다른 가정의 자녀라는 것을 인식하고 있었으며, 어린 시절부터 그러한 차이로 인한 관계의 어려움도 알고 있었다.

그들의 가정생활은 경제적 어려움과 함께 가족들과의 보내는 시간이 많지 않은 것으로 나타났고, 부모님들을 대신하여 가사노동을 하는 경우도 있었다. 그러므로 가족 간의 대화시간과 상호작용의 양이 많지 않아 자신의 의사를 표현하거나 상대방과 대화하는 것을 어렵게 생각하고 있었다. 실제로 인터뷰를 하는 과정에서 질문에 간단한 '예'와 '아니오'로 대답하는 경향이 많았다. 즉, 다문화가정 아동들의 언어 능력이 또래의 아동들보다 떨어진다고 지적하는 연구들이 많았는데(서현·이승은, 2007; 김혜경·조성연, 2002; Brooks-Gunn, et al., 1996) 이는 다문화가정 아동들의 문제라기보다는 다문화가정 아동을 둘러싸고 있는 생태학적 환경으로 인해 파생된 결과라고 볼 수 있겠다.

또한 많은 연구들(구효진, 2009; 전혜정 외, 2009; 조영달, 2005)이 다문화가정 아동들의 사회정서발달에 대한 우려를 지적하고 있는데, 다문화가정의 아동들이 소극적이거나 불안과 위축된 행동을 보이는 경우가 많다고 보고하고 있다. 인터뷰에 응한 대부분의 아동들이 친구관계와 자기표현에 어려움을 갖고 있었고, 서로 대화를 주고받는 것도 힘들어하는 친구도 있었다. 실제로 인터뷰에 응한 친구들 중에는 그 지역의 상담 프로그램에 참여하면서 자신이 행복해졌다고 말하는 아동들이 있었다.

한편 아동기가 자신의 능력에 대한 긍정적 믿음이 발달하는 중요한 시기이며, 이 시기의 긍정적 자아 지각은 이후의 사회·정서문제와 행동문제를 예방할 수 있다고 한다. 또한 아동기의 자신에 대한 긍정적 지각은 성인기 이후의 긍정적 자존감을 예측한다고 한다(Cole, 1991; Harter, 1986). 그러한 의미에서 다문화가정의 아동들이 자신에 대한 부정적 경험을 줄일 수 있도록 배려하고 긍정적 경험을 제공하고자 하는 사회적인 지원이 필요할 것이다.

인터뷰 내용을 분석한 결과, 본 연구 참여자 15명 중 일부는 가정생활과 학교생활 모두에서 적응을 잘 하고 인지적으로나 사회·정서적으로 안정되어 있으며 초등학교에서의 학업성취도 높은 것으로 나타난 아동도 있었다. 이러한 결과는 사회경제적 지위가 안정되고 어머니의 교육 정도와 양육태도에 따라 아동의 적응에 차이가 나타날 수 있다는 다른 연구 결과(Aroian, et al., 2009; De Feyter & Winsler, 2009; Mistry, et al., 2008)와 일치하는 것이다. 실제로 그 아동의 가정은 경제적으로 안정된 공무원 아빠를 두고, 한국어를 열심히 공부하고 도서관을 자주 이용하는 어머니를 가진 아동이었다. 그러므로 다문화가정 아동의 부모가 결혼 이민자라는 단순한 환경보다는 아동을 둘러싸고 있는 생태학적 환경, 부모-자녀 관계와 아동의 발달 수준에 따라 긍정적인 적응 정도에 차이가 나타날 것이다.

그러나 본 연구는 경기도의 한 지역의 다문화가정 아동들의 가정생활과 학교생활에서의 경험을 중심으로 인터뷰하였기 때문에 다문화가정 아동들을 일반화하기에는 무리가 있을 것이다. 아동들의 구체적인 생활경험들을 통한 진술이므로 본 연구의 해석내용들은 앞으로의 다문화가정의 자녀들, 나아가 다문화 가정 아동들의 접근에 필요한 밑거름이 될 것으로 본다. 그러므로 앞으로의 연구는 전국에 다양하게 분포되어 있는 다문화 가정의 포괄적인 대상으로 연구가 진행되어야 할 것으로 본다. 또한 인터뷰를 통한 그들의 구체적인 경험을 파악하는 것도 의미는 있으나 이들의 직접적인 생활 현장에서의 적응 정도를 확인하기 위해서는 부모들의 평가와 학교 현장에서 보다 구체적으로 관찰된 교사들의 평가도 조사된다면 더 의미 있는 연구가 될 것이다. 최근의 연구 경향과 더불어 부모와 자녀의 상호작용, 교사와 상호작용 등을 통한 적응의 과정적 모습을 파악하는 연구도 필요할 것이다.

이 글은 2009년도 정부재원(교육과학기술부 인문사회연구역량강화사업비)으로 한국연구재단의 지원을 받아 수행된 연구(KRF-2009-371-B00045)로 2009년 11월 2-3일 한양대학교 여성연구소 주최로 한양대학교에서 〈Globalization, Migration, and Change of Women's Lives〉 주제로 개최된 제2차 "젠더, 사회, 문화" 한양대-샨시대 심포지엄에서 발표되었으며 *Comparative Korean Studies* 19권 1호(2011년 4월 30일 발행)에 게재했던 논문을 수정·보완하여 수록한 것이다.

참고문헌

구수연, 「어린이집 생활을 통해 본 여성 결혼 이민자 자녀와 가정에 대한 이해」, 『열린유아교육연구』 12.5 (2007): 95-124.

구효진, 「농어촌 다문화가정 유아의 언어, 인지, 사회정서 발달수준과 공격성의 구조모형 분석」, 『유아특수교육연구』 9.3 (2009): 1-21.

구효진·최진선, 「농어촌 다문화가정 유아의 인지적 특성에 관한 연구」, 『열린유아교육연구』 12.6 (2007): 43-67.

김갑성, 「한국 내 다문화가정의 자녀교육 실태조사연구」, 『청소년문화포럼』 18 (2008): 58-93.

김혜경·조성연, 「가족형태에 따른 가정환경(HOME)과 유아의 사회, 정서적 발달」, 『한국가족복지학』 7.2 (2002): 3-16.

김희태·권영덕, 「다문화가정 유아의 유아교육기관에서의 적응과 변화과정」, 『미래유아교육학회』 14.4 (2007): 95-117.

류현주·김향희·김화수·신지철, 「다문화가정 아동의 조음능력 및 음운변동 특성」, 『음성과학』 15.3 (2008): 133-144.

문무경·조혜주, 「다문화가정 육아지원 방안연구」, 육아정책개발센터, 2008.

박경자·김송이, 「농촌지역 다문화가정 유아의 사회정서발달」, 『아동학회지』 28.5 (2007): 91-108.

박정숙·박옥임·김진희, 「국제결혼 이주여성의 갈등과 생활만족도에 관한 연구」, 『한국가정관리학회지』 25.6 (2007): 59-70.

박주희·남지숙, 「다문화 아동의 언어발달과 심리적 적응」, 『한국청소년연구』 21.2 (2010): 129-152.

보건복지부, 「국제결혼 이주여성 실태조사」, 보건복지부, 2005.

서현, 이승은, 「농촌지역의 다문화가정 자녀가 경험하는 어려움에 관한 연구」, 『열린유아교육연구』 12.4 (2007): 25-47.

설동훈, 김윤태, 김현, 윤홍식, 이혜경, 임경택, 정기선, 주영수, 한건수, 「국제결혼 이주여성 실태조사 및 보건·복지 지원 정책방안」, 보건복지부, 2005.

설동훈·이혜경·조성남, 『결혼이민자 가족실태조사 및 중장기 지원정책방안 연구』, 한국사회학회, 여성가족부, 2006.

오성배, 「코시안 아동의 성장과 환경에 관한 사례연구」, 『한국교육』 32.3 (2005): 61-83.

윤갑경·고은경, 「다문화적 배경을 가진 유아의 한국유아교육기관에서의 생활에 대한 질적 연구」, 『유아교육학회지』 26.2 (2006): 147-168.

이영주, 「국제결혼한 여성의 자녀에 대한 심리사회적 적응에 영향을 미치는 보호요인에 관한 연구」, 『한국심리학회지: 여성』 12.2 (2007): 83-105.

이재분·강순원·김혜원·이해영·서유미, 「다문화가정 자녀교육실태 연구: 국제결혼가족을 중심으로」, 한국교육개발원, 2008.

임진숙, 「다문화가족 어머니의 양육태도와 유아의 언어능력 및 사회적 능력 관계연구」, 전남대학교 교육대학원 석사학위논문, 2008.

전혜정·민성혜·이민영·최혜영, 「다문화 가정 유아기 자녀의 정서지능에 영향을 미치는 경로모형 분석」, 『대한가정학회지』 47.1 (2009): 55-63.

정주희, 「여성결혼이민자의 결혼만족도가 부모자녀관계에 미치는 영향: 우울감의 매개효과 검증」, 연세대학교 생활환경대학원 석사학위논문, 2008.

조영달, 「다문화가정 자녀교육 실태조사」, 교육부, 2006.

행정안전부, 「2010년 지방자치단체 외국계주민 현황」, 2010.

Aroian, Hough, Templin, Kulwicki, Ramaswamy & Katz. "A model of mother-child adjustment in Arab Muslim immigrants to the US." *Social Science & Medicine* 29.9 (2009): 1377-1386.

Bowman, G. D. & Overman, L. T. "Academic resilience in mathematics among poor and minority student." *The Elementary School Journal* 104.3 (2004): 177-193.

Bronfenbrenner, U.. "Ecology of the family as a context for human development: Research persepectives." *Developmental Psychology* 22 (1986): 723-742.

Brooks-Gunn, J., Klebanov, K. & Duncan, G. J.. "Ethnic Differences in children's intelligence test scores: Role of economic deprivation, home environment, and maternal characteristics." *Child Development* 67.2 (1996): 396-408.

Cole, D. A.. "Preliminary support for a competency-based model of child depression." *Journal of Abnormal Psychology* 99 (1991): 422-429.

De Feyter, J. J. & Winsler, A.. "The early developmental competencies and school readiness of low-income, immigrant children: Influences of generation, race/ethnicity and national origins." *Early Childhood Research Quarterly* 24.4 (2009): 411-431.

Harter, S.. "Process underlying the construction, maintenance, and enhancement of self-concept in children." In J. Suls & A. Greenwald. Eds. *Psychological perspectives on the self*. Hillsdale, NJ: Erlbaum, 1986, 137-181.

Mistry, R. S., Biesanz, J. C., Chien, N., Howes, C. & Benner, A. D. "Socioeconomic status, parental investments, and the cognitive and behavioral outcomes of low-income children from immigrant and native households." *Early Childhood Research Quarterly* 23.2 (2008): 193-212.

van Manen, M.. *Researching lived experience: Human science of an action sensitive pedagogy*. New York: The State University of New York Press, 1990.

제2부

아시아-태평양 지역의 이주와 트랜스내셔널리즘

국가권력의 형성과 재일조선인 디아스포라

－김석범의 「화산도」론

김종욱[*]

1. 망각의 역사와 기억의 복원

에르네스트 르낭은 「국민이란 무엇인가」에서 망각의 중요성을 언급한 적이 있다. 망각이야말로 "국민 창조의 본질적인 요소"라는 것이다.[1] 그가 말하는 망각이란 한 개인이 아니라 국민이라는 집단의 공식적인 기억, 곧 역사에서 소거된 것을 가리킨다. 역사적 사실이 은폐되거나 망각된 것은 학문적으로는 '오류'에 해당하지만, 현실적으로는 하나의 국가에 소속된 운명공동체로서의 '환상'을 형성한다는 것이다.

르낭의 이러한 언급은 해방 직후 한반도에서 진행되었던 '나라 만들기' 과정에도 그대로 적용될 수 있을 것이다. 38선을 경계로 두 개의 정부가 수립되는 과정에서 발생한 여러 역사적 비극들은 오랫동안 남북한의 공식적인 역사에서 망각되었다. 1948년 제주도에서 있었던 4·3사건 역시 마찬가지였다. 신생 독립 국가의 법적·제도적 토대를 마련할 제헌국회를 구성하는 과정에서 발생한 이 사건은 대한민국의 역사에서 은폐되고 배제되었던 것이다.

---

* 서울대학교 부교수

1) 에르네스트 르낭, 『민족이란 무엇인가』, 신행선 역, 책세상, 2002, 61.

그래서 국가의 역사에서 망각된 역사적 진실을 복원하는 것은 문학이 담당해야 할 몫이었다. 1970년대 중반 국내에서 현기영이 한 개인에게 남겨진 4·3사건의 상처를 탐구하기 시작했다면, 일본에서는 김석범이 4·3사건의 역사적 실체를 복원하기 시작했다. 김석범의 「화산도(火山島, カテゴリ)」는 1976년부터 1981년까지 『분가쿠가이(文學界)』에 처음 연재된 후 약 5년간 중단되었다가 1987년부터 1995년까지 제2부가, 1996년 9월까지 제3부가 발표되었다. 그리고 1997년 9월 분게이슌주(文藝春秋)에서 제7권이 간행되면서 연재를 시작한 지 20여 년 만에 완성되기에 이른다.

김석범의 문학 세계가 처음 한국에 소개된 것은 1970년대 초반이었다. 사상계 주간을 지낸 바 있던 지명관[2]은 해방 직후의 사회주의 활동이 한국 현대사에서 망각되어 왔음을 지적하면서 일본 문학에서 역사적 기억을 복원하고 있는 김석범의 문학에 의미를 부여한다. 하지만, 반공 이데올로기에서 벗어나지 못한 상황에서 4·3사건에 대한 관심은 불온시되기 일쑤였고, 김석범의 문학 역시 1980년대 중반에 이르기까지 이념적 금기지대에 놓여 있었다. 1987년 대통령 선거를 전후하여 4·3사건 진상 규명 문제가 사회적 쟁점으로 떠오르면서 비로소 소설집 『까마귀의 죽음』(소나무, 1988)과 장편소설 『화산도』(실천문학사, 1988)가 한국어로 번역되었고, 작가도 42년 만에 고국을 방문할 수 있었던 것이다.

지금까지 김석범의 「화산도」가 한국문학에서 관심을 끌지 못한 것은 4·3사건을 금기시했던 반공주의에 가장 큰 원인이 있을 것이다. 이와 함께 이 작품이 한국의 역사적 상황을 그리고 있음에도 불구하고 '일본어'로 창작되었다는 사실과도 무관하지 않은 듯하다. 「화산도」가 한국어로 완역되지 못했기 때문에 한국문학 연구자들이 텍스트에 접근하는

---

2) 지명관, 「먼길······그 '약속의 토지' : 재일 한국작가 이회성, 김석범의 작품을 분석한다」, 『문학사상』 13, 1973.10, 302-307.

데 어려움을 겪었을 뿐만 아니라 '한국문학'에 내재한 언어민족주의적 태도는 일본어로 창작된 「화산도」를 한국문학의 영토에서 배제했던 것이다. 따라서 한국어로 번역된 「화산도」 제1부를 중심으로 제주 4·3사건의 역사적 진실이 어떻게 문학적으로 형상화되었는가를 살펴보는 것이 주된 관심이었다.[3] 하지만, 21세기에 접어들어 한국에서 「화산도」 연구는 활성화되고 있다. 정대성이 「김석범 문학을 읽는 여러 가지 시각」[4]에서 언급하고 있듯이 탈식민주의적 연구방법론이 도입되면서 과거 식민종주국의 언어였던 일본어로 글을 쓴다는 것이 지니는 의미와 함께 일본 사회에서 마이너리티로 존재하는 '재일조선인'으로서의 정체성 문제를 중심으로 김석범의 문학세계가 새롭게 주목되었던 것이다.[5]

본고에서는 「화산도」의 주인공이라고 할 수 있는 남승지와 이방근을 중심으로 대한민국 건설 과정에 나타난 억압과 배제의 메카니즘을 살펴보고자 한다. 그동안 여러 연구를 통해 밝혀진 것처럼 4·3사건은 이념

---

3) 제주작가회의가 엮은 『역사적 진실과 문학적 진실』(도서출판 각, 2004)은 김석범과 「화산도」에 관한 김영화의 「상상의 자유로움」과 김재용의 「폭력과 권력, 그리고 민중」을 수록하고 있다. 이외에도 서경석의 「개인적 윤리와 자의식의 극복문제 – 「화산도」」(『실천문학』 12, 1988.겨울, 452–465), 박미선의 「「화산도」와 4,3 그 안팎의 목소리 – 김석범론」(경희대학교 비교문화연구소 『외국어문논총』, 2001, 23–37), 정홍섭의 「학살의 기억과 진정한 평화의 염원」(『민족문학사연구』, 2003년, 328–348) 등이 여기에 해당한다. 이외에도 나카무라 후쿠지의 『김석범의 「화산도」 읽기』(삼인, 2001)는 역사학자의 관점에서 「화산도」에 나타난 다양한 삶의 양태를 제주도의 사회문화적 맥락과 종합적으로 비교하고 있다.

4) 정대성, 「김석범 문학을 읽는 여러 가지 시각」, 『일본학보』 66, 2006.2, 377–397.

5) 유숙자, 『재일한국인 문학 연구』, 월인, 2000.
  한일민족문제학회, 『재일조선인 그들은 누구인가』, 삼인, 2003.
  김환기 편, 『재일 디아스포라 문학』, 새미, 2006.
  한승옥 외, 『재일동포 한국어 문학의 민족문학적 성격』, 국학자료원, 2007.
  전북대재일동포연구소, 『재일 동포 문학과 디아스포라』 1~3, 제이앤씨, 2008.
  이정석, 『재일조선인 문학의 존재양상』, 인터북스, 2009.
  김학동, 『재일조선인 문학과 민족 – 김사량·김달수·김석범의 작품세계』, 국학자료원, 2009.

대립 과정에서 빚어진 것이긴 하지만, 한 지역공동체가 근대적인 국민국가로 통합되는 과정에서 나타난 비극적 사건이기도 하다. 일제강점기까지 독자적으로 형성되어왔던 제주도의 문화적 개별성이 대한민국이라는 단일한 국민적/국가적 정체성으로 강제 통합되는 과정에서 폭력이 발생했던 것이다. 그런 점에서 4·3사건은 에르네스트 르낭이 말했던 국민국가의 기원에 놓인 폭력으로 여겨진다.

> 망각—심지어 역사적 오류라고까지 말할 수 있겠는데—은 민족 창출의 근본적인 요소이며, 바로 그러한 연유로 역사 연구의 발전은 종종 민족성에 대해 위험한 것으로 작용합니다. 사실 역사 분석에 의한 탐구는 모든 정치 조직의 기원에서 이루어졌던 폭력적인 사태들, 심지어 가장 유익한 결과들을 가져왔던 정치 조직의 기원에서조차 존재했던 폭력적인 사태들을 재조명해버립니다. 통일은 항상 갑작스럽게 이루어졌습니다. 예컨대, 프랑스 북부와 남부의 결합은 거의 한 세기 동안 계속된 몰살과 테러의 결과였습니다.[6]

에르네스트 르낭이 "가장 유익한 결과들을 가져왔던 정치 조직"이라고 평가하고 있는 근대 국민국가는 프랑스의 경우에서 잘 드러나듯이 "거의 한 세기 동안 계속된 몰살과 테러의 결과"였다. 국가권력의 헤게모니를 장악하기 위한 여러 집단 간의 경쟁이 폭력으로 발전했던 것이다. 여러 민족국가의 초기 역사에서 '내전'이 나타났던 것도 그 때문이다. 그 결과 국가권력을 쟁취한 다수집단은 자신의 정체성을 소수집단에게 강제로 이식시켜 하나의 국민적/국가적 정체성을 구성한다. 이 과정에서 다수집단은 소수집단에게 가했던 폭력을 국민국가 건설을 위한 필연적인 과정으로 정당화하고, 소수집단 역시 다수집단이 부여한 단

---

6) 에르네스트 르낭, 앞의 책, 61.

일한 정체성을 받아들임으로 자신들이 겪었던 피해의 경험을 망각하게
된다.

「화산도」는 대한민국이라는 단일한 국민적 정체성이 형성되던 시기
를 배경으로 삼아 여러 마이너리티 집단에 대한 국가권력의 강요와 억
압을 담고 있다. 미국과 결탁하여 38선 이남 지역의 권력을 장악하려는
정치집단에 맞서 자주적인 통일정부를 꿈꾸었던 주인공이 끝내 이 땅에
서 축출되는 과정은 신생 독립국가가 건설되는 과정에서 무엇을 억압하
고 배제했는가를 보여주고 있는 것이다.

2. 재일조선인의 귀환과 망명

1945년 8월 15일은 일본이 패전을 선언함으로써 한민족에게 독립의
서광을 깃든 날이었지만, 동시에 동아시아에서 민족대이동의 서막이 올
랐던 날이기도 했다. 19세기 말부터 타이완, 조선, 만주 등에 구축된
식민지가 붕괴되면서 식민지배자의 위치에서 축출된 일본인들은 본토
로 돌아가야 했다. 이와 함께 자의에 의해서건 타의에 의해서건 일본,
만주, 그리고 남양군도로 이주했던 조선인들 역시 한반도로 돌아오게
되었다. 실제로 이 시기에 약 450만 명에 이르는 해외 이주 한국인들이
한반도로 이주하였고, 특히 200만 명에 이르던 재일조선인 중 3/4 정도
가 현해탄을 건너 귀환하게 된다.[7]

이렇듯 8·15 직후에 시작된 민족대이동은 '대동아공영권'이 내포하고
있던 다민족적·제국적 성격이 붕괴되고 동아시아라는 공간이 민족적

---

7) 한국 정부가 발표한 일본에서의 귀환자 수는 141만 4,238명이었고, 1946년 12월 이후
　일본에 잔류한 재일조선인은 약 50만 명으로 추정된다. (이광규, 『재일한국인』, 일조
　각, 1995, 45)

질서에 따라 재편되는 과정이었다. 그래서 해방 공간에서 한국문학은 해외에 이주했던 한국인들의 민족대이동에 많은 관심을 기울였다. 염상섭, 김만선, 허준 등은 만주에서 국내로 돌아오는 과정을, 안회남은 일본 큐슈 탄광에 강제 징용되었던 경험을 소설로 형상화했던 것이다. 이러한 해방 직후의 민족대이동은 잃어버렸던 집/고향/조국으로의 '귀환'으로 의미화되었다. 일본제국주의의 강압과 수탈에 의해 집과 고향과 조국을 빼앗기고 낯선 곳에서 유랑할 수밖에 없었던 민족구성원들이 해방과 함께 국내로 들어와 민족적 주체로 재탄생하는 '원점회귀'였던 것이다.

「화산도」에는 일제강점기 동안 일본에서 생활하다가 해방을 맞이하여 귀환한 인물들이 등장한다. 주인공 남승지는 1925년 무렵 제주도에서 태어나 소학교 3학년을 다니던 중 고향을 찾아온 사촌형 남승일을 따라 일본으로 건너가 오사카와 고베에서 성장했다. 그 후 조선이 해방되자 1945년 11월 무렵 어머니와 누이동생을 일본에 남겨둔 채 혼자 현해탄을 건넌다. 그런데 일제강점기 동안 일본 제국 내에서 내지와 외지, 제국주의 일본과 식민지 조선을 구분 짓는 지역적 경계에 불과했던 현해탄은 해방 이후 국가 내지 민족의 경계로 변모한다. 현해탄이라는 경계를 넘는 것은 한 개인에게 자신의 민족적 정체성을 선택하는 과정이었던 것이다. 제주도에 돌아온 남승지와 일본에 남아 있는 이용근의 경우를 비교해보면, 현해탄을 가로지르는 공간적 이동이 어떤 의미를 지니는가가 드러난다.

제주도 유력 인사의 장남이었던 이용근은 일본에서 의학 공부를 하다 일본인 여성과 결혼한 후 하타나카 요시오로 창씨개명을 하고 아내의 호적에 입적을 한다.[8] 일본으로의 유학이나 일본인 여성과의 결혼, 그

---

8) 이용근의 일본 국적 획득에 관한 법률적·제도적 문제에 대해서는 나카무라 후쿠지의 논의를 참조할 수 있다. (나카무라 후쿠지, 앞의 책, 199-203.)

리고 일본식 이름으로의 창씨개명은 일제강점기 때에 흔히 볼 수 있는 현상이다. 하지만, 이용근이 해방 직후의 민족대이동에 참여하지 않고 일본에 남게 되자, 제주도에 살고 있는 가족들은 그를 일본인으로 규정하고 가족구성원에서 제외시킨다. 이에 따라 이용근은 재산 상속에서 제외되는 등 장남으로서의 권리를 박탈당한다. 해방이 된 후에도 한국인이 되기 위한 적극적인 행위, 곧 현해탄을 건너오지 않았다는 사실 때문에 이용근은 일본인으로 규정당하고 있는 것이다.

부모형제가 모두 제주에 남아 있던 이용근이 일본인으로 규정된 것과 달리 남승지는 오사카에 어머니와 누이를 남겨둔 채 홀로 귀환하여 민족구성원으로 인정받고자 한다. 서울에 돌아온 직후 제주 출신 학우회 모임에서 일본에서 왔느냐는 질문을 받은 남승지가 "조국에 돌아온 것"(I-67)[9]이라고 말하는 것은 그것을 잘 보여준다. 그가 현해탄을 건너 '조국'에 찾아온 것은 "일본인의 편견과 멸시에서 떠나 자기 나라에서 사는 것은 마음 편하고 자유롭다"(II-291)고 생각했기 때문이며, "식민지 민족으로서 빼앗기고 잃었던 것을 자기 나름대로 되찾고 싶다는 강한 욕구, 역사와 공동체로 돌아가고 싶다는 욕구"(I-53) 때문이었다.

이렇듯 민족적 주체로 호명된 남승지는 한때 "자신의 껍질 속에 틀어박혀 남을 만나려고도 하지 않는 자폐증적인 경향"(I-53)과 "자신의 내면으로만 도망치려 드는 일종의 왜곡된 니힐리즘"(I-53)에 빠져들기도 하지만, 친일파들이 다시 권력을 장악하는 상황에 직면하자 사회운동에 적극적으로 참여한다. 1946년 10월 항쟁을 전후하여 학생자치회의 유인물 제작에 참여하고, 이어 광주학생사건 기념일 직전에는 삐라를 붙이다가 체포되기도 하는 것이다. 결국 남승지는 남로당 결성 직후 당원이 되어 "격동하는 조국의 사회정세 속에서 직접 '혁명'에 참가하려는

---

9) 「화산도」의 텍스트는 1988년 한국어로 번역된 것을 사용한다. 이하 작품을 인용할 경우에는 인용 말미에 권수와 면수를 밝히기로 한다.

결심"(Ⅱ-71)을 지닌 채 제주도에서 지하조직원으로 활동하게 된다.

그렇지만, 남승지를 포함한 재일조선인들은 한반도에 귀환한 후에도 이 땅에 정착하는 데 어려움을 겪는다. 현실적 곤경에 직면할 때마다 가족이 남아 있는 일본으로 되돌아가고픈 욕망에 쉽게 사로잡히기 때문이다.10)

> 남승지는 요즘 문득, 왜 나는 여기 있는 것일까, 하는 불안감을 느끼곤 한다. 그것은 익숙지 않은 이 섬 생활에서 느끼는 위화감인 동시에 도회지의 생활 감각에서 빼놓을 수 없는 불안정함이기도 할 것이다. 남승지는 육친을 특별히 사랑한다고는 생각지 않지만, 일본이나 서울에서 겪었던 생활의 이미지가 느닷없이 튀어나와 그를 휘청거리게 했다. 서울에서의 생활이 어쨌다고, 이제 와서 그 이미지가 새삼스럽게 마음을 어지럽히는 것일까? 불을 땐 적 없는 냉돌방에서 차가운 이불로 몸을 감싸고, 추위와 배고픔에 시달리던 생활이 아니었던가. 결코 즐거울 턱이 없는 그 이미지가 마치 그리움의 베일을 걸친 것처럼 꿈틀거리는 까닭은 무엇일까? 남승지는 인정하고 싶지 않았지만, 그것은 이 섬에서 도망치고 싶은 욕망이 변형된 것에 다름 아니었다. 그는 애써 그 사실에 눈을 감으려고 한다. (Ⅰ-30)

이처럼 남승지에게 있어서 한반도는 정신적인 안식처로서의 역할을 담당하지 못한다. 삶이 위기에 처할 때마다 자신이 안식처로 여기는 장소로 회귀하려는 경향이 인간의 보편적인 심성11)이라고 할 때, 남승지는

---

10) 이러한 도피심리는 남승지뿐만 아니라 양준오에게서도 발견된다. "나는 조선을 떠나고 싶어요. 나는 이곳에 친척도 아무것도 없는 사람이지만, 해방 덕분에 다른 사람과 똑같이 조국이라는 곳으로 돌아왔습니다. 그런데 요즘의 상황은 어떻습니까. '고향'이라는 것 때문에 의리로…… 말하자면 추상적으로 살고 있는거나 마찬가집니다. 하지만, 어차피 추상적인 것에 불과하다면……. 나는 고향에 아무런 의리도 없고, 여기 있는 것보다는 외국에서 사는 편이 낫습니다."(Ⅰ-213)

11) 이-푸-투안, 『공간과 장소』, 구동회 역, 대윤, 1995, 239.

위기에 봉착할 때마다 어머니가 살고 있는 오사카의 이카이노를 떠올리는 것이다. 오사카 동남부에 자리 잡은 이곳은 본디 히라노강의 잦은 범람 때문에 사람이 살기에 적당하지 않은 곳이었지만, 1920년대 운하 공사가 시작되면서 많은 조선인들이 정착하게 된다. 특히 1923년 12월 15일 제주에서 일본 오사카를 연결하는 정기항로가 개설되어 기미가요마루가 취항하자, 매년 1만 명에 가까운 제주도민들이 이곳에 모여들면서 코리아타운을 형성하게 되었다.[12]

그런데 일제강점기 동안 식민종주국에 이주한 제주도 출신 조선인들에게 있어서 이카이노는 생활의 기반인 동시에 잃어버린 조국을 떠올리게 만드는 공간적 표상이었다. 그곳에는 식민지의 전통과 문화를 유지되고 있기 때문이다.

양준오는 남승지가 고베에서 오사카에 오면 이카이노의 거리를 걸으며 '이카이노 예찬론'을 열심히 펼치곤 했다. 한마디로 말해서, 일본이 아무리 '황민화정책(皇民化政策)', '동화정책(同化政策)'을 강행하고, 조선옷차림이나 조선말을 금지해도 '이카이노' 같은 생명력이 있는 한, 일제의 뜻대로는 되지 않는다는 거였다. 거기서는 조선인의 생활의 원형(原形)이 조금도 훼손되지 않고 불가사의한 생명력으로 계속 살아남아 있었다. (……)

'조선시장'에는 조선인의 생활에 필요한 것은 제사에 쓰이는 제기(祭器) 종류에 이르기까지 모두 갖추어져 있는데, 이 봉건적인 생활양식의 유물조차 '황민화', '내선일체(內鮮一體)'에 대한 무언의 저항으로 나타났다고 말할 수 있다. 거기에는 잃어버린 말까지 있었다. 성(姓)과 국어와 글자까지 빼앗기고서도, 조선의 어머니들은 고향사투리를 그대로 쓰고, 자식

---

12) 1920년대 후반 오사카에서의 재일제주인사회의 형성에 대해서는 김인덕의 「1920년대 후반 재일제주인의 민족해방운동」, 『제주 4·3 연구』, 역사비평사, 1999, 41-48 참조.

에게 고향이야기를 들려주었다. 여기서는 아이들도 고향의 말을 기억한
다. (Ⅱ-297)

이처럼 이카이노는 일본이라는 국민국가의 영토 내에 존재하면서도 국
가가 부여하는 정체성을 받아들일 수 없는 식민지 조선인들의 공간이
다. 형식적으로는 일본 '국민'이면서도 실질적으로는 국민으로서의 권
리를 박탈당한 채 '신민'으로서의 의무만을 강요받았던 조선인의 삶이
투영된 공간인 것이다. 제국주의와 식민지의 관계를 제국 '내'에서 재현
하고 있는 내부식민지(internal colony)인 셈이다.

그런데, 남승지가 제주도 태생임에도 불구하고 이카이노를 정신적인
안식처로 여기는 모습은 재일조선인이 처해 있는 복합적인 정체성의 문
제를 암시하고 있다. 물론 식민지 피지배자의 후손이면서도 지배자의
땅을 안식처로 여기는 아이러니컬한 운명은 일본제국주의의 식민지 경
영에 의해 배태된 것이었다. 하지만, 일본의 패망과 함께 동아시아가
민족 질서에 의해 재편된다고 해도 여전히 정체성의 균열은 남겨져 있
다. 남승지는 이카이노와 제주도, 어머니의 땅과 아버지의 땅 '사이'에
놓인 존재이기 때문이다.

이러한 정체성의 균열을 극복하기 위해 남승지는 육체적인 고향에 불
과했던 제주도를 '조국'으로 재구성한다. 실제로 남승지는 제주도에서
태어나 소학교 3학년 무렵까지 성장했음에도 불구하고 제주도에서 보냈
던 유년시절의 기억을 갖고 있지 않다. 일본으로 건너갈 때 S촌에 살고
있는 고모와 헤어지던 일이 전부라고 할 만큼 제주도에서의 기억은 소거
되어 있다. 이처럼 기억이 없는 고향 제주도는 육체의 탄생지에 불과하
기 때문에 끊임없이 위화감을 불러일으키는 것이다.[13] 남승지가 일본에

---

13) 주인공 남승지가 제주도에서 태어난 것으로 설정되어 있음에도 불구하고 고향 혹은
　유년의 기억이 드러나지 않는다는 점은 작가 김석범의 개인적 체험과 관련되어 있으

서 귀환한 직후 서울에 머무를 때에는 “왜 돌아왔느냐”는 물음에 “식민
지 지배에서 독립한 조국이니까 돌아왔다는 단순한 대답”(I-30~31)밖에
할 수 없었던 것도 이 때문이다. 하지만, 제주도에 내려와 사회운동에
적극 투신하면서 “조국의 현실과 재일조선인인 자신과의 거리”(I-82)를
극복하고 제주도의 운명과 자신의 삶을 완전히 일치시킨다.

　이렇듯 육체적 고향에 불과했던 제주도가 정신적 조국으로 재구성될
수 있었던 것은 제주도의 공간적 성격이 이카이노가 보여주는 내부식민
지적 성격과 닮았기 때문인지도 모른다. 제주도는 한반도에서 떨어진
섬이라는 지리적 특수성을 지니고 있으며, 이 때문에 정치적으로는 소
외되어 있었으며 문화적으로도 독자적인 전통을 형성할 수 있었다. 뿐
만 아니라 그 지역 속에서 살고 있는 사람들이 하나의 공동체를 구성하
고 있다는 점에서 이카이노의 유사하다. 물론 오사카의 이카이노는 제
주도민들이 일본에 건너가 자신들의 꿈과 삶을 재현한 것이기 때문에
제주도와 닮을 수밖에 없다. 하지만, 제주도에서 태어나 이카이노에서
성장한 남승지는 제주도를 ‘조선의 이카이노’로 재발견하면서 육체적인
고향과 정신적인 고향, 조국과 모국 사이의 균열을 극복할 수 있게 된다.

　하지만, 이러한 노력에도 불구하고 제주도에 귀환했던 재일조선인들
은 끝내 이 땅에 뿌리내리지 못한 채 다시 일본으로 망명해야 하는 신세
로 전락한다. “이 외딴섬에서 무장봉기를 일으킨다고 했을 때 과연 승산
이 있겠느냐”(II-69)라는 의문을 품었던 양준오는 유격대에 합류했다가
당의 결정을 따르지 않는다는 이유로 처형되고 만다. 유격대 활동에 적
극적으로 참여했던 남승지 역시 무장투쟁의 실패와 함께 다시 일본으로

리라고 여겨진다. 작가연보에 따르면 김석범은 1925년 일본 오사카에서 출생하여 소
학교를 졸업한 뒤 1938년과 1943년 두 차례에 걸쳐 제주도를 방문한 바 있다. 김석범
의 전기적 사실에 대해서는 김학동의 『재일조선인 문학과 민족－김사량·김달수·김
석범의 작품세계』를 참조할 수 있다.

돌아가야만 했던 것이다. 4·3사건은 자유민주주의와 사회주의 이념 간의 갈등에서 촉발된 것이기는 하지만, 본토와 멀리 떨어진 채 독자적인 문화적 전통을 형성한 낯선 지역에 대한 편견과 두려움이 결합하면서 신생 독립국가 대한민국이 부여한 이념적·정치적 정치성을 거부한 한 지역사회에 대한 거대한 폭력으로 변질되었던 것이다. 더욱이 재일조선인들은 동아시아가 민족적 질서에 따라 재편성되는 과정에서 어느 곳에도 속할 수 없는 경계인이었을 뿐만 아니라 신생 독립국가가 그토록 잊고 싶어했던 식민의 기억을 떠올리게 하는 거북스러운 존재였던 것이다.

3. 윤리적 주체의 죽음

「화산도」에서 남승지가 조선과 일본 사이에 놓인 지역적 경계인이라면, 이방근은 해방 이후 일본제국주의를 대신하여 권력을 장악한 부르주아 계층에 속해 있으면서 4·3사건의 주도세력과도 연결되어 있는 이념적 경계인이라고 할 수 있다. 이방근은 제주도에서 자동차 회사를 운영하는 이태수의 2남 1녀 중 차남이다. 소학교 5학년 때에는 '교육칙어'와 '어진영(御眞影)'을 모신 봉안전 담벼락에 오줌을 눈 사건으로 퇴학 처분을 받기도 했고, 일본 유학 중이던 1938년에는 도쿄 A대학에서 민족주의 그룹의 일원으로 활동하다가 경찰에 체포되어 유치장 신세를 지기도 한다. 이후 조선에 돌아오던 중 부산에서 조선인 유학생 좌익연구 그룹 사건으로 체포되어 서울 서대문형무소에서 미결수로 복역하게 된다. 이 과정에서 이방근은 사회주의운동에 가담하지 않겠다는 전향 의사를 밝히고 석방되어 한라산 기슭에 있는 관음사에 은거하다가 해방을 맞이한다.

그런데, 해방을 맞이한 후에도 이방근은 술과 여자로 세월을 보내는

타락한 삶을 살아간다. 그것은 일제의 강압에 못 이겨 자신의 신념을
포기하고 전향 선언을 했다는 부끄러움 때문이었다. 따라서 일본제국주
의가 몰락했다는 이유로 다시 과거의 이념으로 회귀하는 것은 이념의
포기를 선언한 전향과 마찬가지로 자신에 대한 또 다른 배반으로 여기
고 있는 것이다.

> 이방근은 일제시대 사상범으로 체포되어 서울 형무소에서 미결수로 복
> 역한 적이 있었다. 그러나 옥중에서 폐결핵에 걸려 보석으로 풀려나왔
> 다. 그때 '불온사상'에는 절대 가담하지 않겠다는, 소위 '전향'의 뜻을 표
> 명했었다. 해방 후에도 그는 그 사실을 자신의 커다란 좌절로 인정하고,
> 남들이 아무리 권해도 사회에 나서는 일을 피해왔다. 해방 직후에도 감
> 옥에 갇혔다는 경력이 권위 있는 '훈장'이 되고, 그 훈장을 달고 있는 자
> 는 남들의 존경을 받았다. 그러나 실제로는, 전향한 뒤 일본제국주의의
> 협력기관에서 적극적으로 일하던 자들도, 해방 후에는 '재전향'하여 당에
> 입당하기도 했다. 이방근은 자신의 옥중생활의 '내용' 뿐 아니라 그런 경
> 력 자체도 거의 남에게 말하지 않았지만, 그 완고한 태도는 남들의 반감
> 을 불러 일으켜, '엄격'의 테두리를 넘어서는 태도, 곧 애국전선에서의
> 이탈로 받아들여졌다.   (I-147)

이처럼 이방근은 자신을 일본제국주의에 적극적으로 맞서지 못하고 오
히려 그들의 요구에 굴복한 비윤리적인 주체로 규정한다. 이에 따라 비
윤리적인 주체에 걸맞은 타락한 생활을 영위하면서 자기모멸을 가하고
있다. 그런 점에서 해방 이후 이방근의 삶은 일제강점기 동안 일제에
적극적으로 저항하지 못한 자신의 삶에 대한 반성과 비판의 성격을 지
니고 있다.14) 사회주의로부터의 전향이 타인의 삶에 피해를 남기지 않
은 개인적인 행위였기에 해방이 된 후에 얼마든지 자기합리화를 시도할

---

14) 서경석, 「개인적 윤리와 자의식의 극복 문제」, 『실천문학』 12, 1988 겨울.

수 있었음에도 불구하고 이방근은 자신에게 엄격한 윤리적 책임을 부과하고 있는 것이다.

이러한 윤리적 책임의식은 해방을 기회로 삼아 일제와 결탁했던 과오를 은폐한 채 또다시 신생국가의 권력을 장악하려는 인물들을 멀리하고 자신만의 세계를 구축하는 이유이기도 했다. 실제로 일본제국주의의 패망과 함께 청산되리라 믿었던 친일세력들은 자유민주주의라는 이념을 내세워 부활에 성공한다. 제주도에서 사회 지도층으로 행세하고 있는 인물들은 대부분 친일적인 경력의 소유자들이다. 이방근의 아버지 이태수는 전시체제 하에서 큰 재산을 모은 인물이다. 제주도에서 제일 큰 운송회사 남해자동차를 경영하면서 식산은행 이사장까지 지냈던 것이다. 이방근의 외척이자 제주경찰서 경무계장을 맡고 있는 정세용도 마찬가지이다. 그는 일제강점기에 도쿄에서 고학을 할 무렵 "조선인 학우를 팔아"(I-174) 목포경찰서 순사부장을 맡았을 만큼 출세를 위해서 수단과 방법을 가리지 않는다. 이와 함께 제주도의 새로운 권력자로 부상하고 있는 서북청년회의 마완도 부회장 역시 "해방 전 함흥경찰서에서 고등계 형사"(III-266)로 활동했던 전력을 지니고 있다.

과거의 친일 전력은 이태수·정세용·마완도과 같은 우익 인사들에 한정되는 것은 아니다. 남로당 비밀당원이기도 한 유달현 또한 일본의 내선일체 정책에 적극적으로 협력한 바 있다. 이방근의 형 이용근의 입을 통해 폭로되었듯이 유달현은 야나기사와 다츠겐으로 창씨개명을 했을 뿐만 아니라 일억총력전을 옹호하는 협화회에 적극적으로 참여하여 경시청으로부터 표창을 받기도 했다(III-92). 하지만, 해방 이후 사회분위기에 편승하여 재빨리 사회주의자로 변신한 유달현은 당의 권위와 당원으로서의 의무를 강조하는 인물이 된다.

이렇듯 친일파들이 해방 후에 좌우익 세력의 지도층으로 변신한 것은 일본제국주의에 맞서 투쟁한 바 있던 이방근의 삶과 비견될 수 있다.

그들은 신념과는 무관하게 개인적인 이해득실을 따지면서 친일파에서 민족주의자 혹은 사회주의자로 거리낌없이 '전향'하고 있지만, 이방근은 자신의 이념을 실현할 기회가 찾아왔음에도 불구하고 '재전향'을 거부하고 있는 것이다. 이렇듯 전향을 신념에 대한 이탈, 곧 '배신'의 징후로 여기는 엄격한 윤리의식은 유달현과 정세용에 대한 형상화에서 잘 나타난다. 토벌대의 대대적인 공세로 말미암아 유격대 활동이 곤경에 처하자 유달현은 정세용에게 조직 정보를 팔아넘기고, 정세용은 이를 바탕으로 제주 성내 조직원을 일망타진하게 되는 것이다.

그런데 제주도민들의 희생을 초래한 유달현과 정세용의 결탁과 공모는 개인적인 비윤리성의 문제이기도 하지만, 38선을 경계로 분단체제가 성립되는 과정을 닮았다. 실제로 한반도의 분단을 초래할 남한 단독정부 구성을 위한 총선거에 반대하여 시작된 제주도 4·3사건은 군대와 경찰력으로 대표되는 공권력과 서북청년회로 대표되는 사적 폭력에 의해 무차별적으로 진압당하게 된다. 이 과정에서 대한민국 정부에 의해 제도적 학살이 이루어졌지만, 그것은 남한과 마찬가지로 단독정부 수립 과정에 있었던 조선민주주의인민공화국의 무관심 때문에 가능했던 일이기도 하다. 그런 점에서 정세용과 유달현의 공모는 개인적인 결탁을 넘어서 단독정부 수립을 통해 분단체제를 구성한 남북한 정권의 암묵적인 공모와 상동적이다. 4·3사건은 남북한 정부가 역사의 제단에 바치는 거대한 희생물이었던 셈이다.

소설의 결말 부분에서 이방근이 죄책감과 모멸감으로 얼룩진 윤리적 자폐증의 세계에서 벗어나 적극적인 행동으로 나아갈 수밖에 없었던 것은 이러한 역사에 대한 회의와 환멸 때문이었을 것이다. 이방근은 토벌대와 유격대 사이에서 시도되었던 4·28 평화협상을 결렬시킨 정세용을 사살하고, 일본으로 밀항하려던 유달현조차 살해함으로써 수많은 제주도민을 희생시킨 책임을 묻는다. 결국 이방근의 살인은 자신의 이익만을 추구하는 비윤리적 인물에 대한 응징인 동시에 민중들의 희생을 초래한 역사에 대한 비판이라고 할 것이다.

그런데 정세용과 유달현에 대한 응징을 감행한 이방근은 다시 자신의 살인 행위에 대한 책임을 지고 자살을 선택한다. 인간은 누구나 내적 의지와 욕망에 따라 자유롭게 행동할 수 있지만, 동시에 자신의 선택에 대해서는 윤리적 책임을 지지 않으면 안 된다. 그런 점에서 이방근은 타인의 행위뿐만 아니라 자신의 행위가 어떠한 결과를 초래하는지에 대해서 엄격한 태도를 견지하고 있다. 일제강점기 동안 친일행위를 했음에도 불구하고 그것을 은폐하고 망각한 인물들이나, 4·3사건이 진행되는 과정에서 수많은 양민을 학살하고도 이념을 자기합리화에 급급한 인물들과는 달리, 이방근은 비록 역사적으로 정당했다고 할지라도 자신의 복수 행위에 대해서 철저하게 윤리적 책임을 묻고 있는 것이다. 표면적으로는 가장 타락한 삶을 영위하는 것처럼 보였던 이방근은 자신의 선택에 가장 엄격했고 자신의 행위에 무한책임을 지는 윤리적인 주체였던 것이다. 따라서 자살은 반민족적·비윤리적 세력들에 의해 장악된 이 땅에서 더 이상 자신의 신념을 지켜나갈 수 없었던 한 윤리적 주체의 최후의 선택이라고도 말할 수 있을 것이다.

4. 김석범 문학과 「화산도」

「화산도」의 중심인물이었던 남승지와 이방근의 비극적 운명은 대한민국의 건설 과정에서 나타났던 수많은 폭력을 잘 보여준다. 주지하듯이 해방 직후 수많은 갈등과 대립을 거치면서 정치적으로는 자유민주주의, 경제적으로는 자본주의를 지향하는 대한민국이 탄생한다. 이 과정에서 정치적·이념적 타자에게 가해졌던 물리적 폭력은 새삼 부연할 필요조차 없을 것이다. 「화산도」에서는 사회주의에 대한 물리적 탄압이라는 외피 아래 다양한 형태로 마이너리티에 가해졌던 폭력성이 드러난다.

먼저, 육지와는 구별되는 제주도 지역사회에 대한 폭력이다. 해방 직후 극심한 이념적 갈등에 사로잡혔던 육지와는 달리 비교적 안정성을 유지하고 있던 제주 사회는 서북청년회의 유입과 함께 좌우익 세력들의 대리전 양상을 띠게 된다. 이에 따라 정치적으로 다른 이념을 지닌 사람들을 빨갱이로 몰아세우는 국가주의에 맞서 제주도민들은 자신들의 지역공동체 문화를 지키기 위한 투쟁에 나섰던 것이다. 하지만, 5·10 총선거를 통한 제헌국회의 구성과 대한민국 정부의 수립 이후 제주도민에 대한 이념적 공세는 제도적 학살의 차원으로 확대되었음에도 불구하고 국가권력에 의해 면죄부가 부여된다.

이와 함께 일제강점기 때부터 일본과 밀접한 관계를 맺어왔던 제주도의 특수한 상황에서 형성된 재일조선인들에 대한 추방이다. 일본과 조선 '사이'에 놓인 경계인들이었던 그들은 4·3사건이 진압되는 과정에서 이념적 굴레를 뒤집어쓴 채 다시 일본으로 되돌아가야만 했다. 일본에서의 차별적 경험을 견디지 못해 찾아온 조국에서 정치적·이념적인 타자로 규정됨으로써 다시 일본으로 되돌아가야 하는 비극적인 운명을 맞이했던 것이다. 만약 그들이 사회주의 이념의 신봉자였다면 유격대 활동이 실패로 돌아간 이후 이념의 조국을 찾아 월북해야 했을 것이다. 하지만 그들은 월북 대신에 일본으로의 망명을 선택한다. 그것은 남승지가 추구했던 것이 표면적으로 드러났던 사회주의 이념과는 거리가 있었음을 반증한다.

이러한 모습은 일본이라는 망명지에서 살아가고 있는 재일조선인으로서의 작가 김석범을 떠올리기에 충분하다. 「화산도」에서 제주도에서 태어났음에도 불구하고 유년의 기억을 갖지 못한 채 이카이노를 정신적인 안식처로 삼고 있는 남승지의 모습은 일본에서 태어나고 성장한 재일

조선인 2세대에 해당하는 김석범의 위치를 닮았다. 그는 오사카 태생이었지만, 두 차례에 걸친 방문을 통해서 부모의 고향이었던 제주도를 자신의 정신적 고향으로 삼았다.[15] 하지만 엄밀하게 말해 제주도는 김석범의 고향이 아니라 부모의 고향이었다. 그런데 오사카로 이주한 어머니가 이카이노를 생활의 근거지이자 '또 다른 고향'으로 삼게 되자 제주도는 아버지의 고향으로 고착된다. 이 때문에 부재하는 아버지에 대한 대한 그리움은 제주도를 자신의 조국으로 재구성하는 과정으로 나타나게 된다. 이러한 아버지/조국/조선/이념의 발견은 어머니/모국/일본/현실과의 균열을 내포한 것이었고, 둘 사이의 갈등은 소설 속에 등장했던 남승지뿐만 아니라 김석범이 짊어졌던 고통이었던 것이다.

이렇듯 일본에 거주했던 조선인들이 '재일'이라는 굴레를 끝내 벗어던지지 못한 채 조국과 모국 사이에서 선택을 강요받는 현실이 남승지의 몫이었다면, 과거 식민잔재의 유산이라고 할 수 있는 일본적인 것이 한반도에 깊이 뿌리내리는 현실은 이방근의 몫이었다. 미군정의 방조 아래 친일파가 정치적인 헤게모니를 장악하는 현실에 비판적이었던 탓에 이방근은 자신이 발 디딜 수 있는 현실을 발견할 수 없었다. 과거의 식민주의를 청산하고 새로운 민족국가를 건설하려는 열망이 친일파에 대한 개인적인 응징과 자살이라는 결과로 나타났던 것이다.

오랫동안 민족적 차별을 받아왔기에 해방과 함께 기꺼이 민족적 주체로 호명되기를 원했던 남승지와 일제의 요구에 굴복하여 전향을 선언했

---

15) "당시 반년 정도 머물다 일본으로 돌아온 나는 곧 어린 민족주의자로서 눈 떠 가고, 다시 수차례 조선으로 왕래를 거듭하게 되는데, 바로 나의 '조선인'의 자아형성의 핵을 이루는 것으로써 '제주도'가 있었던 것이다. 제주도는 그런 의미에서 참으로 나의 고향이며, 조선 그 자체이다. 그리고 제주도는 그때부터 지리적 공간으로서의 그 실체를 초월하여 내게 있어 이데아적 존재로 되어간다. 나의 '고향'은 이렇게 해서 생겨났다."(김석범, 「濟州道のこと」, 金石範 大江健三郎 李恢成 대담, 『ことばの呪縛』, 筑摩書房, 1972, 248-249)

다는 자책감 때문에 민족적 윤리에 민감했던 이방근이 서로를 이해할 수 있었던 것은 여전히 식민질서에서 벗어나지 못하고 있는 모순적인 민족현실에 대한 비판의식 때문이었다. 하지만 남한 단독정부가 수립된 후 그들은 이 땅에서 추방당해 일본으로 망명하거나 자살을 선택할 수밖에 없었다. 이처럼 자기의 땅에서 추방당한 남승지와 이방근의 모습은 대한민국이 건국되는 과정에서 배제된 것이 무엇이었는지 상징적으로 보여주고 있는 셈이다.

이 글은 2010년 10월 15일부터 17일까지 국제비교한국학회와 제주대학교 탐라문화연구소가 공동주최하여 제주대학교에서 개최된 〈아시아-태평양 지역의 이주와 트랜스내셔널리즘〉 학술대회에서 발표되었으며 *Comparative Korean Studies* 18권 3호(2010년 12월 31일 발행)에 게재했던 논문을 수정·보완하여 수록한 것이다.

참고문헌

국학자료원 편집부, 「비극적 역사 체험을 넘어 민족적 정체성 추구: 재일조선인 작가들」,
    『한국문학평론』 28 (2004): 54-64.
김석범·김시종, 문경수 편, 이경원·오정은 역, 『왜 계속 써왔는가 왜 침묵해 왔는가』, 제주대
    학교 출판부, 2007.
김재구, 「재일조선인 문학의 민족성의 변용과 그 행방」, 『日本語文學』 36 (2007): 289-310.
김정희, 「재일한국인의 문학과 현실: 김석범의 작품을 중심으로」, 강원대 석사논문, 2008.
김태준, 「고향, 근대의 심상공간」, 『韓國文學硏究』 31 (2006): 7-37.
김학동, 「김석범의 「화산도」론: 친일파와 공산주의자에 대한 인식을 중심으로」, 『한일민족문
    제연구』 13 (2007): 127-147.
김학동, 「민족문학으로서의 재일조선인 문학: 민족문학으로서의 일본어 글쓰기」, 『日本文化
    學報』 34 (2007): 363-386.
김학동, 『재일조선인 문학과 민족』, 국학자료원, 2009.
김혜연, 「재일 1.5세대의 민족의식과 정체성 연구」, 한국현대문학회 2007년 학술대회, 2007,
    167-178.
김환기, 「재일 디아스포라 문학의 형성과 분화」, 『일본학보』 74 (2008): 155-174.
박미선, 「『火山島』와 4·3 그 안팎의 목소리: 김석범론」, 『외국어문논총』 10 (2001): 23-37.
서경석, 「개인적 윤리와 자의식의 극복문제」, 『실천문학』 12 (1988): 452-465.
유숙자, 「1945년 이후 재일한국인 소설에 나타난 민족적 정체성 연구」, 고려대 박사논문,
    1998.
이광규, 『재일한국인』, 일조각, 1995.
이한창, 「재일 동포조직이 동포문학에 끼친 영향」, 『일본어문학』 8 (2000): 101-125
장사선, 「재일 한민족 문학에 나타난 내셔널리즘」, 『한국현대문학연구』 21 (2007): 407-433.
정대성, 「작가 김석범의 인생역정, 작품세계, 사상과 행동: 서론적인 소묘로서」, 『韓日民族問
    題硏究』 9 (2005): 55-115.
정대성, 「김석범 문학을 읽는 여러 가지 시각」, 『日本學報』 66 (2006): 377-397.
정홍섭, 「학살의 기억과 진정한 평화의 염원: 제주 4·3 문학」, 『민족문학사연구』 22 (2003):
    328-348.

나카노 마코도, 「김석범의 작가의식: 「화산도」를 중심으로」, 고려대 석사논문, 2002.
나카무라 후쿠지, 『김석범 「화산도」 읽기: 제주 4·3항쟁과 재일한국인 문학』, 삼인, 2001.
에르네스트 르낭, 『민족이란 무엇인가』, 신행선 역, 책세상, 2002.

김노의 작품에 재현된 재한 중국조선족 여성상

홍설화[*]

1. 서언

1992년 한·중 수교와 함께 중국조선족들은 한국에 대거 진출하였는데 그 중 여성들이 단연 많은 비중을 차지하고 있다. 그들이 한국으로 이주하는 경로는 주로 이주여성 노동자이거나 여성결혼이민자[1]이다. 언제부터인가 이들은 이웃주민 같은 친숙한 모습으로 한국의 매스컴에 자주 등장하기도 하였다. 또한 중국과 한국사회에서 이들의 문제가 간과할 수 없는 뜨거운 사회적 이슈로 떠오름에 따라 중국조선족 이주여성을 다루는 문학작품들을 한국이나 중국에서 심심찮게 찾아볼 수 있다. 본 연구는 주로 조선족 여성이 등장하는 작품을 창작함에 있어서 여성 결혼이민자라는 다소 특수한 신분을 지닌 작가, 김노의 작품을 중심으로 연구하였다.

김노는 1956년 중국 길림성 구태현(九臺縣)에서 출생하였으며, 조선족으로서 본명은 김춘란이고 김노는 그의 필명[2]이다. 그녀는 1990년

---

* 중국 연변대학교 부교수

1) 정귀자는 「여성결혼이민자의 사회 적응과 통합지원 정책에 관한 연구」에서 '여성결혼이민자란 한국남성과 국제결혼을 통해 국내에 정착할 목적으로 이주해온 외국인 여성을 뜻한다'고 정의하였다(10).

단편소설 「아버지」로 문단에 데뷔하였으며 그 후에도 「순이」, 「생명」 등 소설을 발표하면서 작가로서 자신의 역량을 키웠다. 또한 오랫동안 한국에서 정착생활을 한 김노의 인생경력은 그의 소설에 한국이라는 사회를 익숙한 시각으로 등장시킬 수 있는 계기가 되었다. 한국 관련 김노의 작품은 1992년에 발표된 중편소설 「주인과 나」에서 한국에 관한 간단한 언급으로부터 시작하였으나, 그 이후 창작된 「낯선 사람들」(『도라지』, 1992년 5기), 「사랑의 애가」(『도라지』, 1994년 5기), 「한심한 세상」(『도라지』, 2000년 6기) 등 소설들은 모두 한국사회를 배경으로 창작되었고 주요 등장인물로 한국에서의 중국조선족 여성들의 형상을 다루고 있다. 이들은 한국에서 고된 일상을 살아가면서 사회의 갖가지 멸시와 천대에 순응해 살아가는 약자의 모습이다. 김노의 작품은 이러한 재한 조선족여성들이 한국에서 직면하게 되는 문제점을 보다 진실하게 반영하였다.

김노 소설 속의 이러한 인물형상은 새로운 시기의 조선족들의 한 일상을 핍진하게 그렸다는 점에 있어 평론계의 주목을 받았다. 물론 김노 소설에 대한 평가는 엇갈렸으나, 대체로 "한국 콤플렉스 소설"(김병활 126) 혹은 "이민문학"(오상순 3)이라는 범주로 귀속시켰다. 지금까지 김노의 소설을 다룬 평론을 살펴보면 단순히 한국으로 진출하는 사회현상을 반영한 작품이라는 점에 주목하고 다른 작가들의 작품들과 더불어 김노 작품들의 내용을 간단히 언급하는 정도에 그치거나 작품 제목을 소개하는데 머물렀다. 그에 관한 문학평론은 중국 연변에서 발행하는 『장백산』 간행물에 실린 3편밖에 없다. 구체적인 예로는 김성호의 「2000년 『장백산』의 소설풍경 관망」(196-201)과 「2001년 『장백산』 잡지 제1기를 두고」

---

2) 이외에도 김정 혹은 김진순이라는 필명을 사용함. 이는 『장백산』 2000년 제1기에 실린 단편소설 「꼭두각시」에 함께 실린 김노의 프로필에 소개된 작품제목으로부터 추정한 사실이다.

(188-197), 그리고 김병활의 「새천년 벽두에 본 소설 창작 경향」이 있다. 위 세 편의 평론은 전반적으로 중국조선족 소설 창작양상과 관련해서 연구된 성과라 할 수 있겠다. 그러나 김노와 그의 작품에 대한 본격적인 심층연구는 현재까지 이루어지지 않았다.

본 연구는 페미니즘과 사회학적 시각에 입각하여, 김노의 작품 속에 재현된 조선족 여성형상을 분석하고 이를 통하여 조선족 여성들이 이국 땅에서 직면하게 되는 문제점들을 제시할 것이며, 아울러 재한 중국조선족 여성들의 내심 깊은 곳에서 울려나오는 목소리를 전할 것이다.

2. 김노의 작품 속에 나타난 재한 중국조선족 여성의 곤경

개혁·개방이라는 중국 국내의 거시적 환경의 변화, 그리고 한·중 수교로 많은 중국조선족들은 '코리아 드림'을 안고 한국으로 향하였다. 중국조선족 여성들의 한국이주는 1990년 한국정부가 '연변처녀·농촌총각 짝짓기사업'을 벌이면서 본격적으로 시작되어, 이후 농촌의 지역자치단체나 시민단체, 그리고 사설결혼상담소 등의 중개로 급증하게 된다(이주영 25). 작가 김노는 한국에서 정착생활을 하면서 한국에 거주하고 있는 중국조선족에게 눈길을 돌려 그들이 겪고 있는 육체적인 고역과 정신적인 억압을 작품 속에 피력하였다. 그의 작품은 주로 중국조선족 여성들의 결혼이주생활과 노동체험생활에 초점을 맞추고 있다. 작품속의 주인공들은 한국 땅에서 불공평한 대우와 차별을 받으며 생활고에 허덕이는 중국조선족 여성들이다.

김노의 작품에 등장하는 결혼 이주여성들은 한국인 남편과 호적상의 가족으로 되어 있으나 실제 현실생활에서 가족 취급을 받지 못하고 있다. 그들은 한국인과 서로 다른 경제·문화 환경 속에서 살다왔다는 이유 때문에 한국인으로부터 멸시당하고 있다. 따라서 중국조선족 결혼 이주여성은 자아가치를 실현하는 기회를 박탈당한 채, 남편과 남편가족의 가정부로, 사회의 염가노동력으로서 질 높지 못한 삶을 영위하게 된다. 김노의 작품 중, 이러한 주제를 다루고 있는 작품으로서 「꼭두각시」, 「세 여자」, 「중국여자 한국남자」 등이 있다. 이 작품들은 중국조선족 여성들의 주체성의 상실, 아이덴티티, 그리고 이중소외의 문제 등을 제시하였다.

(1) 주체성의 상실

보부아르가 「제2의 성」에서 지적한 바와 같이 가부장제 사회 안에서 여성은 남성의 "타자"로 규정되어 있다. 다시 말하면 여자는 남자와의 관계에서 남자와는 "다른" 존재로, 남자에 대한 "타자"로 규정된다. 보부아르가 말하는 타자적 관계는 두 가지 종류가 있는데 사회적으로 동등한 사람들의 관계와 사회적으로 불평등한 사람들의 관계로 구분한다. 가부장제 속의 여성은 후자에 속하는데 중국조선족 여성들이 한국사회에서 처한 위치는 두말할 것도 없이 이런 특색을 명확하게 보여준다.

재한 중국조선족 "여성의 상황"[3]을 살펴보면 타자(the other)의 형상으로 가족과 주류사회의 주변에 놓여져 인격과 권리가 유린되는 비참한 운명에 다름 아니다. 이런 특징에 비추어 김노는 작가로서 느낀 안타까운 현실을 독특한 시각으로 재현한다. 즉 "코리아 드림"이란 소용돌이 속에 빠져 자신의 주체성을 잃어가고 있는 중국조선족 여성들을 리얼하

---

3) 이에 대해 신옥희는 "타자성이 불평등한 관계 안에서 존재할 때에는 상호성은 폐지되고, 압박과 종속의 관계들로 대치된다. 이 경우, 타자성의 관계 속에 압박의 개념이 들어오게 되는데, 이것이 바로 보부아르가 말하는 '여성의 상황'을 형성한다"라고 지적하고 있다. 「타자(他者)에서 주체(主體)로—시몬 드 보부아르의 여성 해방 사상과 현대 페미니즘」, 『한국여성철학』 제11권, 2009, 110.

게 그려내고 있다.

「꼭두각시」란 제목이 제시하다시피 작품 속 여주인공은 남편의 조종에 의해서만 행동이 가능하고 사상과 주장이 없는 주체성을 상실한 여성들을 상징한다. 불법체류 단속기간에 처해있던 여주인공 '나'는 한국남편의 청혼을 수용한다. '나'는 행복의 보금자리를 찾고자 만난 지 열흘만에 결혼을 결심한다. 그러나 주인공여성의 삶은 결혼 후 남편의 노골적인 무시와 남편의 통제에 침묵으로 지낼 수밖에 없는 상황에 놓여진다. 남편과 '나'의 관계는 능동과 수동, 명령과 복종이라는 종속적인 관계로 구현되어 있다. '나'는 남편에게 복종을 해야만 하였고 물어볼 권리마저 박탈당했다. 남편은 자신만의 틀에 맞추어 아내를 "조각"하고 있는 것이다. 그 전형적인 예가 바로 아내의 "물어볼" 권리, 즉 담론의 권리를 거부하는 것이다. 담론은 항상 지식을 구성하는 방식이며, 또한 그 지식에 내재해 있는 사회 관습, 주체성의 형태, 권력 관계 등을 구성하는 방식이다. 이러한 거부로 말미암아 '나'는 주체성을 잃어가고 있다.

'나'가 남편의 아내가 될 수 있었던 중요한 계기는 바로 외모가 전처와 많이 닮았다는 것이다. 전처를 닮은 '나'의 얼굴은 남편과 예전 처가댁에게 대리만족을 주었을 뿐만 아니라 남편이 재산을 상속받는데도 지극히 유리하게 작용하였다(김병활 128). 비록 작품 속에서는 재산상속 문제에 대하여 직접적인 설명을 하지 않았지만, 작품의 실마리를 통하여 가히 짐작할 수 있다. 남편은 '나'를 자신의 가족과 전처 식구들에게 일일이 소개시킨다. '나'로 하여금 '며느리'로서, '딸'로서 인정을 받고 한국에서 행복한 결혼생활의 시작인 것처럼 착각을 하게 한다. '나'의 극적인 출현은 외동딸을 잃고 슬픔 속에 잠긴 남편의 전처 부모들에게 있어서는 딸의 환생으로 느껴졌다. 또한 그들의 공허한 마음을 채워준다. 남편이 겉으로는 지극한 사랑을 베풀었지만 '나'는 분명 그의 권모술수의 덫에 점점 빠져들고 말았다.

그러나 '나'는 "행복"하고 "안일"한 삶을 위하여 다른 한 사람의 신분으로 둔갑하여 그 허울을 닮아가야 하고 스스로 "꼭두각시" 노릇을 해야만 한다. 평생 한국의 남편과 가족들의 대리물이 되어야만 행복을 보장받을 수 있는 '나'로서는 자신이 가련하고 부끄러웠다. 작품의 마지막 부분에 "스스로 생각해도 우스꽝스러웠다"라고 하는데 이것은 어쩌면 자신의 마음속 깊이 감춰져 살아야하는 '나'라는 진정한 모습에 보내는 동정의 감정이고 꼭두각시 노릇을 해야 하는 또 다른 '나'에게 보내는 냉소적 제스처라 할 수 있다.

(2) 아이덴티티 문제(Identity Trouble)

아이덴티티(identity), 즉 정체성은 개체성과 독특성을 가진다는 뜻이다. 윌리엄 불룸(William Bloom)은 아이덴티티의 중요성에 대하여 아래와 같이 해석하였다.

> 아이덴티티는 각 개인에게 있어서 내적인 것이며 무의식적인 행위요구이다. 개인은 노력으로 신분을 확인받으려 하고 심리적 안정감을 찾고자 한다. 심리적 안정감은 개성온정과 심신건강에 중요한 작용을 일으킨다. (Ling 104로부터 재인용)

한국 사회에서 중국조선족들은 신분의 모순과 곤혹 속에 빠져 들어간다. 쌔갈스는 문화적인 신분에 대하여 다음과 같이 말하였다.

> 문화적인 신분은 종족, 국적, 성별, 출생지, 사망지, 장기적인 거주지, 직업, 계층, 타인과의 관계, 개성특징, 체형, 연령, 흥취, 종교, 별자리(星相), 월급을 기준으로 하는가? 아니면 자아평가를 기준으로 하는가? 혹은 타인의 평가를 기준으로 하는가? 그 가능성은 무한하다.[4]

김노의 작품은 중국조선족들이 한국 사회생활에서 느끼는 국적별, 성별, 그리고 사회적 신분 사이의 복잡한 관계를 탐색하였다. 그들은 공동 언어를 사용하는 한 민족임에도 불구하고 한국사회에서 소외와 배척을 당한다. 그들은 한국사회와 그들 사이에 놓여진 무형의 장벽을 느끼게 된다. 그리하여 갖은 노력으로 그 장벽을 넘고자 하나 결코 쉬운 일은 아니었다.

단편소설「세 여자」속의 주인공들은 한국사회에서 아이덴티티를 찾으려 하는 재한 중국조선족 여성들이다. 인천댁, 서울댁, 안산댁은 모두 국제결혼의 경로를 통해 한국으로 시집온 중국조선족 여성들이다. 안산댁은 중국교포라는 신분 때문에 월급을 무조건 적게 받고 있다. 이러한 현실에 대한 불만으로 그녀는 "고민의 말주머니"를 털어놓는다. '중국교포'라는 한 가지 이유만으로 그녀들에게 돌아오는 것은 불평등한 대우와 차별이다. 그들은 사회적 편견 때문에 한국사회에 융합할 수 없었고, 그 원인을 찾고자 자신들을 돌이켜본다. 세 여인은 복장, 화장법, 언어에 눈길을 돌려 그 원인을 밝히고자 한다. 이러한 행동은 여성의 정체성에 대한 자아의 성찰(省察)로 보여진다. 현재 자신들이 처한 상황을 운명으로 받아들이지 않고 자신들이 느낀 불평등에 의문을 제기한다. 이러한 의문은 이 사회에 융합되려는 그들의 노력과 각성의 첫 걸음이라고 볼 수 있다. 아래의 대화는 그녀들의 사고의 궤적을 잘 보여주고 있다.

　　a. "우리 얼굴에 어디 중국교포라고 써 있어? 왜들 금방 알아보지?"
　　b. "얼굴 때문일까? 뭐, 옷차림 때문이 아닐까?"
　　c. "옷 때문은 아니야. 지금 보니 바로 얼굴 때문인 것 같아……"

---

4) 莱恩·T.赛格尔斯,「""文化身份"的重要性－文学研究中的新视角」, 龚刚译, 乐黛云、张辉主编. 文化传递与文学形象[M]. 北京:北京人民出版社, 1999, 331.

   d. "그러니까 내 말은 생김새가 아니라, 거 있잖아, 얼굴 화장을 한국여
      자들 같이 예쁘게 못한다 이거지. 언제 한번 시누이 치장하는 거 보니
      까 메이크업인가 뭔가 따로 화장법이 있는 모양이더라구."
   e. "지금 당장 똑같은 화장품을 사용해 똑같은 화장법으로 치장한다 해
      도 우린 한국여자들과는 많이 다를 것 같아. 왜냐하면 자란 환경이
      틀리니까…… 게다가 먹고 살기 바쁜 마당에 여기 사람들처럼 피부에
      어디 신경을 썼니?……" (「세 여자」 39)

한겹 한겹 부정적으로 벗겨지는 외부적 요인들은 그녀들을 깊숙한 내적
원인으로 다가가게 한다. 즉 그녀들의 말을 빌려보면 "지금 국적이 문제
가 아니라 출생지가 문제여. 중국에서 태어났다는 그 자체가 우리한텐
마이너스 작용을 한다구. 잘사는 일본에서 태어나 재일교포라는 간판을
달아봐. 누가 감히 깔보겠어. 신분이 문제야"라고 못을 박아 표명한다.
다시 말하자면 그들은 한국호적을 취득했음에도 불구하고 한국사회에
발붙이기 어려운 원인을 출생지에서 찾고 있다.

중국조선족 여성들에 대한 한국사회의 고정관념은 사회적 약자인 그
녀들이 한국사회에 융합하려는 염원에 막강한 장애요인으로 작동되고
있다. 메리 영(Mary Young)에 의하면 "고정관념은 이방인에 대한 차별
적인 처우를 정당화하는 동시에 그들을 무력한 존재로 만드는 사회적
통제 시스템이다"(133). 중국조선족은 한국인들에게 빈곤과 우매, 기만
과 거짓, 순종과 나약, 몰상식과 지식결핍 등 부정적인 측면으로 많이
인식되었다. 김노의 작품 속에 재현된 중국조선족 여성들도 상술한 고
정관념 피해자의 전형이라고 볼 수 있다. 그 중 대중매체는 이런 고정관
념을 전파하는 경로이자 패러다임으로서 한 국가의 대중과 문화에 중요
한 영향을 미친다.

「락서」에 투영된 중국조선족에 대한 한국사회의 고정관념은 여러 경

로를 통하여 리얼하게 반영되었다. 한국인 남편의 아내에 대한 공공연한 비난으로부터 인터넷 댓글, 텔레비전 뉴스와 신문기사에 이르기까지 중국조선족과 중국에 대한 부당하고 왜곡된 인식을 보여준다. 한국 남편은 아내의 "원산지", 즉 부모님이 한국에서 태어났다고 "오리지널 한국사람"이라며 비꼬았다. 작품에서 아내는 술자리의 대화가 싫어서 골방으로 들어가 인터넷을 검색한다. 인터넷을 클릭하면서 조선족을 미워하는 한국인들이 상상 밖으로 많다는 것을 아내는 실감한다. 그 내용을 적어 정리하면 다음과 같다.

> a. 조선족 행사에 불법체류 조선족 모두 모여라…… 출입국 관리하시는 분들은 이 기회에 불법조선족들을 일망타진하시오. 이번 기회를 통해서 조선족들이 없는 깨끗한 한국을 만들어보세요.
> b. 조선족을 한국 사람과 같은 민족이라고 하는 것은 원숭이를 사람이라고 하는 것과 같다. 중국조선족은 한국인과 동화될 수 없다……
> c. 한국의 국회가 해외동포 선별작전을 펼쳐 러시아와 중국동포를 동포의 울타리에서 몰아냈다. 아주 장한 일을 해냈다.
> d. 대부분의 대한민국 국민은 조선족의 실체에 관심이 없습니다.
> e. 민족과 국가를 혼돈하지 맙시다. 같은 민족이라고 해서 타국에서 당연하다는 듯이 권리주장을 할 수 없습니다.
> f. 조선족은 어느 나라 민족이지? 어 참 놀고 있네. (「락서」 28-29)

중국조선족에 대한 훼방과 비난뿐만 아니라 중국에 대한 편견도 나타나고 있다. 신문의 광고문구를 보면,

> a. 동충하초(冬虫夏草)는 진시황이 바라던 불로장생의 령약이다. 그러나 중국산 동충하초는 그 효능이 떨어진다.
> b. 언제부터 중국이란 소리만 나오면 신경이 온통 두 귀로 쏠린다.

   c. 저녁뉴스에서는 포승줄에 묶인 조선족 밀항자의 얼굴을 화면에 드러
     냈다. (「락서」 29)

인터넷, 신문, 뉴스에서 중국조선족에 대한 비난과 비하는 시시각각 딱지처럼 붙어 다녔고 중국조선족이란 집단에 대한 하나의 부정적인 고정관념을 형성하였다.

(3) 이중소외(双重边缘化)

동서고금을 막론하고 여성은 사회의 주변에 위치해 있다. 여성들은 가부장적 억압 하에 주류적인 위치로부터 배제당하고 있다. 서방의 아리스토텔레스는 "여성이 여성으로 되는 까닭은 그들에게 그 어떤 특질이 결여되어 있기 때문이다. 여성들의 본성에는 천성적으로 결함이 있고 그 까닭에 업신여김을 받고 있다는 사실을 우리는 알아야 한다"라고 하였고 동방의 공자도 "소인과 여자만이 가르치기 어렵도다"라고 하였다(김호웅 294).

권력은 어떠한 정치제도 내에서도 핵심적 지위를 차지하기 마련이다. 엥겔스는 「가족, 사유재산 및 국가의 기원」에서, 여성억압의 기원이 사유재산의 발생에 있으므로 프롤레타리아 계급이 자본주의 체제를 변혁시킴과 더불어 여성 억압도 끝날 것이라고 예측했다(홍문표 454로부터 재인용). 가부장적 제도 하에 성별권력은 남성에게 주어진 권한이다. 여성들은 남성의 절대적인 권리 앞에 부권제사회가 갖고 있는 여성에 대한 일방적인 편견에 의해 사회적 약자로 소외되어 왔다. 그들이 받고 있는 이중소외(双重边缘化)[5]는 성별차이와 사회적 약자로 체현되었다.

---

5) 중국에서 일반적으로 말하는 '双重边缘化'는 중심 대 주변, 주류담론 대 실어증의 관계 차원에서 후자가 처한 '타자화'의 처지를 가리키는 개념으로 사용하지만 본고에서는 남성우월 대 여성비하 및 사회적 담론주체로서의 강자 대 실어증에 처한 약자의

① 성차별

주류사회의 담론, 또는 가부장제 하의 남성담론은 여성에게 있어서 여성자신의 존재에 대한 부정을 요구한다. 「중국여자 한국남자」를 그 전형적인 사례로 볼 수 있다. 여주인공 송희는 매사에 남편의 눈치를 살피고 그녀의 모든 것은 가족을 위하여 헌신해야만 한다. 남편은 안방에서만 식사를 하는데 그때마다 송희더러 절하듯이 허리를 굽혀 밥상을 들어오길 요구한다. 한 치의 오차도 없이 잔심부름을 수행해야 하고 고도의 집중력으로 남편의 말에 응해야 했다. 그리고 남편은 먹기 역한 음식들만 송희에게 먹기를 강요한다. 음식쓰레기통으로 전락한 송희는 남편의 위엄어린 다스림에 순종만 할 뿐 불평을 토하지 못한다. 그녀는 하고 싶은 말이 많지만 자신의 감정을 억제해야만 했다. 남편의 육체적인 폭력은 그녀의 심신건강을 크게 약화시킨다.

자매편 「사랑의 애가－중국여자 한국남자」의 주인공 정희도 예외는 아니다. 남편의 일방적인 모함 하에 그녀는 억울하다고 하소연 하나 남편은 "말대꾸"란 죄명을 씌우고 폭력으로 제압한다. 남편은 교포아내에 대한 의심을 버리지 못하고 그녀의 주민등록증마저 뺏는다. 그녀는 이러한 남편의 억압과 감시, 폭력을 참을 수가 없어 가출을 시도한다. 그러나 사회적 규율에 복종된 그녀에게는 이미 홀로서기 능력은 퇴화되었다.[6] 주방일과 가사노동을 제외하고는 송희가 한국 사회에서 할 수 있는 것은 아무 것도 없었다. 결국 남편을 떠나서는 살 수 없어서 다시 귀가한다.

사회적 규율은 여성들을 가정주부의 역할만 담당하게 할뿐, 기타의 능력을 상실하게 한다. 보부아르의 말에 의하면 "여성은 여자로 태어나

관계 차원에서 후자의 처지를 가리키는 개념으로 사용하도록 한다.

6) Michael Foucault, "The power of the norm appears through the disciplines." in *Discipline and Punish: The Birth of Prison*, New York: Pantheon Books, 1977, 184.

는 것이 아니라 여자로 길들여진다"고 하였다.[7] 이른바 여성의 젠더역할은 태어날 때부터 가지고 있는 것이 아니라 사회문화에 의해 만들어진 것이다. 계율은 "생산성, 연속성, 중복성, 자아재생성"의 권력적 특성을 띤다. 부권제 사회의 규범은 여성에게 온순, 현숙, 정결, 충성의 미덕을 갖추도록 요구하였다. 장기간의 규범에 길들여진 여성들은 점차적으로 남편의 통제와 억압에 의해 상술한 규범들을 묵인하고 가정주부의 역할을 자기의 천직으로 삼았다.

「도로님」속의 주인공 윤자는 남편과 이혼한 뒤 전 남편의 집안일을 해달라는 요구에 응하여 도우미 아줌마로 들어간다. 그때서야 그녀는 자신이 해왔던 아내의 역할은 실은 가정부의 직업과 같았다는 것을 깨닫게 된다. 차이라면 아내일 때 자신은 보상이 없는 노동을 해왔다는 점이다. 결혼생활 속 여성들은 대부분 가사 일을 하나, 그 노동은 경제적 가치를 인정받을 수 없기에 남편으로부터 오는 멸시와 천대는 피할 수 없는 것이다. 중국조선족 여성들은 가정 내의 무보수 가사노동과 사회의 염가노동으로 말미암아 이중의 고통을 감당해야 한다. 이것이 그녀들의 진실한 사회적 처지에 다름 아니다. 김노는 상술한 여성들의 나약함이 그녀들의 남편의 다스림에 의해 형성되었다는 것을 신랄하게 폭로하였다.

그녀들의 소외는 여기서 끝나지 않는다. 남편의 자식들에게 종래로 "엄마" 소리를 듣지 못하고 대신 "아줌마" 혹은 "중국아줌마"로 불린다. 남편 자식들은 공공연한 혐오감을 나타내며 그녀들을 배척하고 비난한다. 명절 때의 어마어마한 가사노동도 그녀들의 응당한 책임처럼 묵인되고 있다. 이는 가부장 제도하의 또 다른 소외의 파생현상으로 읽혀진다. 명령과 억압, 지배와 통치, 감시와 폭력은 생활 속의 다양한 측면을

---

7) 西蒙娜·德·波伏娃, 陶铁柱译, 第二性[M], 北京：中国书籍出版社, 1998, 309.

통해 중국조선족 여성들의 숨통을 조인다. 결국 이런 감시와 간섭은 타인이 자신의 행위에 가하는 일종의 간섭이 아니라 스스로가 자신에게 가하는 자아감시로 변하였다. 프랑스 철학자 미셸 푸코는 "응시(gaze)는 타인만이 우리에게 주는 시선이 아니라 스스로 자신의 행위를 지켜보는 방식이다. 자아의 사회화된 부분은 우리 스스로를 자아응시의 주체로 되게 하였다. 이로써 우리들은 부단히 자신의 신체, 행위 및 정감을 감시한다"[8]고 했다. 작품속의 여주인공들은 하품도 남편이 없는 자리에서만 하고 전화벨 소리에도 습관처럼 놀라서 흠칫하며 가스 렌지불의 찌르르 소리에도 안방의 남편에게 신경이 쓰인다(「사랑의 애가」 45). 중국조선족 여성들에게 가해지는 일방적인 편견과 왜곡된 인식은 생활 속의 여러 측면을 통해 볼 수 있다. 중국조선족 여성들, 한 걸음 더 나아가 여성의 기본 권리가 침범당하고 있음이 분명하다. 이데올로기화된 사회의 고정관념이 여성들로 하여금 주변인으로 처하게 만든 현실사회의 맹점이라고 볼 수 있다.

상술한 조선족 여성들이 봉착한 결혼생활의 문제점들은 이미 사회조사에 의해서도 증명된 바와 같이 그녀들이 한국생활에서 겪는 주요 경험으로는 '무시', '신뢰의 부재', '차별/편견', '간섭/통제', '인식의 차이', '성격/나이 차이', '폭력' 등으로 나타나고 있다.[9]

② 주변화된 사회적 약자

김노 작품속의 조선족 여성들은 한국 주류사회로부터 주변화된 사회

---

8) Geoff Danaher, Tony Schirato, and Jen Webb, *Understanding Foucault*, SAGE publications, 2000, 50–54로부터의 재인용임.

9) 결혼 이주 조선족 여성들이 한국 생활에서 겪는 주요 경험에 대해서는 최금해, 「조선족 여성들의 한국결혼생활 적응유형에 관한 질적 연구」, 『여성연구』 72.1 (2007): 143–188을 참조할 것.

적 약자로서 한국인들의 무시와 천대를 받는다.「한심한 세상」속의 여주인공은 남편과 함께 노무수출로 한국에 건너온 중국조선족 여성이다. 남편이 한국 사람으로부터 노무사기를 당하여 어마어마한 빚을 졌는데 그 빚을 갚는 길은 한국으로 와서 돈을 버는 것뿐이다. 한국에 온 후 그녀는 아픈 허리도 마다하지 않고 건축현장에서 일하다가 병이 도지는 바람에 쉬운 일을 선택하지 않으면 안 되었다. 그리하여 월급이 좀 낮더라도 가정부 일을 하기로 한다. 주인여자는 너무도 까탈스러운 나머지 조선족여성을 편안하게 놔두지 않았다. 특히 주인여자가 기르는 개 쉐리와 가정부인 중국조선족 여성의 차별은 천지차별이어서 개가 사람대우를 받고 사람은 개보다 못한 신세였다. 개한테는 치즈, 쇠고기 캔 같은 비싼 음식도 아낌없이 사다 먹인다. 그러나 그녀에게는 하루 세끼가 아깝다는 듯 점심엔 무조건 라면을 끓여먹도록 했다. 그녀가 먹는 반찬이라는 것도 언제나 주인여자의 입맛에서 제외된, 주로 먹다 남은 것들이 전부였다(「한심한 세상」 35).

　더욱 한심한 것은 그녀가 주인집에 놀러온 개한테 손을 네 곳이나 물린 후 경험하게 되는 주인여자의 매몰찬 말투와 건성스러운 행동이다. 주인여자는 피가 철철 흐르는 그녀의 상처부위를 밴드로 아프도록 동여 붙이며 여러 곳에 상처가 났다고 짜증을 부린다. 서러움 때문에 눈물을 흘리는 조선족여성에게 주인여자는 오히려 화를 내며 나무란다. 육체적인 고통보다 마음의 상처를 깊게 받은 그녀는 개보다 못한 세상으로부터 벗어나 자유와 해방감을 찾고자 주인집을 떠난다. 떠나는 그녀의 뒤에서 주인여자와 손님들의 말소리가 들려온다.

    a. "중국 갔다 온 사람들 얘기 들어보면 거긴 아직도 원시적인 수준의 삶이라던데……"
    b. "요즘 음식점에 가보면 일하는 중국 사람들 한둘은 다 있대. 어지간히

　　　들어 왔나봐……"
　　c. "여기서 한 달을 벌면 거기선 일 년을 산다니까……"
　　d. "들었지? 넌 개로 태어나도 행복한거야……" (「한심한 세상」 44)

그녀들의 이와 같은 비난과 조소는 한국사회가 중국조선족에 대해 갖고 있는 배척과 소외가 응집된 결과물이라 읽혀진다.

3. 재한 중국조선족 여성의 주체성 탐색 과정

　김노 작품 속의 재한 중국조선족 여성들은 진정한 자아가치를 찾고 여성의 진정한 자유를 회복하고 잃어버린 목소리를 되찾고자 하여 일련의 주체성을 탐색한다.

　첫째, 감화(感化)를 통하여 공감을 일으키려 한다.
　작품 속 주인공 여성들은 대부분 자신의 존재를 남편과 가족에게 의탁하려는 경향을 취하고 있다. 그녀들은 가부장제도의 직접적인 피해자임에도 불구하고 인내와 자상으로 자신들을 억압하고 감시하는 남편과 그 가족을 감화시키려고 한다. 그러나 이런 시도는 그녀들의 기대와는 어긋나게 파멸로 돌아온다. 「사랑의 애가」 여주인공을 통하여 볼 수 있는 바와 같이 교통사고를 당하는 순간까지 남편의 자식에게 가져다줄 숟가락을 붙잡고 있다. 이는 그녀들의 희망에 대한 고집이라 읽혀진다.

　둘째, 한국사회에서 영어는 상징적 자본이므로 그녀들은 영어를 배움으로써 한국사회에 융합하려고 시도한다.
　언어는 담론의 중요한 수단의 하나이다. 담론은 의미를 사고하고 생산해내는 방식 이상의 것이기 때문이다. 작품 「세 여자」에서 보여주다 시피 그녀들은 국제적 교류의 급류 속에서 희미하게나마 영어의 중요성을 발견하고 한국사회에 넓게 보급되어가는 영어를 배움으로써 한국사회에 처한 자신들의 사회적 지위를 높이고 잊혀져가는 자신들의 목소리를 내고자 한다. 언어는 교류의 중요한 수단인 만큼 그녀들에게도 절박하게 필요했던 것이다. 그녀들은 결혼생활과 사회생활에서 오는 불공평한 대우를 감지하며 그런 차별에서 벗어나 자신의 정체성과 한국사회와의 화합의 길을 찾고자 한다.

셋째, 글쓰기를 통해서 정신적 자유와 주체의식을 되찾고자 한다. 프랑스 제3세대 여성주의자 엘렌 씩수(Helene Cixou)는 다음과 같이 주장하였다.

> 글을 씀으로써 여성은 자신을 표현해야 한다, 여성은 여성에 대한 글을 써야 하며 여성을 대상으로 글을 써야 한다. 여성으로서 여성에게 보내는 글을 통하여, 남성만이 통치하였던 연설을 통하여 여성적인 상징이었던 침묵이 아닌 여성으로서의 지위를 확보해야 한다. 여성은 침묵의 덫에서 탈출해야만 한다.[10]

「중국여자 한국남자」 속의 여주인공이 바로 이러한 측면에서 전형적인 인물로 부각되고 있다. 가사노동의 고달픔과 가족의 감시를 피해가며 필사의 의지로 소설창작에 정력을 쏟아 붓는다. 그러나 결국 그녀의 유일한 정신적 휴식처였던 소설 창작도 남편의 무자비한 폭력에 의해 불가능하게 되자 마침내 가출로써 소극적인 반항을 하였다.

---

10) http://www.chss.montclair.edu/~lorenzj/unisinos/cixous-medusa.pdf

마지막으로, 작품 속에 희미하게나마 중국조선족 여성 상호간의 도움과 단결로써 자매애의 길을 제시한다.

스스로 해결할 수 없는 어려움들을 서로 도와서 이겨내고 곤경에서 구해주고 고무격려를 해주는 것이다. 물론 작품 속에서 중점적으로 다루어지지는 않았지만 이 점은 매우 확연하게 나타난다. 예컨대「중국여자 한국남자」를 보면, 정희는 남편 집안의 제삿날임에도 불구하고 동포여성이 불법체류로 체포된 사실을 알고 경찰서로 향한다. 비록 경찰서에서 한국경찰의 조소와 비방을 받게 되고 남편과 시어머니로부터 질책을 듣게 되지만 중국조선족 동포여성들의 어려움은 항상 가슴을 아리게 한다. 전반적으로 볼 때 김노의 작품에서 중국조선족 여성들 사이에는 알게 모르게 어떤 끈끈한 유대감을 형성하고 있다. 물론 그것이 동병상련적인, 혹은 지극히 수동적인 것이라도 좋다. 그러나 그것이 분명 그녀들에게 있어서 한국이라는 소외의 공간, 그리고 남성적 타자화의 늪에서 탈출할 수 있는 희망적인 메시아임에 틀림없다. 이것은 또한 작가의 소박하면서도 절실한 바람이기도 하다.

4. 결론

도리스 레싱(Doris Lessing)이 말한 바와 같이 "작가는 책임감이 있어야 하며 자기를 변혁의 도구로 바꾸어야 한다"(6). 김노는 강한 사명감을 지니고 재한 중국조선족 여성의 한국사회 내에서의 일상적 경험에 대해 큰 관심을 갖고 이를 작품에서 재현하였다. 그 영향력은 결코 무시할 수 없는 것이다. 그녀가 작품 속에서 보여준 바와 같이 한국사회가 중국조선족 여성에 대해 갖는 멸시와 성차별, 억압 등 사회적 문제가 재한 중국조선족 여성의 심신에 주는 상처 또한 무시할 수 없다. 글로벌화에 발맞춰 다문화사회로 나가는 시점에 중국조선족 여성들이 처한 현실적 비극은 중국사회와 한국사회 모두가 마땅히 주목해야 할 사회적 이슈이다. 여성의 해방과 자유발전은 사회 문제일 뿐만 아니라 더욱이 여성자신의 문제이다. 그러나 장기간의 억압과 소외로 인하여 그들은 한국사회를 향해 큰 목소리를 내지 못하고 있다. 이러한 현실에 비추어 다양한 분야에서 재한 중국조선족여성들의 생활에 대해 많은 관심을 가질 필요가 있으며 사회 각 계층으로부터 더 큰 주목을 받아야 할 것이다.

이 글은 2010년 10월 15일부터 17일까지 국제비교한국학회와 제주대학교 탐라문화연구소가 공동주최하여 제주대학교에서 개최된 〈아시아-태평양 지역의 이주와 트랜스내셔널리즘〉 학술대회에서 발표되었으며 *Comparative Korean Studies* 18권 3호(2010년 12월 31일 발행)에 게재했던 논문을 수정·보완하여 수록한 것이다.

참고문헌

김노, 「중국여자 한국남자」, 『도라지』, 제2기, 1994.

____, 「사랑의 애가-중국여자 한국남자」, 『도라지』, 1994.5.

____, 「꼭두각시」, 『장백산』, 2000.1.

____, 「한심한 세상」, 『장백산』, 2000.6.

____, 「세여자」, 『장백산』, 2000.1.

____, 「고국땅에서」, 『장백산』, 2001.1.

____, 「도로님」, 『장배산』, 2001.3.

____, 「락서」, 『장백산』, 2001.3.

김병활, 「새천년 벽두에 본 소설 창작 경향」, 『도라지』, 2000.2.

김성호, 「2001년 「장백산」 잡지 제1기를 두고」, 「장백산」, 2002.1.

______, 「2000년 「장백산」의 소설풍경 관망」, 「장백산」, 2001.2.

김호웅, 「문학비평방법론」, 료녕민족출판사, 2002.

오상순, 「개혁개방과 중국 조선족 소설문학-90년대 상반기 소설문학을 중심으로」, 『한국문
    학전통연구』, 1997.12.

이주영, 「한국 내 조선족 여성이주자의 가사노동 경험」, 연세대학교 대학원 석사학위논문, 2004.

정귀자, 「여성결혼이민자의 사회 적응과 통합지원 정책에 관한 연구」, 이화여자대학교 정책
    과학대학원 석사학위논문, 2009.10.

최금해, 「조선족 여성들의 한국결혼생활 적응유형에 관한 질적 연구」, 『여성연구』 72.1
    (2007): 143-88.

크리스 위든, 이화 영미문학회 옮김, 「포스트구조주의와 페미니즘 비평」, 한신문화사, 1994.

홍문표, 「문학비평론」, 양문각, 1995.

莱恩·T. 赛格尔斯 : 「"文化身份"的重要性-文学研究中的新视角」, 龚刚译, 乐黛云、张辉
    主编.文化传递与文学形象[M]. 北京 : 北京人民出版社, 1999.

西蒙娜·德·波伏娃. 陶铁柱译. 第二性[M]. 北京 : 中国书籍出版社, 1998.

Danaher, Geoff, Tony Schirato, and Jen Webb. *Understanding Foucault.* SAGE
    publications, 2000.

Foucault, Michel. *Discipline and Punish: The Birth of the Prison.* New York: Pantheon
    Books, 1977.

Lessing, Doris. *A Small Personal Voice: Essays, Reviews, Interviews.* Ed. Paul
    Schlueter, New York: Vintage, 1975.

Ling, Amy. *Between Worlds- Woman Writers of Chinese Ancestry.* New York: Pergamon
    Press Inc., 1990.

Young, Mary. *Mules and Dragons: Popular Culture Images in the Selected Writings
    of African-American and Chinese Women Writers.* London: Greenwood Press,
    1993.

http://www.chss.montclair.edu/~lorenzj/unisinos/cixous-medusa.pdf

식민지 시기 일본 공장으로 간 제주 여성

서지영[*]

1. 여공과 식민지 근대

1930년대 채만식의 단편소설, 「보리방아」, 「동화」, 「병이 낫거든」 등
에는 가난한 농촌을 떠나 미래에 대한 부푼 꿈을 가지고 도시 공장으로
떠나는 시골 소녀들이 주인공으로 등장한다. 시골의 보통학교를 다니면
서 막연히 도회의 삶을 동경하기도 했던 그들은 극심한 보리흉년을 맞
아 끼니조차 잇기 힘들게 되고 혼인마저 어려워지게 되자, 동네를 떠돌
며 소녀들을 꾀는 공장 모집책의 유혹에 넘어가게 된다. 대부분 도시
방적 공장에서 도시 여성들이 입을 비단을 짜게 되는 시골의 소녀들에
대해 채만식은 「동화(童話)」에서 다음과 같이 묘사한 바 있다. "비단을
입어보지 못하는 촌 계집아이로, 가령 입지는 못할망정 비단을 제 손으
로 짠다는 것, 그것 한 가지만 해도 업순이한테는 우선 즐거운 꿈이 아
닐 수 없던 것이다."[1] 이 작품에서 여공 모집원으로부터 선불로 받은
돈으로 산 '인조항라 께끼적삼'을 산뜻하게 다려 입고 도시를 향해 고향
집을 나서는 업순이의 모습은 20세기 초, 제3세계 식민지 조선의 시골,

---

* 캐나다 브리티시 콜롬비아 대학(University of British Columbia) 아시아학부 박사과정
1) 채만식, 「童話」, 『채만식전집 7』, 창작과 비평사, 1989, 248.

익명의 소녀들에게 밀려들어온 근대의 흔적을 시사한다.[2]

그런데, 농촌여성들의 도시로의 이동은 조선의 국경을 넘어 제국의 메트로폴리스에까지 이르렀다. 일본의 방적공장으로 이동한 시골 처녀들에 대한 기사가 1920년대부터 확인된다.[3] 이미 1911년경에 일본 공장에 조선여성이 진출한 기록이 있으며, 1922년 12월 도항(渡航) '자유화' 이후, 더 많은 조선인 여성들이 일본 공장으로 건너가게 된다.[4] 당시 신문에는 일부 모집원들이 총독부 허가 없이 비공식적이고 불법적인 방식으로 조선의 미혼여성들을 유인하여 일본으로 이동한 사건들을 보도하고 있다.[5] 그런데, 오사카, 고베 등 일본 관서 지역 공장으로 이동한 여성들 가운데에 많은 수가 제주도 출신의 여성들이었다는 데에 주목할 만하다. 제주도의 경우, 일제 식민통치 속에서 자급자족적 자연경제가 무너지면서, 생계유지를 위해 제주도의 많은 여성들이 일본의 공

---

2) 1930년대 채만식, 유진오, 이기영, 강경애 등의 소설을 중심으로 여공들의 역사적 존재양식을 재구성하고 서발턴으로서의 여공의 입지를 탐색한 논문으로 서지영, 「여공의 눈을 통해 본 식민지 도시풍경」, 『역사문제연구』 22호, 역사문제연구소, 2009, 10 참조.

3) 「海外工女募集과 定州普校生動搖, 학업을 중지하고 녀공으로 해외에」, 『동아일보』, 1924. 5. 19.

4) 일본 공장의 입장에서는 값싼 노동력인 조선의 가난한 농촌여성들을 데려오면, 임금비용을 절약하고 언어 문제로 동맹파업의 가능성도 염려할 필요가 없고 부리기 쉬운 현실적 이득이 있었던 것이다. 당시 총독부도 조선인 여성의 일본으로의 이동을 장려하였는데, 여공모집을 자유경쟁 체제로 모집원에게 위탁하자 많은 부정과 문제가 생기게 된다. 이에 1918년 이후 총독부는 〈朝鮮勞動者募集取締規則〉을 제도화하여, 각사의 노동자 모집에 대해 일정한 통제를 가한다. 이에 대한 논의는 박정의의 「일본 식민지 시대의 재일한국인 여공－방적, 제사여공」, 『논문집』 Vol. 17, No. 1, 원광대학교, 1983, 122-128 참조.

5) 「女工募集이라고 良家 女子 九名을 일본으로 다리고 가다가 잡혀, 안심할수 업는 소위 여공모집」, 『동아일보』 1925. 9. 20; 「女工에 너허준다고 十餘處女 誘引, 감언리설로 처녀를 꼬여내, 犯人 二名은 警察에 被捉」, 『동아일보』, 1927. 5. 8; 「十四歲未滿 朝鮮女工募去, 일본으로 가랴는 것을 억류, 釜山에서 畢竟抑留」, 『동아일보』, 1929. 11. 26.

업도시로 이동하게 된 것이다.

제주사람들의 일본 공업계로의 출가(出稼)는 1911년부터 시작되었는데, 1923년 제주도와 오사카를 직접 연결하는 정기항로인 '군대환(君代丸)'이 취항하면서부터 제주인들의 일본으로의 이동은 가속화된다.[6] 1934년도 재일본 한인 가운데 제주도 출신자는 5만 명을 상회하였는데, 이는 당시 제주도 인구(20만 명)의 4분의 1에 해당되는 숫자였다. 또한 오사카(大阪)에 자리 잡은 제주도민 가운데 66% 이상이 공장 노동자들이

---

6) 근대시기 제주인의 일본 이동에 관한 선행 연구를 살펴보면, 국내 연구로서 재일 조선인의 역사를 개괄한 강재언,『재일 한인의 갈등과 도전』, 고성중 역, 북제주문화원, 2005, 유철인,「在日 제주인과 제주도」,『동아시아연구논총』9집, 제주대 동아시아연구소, 1998가 있고, 제주인의 일본 '도항'을 다룬 전은자,「제주인의 일본도항 연구」,『탐라문화』32집, 제주도 탐라문화연구소, 2008, 식민지 시기 재일 제주인의 일본에서의 항일운동, 노동운동사를 다룬 金昌厚,「在日 濟州人의 抗日運動」,『濟州道史研究』제4집, 제주도사연구회, 1995, 강재언,「제주도와 大阪－大阪에서의 東亞通航組合과 勞動運動」,『濟州道研究』13집, 제주도연구회, 1996, 1920－30년대 본격화된 제주인의 일본 진출에 대한 사회사적 고찰을 시도한 김리나의『1920－30년대 제주도출신 재일조선인의 오사카 정착』연세대 한국학 협동과정 석사논문, 2008이 있다. 그밖에 일제시대 제주 출신의 재일 여성활동가들의 행적을 다룬 김인덕,「일제시대 제주 출신 재일 여성활동가들의 투쟁」,『제주도사 연구』8집, 제주도사연구회, 1999, 오사카 지역으로 이동한 제주여성의 이주 체험을 다룬 안미정,「오사카 재일(在日) 제주인 여성의 이주와 귀향」,『탐라문화』32집, 제주대 탐라문화연구소, 2008이 있다. 그밖에 구술사 자료로서『제주여성, 어떻게 살았을까－제주여성사 자료총서 1/사진자료집』, 제주도여성특별위원회, 2001,『구술로 만나는 제주여성의 삶 그리고 역사－제주여성사 자료총서 Ⅴ/제주여성 근현대사 구술자료(1)』, 제주도여성특별위원회, 2004,『제주여성의 생애: 살암시난 살앗주－제주여성사 자료총서 Ⅶ－제주여성 근현대사 구술자료(2)』, 제주도여성특별위원회, 2006 등이 있으며, 제주인의 도일(渡日)을 다룬 국외 연구로서, 桝田一二,「濟州道의 地域性 素描」(1934),「濟州島人의 內地出稼」(1935)『일제강점기의 제주도 Ⅰ』, 洪性穆 譯, 제주문화, 2010. 高鮮徽,『20世紀の滯日濟州人－その生活過程と意識』, 東京: 明石書店, 1998, 杉原達,『越境する民－近代大阪の 朝鮮人研究』, 東京: 新幹社, 1998 등이 있다.

   그 외 관련 연구로서, 식민지 시기 일본의 조선인 여공의 노동쟁의 실태를 다룬 金贊汀,『朝鮮人女工のうた－1930年 岸和田紡績爭議』, 東京: 岩波新書, 1982 및 식민지 시기 재일 조선인 노동자의 환경과 민족운동을 논의한 정혜경,『일제시대 재일조선인 민족운동 연구』, 국학자료원, 2001 등이 있다.

었으며, 이중 전체의 절반에 가까운 숫자를 기록한 여성들의 대표적인 직업이 방직공이었던 것으로 알려져 있다.[7] 식민지 시기 조선의 여타 지역에서 일본 공장으로 간 여성들은 대부분 개별적이고 산발적인 형태로 이동하였기 때문에 그 경로를 찾는 것은 쉽지 않다. 하지만, 제주도의 경우 일본으로의 도항을 제주시, 조합, 친인척 등 다양한 층위에서 조직적으로 지원하였으며, 도항자들이 일본에 도착한 이후에도 지역 공동체에 흡수되는 특수한 조건이 형성되어 있었으므로, 제주 여성들의 일본 공장으로의 이동과 정착의 과정을 비교적 용이하게 파악할 수 있다.

지금까지 제주여성들의 일본으로의 이동과 공장 체험에 대한 연구는 선행연구에서 부분적으로 논의되어 왔지만 본격적으로 다루어지지 않았다. 식민지 시기 자본의 흐름을 따라 '내지', 일본의 공장으로 떠났던 제주 여성에 주목하는 본 논문은 다음과 같은 문제의식을 기반으로 한다. 일차적으로 본 연구는 섬이라는 제주도의 환경적 조건과 식민지 통치라는 사회역사적 조건 속에서 극심한 경제난에 시달렸던 제주의 지역적 특수성과 제주의 근대성이 맞물리는 지점에서 출발한다. 나아가, 제주인은 섬을 떠날 수 없다는 조선시대(1629년)의 '출륙금지령' 이후, 공간 이동에 있어 제주인으로서 그리고 여성으로서 이중의 속박을 겪었던 제주 여성들의 근대 체험을 문제 제기할 것이다. 또한, 제주 여성들이 해녀들의 물질과 같은 섬지역의 전통적 노동의 영역을 넘어, 근대적 도시 공간의 '직업부인'으로 부상한 여공으로 변신한 지점을 통해 제주 역

---

7) 오사카 이쿠노구(生野區) 지역은 일본 속의 '작은 제주'라 할 만큼, 일본 사회 안에서 제주출신자들이 긴밀한 네트워크를 형성하는 집단적 거주지로 자리 잡게 된다(강재언, 1966; 전은자, 2008). 또한, 오사카 히가시나리(東成)구는 1928년 당시 약 1만 명으로, 오사카 시내에서 거주하는 조선인의 28. 5%가 이 지역에 거주하였는데, 당시 히가시나리 지역은 도시화 및 공업화로 향한 기반 정비가 진행되어 화학, 금속, 기계 기구, 고무공업을 중심으로 한 중소 영세공장이 잇달아 건설되었던 지역이며, 많은 조선인들이 일했던 곳이다(김리나, 31).

사 속의 여성의 극적인 전환을 가시화하고자 한다.[8] 하지만, 본 연구는 제주여성들의 여공 체험을 제주라는 지역적 범주의 특수성으로 수렴시키지 않고, 근대 시기 모더니티의 형성과 여성 정체성 변화라는 보다 거시적인 틀 속에서 바라보고자 한다. 즉, '내지'로 이동한 제주 여성들의 특수한 역사적 맥락을 민족과 국경의 권역을 넘어서 자본과 젠더가 직접적으로 관계 맺는 식민지 조선의 근대의 일면을 드러내는 지표로서 파악하고자 한다.

2. 제주 여성들의 도항과 여공으로의 변신

식민지 시기 본격화된 제주도민의 일본 이주는 1차 대전 발발 이후 일본 공업계의 발달과 이로 인한 노동자의 수요를 해결하기 위해 일본의 자본가들이 제주를 값싼 노동시장으로 겨냥하게 된 이후부터라 할 수 있다. 이러한 양상은 근대초기 제주도가 직면했던 사회경제적 위기와 맞물리게 된다. 농업의 경우, 식민 정부가 제주도에서 1913년부터 1916년까지 토지조사사업을 시행하여 상당량의 토지를 국유화시키고, 일본에서 부족한 쌀을 조선에서 확보하려는 산미증식계획 하에 미곡 중심의 농정을 시행하면서 논의 비중이 1%에 불과했던 제주도의 농업 생산력은 더욱 저하되어 제주도민들의 이농화는 가속화된다. 한편, 전통적으로 제주도의 경제적 기반을 지탱해왔던 어업이나 가내수공업마저 존망의 위기에 봉착하게 되자, 제주도민들은 타지로 살길을 찾아 떠나야 하는 심각한 사태에 처하게 된다.[9] 제주인의 도항 상황은 1922년부

---

8) 근대 초기 여공은 근대사회가 제공한 새로운 여성 직업군으로 분류되었으며, 특히 근대화된 조직과 시설을 갖춘 대도시 공장의 여공은 농촌의 여성들에게 새로운 삶의 형식을 제공하는 선망의 대상이기도 하였다(서지영, 앞의 논문, 12–14).

9) 당시 생활의 안정을 위협받았던 제주도의 사회경제적 상황을 살펴보자면, 어업의

터 1933년까지 12년간 통계에 따르면, 1922년에는 겨우 3천5백 명이었던 것이 급격히 증가하여, 1933년에는 2만 9천2백8명으로 8배 정도가 된다.[10] 오사카의 경우, 제주인을 포함한 조선인 도항자가 1915년에 400명, 1922년에는 1만 명(제주인 35%), 1935년에는 20만 명, 1941년에 40만 명을 넘어서고, 도항자 가운데 여성의 비율은 1926년에 20%, 35년에는 40%를 넘게 된다.[11]

여성 도항자의 증가 이면에는 일본 방적회사의 적극적인 노동력 유치 정책이 자리하고 있었다. 1911년 오사카 셋쓰(攝津) 방적회사 가즈가와(木津川) 공장, 1914년에는 도요(東洋) 방적회사 산겐야(三軒家) 공장의 사무원이 직공모집을 위해 제주도를 방문하고, 오사카의 기시와다(岸和田) 방적회사가 1918년 3월 처음으로 50명의 조선인 여공의 모집을 시도한다.[12] 1892년에 창설되어 중규모 방적회사 가운데 상위를 차지하며 조선여공을 적극적으로 고용하고자 했던 오사카 기시와다방적(岸和田紡績)은 1918년의 사정을 다음과 같이 기록하고 있다.

경우, 제주도에서 도민들 사이에 어획량을 조정해서 난획을 방지하였지만, 그 관행을 무시하는 일본 잠수기 어법이 등장하여 1880년대 이래로, 어장이 황폐화되고 해산물이 감소하여 해녀 출가를 야기시킨다. 또한, 제주도는 조선 본토, 나아가 일본의 경제권에 포섭되는데, 기계직에 의한 싼 값의 면제품이 일본으로부터 유입되면서 섬의 지장(地場) 산업이었던 수방(手紡) 면직물이 타격을 받고 제주도인의 생활을 지탱하고 있던 가내 수공업이 위기에 처하면서 상품화폐경제에 포섭되는 취약성을 드러낸다(杉原達, 88: 김리나, 15).

10) 일본 재주자는 1934년 4월말 당시 남자 2만 9천5백62명, 여자 2만 6백99명, 합계 5만 2백61명이며, 그중 오사카 재주자는 3만 7천9백38명에 이르러 전체의 75%를 점유하게 된다. 그밖에 교토, 효고, 도쿄, 와카야마, 도야마, 군마, 도치기, 이바라기, 야마가타, 이와테, 오키나와의 10현을 제외한 33현에서 북쪽으로 홋카이도, 남쪽으로는 대만, 남양에까지 이르게 된다(桝田一二, 「濟州道의 地域性 素描」[1934], 329).

11) 杉原達, 53.

12) 杉原達, 79-83: 김리나, 9.

조선인 여공은 내지인 여공에 비해 능률은 훨씬 낮아도, 식사, 주택 등에 좋은 것을 바라지 않고, 생활정도도 낮고, 내지인 여공에 비해서 임금도 또한 저렴한데, 비교적 성적이 양호하였기 때문에, 동년 7월에 제 2회로서 백여 명의 조선녀를 모집해서, 그것을 本分社 四공장에 분포해서 취업하도록 하였다.[13]

당시 오사카 부에서 일하는 조선인 방적여공의 약 25%가 기시와다 방적에 흡수되었던 것으로 추정된다. 여공의 모집에는 회사가 직접 현지를 방문하여 여공을 모집하는 '모집여공'과 먼저 취업해 있던 지인, 친구의 소개로 고용되는 '지원여공'이라는 두 가지 유형이 있었다. 실제, 식민지 시기 소작농 출신으로 일본 공장에 모집여공으로 간 이점순의 회상에 의하면 일본에서 온 모집인이 시골에 설치한 여공모집 안내서에는 "3년 일하면 300엔 정도의 저금을 할 수 있다", "기숙사 생활을 즐길 수 있다" 등의 문구가 있었는데, 당시 이점순이 모집여공으로 일본에 함께 간 여공은 약 100명 정도이며, 모집인의 선전문구가 실제로 다 믿을만한 것이 아니었지만, 목숨을 걸고 일하면 집으로 송금할 수 있다는 희망으로 열심히 일했다고 한다.[14]

도항 초기에는 '모집여공'이 주류를 이루었지만, 차츰 '지원여공'이 증대하는 경향을 보인다.[15] 당시, 제주도의 많은 여성들이 자매나 친구가

---

13) 酒井利男, 「朝鮮人勞働者問題－上」, 『社會事業研究』第十四卷 第五号, 1931, 98, 杉原達, 65에서 재인용.

14) 金贊汀, 23-24.

15) 杉原達, 65. '내지'로의 출가의 발단은 오사카나 기타큐슈의 공업지대로부터의 직공모집원의 내도에 기인하지만, 실제로는 계 및 친족의 원조, 그 자극에 말미암은 바가 컸다고 한다. 친족 및 계원 중의 출가귀환자로부터 받은 자극과 출가희망자에 대하여 그 도항여비의 융통, 취직, 숙박소 소개 등의 알선을 해주는 일은 출가를 두드러지게 조장하는 결과를 낳았으며, 또 무일푼의 사나이라도 출가희망자에게는 인보 상부상조의 계 정신에서 융통이 되었으며, 한 사람의 출가귀환자는 재차 도항 때는 반드시 이웃 또는 지인을 유인하거나 몇 사람이 함께 출가도항을 했다고 한다. 영농관계상

일하고 있는 일본의 공장으로 직접 가서 지원여공이 되는데, 양석일(梁石日)의 소설 『雷鳴』에는 식민지 당대 제주의 조건과 어린 처녀들이 공장을 찾아 도일하게 되는 역사적 정황이 드러난다. 여주인공 춘옥(春玉)의 친구 영주는 일본으로 떠나는 동기를 다음과 같이 말한다.

> 촌에서 사는 게 싫어서 그래. 밭을 경작하고도 거의 세금으로 빼앗기고, 바다에 나가서 고기를 잡아도 마찬가지지. 오서방 가족도 먹을 것이 없어서, 내년에 파종할 것까지 다 먹어버려서 경작하지 못하게 되었어. 그래서 2개월 전 일본으로 갔어. 제주시에서는 내 또래의 여자아이들이 일본으로 돈 벌러 가고 있어. 품삯은 싸지만, 촌에서 일하는 것보다 훨씬 많지. 일 년 일하고 집을 지은 사람도 있다고 한다네. 게다가 아버지는 매일 푸념이나 하고 술만 마시고 있고, 어머니와 싸움이 그치지 않아. 남동생과 여동생은 아직 어리고, 금년 겨울을 넘기는 것이 큰 일이야.[16]

영주를 포함한 10대 처녀들은 당대 제주 농가의 생존의 위기에 직면하여 일본으로 출가를 결심한다. 번 돈을 저금해서 2, 3년 후에는 반드시 돌아올 것이며 그때 춘옥에게 선물을 사오겠다고 다짐하는 영주가 일본으로 떠난 후, 모진 시집살이와 어린 남편의 폭력으로부터 고통을 받던 춘옥 또한 시집을 뛰쳐나와 '군대환'에 승선한다. 시집을 나온 여성으로

아무리 잉여노동력이 있어도 특히 언어를 달리하는 지역으로의 출가는 단순한 우인, 지인의 원조만으로는 쉽게 이루어질 수 없었는데, 제주도 출가자는 반드시 제주도 공제조합원이어야 했던 만큼 조합의 힘이 컸다. 당시 조합은 본부를 제주도성내에, 그 지부는 오사카 히가시나리구 나가미치(大阪府東成區 中道)에 두고, 내지출가자의 취업소개 숙박소, 주거편의의 알선, 근검저축의 장려, 위생사상의 보급, 풍속도덕의 향상 등 훈련을 실시하였는데, 이는 노동자의 능률, 소질을 높이고, 또한 그것이 고용자를 격증시키는 요인이 되었다고 한다(桝田一二, 「濟州島人의 內地出稼」[1935], 418-419). 당시 섬으로부터의 출가자는 민적등본, 출가허가증, 제주도공제조합원증, 준비금 등이 필요하였다고 한다(桝田一二, 「濟州道의 地域性 素描」[1934], 332).

16) 梁石日, 『雷鳴』, 東京: 德間書店, 1998, 84.

서 더 이상 좁은 섬에 머무를 수는 없어, 육지나 일본으로 떠날 것을 결심한 춘옥은 결국 조금이라도 돈을 벌 수 있는 일본으로 떠날 것을 결심한다.[17]

> 무언가가 뒤쫓아 오는 것 같았다. 뒤돌아봐서는 안 된다고 춘옥은 스스로 되뇌이면서 달빛에 인도되어 어두운 밤길을 무턱대고 걸었다. 2월에 취항했던 〈기미가요마루(君代丸)〉는 제주섬을 돌면서 항구마다 오사카로 가는 사람들을 승선시키고 있었다. 윤가(尹家)로부터 가장 가까운 항구는 R 항구였다. 그 R항에 오늘 오전 10시에 군대환이 입항할 예정이었다. 그 R항구까지는 거리가 상당히 있었다. 할 수 있으면 오전 7시께까지 도착하고 싶었다. 왜냐면 춘옥은 오사카에 가서 어떻게 할 것인가가 결정되어 있지 않았기 때문이다. 가기만 하면 어떻게 되겠지 하고 생각했지만, 역시 불안했다. 〈군대환〉에는 반드시 일본 회사의 사람들이 있어서 사람을 모집하고 있다고 들었다. 그 회사 사람을 만나서 고용해줄 것을 부탁하려고 생각하고 있었다.[18]

두려움과 초초함 속에서 사람들의 눈길을 피하여 '군대환'에 오르는 춘옥은 오사카에 도착하면 당장 어떻게 할지 대책이 없는 막막한 상태였다. 일단 '군대환'을 타면 여공모집을 하는 회사모집원이 있다는 이야기를 듣고 무작정 배에 올랐던 것이다. 배 안에서 춘옥은 우연히 영주의 여동생 영신을 만나게 되는데, 16세의 영신이가 언니 영주가 일하고 있

---

17) 일본에 가기 위해서는 관부연락선 운임비, 일본에서의 기차비와 숙비 등 20엔 정도의 돈이 필요했는데, 하루 종일 음식을 입에도 대지 못했던 농민에게 20엔은 큰 돈이었다고 한다. 고리대에 담보해서 나온 것으로 여비를 공면한 사람도 있지만, 그런 사람이 많은 것은 아니었다. 빈곤한 고향으로부터 벗어나 밖으로 나오려 해도 나올 수 없는 사람들에게 방적회사의 여공모집은 어둠 속에서 광명을 비춘 것이었다고 생각할 수 있다(金贊汀, 22-23). 『雷鳴』에서 춘옥은 20엔 50전이라는 적지 않은 여비를 충당하기 위해 시집올 때 어머니가 주신 50엔을 들고 나온다.

18) 梁石日, 『雷鳴』, 244.

는 오사카 기시와다 방적으로 가기 위해 대담하게 혼자 '군대환'에 탄 것을 보고 놀란다. 이 작품에서 춘옥이나 영신에게는 기시와다 방적에 영주가 일하고 있는 것만으로도 큰 힘이 되는데, 춘옥은 "알지 못하는 땅에서, 혼자 일하는 것보다 친한 세 사람이 함께 일하는 편이 여러모로 마음이 든든할 것"(246)이라며 스스로를 위로한다. 불투명한 미래 앞에서 영주가 먼저 가 있는 오사카 기시와다 방적공장은 그들에게 비쳐진 희망의 빛이었던 것이다. 위 작품은 영주와 춘옥, 영신 등 당시 12-13세의 어린 소녀들을 포함한 제주도 여성들이 출가해서 지원여공이 되는 전형적인 경로를 재현하고 있다.[19]

그런데, 당시 제주 여성의 출가는 경제적 어려움이라는 일차적 이유 외에, 또 다른 동기들을 포함하고 있었다. 양석일의 『뇌명(雷鳴)』에서 춘옥의 경우에서와 같이, 일본행은 불행한 결혼생활에서 탈출한 여성이 새로운 인생의 의미를 찾기 위한 대안적인 길이기도 하였다. 한편, 당시 오사카로 이동한 양예녀(梁禮女)라는 제주 여성은 자신의 도항의 동기를 다음과 같이 기술하였다.

왜 가려고 했는가 하면, 지금과는 달리 제주도는 아이들을 아무렇게나

---

19) 杉原達에 의하면, 1925년 당시 제주도 출신 여성은 재일조선인 여성 가운데 29%에 이르렀는데, 1922년에는 남녀 합친 도항자 수의 겨우 9%에 지나지 않았지만, 여자도 항자의 수는 20년대 후반에는 20%, 1930년에는 33%, 32년에 45%로 급상승하며, 남 녀비율은 거의 1대 1로까지 변화하게 된다. 여자 재류자도 1920년대 후반은 전 재류자 수의 20%였지만 31년경부터 상승하여, 32년에 31%, 33년에 40%에 달하고 있다. 1934년 당시 일본에 재류하는 제주 출신 여성 2만 688명의 연령구성을 살펴보면, 15세 이하 3천586명(17.3%), 16-24세 3천481명(16.8%), 21-25세 3천515명(17%), 26 -30세 3천822명(18.5%), 31-35세 2천670명(12. 9%), 36-40세 1천828명(8.8%), 41 -50세 1천139명(5.5%), 51세 이상 647명(3.1%)으로 방적공을 중심으로 하는 젊은 여 자노동자가 재일여성의 일정한 비중을 차지하고 있음을 알 수 있다. 또한, 자녀를 데리고 있었던 기혼여성의 재류비율도 적지 않다는 것, 가족까지 모두 정착화하는 경향이 증대하고 있었다는 것을 추정할 수 있다(杉原達, 83-85).

> 내버려 두었는데, 남들이 하는 보통의 만큼도 갖추지 못했지. 신발도, 옷도. 게다가, 일본에 갔던 사람은, 예쁘게 하고 돌아왔어. 언니도, 동네 사람도. 오사카로 가면, 상당히 좋은 옷을 입을 수 있었고. 나도 그렇게 되고 싶다고 생각했어.[20]

일본에 다녀온 자매나 동네사람이 예쁘고 깨끗한 모습으로 자신의 눈앞에 나타나거나, "하얀 줄이 쳐진 모자를 쓰고 귀향한 학생"의 모습을 보고, 제주도인들은 문명적 삶에 대한 동경을 키웠던 것이다. 양례녀(梁禮女)라는 여성은 오사카로의 수차례 출회에서 가장 즐거웠던 것은 자신과 가족들이 입을 옷을 만들기 위해 일본에서 목면을 가득 사서 돌아온 것이라 회상하였다.[21] 제주도민들에게 일본은 단순히 먹을 것을 제공할 뿐 아니라, 파라솔, 핸드백, 고무신 등 새로운 스타일과 취향, 보다 앞서가는 감각을 양산하는 진원지이기도 하였다.

> 섬 아가씨들이 파라솔을 지니기 시작했다. 또 겨드랑이에 지녔던 바구니가 핸드백으로 변해간다. 면(面)마다 두부집이 생겼다. 조선 초신이 고무신으로 바뀌었다. 이 무슨 변화냐고 섬의 고로(古老)들은 말한다. 정말 대단한 변화이다.[22]

제주로 유입된 근대적 문물의 유통에 적극적으로 공헌한 것은 일본 방적공장에서 일하면서 경제적 주체이자 소비의 주체로 거듭났던 여성들이었던 것이다. 김용환(金容煥)이 『적기(赤旗)』(1959. 5. 12)에 발표한 단편소설 「기미가요마루(君代丸)」는 '군대환'이라는 수송 기제를 통해 식민지 당대 일본과 제주도 사이에 형성된 모더니티의 궤적을 시사한다.

---

20) 杉原達, 90.

21) 杉原達, 91.

22) 桝田一二, 「濟州道의 地域性 素描」(1934), 329.

가족 가운데서 반드시 누군가를 오사카로 내보내고 있는 대다수의 도민들 사이에 군대환은 귀중하게 여겨졌다. 선박회사가 많은 이익을 가졌음은 말할 것도 없다. 군대환은 제주도-오사카간의 대동맥이 되었다. 일본으로부터는 문명과 관리(官吏), 상인, 순경 그 위에 싸구려 잡화, 메리야스 제품을 산더미처럼 실어왔고, 제주도로부터는 값싸고 튼튼한 노동력 - 금줄달린 조끼를 입고 싶은 영세상인, 시집가기 전에 방적여공을 해서 돈을 벌려고 한 섬 처녀들을 쉴 새 없이 실어 나르고 있었다.[23]

제주도가 처한 특수한 조건으로 인해, 식민지 제국과 피식민지 조선 사이의 사회정치적 긴장과는 다른 층위에서 형성된 제주도와 일본 사이의 상품과 노동력의 교역의 회로에서, 방적여공들은 근대를 생산하고 소비하는 하나의 중요한 축을 형성하고 있었다고 할 수 있다.

3. 1920-30년대 오사카 기시와다 방적(岸和田紡績) 공장의 조선인 여공들

　그렇다면, 그들이 도착한 오사카 기시와다 방적공장의 노동조건과 일본에서의 그들의 삶은 어떠하였을까? 현재 남아있는 일본 방적공장에 대한 기록과 조사에서 조선인 여공들의 삶의 조건은 매우 열악하고 부정적인 기술로 가득 차 있다. 당시, 공장 인사계 근무자의 증언에 의하면, 공장 안은 고온다습한 상태가 늘 유지되었는데, 이는 실과 기계의 운전을 위해 증기를 이용하고 있었기 때문이며, 공장 안은 늘 면화의 솜털이 떠돌고 있었다고 한다. 원면(原棉)을 처리하는 곳에서 여공들은 마치 눈사람처럼 눈을 맞으며 일하고 있는 형상이었으며, 이는 그들의 폐를 상하게 하는 원인이 되었다고 한다. 또한, 비위생적인 환경에다, 감독의

---

23) 杉原達, 47-48에서 재인용.

〈사진 1〉 "岸和田紡績 조선인 여공들"(『朝鮮人女工のうた―1930年 岸和田紡績爭議』, 1982)

폭력과 감시, 영양부족의 식사가 일상적인 조건이었으며, 독신여공들이 머무는 기숙사는 이불 한 장만이 깔려 있었고, 주근(昼勤)과 야근을 교대로 했던 여공들은 만성 피로와 수면부족 상태에 있게 된다.[24]

임금의 경우, 1930년 일본 방적여공의 전국 평균 일급은 1엔 5전이었고, 기시와다 방적공장은 1엔 1전이었는데, 사카이(堺) 분(分) 공장의 경우 79전에 지나지 않는 저임금이었다고 한다.[25] 하지만, 오사카 최대 방적공장인 기시와다 방적을 비롯하여, 여러 방적공장 조선인 여공의 임금은 일급 35전 정도였으며 방적공장의 경우, 일의 내용과 실적에 따

---

24) 杉原達, 66.

25) 전전 대판부가 매년 작성한 공장, 노동자수, 임금 등의 통계서인 〈大阪府통계서〉의 "안화전방적회사각공장별, 남녀별 일일 평균임금조사"와 조선총독부의 〈阪神 京浜地方 朝鮮人勞動者〉의 안방 조선인 직공 임금표 1924년 자료를 보면, 일급으로 남자의 경우, 조선인 최고 1.20엔, 조선인최저 0.60엔, 조선인평균 0.90엔, 일본인평균 1.39엔, 여자의 경우, 조선인 최고 1.30엔, 조선인최저 0.60엔, 조선인평균 0.95엔, 일본인평균 1.03엔이었다고 한다(金贊汀, 81).

라 임금의 내용은 달라지지만, 어떠한 숙련공도 1엔 이상을 받을 수 없었던 것이 당시 현실이었다고 한다.[26] 식민지 시기 오카야(岡谷) 지방 제사 공장에서 조선 여공을 모집하여 작성한 계약서에 의하면, 하루 14시간 노동, 1시간 휴식, 한 달 2회 휴가가 기본이었고, 뇌물(賄), 입욕료, 침구, 기타 생활에 요구되는 비용, 그리고 조선으로부터 이동할 때의 여비, 업무상 상해, 질병으로 인한 치료비 등도 모두 여공 측에서 부담한 것으로 드러났다. 특히, 일본까지 오는 비용은 모집인들이 지불하였지만, 그 여비는 일종의 전차금이어서 여공들의 신병을 구속하는 장치로 기능하게 된다.[27] 또한, "낡고 능률적이지 않은 기계를 조선인 여공에게 주고, 기술사정(技術査定)을 낮게 하는 방식 등" 여러 가지 형태에서의 민족 차별이 작용하였으며, 조선인 여공의 실수입(手取)은 매우 낮은 상태로 묶여 있었다고 한다.[28] 1930년 봄에는 임금인하와 조업단축이 이어지면서 방적공장 실수입이 40%나 감소되어, 조선인 여공을 포함한 기시와다 사카이(堺) 분(分)공장의 여공들은 동맹파업을 일으키기도 하였다.[29]

---

26) 金贊汀, 100.

27) 金贊汀, 55-56.

28) 당시 오사카 거주 조선인 노동자들 중 40-50%가 일본어 소통능력을 갖추지 못한 채 일본 노동시장에 투입되었으며, 계약서를 쓸 때나 제반 노동조건에서 불이익을 겪게 되는데, 특히 여자노동자의 경우 문맹률은 더욱 높아서, 1923년 조사대상 여자노동자 2,696명 가운데 무학문맹자는 88%, 1930년의 경우에도 문맹률은 84%였다고 한다(정혜경, 110; 金贊汀, 112-133).

29) 당시 파업의 요구서에는, 임금 인하를 철회, 10단계로 세분화해서 구분되는 등급제도를 개선하는 것 외에, "주간 식사, 야간 식사 시간에, 운전을 마치고 30분을 휴게하는 것", "침구는 여름겨울 2번 교체", "겨울에는 火鉢(화로)를 설치하는 것", "외출, 서신, 면회를 절대 자유로 하는 것" 등과 같은, 인간으로서의 최저의 처우를 구하는 항목들이 있었다(杉原達, 66-67). 야학의 장에서의 활동을 통해 여공들이 계급적으로 자각하면서 노동운동과의 접점을 만들게 되는데, 일본 각지의 방적공장에 조선인여공이 대량으로 오게 되었던 1918년 이후, 兵庫현의 福島방적, 대일본 방적 明石공장, 日出방적 姫路공장, 대판부 岸和田방적 春木공장, 大福방적대판공장 등에서, 조선인

하지만, 열악한 조업환경과 낮은 임금 속에서도 조선인 여공들은 악착같이 돈을 모았던 것으로 보인다. 1924년에 오사카시가 산출한 조선인노동자의 1개월 생활비를 보면, 일용직노동자(土方)의 주거 및 의식비 18원 기타 3원으로 총 21원, 방적남공이 17원, 방적여공이 16원, 유리남공이 14원, 유리여공이 9.5원 정도였는데, 1920년대 후반부터 임금이 점차 낮아지고, 인상되는 물가, 실업 등으로 저금이나 고향으로의 송금이 쉽지 않았던 것으로 보인다. 1923년 오사카 거주 단신조선인 노동자의 가계구조에서 '직공'의 경우를 살펴보면 다음과 같다.

월수입	주거비	식비	피복비	잡비	송금	저금	잔액
28원	15원 (53%)				10원 (35%)	2원(7%)	1원(3%)

단신 노동자의 경우, 하숙비를 절약하기 위해서 가건물에 십여 명씩 합숙을 하였는데, 위 표에서 피복비, 식비, 잡비 지출은 공식적으로 기록되지 않고, 전체 수입 중에서 42% 즉 거의 반에 가까운 액수(12원)가 송금(10원)과 저금액(2원)이었음이 드러난다. 이를 통해 당시 조선인 노동자들이 가장 기본적인 생계비 지출도 자제하면서 저금과 송금을 하고 있었음을 가늠할 수 있다.[30]

여공의 스트라이크와 쟁의가 일어났다. 이것은 조선인 여공의 대우개선의 투쟁이었는데, 회사, 경찰이 일체가 되는 탄압책에 의해 대부분의 여공들이 전면 패배하였다. 조선인 여공들의 힘이 자본가 측에 비교해서, 결정적으로 약했던 조건 하에서 투쟁하고 있었던 것이다(金賛汀, 130).

30) 위 통계는 大阪市社會部, 「朝鮮人勞動者の近況」, 『集成』 5와 大阪市社會部, 「朝鮮人勞動者問題」 1924, 『集成』 I 을 바탕으로 작성한 정혜경의 앞의 책 103쪽을 참조하였다. "조선인 노동자들의 생활상태는 비참하다. 특히 섭취하는 식물에 있어서는 극심하다…… 그들의 생활은 죄수보다도 못하다. 이들은 돈을 벌기 위해 일본에 있는 동안에는 더욱 더 비참한 생활을 한다. 世人 중에는 조선인노동자가 술과 도박으로 수입의 전부를 소비하는 것과 같이 생각하지만, 실은 그런 사람은 소수에 불과하다…… 그들

『大阪朝日新聞』(1928. 9. 21)에는 "성실하게 일하는 조선인 두 소녀의 선행"에 대한 기사가 실려 있다.

> 오사카부 제일의 방적공업 지역인 센슈(泉州) 지방의 방직회사와 직물공장에 여공으로 일하는 조선부인은, 대략 2천5백 명 정도인데, 유순하고 성실하여 크게 환영받고 있다. 더욱이 '조선인은 아주 게으르다'라는 비방과 달리 실제로는 오히려 쉴 새 없이 몸을 아끼지 않고 일하면서 저금까지 하고 있는 사람도 적지 않다. 그 중에서도 노무라(野村) 직물 공장에 근무하는 박태임(17세), 박안선(16세) 두 사람은 가난한 집에서 자랐기 때문에, 여자이면서도 부지런하고 집안을 다시 일으켜야 하는 처지에 있었다. 그래서 불과 13, 14세 소녀의 몸으로 제주도 고산리(高山里)의 집을 나와 내지로 건너왔는데, 그로부터 3년, 모두 이 공장에서 아침 일찍부터 저녁 늦게까지 일하는 여공이 되었다. 지금은 식비를 공제하면 수중에 월 20엔씩 들어오는데, 그 중 3엔은 용돈으로 남겨두고, 나머지는 모두 고향으로 송금하여 저축액도 상당한 수준에 이르고 있다.[31]

당시 일본으로 출가한 방적 여직공들도 한 달에 10-20엔을 송금해왔으며, 공장에서 일해서 2-3년에 밭(畑) 2-3반 정도 살 자금을 저금하는 것을 목표로 했는데, 이를 달성하기 위해 이국에서의 생활의 불안, 환경의 격변에 대한 불안을 억누르며, 기꺼이 여공모집에 응하려고 했던 것으로 보인다.[32]

은 갈아입을 옷도 갖고 있지 못하고, 돼지 같은 음식을 먹으면서도 수입의 범위 안에서 열심히 저축하고 착실히 송금한다……"(大阪市社會部, 「朝鮮人勞動者問題」 1924, 『集成』 I , 378, 정혜경, 104에서 재인용).

31) 김리나, 49에서 재인용.

32) 金贊汀, 22-23.

4. 일본 속 제주 여공들의 목소리 또는 시선

오사카 기시와다 방적공장에서 일한 경험이 있는 정이순 할머니는 조선인여공들이 조선어로 "女工小唄"를 불렀다고 한다. 이는 당시 '여공들을 죽도록 일하게 하는 가혹한 공장생활'을 연상시킨다.

> 하루의 생활을 마친 후 잠이 들어,
> 밤중에, 그것도 한밤중(眞夜中)에 깊은 잠에 빠진 때,
> 괴로운 기상 종소리에 놀라 잠에서 깨어,
> 머리를 빗고(毛梳) 얼굴을 씻고,
> 식당에 오면,
> 먹을 수 없는 밥에 된장국(味噌汁)을
> 말아 입안에 흘려 넣고, 공장으로 가면
> 먼지가 하얀 산처럼 피어오르고
> 전기(電灯)를 켜고,
> 산더미 같은 직물(ハタ)을 안고.
> 시간이 흘러 기숙사에 돌아오면,
> 가족친지 없는 빈 방에 들어가는 서글픔…[33]

일하는 도중에 감독으로부터 맞는 등 민족적 천시를 겪고, 기진맥진한 상태로 기계 앞에서 앉아 졸면서 일하는 노동조건, 자유롭게 외출도 할 수 없는 폐쇄적인 생활, 인권유린 등으로 인해 많은 여공들이 견디지 못하고 도망갔다고 한다. 하지만, 그녀들이 공장을 도망해 가도 여공으로 일할 수 있는 장소는 늘 있었다고 한다. 당시 많은 방적회사가 저임금과 가혹한 노동조건으로 인해 만성적으로 노동력이 부족한 상태였기 때문에 여공으로 고용되기는 쉬웠던 것이다. 실제로 당시 방적회사에서 조선인 노동자의 근속 기간이 일본 노동자에 비해 짧았다는 공식적 보

---

33) 金賛汀, 77-78.

고서가 남아 있다.[34]

또한, 당시 조선인여공 가운데에는 영양불량, 과로, 병이 겹치면서, 공장 내에서 사망한 처녀들도 적지 않았다고 한다. 여공들의 병 가운데 가장 공포스러운 것은 결핵이었는데, 방적여공이 다른 직종의 여공에 비해서 결핵이 많았다는 통계가 있다. 1913년에 일본에서 발표된 〈위생학상에서 본 여공의 현황〉에서 공장직공 사망자 1,000명에 대해서, 병명별로 결핵 내지 그 의심되는 사망자 수가 방적공장은 481명, 생사공장은 307명, 직물공장은 201명, 제마(製麻) 공장은 313명으로 방적공장이 가장 높았으며 일본인보다 조선인 여공의 사망률이 높았다고 한다.[35] 한 여공의 증언에 의하면, 기시와다 방적공장의 여공들 가운데 결핵이나 이질, 졸음으로 인한 부상 등으로 제주도 출신의 여공이 사망하는 경우, 유체(遺体)를 일본식으로 화장하는 관습에 강력히 저항하는 경우가 많았다고 한다.[36]

미래의 부푼 꿈을 안고 떠난 조선의 여성들은 일본의 방적공장에서 과도한 노동뿐 아니라, 빈대가 들끓는 폐쇄된 건물, 탁한 공기, 공동으로 사용하는 이불과 오염된 침구, 과밀상태의 기숙사, 냄새나는 밥, 부패한 생선 등 기대를 벗어난 일상의 현실과 부딪쳐야 했다. 하지만, 당시 오사카에서 여공경험이 있는 할머니들에게 방적여공이 대단히 힘든 직업임을 알고 시작하였느냐는 질문에, 전혀 몰랐지만 만약 힘든 일이었음을 미리 알았다고 해도 일하러 갔을 것이라 증언한 바 있다. 그 이유는 매일 끼니를 제대로 이을 수 없었던 조선의 농가가 너무나 절망적인 상황이었기 때문이었다고 한다.[37] 무언가를 먹을 수 있다는 것 하나만으로도 조

---

34) 金贊汀, 105-108.

35) 金贊汀, 114-122.

36) 杉原達, 66.

37) 金贊汀, 12.

선의 농촌보다는 도시와 제국의 공장으로 떠날 이유가 되었다는 것이 당대 제주, 나아가 식민지 조선의 기층민들에게서 발견되는 식민지 모더니티의 역사성이라 할 수 있다.

그런데, 근대 초기에 보다 체계적이고 집단적인 형태로 이루어진 제주 지역 여성들의 일본 이동은 여공들을 단순히 식민지 자본주의의 희생물로서 위치시킬 수 없는 또 다른 일면을 가지고 있음에 주목할 만하다. 제주도의 다수의 여성들이 국경을 넘고 도시로 나아가 돈을 벌고, 새로운 삶의 형식과 모더니티를 체험하는 계기를 가지게 되었는데 이는 식민지 당대 조선

〈사진 2〉 "옷공장의 휴일"(현병생, 1940년대 초반)
(『제주여성, 어떻게 살았을까』, 2001)

의 여성일반에게서는 보기 드문 현실이었다. 식민지 시기 조선에서 정치적, 문화적, 경제적 변방성(marginality)과 지역성(locality)이 극대화되는 제주라는 공간은 아이러니하게도 지역경제와 자본의 직접적 결합 속에서 여성들로 하여금 근대의 전방으로 나아가게 하는 개척자의 위치에 있었던 것이다.

또한, 식민지 시기 재일초선인 노동자와 여공을 다룬 문헌 자료들과는 달리, 일본공장 경험이 있는 제주 여성들의 이미지와 목소리를 담은 사진과 구술 자료를 통해서 당대 여성들의 공장 체험 속에 녹아있는 욕망의 파편들을 보다 세밀하게 읽어낼 수 있다.

1940년대 일본 오사카의 기노시다 옷 공장에서 일했던 제주여성 현병생은 당시 "15세의 어린소녀로서 불우한 환경을 탓하지 않고 생활전선에서 용기 있게 도전"하여 도시의 직업부인으로 변신한 여공의 이미지를 담고 있다. 그녀가 소장한 위 사진(사진 2)은 오사카 의류공장에서 한 달에 1–2번 있는 휴일 날, 여공들의 해맑은 표정을 담고 있는데, 이

는 가혹한 공장 노동과 비위생적이고 열악한 환경에 희생되어간 조선인 여공의 이미지와는 다소 차이를 보인다. 이 사진 속의 여공들은 혼수자금을 마련하기 위해 1940년대 초반, 일본 오사카로 건너가 의류공장에서 일하던 15세 전후의 제주여성들로서, 당시 재봉틀이 200여 대나 있을 정도로 큰 공장이었던 기노시다 의류공장에 취직하여 한 달에 10엔 정도의 월급을 받았다고 소개되고 있다.[38]

또한, 아래의 〈사진 3〉은 1933년경, 오사카 기시와다 방적 공장 춘계 운동회 때 砂川으로 유람 간 조선인 여공들의 단체사진이다.

〈사진 3〉 "岸和田紡績會社 春季運動會 砂川遊覽紀念寫眞",
강인선(개인 소장), 1933년. (『제주여성, 어떻게 살았을까』, 2001)

---

38) 『제주여성, 어떻게 살았을까―제주여성사 자료총서 1/사진자료집』, 제주도여성특별위원회, 2001, 121. 자신의 과거를 회상하는 제주여성들의 구술사 자료에서 기억의 방식과 발화 내용은 사실의 차원을 넘어서 스스로를 미화하는 경향도 포함할 수 있다. 역사적 상황을 재구성하는 실증적 자료로서 문제가 제기될 수 있으나, 본고는 당대 제주여성들의 기억의 파편들 속에서 스스로를 어떻게 인식하고 자신의 삶을 서사화하는지에 탐색하기 위해서, 공식 문헌 자료에서 포착되지 않는 여공들의 목소리에 주목한다.

사진의 소장자 강인선의 구술에 의하면, 일본인이 경영하는 테라다(寺田) 방적공장에 제주여성들이 가족과 자신의 장래를 위해 많이 취직하였는데, 그 주된 목적은 결혼 자금을 모으기 위한 것이었다고 기록되어 있다.[39] 얼핏 보아 교복과 같은 단체 유니폼을 입고 있는 학생들처럼 보이는 여공들의 모습은 공장 내 가혹한 규율과 더불어, 직공들을 공장 시스템의 일원으로 온전히 포섭하고 효율성을 극대화하기 위해서 복지와 여가 프로그램(원족, 야학, 영화상영, 음악회, 운동회 등의 문화체험)을 동시에 제공했던 자본주의 공장제의 운용 메커니즘을 시사한다.[40] 규율의 대상이면서 문화 체험의 수혜자였던 여공들은 근대 제도의 또 다른 산물이었던 것이다.

또한, 제주 여성들의 생애사를 기록한 구술 자료 가운데 김재효(78세 −남제주군 대정읍 하모리)의 경우, 가세가 기울어 상급학교 진학을 포기하고 일본에 가서 젓가락공장에 다니며 가족들의 생계비를 벌었는데, 17세에 오사카 이카이노(猪飼野)로 가서 이년 동안 돈을 매달 송금하여 동생들을 대학 공부까지 시키는 데 실질적인 도움을 주었다고 한다.[41]

1921년생 김옥화는 14세 때 '군대환'을 타고 오사카 방적 공장에 가서 18세에 결혼해서 제주로 19세에 돌아올 때까지 4년 동안 일한 경험이 있는데, 자신의 공장시절을 다음과 같이 회상한다.

> 어려운 것은 잘 모르고, 돈 벌어지고 이녁 마음대로 노는 날 되면 구경해지고, 볼 것도 많고, 친구들 만낭 놀기도 좋고, 이딘 오난 감옥살이라. 돈 벌어진 거는 같이 어머니영 살멍. 내 돈은 어머니가 쓰지 안허여. 딱딱 모앗다그네 나 결혼허젠 허난 그거 다 어머니가 내어줫어… 처녀시절

---

39) 앞의 책, 122.

40) 서지영, 16-24.

41) 『구술로 만나는 제주여성의 삶 그리고 역사−제주여성사 자료총서 Ⅴ/제주여성 근현대사 구술자료(1)』, 제주도여성특별위원회, 2004, 135-136.

> 이 좋주게. 걱정이 없어. 한가지밖에. 그자 공장에 아침이면 갈 시간 지
> 켱가고 또 끗날 시간되면 끗낭오고…[42)

위 구술 자료의 경우, 공장에서 열심히 돈을 벌다가 휴가 때 친구들과 놀거나 구경하러 가곤 했던 처녀시절은 큰 걱정이 없었던 시절이었으며, 자신이 공장에서 번 돈을 어머니가 보관했다가 결혼 자금으로 다 내어주었다고 하는 등 여공 체험을 정서적으로나 현실적으로나 비교적 긍정적으로 기술하고 있다.

필자는 보다 많은 여공들의 목소리를 확인하기 위해서, 2010년 6월 18-22일까지 일본 오사카 이쿠노구(生野區) 지역, 사회보호시설을 방문하여 일본에서 거주하는 제주 여성들 가운데 식민지 시기 여공 경험이 있는 분들을 대상으로 심층 면접을 시도하였다.[43)] 총 6건의 사례를 전반적으로 종합해보면, 가족 중 한 사람이 먼저 제주도에서 자리 잡고 이후에 나머지 가족들이나 여성이 이동하는 형태를 보이는 경우가 반(3건) 이상 되었으며, 9-16세 사이에 일본으로 이동하여 10-12세의 어린 나이에 공장에서 일한 경험(6건 중 4건)을 가지고 있었다. 그들은 대

---

42)『제주여성의 생애: 살암시난 살앗주－제주여성사 자료총서 Ⅶ－ 제주여성 근현대사 구술자료(2)』, 제주도여성특별위원회, 2006, 346. "[현대어 표기] 어려운 것은 잘 모르겠고, 돈은 벌어서 자기 마음대로 , 쉬는 날이면 구경도 다니고, 볼거리도 많아서 친구들 만나서 놀기도 좋고, 여기에 오니까 감옥살이와 같아. 돈 벌어 온 것은 함께 어머니와 살면서, 내 돈은 어머니가 사용하지 않았어, 모두 모아뒀다가 결혼하게 되니까 그걸 모두 어머니가 내주었어…… 처녀시절이 좋았지, 걱정이 없었어, 한가지 밖에는 그저 공장에 아침이면 시간에 늦지 않게 가고, 끝나는 시간이면 끝나서 오면은 되니까……"

43) 필자는 2010년 6월 19-22일에 오사카 이쿠노에 있는 〈生野サンボラム〉(大阪府 生野區 桃谷 5- 11- 15)이라는 介護시설(사회복지시설)을 방문하여 식민지 시기 공장 경험이 있는 제주할머니들 다섯 분을 만나 심층 인터뷰를 실시하고, 한 여성과의 전화 인터뷰를 통해 어머니의 여공시절의 체험을 접할 수 있었다. 인터뷰에 응해주신 할머니들과 현지 조사에 도움을 주신 분들, 〈生野サンボラム〉 스텝 여러분께 깊은 감사를 드린다.

부분 고무공장, 구두공장, 칫솔공장 등 영세공장에서 일하였으며 노동조건은 열악했지만 돈을 벌 수 있다는 것 때문에 견디어낼 수 있었다고 한다. 또한, 언제든지 더 나은 조건으로 옮길 수 있는 선택권이 있었다며 열악한 상황 속에서 나름대로의 대응전략이 있었음을 술회했다. 하루 10-12시간 노동에 한 달 평균 10-20엔 정도를 벌었으며, 가족과 함께 사는 경우에 그들이 번 돈은 대부분 부모의 손으로 들어가 가족의 생활비로 충당되었던 것으로 보인다. 필자가 면접한 제주 할머니들 대부분의 경우, 수입의 규모나 가족에의 예속 상태로 보아 공장노동을 통해 경제적으로 독립하거나 자산을 축적하는 것은 현실적으로 힘들었던 것으로 파악된다.

하지만, 심층면접 내용을 좀 더 세밀하게 살펴보면 열악한 조건 속에 있었던 여공 경험이 제주 여성들의 삶에 끼친 긍정적 영향력이 징후적으로 포착된다. 〈사례 1〉의 경우, 제주에서는 일할 장소가 없고 일본에서도 일급 받아서 옷을 사 입을 정도이며 큰 여유는 없었지만 모두 일본 가는 것을 부러워했다고 진술했다. 일본은 '돈 버는 장소'였고 부모로부터 독립해서 멋도 부리고 싶었다는 도항의 동기는 당시 제주의 10대 소녀들에게 도시(일본)의 공장이 새로운 삶의 서사를 제공했음을 시사한다. 공장에서 친구들도 사귀고, 한 달에 1-2번 휴가 때 옷을 사러 가거나 사무라이 영화를 보러가기도 하고 친구와 놀러가는 등 나름대로의 여가생활을 즐긴 경우가 〈사례 1〉을 포함하여 6건 중 3건이 있었다. 또한, 공부를 하고 싶었지만 현실적으로 어려워 공장에서 일하면서 야학을 다녔으며, 주변에 때로 공장에서 일해서 성공하는 사람들도 있었다는 증언은 교육과 부의 축적을 통한 사회적 성공의 욕망이 젊은 조선 여공들에게도 새로운 삶의 가능성으로 주어졌음을 시사한다. 또한 일본어를 못해 감독으로부터 야단을 맞고 일본사람에게 바보취급 당하였으며 일본인 여공에 비해 수당도 낮았지만 당시는 식민지 시기였으므로 어쩔 수 없었다고 설명하고, 더 좋은 조건의 공장으로 언제든지 옮길 수 있었던 점, 고생을 하였지만 돈을 벌 수 있었던 점 등을 들어 대체적으로 여공체험에 나름대로의 의미를 부여하였다.

인터뷰 대상자들은 전반적으로 어릴 때의 공장 생활이 몹시 힘들었고, 저금을 할 만큼 많은 돈을 벌지는 못하고, 부모나 가족의 생계를 위해 보조를 할 정도였다고 술회하였다. 하지만 〈사례 2〉의 경우, 공장 중에서도 방적 공장에서 돈 버는 조선인들이 있었으며, 제주도 조천(朝天) 출신 중에는 머리가 좋고, 부자인 경우가 있어서 조금 더 사치하고 여유가 있었다고 했다. 이들은 그룹으로 몰려다녔으며, 부모의 지원이 있는 '하이카라'들도 있었다는 증언은 앞에서 제시한 사진(현병생 소장) 속 방적공장 여공들의 모던걸과 같은 이미지를 일정 정도 뒷받침하는 진술이라 볼 수 있다.[44] 또한, 〈사례 5〉의 경우, 오사카에는 가난 때문에 제주에서 일본으로 이동하여 기반을 닦은 사람들이 정착하였으며, 특히 제주여성들은 이국에서도 당당히 경제적 주체로 자리를 잡았는데, 다른 지방 여자들은 공장에서 거의 본 적이 없을 정도로 제주출신의 여성들이 많았고, "직접 노를 저어서 일본까지 왔다"고까지 할 정도로 생활력이 강하고 억척스러웠다고 술회했다.[45] 이는 섬지방의 열악한 생존조건 속에서 강인하고 독립적으로 삶을 개척해왔던 제주여성 특유의 기질이 일본 공장에서도 발휘되고 있었음을 추정케 하는 대목

---

44) 제주도 조천지역은 조선시대 유명한 포구지역으로 육지로부터 들어오는 관료, 지식인, 유배인들이 보통 이 항구를 경유하였으며 예전부터 이 지역에는 문물을 겸비한 식자들이 많았다고 한다. 식민지 시기에는 유학 지식인들도 많았으며 이들은 고향에 돌아와 지역 계몽 운동과 항일운동의 중추적인 역할을 하였다고 한다.

45) 2010년 6월 19~22일 오사카 필드조사에서 만난 韓日共生運動家 요시무라(吉村健一, 大阪 生野區 中川 거주)씨에 의하면, 식민지 시기 일본에 건너온 조선인 여성들은 섬유, 방적 공장에서 일해서 출세하고픈 열망을 가졌고, 고무공장, 신발, 장화, 부츠 만드는 일은 3D 직종 중의 하나였지만, 돈을 확실히 벌 수 있는 곳이어서 조선인 중에 성공한 사람이 많았다고 한다.

이다.[46)]

여공마다 개인적으로 처한 환경의 차이로 인해 식민지 당대 일본 공장의 제주여공들을 단일하게 범주화할 수 없으며, 구술자들의 불안정한 기억과 파편적 체험들 속에서 섣불리 의미를 추출해내기에는 많은 무리가 있다. 하지만, 당대의 조선인(제주) 여공들은 식민지 자본주의의 불평등한 (계급적, 인종적, 성별적) 시스템 속에 포섭되는 한편으로, 그 시스템의 틈새에서 타자의 전략을 구상하고, 자신들의 욕망을 발현하고자 했던 또 다른 행위자(agent)들이기도 하였음을 다양한 자료들과 구술 조사를 통해 일정 정도 가늠할 수 있다.

* 오사카 이쿠노 〈生野サンボラム〉 방문, 필드 조사 내역(2010. 6. 19–22)

사례1	나이 및 도항 시기	1924년생, 現 86세. 9세 때(1924) 일본으로 건너감.
	도항 동기 및 과정	제주도에서 살기가 어려워서 오빠가 먼저 일본으로 가 자리를 잡고, 이후에 어머니와 함께 이동.
	공장 생활	9–10세 때, 오빠와 함께 일본인이 경영하는 칫솔공장에서 일해 가계에 보탬이 됨. 12–13세 때, 츠루하시 고무(잡화/플라스틱) 공장에서, 17–18세 때 구두공장에서 일함. 18세에 결혼.
	노동시간 및 수입	노동시간은 아침 6시에서 저녁 7시까지(10–12시간 정도), 수입은 일급 50전 정도. 아버지가 엄격하게 돈 관리를 하였는데 언니한테 일부 빼앗기기도 했으며, 옷을 사거나 수선할 때 아버지로부터 용돈을 받음.
	여가 생활/기타	한 달에 2번 휴가. 유일한 취미가 영화관 가는 것으로 입장료가 20전 정도로 기억. 고무공장에서 친구들도 많았고, 휴일에 옷 사러 가거나 사무라이 영화를 봄.

---

46) 장안순의 「이카이노이야기(猪飼野物語)의 제주여성」(『일어일문학연구』 Vol. 67, No. 2, 한국일어일문학회, 2008)은 원수일의 소설 〈이카이노 이야기〉에서 재현된 오사카 이카이노에 정착한 이후 제주여성들의 강인한 삶의 역사와 일본에서 피식민지인에 대한 압박에도 굴하지 않았던, 민족 콤플렉스를 넘어서는 제주여성의 원초적인 기질에 주목한 바 있다.

사례2	나이 및 도항 시기	1922년생. 現 88세. 12세 때(1934), 3년 일본으로 건너감.
	도항 동기 및 과정	혼자 복목환(후시미마루)타고 감. 일본에 이모가 살고 있었고, 큰 이모 남편이 오사카항에 데리러 옴. 5세에 어머니가 돌아가시고 아버지가 재혼. 제주에 일이 없어서, 일본에 돈벌이하러 3형제가 이동. 15세 때 가족이 모두 일본으로 이동함. 히가시나리, 모리마치에 정착. 츠루하시에서 20세에 결혼, 동경으로 이주.
	공장 생활	처음 박스 만드는 공장에서 일하다가, 전쟁 때, 군수공장, 어린아이 책가방, 서류가방 공장에서 일함. 15세 이전에는 손수건 만드는 공장(2-3년)에서 20세까지 일함.
	노동시간 및 수입	수입은 한 달에 20-30엔. 이모 집에 거주하면서 밥값을 주고, 옷 사고 하면 남는 게 없었다고 함. 노동조건은 하루 12시간. 저금은 특별히 못했고, 새어머니가 결혼자금을 지원.
	여가 생활/기타	공장 다닐 때 하루에 1일, 15일 이틀 휴가. 동생들(의붓형제 8명)을 데리고 영화관에 감.
사례3	나이 및 도항 시기	1921년생. 現 89세. 제주 시흥(성산면) 출신. 11세에 일본으로 건너감.
	도항 동기 및 과정	생계 문제로 이동
	공장 생활	고무공장 (자크, 장화, 부츠, 조선고무신)에서 일함. 남동생은 학교에 다니고, 딸은 공부하지 못하게 함. 야학 3달 다님. 결혼해서도 가족을 위해 공장 일을 지속.
	노동시간 및 수입	노동조건은 아침 7, 8시에서 저녁 6시까지. 야근도 함. 돈을 벌어 모두 부모에게 주었는데, 어떻게든 부모, 자식 잘되게 하는 것이 돈 버는 목적이었다고 함.
	여가 생활/기타	공부하고 싶은 마음은 있었지만, 못한 게 한이 됨.
사례4	나이 및 도항 시기	1922년생. 現 88세. 제주 서귀포 동홍리 출신. 10세에 부모와 일본으로 갔다가, 다시 제주로 왔다가, 16세에 다시 일본으로 들어감.
	도항 동기 및 과정	가족이 모두 일본으로 이동했다가, 아버지가 돌아가시고, 어머니는 수선집을 함. 19세에 결혼, 21세(해방) 이후에도 일했음.
	공장 생활	16세에 고무공장. 신발, 장화 만드는 곳에서 일했는데, 고무공장에서 돈을 제일 많이 벌었음. 학교에 가고 싶었지만, 사정이 안 돼서 고무공장에 다님.

	노동시간 및 수입	처녀시절, 한 달에 20엔 정도 벌어 어머니께 생활비 드리고 용돈을 받아 옷을 사 입음. 19세에 군수품 공장 다니다가 결혼. 한 달에 100엔을 벌어, 이를 기반으로 남편과 사업을 해서 크게 성공함. 공장(비옷, 잠바, 장화) 경영자가 됨.
	여가 생활/기타	일본어는 야학 다닐 때 어느 정도 배웠고, 수완이 좋고 머리가 좋았으며, 직원이 출근하기 전에 청소를 다해놓고 다른 곳에 가서 또 일할 정도로 부지런했음. 이쿠노 지역에서 장사를 해서 인종차별은 적은 편이었다고 함.
사례5	나이 및 도항 시기	1934년생(77세 추정). 제주도 삼양 출생. 4세 때 가족과 함께 일본으로 이동.
	도항 동기 및 과정	중2때 아버지(78세) 돌아가심.
	공장 생활	일본에서 초등학교 졸업 후, 가족들에게 미안한 마음에 1년 동안 공장에서 일해야 했었음. 다른 가족(새어머니)은 제주로 돌아갔지만, 학교에 다니기 위해서 고향으로 돌아가는 것을 거부. 중학교 때 구두공장에서 1년 일함.
	노동시간 및 수입	공부를 하는 과정에서 고무공장은 돈 때문에 할 수 없이 다님. 학교 다닐 때에도 휴가 때에는 공장에서 일함. 장화공장에서 일하면서 신발 1개에 30엔 정도로 많이 벌었음. 공장일로 언니 가족을 돕기도 했음.
	여가 생활/기타	대학까지 마치고 수학교사로 근무. 후에 수학 학원 경영.
사례6	나이 및 도항 시기	1915년생. (작고)
	도항 동기 및 과정	18세에 제주도에서 결혼하여 지내던 중, 일본이 신천지라는 말을 듣고 가난한 생활을 타개하고자 이동. 오사카에 살고 있던 오빠를 의지해서 혼자 도항.
	공장 생활	아는 사람으로부터 효고현 아마가사키시에 있던 방적공장의 모집에 응모하여 취직. 한국인이 몇 명 있었지만 자기만 실 잣는 일을 하는 곳에 소속되고 다른 사람들은 허드렛일을 했음(청소나 더러운 것을 취급하는 일).
	노동시간 및 수입	약 1~2년 정도 일을 하는 중 왼손 검지손가락이 벗겨져서 곪게 되어 절단해야 되는 상황까지 이름. 일본인 편을 드는 상사에게 불만을 토로했다가 보복당할 수도 있다는 생각이 들어 공장을 나와 오빠가 있는 곳으로 감.
	여가 생활/기타	1936년경, 방적공장에서 같이 일하던 동향 친구와 교토에 놀러가서 찍은 사진이 남아있음. 방적공장 시절 재일 조선인 중에 자기만이 좋은 곳에 소속되어 있던 것을 자랑으로 여기던 것을 회상하며, 그런 자신을 부끄러워 함.

5. 근대초기 제3세계 서발턴, 일본 공장의 조선인 여공

김찬정(金贊汀)의 『朝鮮人女工のうた-1930年 岸和田紡績爭議』(1982)
는 근대초기 일본 자본주의 발전과정에서 착취당하고 희생되었던 일본
여공들의 실상을 파헤친 호소이 와키조(細井和喜藏)의 『女工哀史』(1925)
가 미처 관심을 두지 않았던 일본 공장의 '조선인 여공'들에 주목한 연
구로서 그 의미를 가진다. 이는 자본주의 근대 내부의 계급적, 성별적
타자로서의 '여공' 이면에 다시 인종(민족)적 차별을 겪었던, 타자 속의
타자, 조선인 여공의 '서발턴'(하위주체-'종속집단', '하층민')으로서의 위
치를 가시화하는 역사적 시선이라 할 수 있다. 일본으로 간 조선인 여공
은 근대 초기, '동양의 맨체스터'[47]라 불리며 일본 자본주의의 근간을
형성하였던 국제도시 오사카의 저변에서 공급된 최하층 노동력이자, 일
본인 감독이나 일본인 여공으로부터 착취당하고 '더러운' '조선돼지'라
불리며 인간적 학대를 받은 존재들이었다.[48] 또한, 모집원의 간계에 빠
져 공장에 도착하기 전에 유곽에 팔아넘겨진 조선인 여성들에 눈을 돌
릴 때, 그들의 타자성은 더욱 심화된다.[49]

---

47) 杉原達, 225.

48) 金贊汀, 126-133.

49) 金贊汀의 연구에 의하면, 당시 위탁모집의 모집인 가운데에는 '女衒'('여자를 파는
일을 업으로 하는 사람')이라고 불리는 악질의 모집인이 많았다고 한다. 공장으로 가
기 위해 고향을 떠났다가 유곽으로 팔려간 여성들은 소위 "불행한 사람들"로 지칭되
었던 존재들인데, "모집인이 이렇게 관계를 접촉시켰던 여성을 여러 공장에로 전전하
게 하고, 결과적으로는 여랑에 팔리거나, 銘酒屋에 사창으로 갔던 것을 나만 해도 수
십건 알고 있다."라는 증언에서와 같이 역사적으로 분명 존재하였지만 당사자가 말하
지 않기 때문에 자세하게 알 수 없으며, 그들은 "그 사람의 불행에 대해서 듣는 것은
사람의 심정으로서도 할 수 없는 것이기 때문에, 희미하게 들은 것"만으로 추정할 수
있는 존재이자, 소문이나 침묵 속에서 인지되는 존재들이었다(김찬정, 29-36). 김찬
정은 이러한 '불행한' 조선인 여성들에 주목하면서 일본의 조선인 매춘부에 대한 기록
을 추적하였는데, 일본의 국세조사 자료에서 "여관, 요리점, 음식점 등의 여중, 급사
인" 1,678인 중, "여관, 요리점, 음식점, 貸席, 番頭, 客引(여성)" 422인 속에 '창부',

그런데, 도시의 여공이 되는 꿈에 부풀어 일본으로 건너가는 모험을 감행했지만 도중에 유곽에 매춘부로 팔려간 조선인 여성과, 제주에서 일정한 도항의 절차를 거치고 제주출신의 지인과 가족들이 거주하는 오사카와 같은 안정된 공동체 속에 편입되었던 제주 여공들의 사례는 근대 초기 존재했던 여공에 대한 표상 내부의 다양한 스펙트럼을 제시한다. 이는 또한 지금까지의 근대사 기술에서 이루어진 '서발턴'으로서의 여공에 대한 재현의 정치학을 문제 제기한다.[50] 여공에 대한 표상은 1930년대 사회주의 지식인(문사)들에 의해 주도되었으며, 여공은 자본주의의 모순을 드러내는 희생물이거나 계급 혁명의 전사인 프롤레타리아 계급의 일원으로서 호명되어 왔다. 하지만, 서발턴을 재현하는 주체가 누구인가라는 질문을 통해 근대 초기 식민지 조선 여공의 표상에 주목해 보면, 주체적 행위성(agency)과 제도의 희생물 사이의, 서발턴 내부의 이질적이고 다면적인 주체성과 만날 수 있다.[51] 특히, 본고가 주

'창기'가 포함되어 있으며, 유곽에서 매춘했던 조선여성들 가운데, 방적여공, 제사여공으로서 응모했다가 악질의 여공모집에 의해 속아서, 창굴에서 던져졌던 예가 많이 있었을 것이라 추정하였다(김찬정, 37-38).

50) 본고가 사용하는 서발턴(subaltern)은 지배계급의 헤게모니에 종속되는 하위 계급적 범주로서 프롤레타리아, 농민에 한정되지 않고, 다층적인 권력체계(계급, 성별, 인종, 섹슈얼리티)로부터 억압받는 주변부적 존재성을 포괄하면서, 그 이면에 정치적, 문화적 자율성을 확보하고자 했던 보다 복합적인 역사 주체로 파악하고자 한다. (김택현, 「다시, 서발턴은 누구/무엇인가?」, 『역사학보』 Vol. 200, 역사학회, 2008, 640-642 참조)

51) 「하위주체는 말할 수 있는가?」[1988]에서, 가야트리 스피박은 재현의 이중적 의미 즉 지식인들이 하위주체를 '재현'(re-present)하는 과정에서 그들을 '대표'(speak for) 하면서 자신들을 투명한(transparent) 존재로 나타내는" 과정을 문제 삼고, 이념적 담론 속에서 존재하는 역사적 주체와 본질적 '계급'(주체) 사이의 괴리를 제기한 바 있다(Gayatri C. Spivak, "Can the Subaltern Speak?" *Marxism and the Interpretation of Culture*, Eds. Cary Nelson and Lawrence, Macmillan, 1988, 275-84). 필자는 선행 연구 「여공의 눈을 통해 본 식민지 도시풍경」에서, 스피박이 제기한 문제의식을 기반으로 1920-30년대 소설과, 신문, 잡지 기사 속의 조선 여공의 표상을 문제 삼고, 재현의 틀 속에 포섭되지 않는 여공의 서발터니티(subalternity)를 탐색한 바 있다.

목한 근대초기 일본공장으로 이동한 제주의 여성들의 사례는 민족과 계급의 지표에 깊이 연루되었던 여공의 지배적 표상을 가로질러 주체화(subjectification)에 이르는 서발턴의 역동적 이미지를 현저하게 드러낸다. 이러한 여공 내부의 '차이'의 기호들에 주목하면서, 식민지 시기 스스로를 '말하는(speak)' 조선인 여공들의 목소리와 시선을 새롭게 들여다 볼 필요가 있을 것이다.

제주출신의 여공에 대한 본 연구는 기존의 여공 이미지를 전복시키는 서발턴으로서 여공의 다면적 입상을 가시화하고, 자본(계급)과 젠더 사이의 복잡다단한 관계망을 문제 제기할 뿐 아니라, 로컬리티를 통해 '중심'의 역사를 재구성하는 지역사의 사례로서 그 의의를 가질 수 있을 것으로 기대된다.[52]

이 글은 2008년 정부(교육과학기술부) 재원으로 한국연구재단의 지원을 받아 수행된 연구(NRF-2008-005-J02502)로 2010년 10월 15일부터 17일까지 국제비교한국학회와 제주대학교 탐라문화연구소가 공동주최하여 제주대학교에서 개최된 〈아시아 태평양 지역의 이주와 트랜스내셔널리즘〉 학술대회에서 발표되었으며 *Comparative Korean Studies* 18권 3호(2010년 12월 31일 발행)에 게재했던 논문을 수정·보완하여 수록한 것이다.

52) 이는 지금까지의 '중심'의 역사기술, 즉 중앙(서울) 중심의, 계급(지식인) 중심의, 남성 중심의 역사 기술 속에서 누락되거나 단절되었던 로컬리티(제주[지역]/여성[젠더]/서발턴[비지식인 하위주체])를 복원하여 근대사 기술의 보편성과 일반성의 범주를 새롭게 성찰하는 계기를 제공할 것으로 기대된다.

참고문헌

1. 일차 자료

『동아일보』, 『大阪朝日新聞』
채만식, 「童話」, 『채만식전집 7』, 창작과 비평사, 1989.
梁石日, 『雷鳴』, 東京: 德間書店, 1998.

2. 이차 자료

강재언, 「제주도와 大阪-大阪에서의 東亞通航組合과 勞動運動」, 『濟州道研究』 13 (1996):
 281-289, 『재일한인의 갈등과 도전』, 고성중 역, 북제주문화원, 2005.
김리나, 『1920-30년대 제주도출신 재일조선인의 오사카 정착』, 연세대 한국학 협동과정 석사
 논문, 2008.
김인덕, 「일제시대 제주 출신 재일 여성활동가들의 투쟁」, 『제주도사 연구』 8 (1999): 39-55.
金昌厚, 「在日 濟州人의 抗日運動」, 『濟州道史研究』 4 (1995): 258-273.
김택현, 「다시, 서발턴은 누구/무엇인가?」, 『역사학보』 200 (2008): 637-663.
박정의, 「일본 식민지 시대의 재일한국인 여공-방적, 제사여공」, 『[원광대학교] 논문집』
 17.1 (1983): 119-146.
서지영, 「여공의 눈을 통해 본 식민지 도시풍경」, 『역사문제연구』 22 (2009): 7-31.
안미정, 「오사카 재일(在日) 제주인 여성의 이주와 귀향」, 『탐라문화』 32 (2008): 179-218.
유철인, 「在日 제주인과 제주도」, 『동아시아연구논총』 9 (1998): 393-402.
장안순, 「이카이노이야기(猪飼野物語)의 제주여성」, 『일어일문학연구』 67.2 (2008): 299-
 320.
전은자, 「제주인의 일본도항 연구」, 『탐라문화』 32 (2008): 137-178.
정혜경, 『일제시대 재일조선인 민족운동 연구』, 국학자료원, 2001.
『제주여성, 어떻게 살았을까-제주여성사 자료총서 1/사진자료집』, 제주도여성특별위원회,
 2001.
『구술로 만나는 제주여성의 삶 그리고 역사-제주여성사 자료총서 V/제주여성 근현대사
 구술자료(1)』, 제주도여성특별위원회, 2004.
『제주여성의 생애: 살암시난 살앗주-제주여성사 자료총서 Ⅶ-제주여성 근현대사 구술자료
 (2)』, 제주도여성특별위원회, 2006.
Gayatri C. Spivak, "Can the Subaltern Speak?," In Cary Nelson and Lawrence, Eds.
 Marxism and the Interpretation of Culture, Macmillan, 1988, 271-313.
高鮮徽, 『20世紀の滯日濟州人-その生活過程と意識』, 東京: 明石書店, 1998.
杉原達, 『越境する民-近代大阪の 朝鮮人研究』, 東京: 新幹社, 1998.
金贊汀, 『朝鮮人女工のうた-1930年 岸和田紡績爭議』, 東京: 岩波新書, 1982.
桝田一二, 「濟州道의 地域性 素描」[1934], 「濟州島人의 內地出稼」[1935], 『일제강점기의 제주
 도 Ⅰ』, 洪性穆 譯, 제주문화, 2010.

제주해녀-바다를 횡단하는 트랜스내셔널 유목주체

장혜련*

1. 들어가며

본 연구는 근대시기(1910~1945) 제주해녀의 바다를 횡단하여 초국가적 이동을 하였던 출가물질을 트랜스내셔널 유목주체의 관점에서 고찰하고 그것이 지니는 함의를 시론적(試論的)으로 분석하고자 한다.

출가물질이 국가의 경계를 넘어서 확장되는 다중적인 사회, 경제, 정치, 종교적 유대를 만들어 내고 발전시킨다는 점에 주목하면서, 제주해녀들이 출가지역과 제주도 두 사회를 동시에 연결하면서 새로운 사회적 장(場)으로 만들어나간 유목주체들이었음에 주목한다.

출가물질은 단지 더 나은 삶인 경제적 풍요, 물질적 성취만을 안겨주었을 뿐만 아니라 여러 장소로 옮겨 다녔던 트랜스내셔널 삶의 경험은 제주해녀들에게 더 많은 자신감과 강인한 자아, 그리고 세상에 대한 폭넓은 이해라는 정신적 차원의 비물질적 성취감을 느끼게 해 주었다. 제주해녀들은 제주도라는 삶의 익숙한 장소를 떠나 이별의 고통을 이겨내고 새로운 언어, 새로운 문화, 새로운 질서를 익히고 또한 외지인으로서 출가지역 사회 구성원들의 적대감을 극복해 내는 과정에서 스스로를 재

---

* 제주대학교 강사

창조 해 낸 유목적 주체들이었다.

출가물질은 친숙한 홈인 제주로부터 이탈이라는 고통과 함께 시작되지만 출가지역인 일본, 중국, 러시아에 고정되지 않고 유연한 정체성이라는 창조적인 변화의 과정을 이끌어 냈다. 몸과 마음을 한 장소에 뿌리내리기보다는 더 폭넓게 분산되는 제주해녀로서의 정체성의 재구성과 출가물질이라는 공동체의 경험은 획일적이고 닫혀진 구조로서 정체성이 아닌 트랜스내셔널 세계의 변화하는 정체성의 풍광을 드러냈다. 그러므로 이 글은 국가의 경계를 가로질러 자신의 유목주체를 드러냈던 제주해녀의 출가물질을 읽어내고 트랜스내셔널 실천의 구체적인 내용과 그 의미를 강조하고자 한다.

2. 선행연구와 이론적 논의

그동안 제주해녀에 대한 연구는 주로 민속학,[1] 역사학,[2] 사회학[3], 문화인류학[4] 등의 분야에서 논의되어 왔으며, 경제학의 측면에서 제주해녀를 다룬 돋보이는 연구[5]도 있었다. 그간의 연구를 통해서 얻어진 결과로 제주해녀가 지닌 잠수기술의 우수성이나 강인함이 드러나기도 하고 역사적 고찰을 통해 제주해녀의 시간적 변화의 과정을 살펴볼 수 있었다. 또 한편에서는 근대기 제주지역의 경제 변동에 없어서는 안 될

---

1) 강대원, 『해녀연구』, 한진문화사, 1970;『개정판 해녀연구』, 한진문화사 1973;『제주 잠수권익투쟁사』, 도서출판 제주문화, 2001; 김영돈, 『한국의 해녀』, 민속원, 1996; 좌혜경 외, 『제주의 해녀와 일본의 아마』, 민속원, 2006 등 다수가 있음.
2) 박찬식, 「제주해녀의 역사적 고찰」,『제주의 해녀와 일본의 아마』, 민속원, 2006.
3) 권귀숙, 「제주해녀의 신화와 실체」,『한국사회학』 제30집(봄호), 1996.
4) 유철인, 「제주해녀의 삶: 역사인류학적 과제」,『깨어나는 제주여성의 역사』, 제주도 여성특별위원회, 2001.
5) 진관훈, 『근대제주의 경제 변동』, 도서출판 각, 2006.

경제적 자원으로서 제주해녀의 중요성이 부각되기도 하였다. 한편에서
는 제주해녀를 너무나 단편적으로 해석하여 제주해녀의 신화성 내지는
강인한 이미지만을 강조하다보니 제주여성은 당연히 그래야 할 것 같은
사회적 이데올로기로 작용했던 측면도 있다. 문화인류학적 고찰로는 제
주해녀는 인류의 문화의 한 측면에서 소중히 다뤄야 할 존재이면서 앞
으로 지속가능한 인류의 자원으로 남기고자 하는 여러 가지 시도들을
하고 있다. 예를 들면 제주해녀, 그리고 그와 관련된 일련의 문화들에
대해 세계유네스코 문화유산으로 등재해야 한다는 의견들이 제시되고
있는 실정이다.[6]

본 연구에서는 근대시기 이미 트랜스내셔널 삶의 양식을 획득했던 제
주해녀의 출가물질의 역사와 출가지역에서의 생활상을 선행연구자들이
수행했던 문헌자료에 나타난 채록을 중심으로 그들이 지녔던 삶의 이상
과 구체적 실천들을 살펴보고자 한다.

제주해녀들의 출가물질은 제주도와 출가지역을 연결하는 트랜스내셔
널 사회적 장(transnational social field)을 살아갔던 주체들이었음에 주
목하면서 그들이 바다를 횡단했던 행위는 단순한 물리적 공간의 확장이
아니라 초국가적인 이동 속에서 경험했던 삶의 경이로움, 이국적인 풍
물, 색다른 생활의 풍습 등은 그녀들로 하여금 다르게 사유하기, 즉 차
이를 인정하는 새로운 귀속의 방식을 체득하게 했다. 이런 점을 고려한
다면 제주해녀들이 추구했던 출가물질이라는 생존전략은 어쩌면 로지
브라이도티(Rosi Braidotti)가 말하는 "유목적 주체"의 정의와도 상당히
부합된다고 파악하여 제주해녀를 유목주체 이론의 관점에서 분석하고

---

6) 제주해녀에 관한 UNESCO 등재를 시도하고 있다. 사라져서는 안 될 소중한 인류의
   직업으로 선정하였고 제주도가 나서서 보전할 방법으로 한국과 일본 양국 정부가 나
   서 해녀들이 만들어낸 해녀조직, 작업문화와 노동요, 그리고 생업기술 전반에 걸쳐
   문화유산 등재를 추진 중에 있다.

자 한다. 하지만 브라이도티가 말하는 유목적 주체란 비판적인 페미니스트 지식인을 지칭하고 행위가 아닌 철학적 사유 방식인 관습의 전복을 지칭하는 개념으로 훨씬 설득력을 지니고 있는 개념이다. 그럼에도 불구하고 제주해녀가 실천했던 바다를 횡단했던 행위성, 삶의 구체적 사실들을 해석하는데도 유의미하여 이에 적용하였다.

브라이도티는 유목민의 존재방식을 다음과 같이 정의한다.

> 유목민은 집없음(homelessness)이나 강제적인 장소이동을 의미하지 않는다. 오히려 유목민은 고착성에 대한 모든 관념, 욕망 혹은 향수를 폐기해 버리는 종류의 주체를 형상화(figuration) 한다. 이러한 형상화는 본질적인 통일성 없이, 그리고 그러한 통일성에 반대하면서 이행, 연속적인 이동, 상호협력적인 변화들로 이루어진 정체성에 대한 욕망을 표현한다.[7]

제주해녀들이 출가지역에서 겪었던 삶의 경험은 바로 유목주체로 거듭나는 하나의 과정이라고 할 수 있다. 출가지역에서 만났던 새로운 사람들, 생활풍습, 낯선 경치, 새로운 언어 등 새로운 사회의 적응이자 갈등이었으며, 익숙한 것을 버리고 낯선 것을 계속적으로 받아들이며 새로운 정체성을 획득해 갔다. 이 과정을 통해서 획득되는 정체성을 여기서는 "유목적 주체"라고 정의한다. 유목적 주체란 욕망의 탈주선을 따르는 것으로 어떤 주어진 상태나 질서에 고정되는 것이 아니라 끊임없이 변화하고 분열하며 새로운 대상과 가치를 창출하는 능동적인 주체[8]이기에 그렇다고 할 수 있다. 그러면 선행연구를 바탕으로 하여 유목적 주체로 거듭나며 트랜스내셔널 장으로 횡단했던 제주해녀의 출가물질을 따라가 보자.

---

7) 로지 브라이도티/박미선, 『유목적 주체』, 도서출판 여이연, 2004, 59.

8) 이소희, 「로지 브라이도티의 유목적 페미니스트 주체 형성론에 관한 연구: 전지구화와 초국가주의 관점에서」, 『영미문학 페미니즘』 13.1 (2005): 116.

3. 제주해녀-바다를 횡단한 출가물질

(1) 트랜스내셔널 장으로의 이동

역사적 맥락에서 볼 때 제주도는 1105년 고려(高麗)에 복속되기 전 탐라국(耽羅國)이라는 독립적인 정치체(政治體)였던 까닭에 오랜 세월 독자적인 삶을 영위했다. 그런 까닭에 한반도에 대한 귀속의식과 조선사회의 유교적 질서나 이데올로기에 대해서도 상대적으로 약했다. 그리고 이미 조선시대(朝鮮時代) 통치 질서를 어기고 많은 제주사람들이 한반도로 이동했던 경험[9]이 있다. 그 결과로 1629년(인조 7)에 제주도사람들에 대한 외부로의 출입을 금지하는 출륙금지(出陸禁止)의 명이 내려져 그 후 250년 동안 제주사람들은 갇혀있음, 금지, 일정한 공간을 벗어날 수 없는 부자유를 경험했다. 이처럼 내재된 강박관념은 심리적으로 크나큰 억압과 단절의 고통으로 남아 있었고 출륙금지가 해제되면서 특히 제주사람들은 거의 폭발적으로 뭍을 향하여 진출하였다. 그들이 내면에 쌓였던 억압은 더 넓은 공간에 대한 갈구, 낯선 세계에 대한 동경, 새로운 세상을 향한 삶의 확장으로 또는 일종의 금기에 대한 욕망의 또 다른 표현으로 드러났다.

그런 까닭에 근대시기 제주사람들의 다른 지역으로 이동이 유독 많았던 이면에는 위와 같은 역사적 맥락이 내재되어 있다. 그러므로 근대나 개항이라는 역사적 상황은 제주사람들에게는 좀 다르게 받아들여졌다. 비록 일제의 식민정책 실현과정에서 식민자본의 유입이라는 일정정도 필요와 강요에 의한 이동이었지만 제주사람들에게는 삶의 지평을 옮기

---

9) 장혜련, 『조선중기 제주유민의 발생과 대책』, 제주대학교 석사논문, 2006.
　　조선시대 중기 15-17세기에 제주도에는 많은 유민이 발생하는데 새로운 행정체제의 도입으로 인한 이중의 지배질서인 목사와 토호들의 수탈, 왜구의 빈번한 침입, 그리고 세금에 대한 지나친 부과 등의 이유로 제주도 인구의 절반 이상이 전라·경상도 해안지역으로 이동하였다.

는 일이자 경제적 생존 가능성을 확장 혹은 탐색하는 새로운 경험의 장場으로 인식되었다. 이 시기 제주해녀들은 최전선에서 근대의 물결을 온몸으로 경험하게 된다.

산소공급 장치 없이 무자맥질하여 해산물을 채취하는 작업인 물질, 이것을 '직업'으로 하는 여성을 우리는 일반적으로 해녀(海女)라고 부르고 있다. 하지만 해녀 자신들은 잠수(潛嫂)나 잠녀(潛女)로 부르는 사람이 대다수다. 그래서 물질을 직업으로 하는 여성에 대한 호칭은 잠수·잠녀·해녀를 혼용하여 부르고 있다. 여기에서는 일반적으로 통용되는 해녀라는 용어를 사용하기로 한다.

제주해녀들은 바다 또한 농토의 연장인 밭으로 인식했다. 제주바다는 풍부한 해산물과 여러 가지 자원들을 전해주는 그야말로 풍요로운 농토나 마찬가지였다. 하지만 일본의 잠수기 어선들의 제주해안으로 진출하여 어장의 자원을 남획함에 따라 어획물이 감소하여 제주해녀들은 또 다른 바다, 즉 "바다 밭"을 찾아 바다에서 바다로 횡단할 수밖에 없었다.

이처럼 제주도 해안이 아닌 다른 지역으로 이동하는 물질을 "출가(出稼)물질"이라 한다. 출가물질의 목적은 새로운 바다 밭을 일구는 일이기도 하지만 무엇보다 생계를 위한 돈 벌이가 가장 큰 이유였다.

본 연구에서는 1895~1945년까지 제주해녀 출가물질의 현황과 그 삶을 살펴보려 한다. 이 시기는 제주해녀의 삶의 전반적인 부분에서 전환점을 맞게 된다. 해녀들의 생산물은 전근대적 생산(주로 공납제)방식에서 근대적 생산(자본제)방식으로 그 생산양식이 변화되었고 제주해녀에 대한 가치평가가 달라진 시점이기도 하다.

한반도 연안에서 일본인의 출어를 공식적으로 인정하게 된 것은 1883년 6월 22일에 조인된 "조일통상장정(朝日通商章程)"에 제41관에 의해서 이루어진다. 하지만 그 이전부터 밀어가 행해지고 있었으며 일본정부는 1884년 9월부터 1891년 11월에 걸쳐 제주도에 출어금지 조처를 취하기도 했다. 1876년 병자수호조약 체결에 성공한 일본은 한반도로 눈을 돌리고 일본 어민들은 조선으로 출어하기 시작했으며 특히 제주도 주변에는 일본 잠수기업자가 일찍부터 출어해 오고 있었다. 잠수기어선의 조선 출어의 시초는 1879년 4월 야마구치현 출신의 요시무라가 잠수기 한 대를 가지고, 제주도 부근에서 조업한 것이 그 시작이다. 그 후 동업자들이 출어하였으며, 주로 제주도를 근거지로 하여 남해안에서 조업하였다. 이와 같이 일본인들이 제주해안에 출어하면서 제주도민들과 충돌은 불가피했다.[10]

일본인들의 작업방식은 잠수기어업으로 잠수복을 착용하고 산소를 배급받으면서 하기 때문에 오랜 시간 물속에서 작업이 가능했다. 예를 들어 1회 잠수시간을 측정해 본다면 제주해녀들이 1-2분 정도지만 잠수기 업자들은 1시간 이상에다 태풍이 불지 않는 한 연중무휴 작업이 가능하니 해녀의 작업과 잠수기어선의 작업은 비교할 수 없는 차이를 보였다. 그러니 제주의 해안어장은 곧 황폐해졌다.

당시의 상황에 대하여 『속음청사(續陰晴史)』와 『한국수산지(韓國水産誌)』에 상세히 기록되어 있다.

> 배마다 하루에 전복 잡는 게 30꿰미(串, 한 꿰미는 20개), 즉 600개라고 한다. 제주의 각 포구에 일본 어선이 무려 3-4백 척이 되므로, 각 배가 날마다 잡아버리는 게 대강 이런 숫자라면 이미 15-16년의 세월이 지났으니, 어업에서 얻은 이익의 두터움이 이와 같은데 본지인은 스스로 배 한척 구하지 못하고 팔짱끼고 주어버리고 있으니 어찌 애석하지 않으랴.[11]

---

10) 좌혜경, 「제주 출가해녀의 현지 적응」, 『제주해녀와 일본의 아마』, 민속원, 2006, 209.

11) 『속음청사』, 광무 3년(1899) 8월 29일.

> 전복은 연안 없는 곳이 없어 거의 무진장(無盡藏)이라고 일컬어져 왔으
> 나 일찍이 일본(日本) 잠수기업자들이 도래(渡來)하여 남획이 된 결과 지
> 금은 크게 감소했다. 예부터 토착(土着) 잠수부(潛水婦)들이 이것을 캐어
> 왔지만 현재는 하루 종일 조업해서 1~2개를 잡는 데 불과하다.[12]

특히 일본은 전복뿐만 아니라 자국의 산업화에 필요했던 석화채(石化
采) 또는 천초(天草)라고 하는 우뭇가사리를 대량 채취했다. 이것은 양갱
이나 과자를 만드는 데 필요하였고 도포(搗布)라고도 하는 감포는 상처
를 소독하는 의약품과 화학재료에 이용되었다. 가사리류는 비단을 짜는
풀이나 건축용 자재로 이용[13]되었기 때문에 제주해안어장은 중요한 산
업화 자원의 생산지였던 셈이다.

그런 이유로 제주어장은 나날이 황폐해졌고 제주도 해녀의 출가물질
에 직접적인 영향을 주었다. 제주해녀들은 자신들의 1차 생산지인 제주
바다 밭에서 해산물 채취량이 현저하게 줄어들게 되니 생존권의 위협을
느꼈고 결국 이들은 다른 지역으로 출가하지 않으면 생계를 이어 나갈
수 없게 되었다. 제주해녀들의 결단은 다른 지역으로의 이동, 바다를
횡단하는 가운데 삶의 공간을 자신의 국경 내에서만 한정시키지 않았
다. 자신들이 가진 "물질"이라는 기량과 기술을 국가와 경계를 넘어 트
랜스내셔널 개념으로 확장시켜 나간다.

제주해녀들의 출가는 1887년 경남 부산의 목도牧島로 간 것이 시초였
다고 한다. 첫 출가물질 이후 제주해녀들은 가히 폭발적으로 뭍으로 나
갔으며 그 범위도 상당히 넓었다. 제주해녀들은 경상도, 강원도, 다도
해, 경북, 함경도 등 국내에 한정한 것이 아니라 그 범위는 일본의 도쿄
와 오사카, 중국 그리고 러시아 지역으로 국가와 국경을 넘나드는 트랜

---

12) 조선총독부 농상공부, 『한국수산지(韓國水産誌)』 제3집, 제주도, 1910년, 34.

13) 김수희, 「일제시대 제주해녀의 해조류 채취와 입어회」, 『제주해녀 항일운동, 문화유
   산, 해양문명』, 제주 해녀박물관 개관 기념 국제학술회의 자료집, 2006.

스내셔널 이동이었다.

　제주해녀의 출가지역을 그림으로 살펴보면 다음과 같다.

〈그림 1〉 제주해녀의 출가지역: 일본·중국·러시아[14]

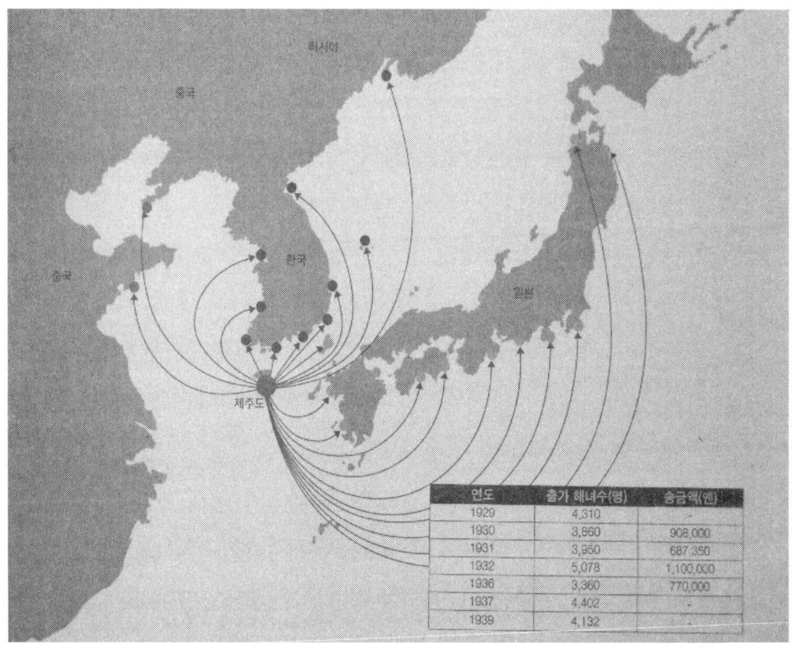

연도	출가 해녀수(명)	송금액(엔)
1929	4,310	-
1930	3,860	908,000
1931	3,950	687,350
1932	5,078	1,100,000
1936	3,360	770,000
1937	4,402	-
1939	4,132	-

〈그림 1〉에서 나타나듯이 제주해녀 출가물질의 범위는 한반도 대부분 해안지역에 분포하며, 일본의 쓰시마(對馬島), 고지(高知), 가고시마(鹿兒島), 동경(東京), 나가사키(長崎), 시즈오카(靜岡), 지바(千葉), 에히메(愛媛), 도쿠시마(德島)로, 중국의 칭다오(淸島)와 다롄(大連), 그리고 러시아의 블라디보스토크(Vladivostok) 등 동아시아 전반에 걸쳐 다양하게 나타난다.

---

14) 제주특별자치도 설문대 여성문화센터, 경술국치 100년 특별기획전/ '경술국치 100년, 근대 제주해녀를 말하다'

2) 트랜스내셔널 자본의 창출

제주해녀의 출가물질은 일본인들의 제주어장 침탈에 대한 새로운 생산지 개척을 위해서도 필요한 일이었지만 이 시기 제주해녀들의 생산물에 대한 가치변화가 출가물질을 확산시키게 된 동기로 작용한다. 전근대 해녀들의 물질은 그저 천한 공납에 필요한 노동력 제공자에 불과했다. 하지만 근대의 자본제적 생산방식은 자신들의 물질로 채취한 해산물을 돈으로 환산해 주는, 즉 경제적 가치가 된다는 사실을 자각하게 되었다. 일본인 무역상이 등장하여 현장에서 돈으로 환원되었을 뿐만 아니라 날이 갈수록 그 가치가 상승하기 시작하였다. 따라서 해녀들의 해산물 채취에 대한 생산욕구도 아울러 증가할 수밖에 없었다.[15] 그러므로 근대라는 시·공간적 변화, 자본주의 상품경제시스템은 해산물 가치의 변화를 가져왔고, 자신의 노동력이 상품이 된다는 인식을 하게 되고 제주해녀의 출가물질을 더욱 촉진시키는 결과를 낳았다. 이 현상은 생산영역의 확장이라는 의미도 있지만 제주도의 경제가 이제 트랜스내셔널 자본이 유입되는 사회로 진입했음을 의미하기도 했다.

제주해녀의 일본 출가물질은 1903년 미야케지마(三宅島)를 그 시작으로 한다. 미야케지마는 김녕의 선두(船頭) 김병선(金丙先)이 해녀 수명을 데리고 출가한 것이 그 시초이다. 1932년 8월에는 미야케지마 츠모다무라(坪田村) 산치우라(三地浦)에 대정과 구좌의 해녀가 240명에 달했다고 한다.[16] 일찍이 일본학자 마스다 이치지(桝田一二)는 제주해녀와 일본해녀를 비교하여 보고한 바 있다.

제주해녀들은 앞서 서술했듯이 조업 시에는 테왁에 의지하여 해안으로 멀리 떨어진 곳에서도 납덩어리를 사용하지 않고 깊은 바다 속까지 잠수

---

15) 진관훈, 『근대제주의 경제 변동』, 도서출판 각, 2004.

16) 좌혜경, 「제주 출가해녀의 현지적응」, 『제주해녀와 일본의 아마』, 민속원, 2006, 211.

할 수 있기 때문에, 납덩어리를 사용하는 해녀들처럼 이동에 필요한 배나 선주가 필요치 않다. 따라서 물질 작업을 하는 데 비용이 훨씬 저렴하다. 이세 해녀들의 출어 감소는 전술한 연안지방, 경상남도 방어진, 울산군 포항에서 해류관계에 의한 여름철 수온이 7월에 평균 18.6도, 8월에 21도, 즉 7·8월이 바뀌는 시기에 있어서도 20도 내외이기 때문에 이세 해녀들은 한 달간 조업을 하면 불과 1주일밖에 견딜 수 없는 데 반하여, 제주해녀들은 15일간 조업에도 견뎌내며, 1일 물질시간도 제주해녀가 훨씬 길다.[17)

마스다 이치지의 견해에 의하면 제주해녀의 우수성은 해안에서 멀리 떨어진 곳에서도 깊은 바다 속까지 잠수할 수 있고, 일본 해녀들처럼 배나 선주가 필요하지 않아 효율적이었다. 해류관계에 의한 수온은 물질하는 데 중요한 요인으로 작용하는데 한 달간 조업일수에서도 1일 조업시간에서도 제주해녀들은 추위에 강할 뿐 아니라 능률적이기도 하였다. 그렇기 때문에 일본인들 입장에서 보면 저렴한 인건비용으로 높은 가치창출을 할 수 있는 제주해녀를 고용하지 않을 수 없었다.

제주해녀들의 출가물질은 두 가지 방법이 있는데 모집출가와 독립출가 형식이 그것이다. 첫째 모집출가는 매년 음력 12월이 되면 인솔자들이 제주도로 들어와 출가해녀를 모집하였다. 모집에 지원한 해녀들은 먼저 전도금(前渡金)을 받고 계약이 성립되면 약속된 시간에 부산에서 합류하여 일본 각지로 떠나게 된다. 둘째 독립출가는 출가물질을 떠날 해녀들의 남편 2~3명이 공동으로 어선을 매입하여 가족이나 친척, 동네의 해녀들을 모집하여 출가하는 방식이다. 그러나 대부분은 인솔자의 모집에 의한 모집출가로 전도금을 받고 가는, 즉 고용관계를 맺고 가는 해녀들이 많았다. 그러므로 이 고용관계에는 많은 이권개입과 차별이

---

17) 桝田一二 저/홍성목 역, 「濟州島 海女」, 『濟州島의 地理的 研究』, 제주시 우당도서관, 2005.

수반됐다. 객주와 거간꾼의 횡포, 노동력의 착취, 생산물에 대한 부당
거래 등을 포함한 민족, 계급, 성적인 차별이 놓여 있었다. 그런 이유로
인해 해녀조합[18]이라는 공동체가 생기게 되고 제주해녀들은 이 공동체
를 중심으로 더욱 공고한 결속력을 가질 수 있었다. 제주해녀들이 진출
한 지역은 한반도의 각 해안과 태평양 연안에 이른다.

　1922년 제주와 오사카 간의 직항로가 개설되고 여객선 군대환(君代丸:
기미가요마루)의 개통은 제주해녀들의 일본 출가물질을 더욱 가속화시
키는 촉매제 역할을 하였다. 일반적으로 제주해녀들은 기선에 의해 출
가하였는데 군대환 뿐만 아니라 '조선우선(朝鮮郵船)', '야마사키기선(尼
崎汽船)', '가고시마상선(鹿兒島商船)' 등이 경쟁적으로 사람들을 실어 날
랐다.[19] 제주해녀들의 기선에 의한 일본 출가는 쓰시마를 제외하고 모
두 오사카를 경유했다. 부산과 시모노세키를 경유하던 기존 항로에 비
해 시간이 절반으로 절약될 뿐 아니라 배 삯도 저가여서 제주해녀들은
예전보다 좋은 조건에서 출가할 수 있었다. 또한 이 기선들은 제주도를
일주하면서 많은 제주사람들을 일본으로 끌어가는 역할도 했다. 제주해
녀들은 가장 싼 뱃삯으로 일본에 도착하고, 그 이후 목적지까지는 다시
배나 철도에 의해 이동하였다.

---

18) 권미선, 「근현대 제주도출가해녀와 입어관행 분쟁」, 제주대학교 석사논문, 2008,
　　24. 제주도 출가해녀들의 생활은 비참했으며 이러한 사정들이 입소문을 타고 고향에
　　알려졌다. 이를 딱하게 여긴 제주도 유지들은 뜻을 모아 제주도 출가해녀들을 보호하
　　고 여러 가지 편의와 혜택을 주고자 오늘날 조합의 역할을 할 수 있는 조직이 필요하
　　다는 데 의견을 모았다. 그리하여 1919년 10월에 김태호金泰鎬 등 다시 유지 몇 명을
　　발기인으로 하는 '제주도해녀어업조합濟州島海女漁業組合'을 조직하게 되었다. 이
　　해녀조합의 목적은 해녀들이 생산한 물건을 공동으로 팔게 해줄 뿐 아니라 물건의
　　중개와 기타 물질작업에 필요한 자금을 융통하여 주기 위하여 설립되었다. 이 조직을
　　바탕으로 세화리 1932년 해녀항일투쟁은 제주도 항일운동의 기념비적인 사건으로 기
　　록된다.
19) 좌혜경, 「제주 출가해녀의 현지적응」, 『제주해녀와 일본의 아마』, 민속원, 2006,
　　212.

제주해녀의 출가물질 인원은 1929년경 3,500명으로 어획고가 50여 만 원인데 비하여 제주도내 작업 인원은 7,300여 명이고 어획고는 25만 여 원이었다.[20] 일본으로의 출가물질의 경제적 효과는 제주도에서의 작업보다 4배 정도의 효과를 얻는 것이니 출가물질에 대한 욕구는 점점 더 높아져 갔다.

당시『동아일보』[21]에 보도된 출가물질에 대한 기사는 당시 제주해녀들의 활약상과 경제적 기여도를 가늠할 수 있다. 매년 바다에서 조업하는 해녀가 10,000여 명 달하며 부산과 울산 등지에서는 4,000명 이상이 제주해녀가 6, 7일 이상 바다 일을 하여 벌어들이는 수입이 1인당 300원, 총수입은 120만 원으로 조선 수산계의 막대한 비중을 차지하고 있다고 한다. 그리고 이는 제주도의 생명이자 조선 산업의 중대한 몫이라고 보도하고 있다. 제주도청이 발간한 「제주도세요람(濟州島勢要覽)」의 통계를 보면 1937년 일본으로 나간 제주해녀의 수는 1,561명으로 쓰시마 750명, 고지 130명, 가고시마 55명, 동경 215명, 나가사키 65명, 시즈오카 265명, 지바 51명, 에히메 10명, 도쿠시마 50명으로 지역적 분포도 다양할 뿐 아니라 출가물질 인원도 절정을 이룬다. 1939년의 통계 또한 비슷한 수치 1,492명으로 대략 1,500여 명으로 추산되고 있다. 이러한 통계는 공식적인 것으로 출가물질을 나갈 때 출가증을 교부받은 수치이고 이런 형식적인 절차들을 무시하고 개인적인 독립출가도 있었

---

20) 강대원, 「소화 4년 제주도 해녀어업조합 연혁」, 『해녀연구』, 한진문화사, 1970.

21)『동아일보』1920년 4월 22일 기사/ "해녀의 일 년 벌이 실로 백만 원 이상 매년 바다에 나가서 해조류와 어물을 잡는 여자의 수는 만여 명에 달하고 그 중에 매년 사월부터 구월까지 부산, 울산 등에 나아가서 활동하는 여자의 수가 사천 명 이상이나 되며, 육칠일 이상이나 물속으로 들어가서 전복과 기타 해조를 따내는 동시에 여러 가지로 바다 속의 발견도 많이 하였다. 그런데 이네의 수입은 한사람 평균 삼백 원 값어치를 생산함으로 사천 명의 총수입은 실로 일백이십만 원의 큰돈을 생산하여 실로 조선 수산계에 적지 아니한 숫자를 차지 할 뿐만 아니라 적게 말하면 그네의 활동은 제주도의 생명이오 다시 말하면 조선 산업계에 중대한 현상이다."

으므로 이 수치가 훨씬 많았을 것으로 추론된다.

당시 제주해녀의 국내·외 출가물질 현황을 표로 나타내면 다음과 같다.

<표 1> 제주해녀의 국내·외 출가물질 현황[22]

			전라남도	전라북도	경상남도	경상북도	충청남도	강원도	함경남도	함경북도	황해도	합계
출가연도	1932	한반도	775	56	1,663	200	42	360	76	–	165	3,337
			對馬島	高知	鹿兒島	三重	長崎	靜岡	千葉	神奈川	德島	합계
		일본	660	230	110	120	60	200	80	240	160	1,860
			전라남도	전라북도	경상남도	경상북도	충청남도	강원도	함경남도	함경북도	황해도	합계
출가연도	1937	한반도	408	19	1,650	473	110	54	32	5	50	2,801
			對馬島	高知	鹿兒島	東京	長崎	靜岡	千葉	愛媛	德島	합계
		일본	750	130	55	215	65	265	51	10	50	1,561
			전라남도	전라북도	경상남도	경상북도	충청남도	강원도	함경남도	함경북도	황해도	합계
출가연도	1939	한반도	367	7	1,518	308	141	60	106	–	14	2,584
			對馬島	高知	鹿兒島	東京	長崎	靜岡	千葉	愛媛	靑島	합계
		일본	686	95	18	144	54	365	67	35	28	1,492

<표 1>에서 나타난 바와 같이 이 시기 제주해녀들의 출가물질은 보편적인 사실로 받아들여졌다. 출가물질의 경험은 자신의 노동력에 대한 가치를 새롭게 인식하는 계기가 되었으며 노동의 실현이 곧 사회적 가치로 환산되고 동시에 가치의 자본화가 이루어지는, 즉 자신들의 노동이 상품이 된다는 사실을 자각하게 된 것이다.

바로 이 지점에서 출가물질은 제주해녀가 갖고 있는 노동능력과 경쟁력을 바탕으로 자본과 상품, 그리고 인간의 이동이라는 트랜스내셔널 연결망을 확보하는 통로로 전환되어 갔다.

제주해녀들은 "물질"이라는 연속선상의 작업연결을 통해 제주도와 출

---

22) 『제주도세요람(濟州島勢要覽)』 그림 자료와 통계수치를 바탕으로 재구성.

가지역 간의 경제적이고 비경제적인 지원, 교환과 이동이라는 트랜스내셔널 흐름들을 만들어 내면서 동시에 트랜스내셔널 사회의 장을 재생산해내는 유목적 주체로 거듭나게 된다.

4. 제주해녀–유목적 주체

제주해녀들의 밭은 곡식을 가는 육지의 밭만이 아니라 시퍼런 깊은 바다도 그들에게는 소중한 밭이다. 그러므로 경작이 가능한 바다 밭을 찾아서 횡단도 주저하지 않았다. 그들이 개척한 지역은 국가나 국경에 국한되지 않고 동북아시아에 두루 걸쳐 있었다. 비록 1년에 6개월 정도로 장기적인 이동은 아니었으나 제주해녀들의 출가물질은 단일한 민족국가의 틀을 넘어 두 개, 혹은 그 이상의 사회를 동시에 연결하는 트랜스내셔널 사회의 장을 만들어 가는 주체로 등장했다. 또 그 안에서 사회관계를 맺고 행동하고 자신들의 정체성을 발전시키며 살아갔던 유목적 주체들이었다. 따라서 제주해녀가 출가물질을 통해서 얻을 수 있었던 중요한 요소는 두 사회 간의 네트워크와 동시성을 실현하는 것이었다.

제주해녀의 출가물질은 자신이 살던 익숙한 공간을 떠나 낯선 타지로의 계속되는 이동이며 여기에는 유목적 주체의 기본적인 정서가 노정되는 과정이기도 하다. 유목적 주체는 끊임없이 탈영토화하고 재영토화하는 운동을 통해 정의된다. 따라서 유목적 주체는 자신을 자기 속에 가두지 않고 새로운 나를 계속 만들어 나가려는 노력, 이질적인 운동이나 조직이 자신을 침범하는 것을 두려워하지 않고 기꺼이 그것과 부딪히려는 노력, 이러한 노력을 바탕으로 주어진 구획을 뛰어넘는 횡단성을 지닌 주체이다. 브라이도티는 유목적 주체에 대해서 다음과 같이 기술한다.

유목적 주체는 신화이다. 즉 기존의 범주들과 경험의 층위들을 돌파하고 가로지르며 사유할 수 있도록 해주는 정치적 픽션이다. 건너갈 다리를 태우지 않으면서도 경계를 흐트러뜨리는 것 말이다.

그런 면에서 출가물질이 갖는 속성과 양상은 제주해녀들이 유목적 주체로 거듭날 수 있는 토대가 되며 그것은 나라와 국경을 초월하는 트랜스내셔널 삶의 양식으로 나타났다. 여기서 제주해녀의 출가물질이 어떻게 경험되고 있는지 문헌자료[23])에 나타난 제보자들의 구술채록을 중심으로 구체적인 생활상을 살펴보면 다음과 같다.

㉠ 행원리杏源里의 강미춘(70세-1995년)은 23세에 동경으로 출가물질을 나갔다. 당시 100원의 가치는 자그만 밭 한 뙈기를 살 수 있었던 시대였는데 출가물질에서는 50원을 벌었었다. 아이가 어려 딸을 데리고 갔는데 아기업개도 함께 갔다. 그때 행원에서는 20여 명이 동행했었으며 군대환을 타고 음력 3월에 나가서 8월에 돌아왔다. 전복이나 소라는 못 캐게 했고 주로 우뭇가사리를 캐었다.

㉡ 조완아(77세-1995년 당시) 16세에 대마도로 물질을 나갔다. 1930년 대마도 물질은 일본인 인솔자를 따라 갔으며 음력 3월이었는데 5일 만에 대마도에 이르렀다고 한다. 6개월 작업하고 돌아왔다. 대마도에서는 뱃물질을 치렀으며 소라, 미역, 전복을 주로 채취했다. 3,4명이 조를 이루어 자취하였으며 대마도 사람들과는 음식도 서로 교환하며 잘 지냈다. 대마도 한번 물질로 돈 1백 냥을 벌어와 6백 평의 밭을 샀다.

㉢ 제주해녀들이 칭다오를 드나들었는데 모두가 상군이었다. 그곳 출신 해녀들은 없었고 남성들이 팬티만 입고 안경도 안 낀 채 어설피 해산물을

---

23) 김영돈, 『한국의 해녀』, 민속원, 1999, 401.

캐었는데 그 기량은 제주해녀에 비해 퍽 서툴렀다. 제주 상군해녀들이 미역을 엄청나게 캐어내게 되자 산동성山東省 일대에서는 외국에서의 미역수입을 중단하기에 이르렀다. …(중략)… 귀향할 때 해녀들 각자가 3백원의 목돈을 쥐고 돌아 왔다.

이상에서 살펴본 바와 같이 출가물질을 나가는 주된 이유는 경제적 측면이 컸다. 당시 밭을 사거나 집안의 목돈 마련은 해녀들이 출가물질에서 벌어오는 돈으로 충당되었다. 뿐만 아니라 집안에서 갑자기 비상금이 필요할 때에도 해녀들이 지녔던 쌈짓돈은 적절하게 쓰였다. 정양길24)의 경우 그 적절한 예를 찾아 볼 수 있다.

> ㉣ … 그땐 아이고 경 나가도 벌지 못허여 돈 백원만 버실면 잘 버슬었덴 헷주게. 옛날 웨정땐디 큰집 종손이 순경시험 보레오랜 연락이 오난 날 그라 "돈 싯건 줘시렌." 허연 바농상지에 낫단 돈 삼십원 주난에 서월간 시험 붙어나서… 25)

"많이 나갔지만 돈을 벌지 못하였다, 돈 백 원을 벌면 잘 번 것이다. 일제강점기 큰집 종손이 순경시험 보러 가는데 삼십원을 빌려주어 시험에 붙었다"는 내용이다. 이처럼 제주해녀들의 출가물질로 벌어 온 돈은 큰집 종손의 경찰시험 보는 데 일조하기도 하고, 그 외에도 집안의 부채를 갚는데도, 남편의 도박 빚을 충당하는데도, 아들의 징용을 면제 받는데도, 집안의 환자를 치료하는 데도 쓰였다. 가정경제의 대부분이 제주해녀들의 수익으로 충당되었다.

---

24) 정양길(1915년생)은 성산읍 고성리 출신으로 20세부터 출가물질을 다녔다. 일본의 대마도를 시작으로 한반도의 울산과 원산으로 중국에서는 7년이나 살면서 출가물질을 하였다.

25) 제주도여성특별위원회, 『제주여성의 생애 살암시난 살앗주』, 제주도, 2006, 153.

한편 출가지역에서 힘든 고생을 하고 돌아올 때 선물이나 경제적 이득은 제주해녀의 새로운 정체성을 구축하는데 일정정도 기여했다. 출가물질로 얻어진 소득은 가족과 친척 나아가 지역사회의 하나의 활력이 되기도 했다. 그래서 출가물질 나간 제주해녀들의 소득은 일방적으로 부과된 고통스러운 의무라거나 희생으로만 해석될 수 없는 다층적인 의미를 갖게 된다. 이 점에 대해서 김영돈은 다음과 같이 기술하고 있다.

> 가족들에게 선사할 기념품을 마련하는 것도 큰 즐거움이다. 귀향길에 마련하는 선물도 갖가지. 부모에게 비단 옷을 사서 드리는 것은 대단한 성의요, 고무신 한 켤레 씩을 가족들에게 선사하거나 바늘을 사다가 가족과 이웃들에게 나누기도 한다. 그게 아무리 보잘것없고 미미한 물건이라 하더라도 푸른 물속을 억척스레 드나들며 해산물을 캔 저마다의 소득으로 제 혼수를 마련하건 가족과 이웃의 선물을 사서 귀향할 때 얼마나 기쁘고 가슴 설레랴.[26]

비록 타지의 차가운 물속을 드나들며 고생스럽게 번 돈이지만 고향으로 돌아 올 때는 부모님과 가족들, 그리고 작은 성의지만 이웃들과 나눌 수 있는 작은 선물들은 제주해녀들이 정체성을 새롭게 인식하는 계기가 된다. 이런 점은 오늘날 한국에 체류하는 이주자들이 자신들의 고향으로 보내는 송금과 소득의 성격과도 유사하다.

김정선은 이주자들의 송금이나 소득에 대해서 다음과 같이 설명한다.

> 가족 안에서 이주자의 지위를 향상시키고, 선물을 받은 친척이나 식구들은 이들에게 감사한 마음을 갖게 되며 이는 자신에게 심리적인 만족감을 준다. 나아가 경제적 지원을 한 가족 안에서뿐 아니라 친족 그룹이나 커뮤니티 안에서 명예로운 지위를 얻게 되며, 다른 구성원들의 역할 모델이

---

26) 김영돈, 『한국의 해녀』, 민속원, 1999, 405.

될 뿐 아니라 존경받는 비공식 리더로 인식되는데, 이러한 비물질적인 보상들은 경제적 가치로 환산될 수 없는 정서적인 충족감을 주었다.[27]

이런 점은 제주해녀가 출가물질에서 얻어진 소득을 다시 자신의 가족 안에서 그리고 마을 공동체 안에서 분산·공유하는 방식과 다르지 않다. 하지만 이 시기 제주해녀는 사회 구성원들에게 역할 모델이 된다거나 커뮤니티 안에서 영예로운 지위, 비공식적 리더로까지는 나아가지 못한다. 그럼에도 불구하고 정서적 충족감인 비물직적 보상들이 제주해녀의 출가물질을 추동하는 힘이자 내적 원동력의 한 측면을 담당했음을 알 수 있다.

또 출가물질은 경제적 면에서 가계에 도움이 되었지만 다른 측면에서는 제주여성들의 내재된 지적 호기심, 혹은 욕망의 실현이라는 장을 마련해 주었다. 출륙금지령으로 인한 제주 여성에 대한 가혹한 억압[28]은 새로운 세상에 대한 경험, 자유와 해방을 갈망하는 내면적 욕구와 맞물려 있었던 것이다. "생활 때문에 부모님과 떨어져서 돈을 벌러 타지로 나가는 친구들을 정순아주머니는 외국여행에 대한 호기심어린 눈빛으로 배웅을 했다"[29]는 내용에서 발견할 수 있는 것은 새로운 세계에 대한 호기심과 자신 삶의 지평을 확장시키려는 보다 넓은 세계에 대한 이해와 경험을 더욱 소중하게 여기는 생에 대한 장기적인 전망이 한 측면

---

27) 김정선, 「아래로부터의 초국적 귀속의 정치학 : 필리핀 결혼이여성의 경험을 중심으로」, 『한국여성학』 26.2 (2010): 13.

28) 장혜련, 『조선중기 제주유민의 발생과 대책』, 제주대학교 석사논문, 2006 참조. 제주여성은 조선시대 육지로 나가는 일이 원천적으로 봉쇄되었다. 인구의 감소로 인한 대책이 출륙금지였던 만큼 제주여성은 배에 실어서는 안 되는 선금품목으로 분류되어 그 첫 번째에 해당됐다. 출륙금지 250여 년 동안 공식적으로 제주도를 나간 여성은 흉년을 구제했던 김만덕이 유일하다.

29) 김영·양징자 저/정광중·좌혜경 역, 『바다를 건넌 조선의 해녀들』, 도서출판 각, 2004, 198.

을 이루고 있었다는 점 역시 간과할 수 없는 측면이다. 제주해녀들의 출가물질에서 경험되는 삶의 개방성과 진취성은 제주여성들의 내면에 존재했던 현실억압에 대한 타계의 의미도 있었다.

제주해녀들의 출가물질은 해당지역에서의 또 다른 생의 전략, 즉 "건너갈 다리를 태우지 않으면서도 경계를 흐트러뜨리는 것"으로 나타났으며 유목적 주체의 실현을 경험하게 된다. 해당지역의 사람들에 대한 타자성 그리고 자신의 내부에 존재했던 타자성을 발견하면서 부단히 변용시켜 내거나 변화하면서 자신의 주체를 유연하게 적응시켜 갔다.

제주해녀들은 일본으로 출가물질을 갈 때 해녀기구를 챙기지 않고 떠난다. 왜냐하면 물질하는 방법이 다르기 때문이다. 제주해녀들은 "테왁30)물질"로 익숙하지만 일본에서는 이른바 "탐포물질"이 보편적인 물질 방법이다. "탐포"란 테왁처럼 쓰이는 부통(浮桶), 북 비슷한 모습으로 나무로 만들어졌는데 여기에 가슴을 얹고 헤엄치며 그 밑에는 망사리처럼 채취물을 넣는 그물주머니가 달렸다. 제주해녀들은 일본식 탐포를 사용하게 되었음에도 불구하고 일본인 해녀들이 쓰는 방식과는 다른 방식인 테왁물질 방식으로 자신들의 구조에 맞게 변용하여 사용했다. 제주해녀들이 출가물질을 통해 체득한 여러 가지 경험들 중 하나는 차이의 특수성을 인정하는 관점을 지닐 수 있었다는 점이다. 문화적 관습으로 익숙한 자신들 고유의 물질방법만 고집하는 것이 아니라 상황과 처지에 따라 자신의 문화를 현지에 맞게 변용시켜 나가는 유연하고 탄력적인 사고와 실용적인 관습들을 몸에 익혀 나갔다.

또한 우리와 다른 문화를 받아들일 줄도 알았지만 우리의 우수한 문화에 대해서는 자부심을 갖고 그것을 또한 일본인에게 전승하는 역할도

---

30) 박을 이용하여 만들며 물에 뜨는 도구이다. 여기에 망사리-그물주머니를 매달아 수확물을 챙기며 물속에서 숨이 차서 올라오면 몸을 의지해 숨을 고르던 제주해녀들에게 없어서는 안 되는 물질도구의 하나다.

하였다. 그 대표적인 것이 제주해녀복인 "물소중이"[31]의 전파가 그 좋은 예이다.

이렇게 출가물질은 제주해녀들의 일상으로 자리 잡아 갔으며 5~6개월이라는 단기적인 이동은 제주해녀 사회의 생활리듬이 되어갔다.

> 출가물질은 스물인가 스물 흔 슬부터 뎅겼주. 처음에 일본 대마도라고 헌디 가서 흔 이십명 간디 … 대마도는 제주허고 꼭 ᄀᆞᆮ아 고동도 그렇고 셍복도 그렇고, 메역도 제주 메역ᄀᆞ찌 경 세고 막 ᄀᆞᆮ아. 이월쯤 해영 나가민 들어오는 기혼이 뒈는거라. 그디 사는 사람은 살아도 제주 오는 사람은 팔월 멩질 전에 오고 멩질 넘엉 오고 그자 그치룩허주.[32]

위 정양길의 구술에서 드러나듯이 2월에 나가면 추석 전후로 들어오는 것이 보편적인 출가물질의 기간이었다. 이런 현상은 제주사회가 6개월이라는 짧은 기간을 단위로 여러 가지 이야기, 경험, 풍속이 자리하는 사회적 장이 되었다는 말과도 다르지 않다. 제주도라는 지역을 넘어 지역과 지역, 국가와 국가 사이에 가로놓인 경계들과 그 속의 차이와 특수성을 인식해가는 과정을 의미한다.

이렇게 많은 지역의 바다를 횡단하면서 제주해녀들이 체득했던 일 가운데 인상적인 것은 세상의 다양한 바다를 경험했던 기억이다. 국내 바다는 물론 대마도와 대련까지 출가물질을 나갔던 김효형의 체험은 바다의 체험을 인생사에 대입하여 인식과 사유의 폭을 확장시켜 나간다.

> 여기저기 숱한 바다를 돌아다니며 물질하는 해녀들에게 또 하나의 즐거

---

31) 제주해녀들이 물질할 때 입었던 전통적인 옷으로 일본해녀들은 도리어 자신들의 해녀복에 비하여 노출부위가 많지 않고 여러 가지 면에서 편리했던 물소중이를 만들어 입었다. 편리성, 합리성, 실용성 잘 드러난 기능적인 옷이었다.

32) 제주도여성특별위원회, 『제주여성의 생애: 살암시난 살앗주』, 제주도, 2006, 144.

움은 바다 속 구경이다. 사람의 얼굴이 제각각이듯 세상에 꼭 같은 바다
는 없으며 바위나 헤엄쳐 다니는 고기들, 온갖 해조류 등이 모습들이 신
비스러울 만큼이나 다양했던 경험이 있다. 지금도 눈을 감으면 그 광경
이 눈앞에 펼쳐진다고 한다. 가는 지역마다 지역의 풍경도 다르고 사람
사는 모습도 제각각이다. 풍속도 다르고 인심도 다르다.[33]

마치 바다의 모습을 사람의 얼굴에 비교하면서 사람 얼굴이 제각각이듯
바다도 지역마다 나라마다 다른 모습으로 풍광이 펼쳐진다고 했다. 바
위의 모습도 다르고, 그곳을 헤엄쳐 다니는 고기의 종류도 다르고, 신비
하고 다양한 해조류를 보았던 체험으로 말미암아 인식의 확장을 가져
올 수 있었다. 그래서 제주해녀들은 출가지역마다 풍경과 인정이 다르
듯이 사람 사는 모습이나 풍습과 인정도 차이가 나는 것이라고 인식하
였다. 다름과 차이를 인정하지 않는 주체라면 도저히 그 횡단을 계속할
수 없었을 것이다. 바다와 육지의 경계, 동아시아를 가로질러 횡단했던
그 넓이만큼이나 그리고 자신들이 들어갔던 그 바다 속 깊이만큼 자신
이 속한 세상을 사유할 수 있었다.

　제주해녀들의 트랜스내셔널 유목적 주체의 경험은 커다란 인식의 변
화를 동반했다. 그 인식은 커다란 이질적 다름에서가 아니라 사소한 문
화적 생활관습이 다른 데서 오는 "차이"를 발견하는 것이다. 하지만 제
주해녀들은 그 차이를 다름이라 인식하지 않고 자신들의 실정과 상황에
맞게 변용하고 조정해 나감으로써 "모든 차이들이 자유롭고 평등하게
표현될 수 있는 개방적이고 확장적인 네트워크"[34]를 만들어가면서 자
신들의 생의 전략과 비전을 제시해 갔다.

---

33) 김영돈, 『한국의 해녀』, 민속원, 1999, 430.

34) 이소희, 「트랜스내셔널 장에서의 페미니스트 주체형성과 연대의 정치학」, 『영미문
　　학페미니즘』 17.1 (2009): 226.

제주해녀들의 출가물질에 바탕한 트랜스내셔널 유목적 주체로서의 삶은 이항 대립적이지 않으면서도 공격적이지 않은 방식으로 타자들과 제휴하는 상호 능동적인 방법으로 바다를 횡단했음을 알 수 있다. 지역 간의 차이와 다름에 대하여 열린 시선은 곧 세상과 소통하려는 미래의 전망과도 연속선상에 위치하고 있었다.

강예길은 러시아말도 배워 할 수 있었다. 다른 나라 언어를 구사한다는 것은 "언어의 안-사이에 존재한다는 것"으로 "정체성을 해체하는 데 유리한 고지를 구성해 준다."35) 이것은 일종의 생존 전략으로 제주도와 러시아를 연결하는 사회적 장에서 자신이 가진 자원을 다층적으로 결합시켜냄으로써 일종의 트랜스내셔널 생존을 모색하고 있는 지점으로 볼 수 있다. 언어의 혼용은 적어도 두 가지 이상의 언어를 말하고 두 가지 정체성 속에서 거주하며 두 개의 문화를 체험하며 그들 사이에서 해석하고 타협하는 법을 배워야하는 제주해녀들의 삶을 말해 준다. 그렇기에 서로 중첩된 하나로 설명되지 않는 혼성적이고 다중적인 정체성을 드러내는 지점이며 강예길의 전략은 자신이 지녔던 경제력과 언어능력으로 트랜스내셔널 연결망을 획득할 수 있었다.

5. 나오며

근대시기 제주해녀들의 출가물질은 일본의 식민지 정책의 실현과 맞닿아 있다. 제주해안에 대한 일본의 어장 침탈은 제주해녀들의 1차 생산지의 상실을 의미했으며 생존의 위협을 느꼈던 제주해녀들은 위협을 무릅쓰고 바다를 횡단하는 트랜스내셔널 유목적 주체의 삶을 선택하였다. 전근대 사회에서 제주해녀의 물질은 그저 천한 일이었으나 자본주

---

35) 로지 브라이도티/박미선 옮김, 『유목적 주체』, 도서출판 여이연, 2004, 44.

의가 도래하고 초국적 자본이 실현되는 식민지 상황에서 제주해녀들의 물질노동과 생산물은 경제적 가치로 환산되는 상품이 된다는 사실을 자각하게 되었다. 그러므로 더 많은 경제적 창출을 위해서, 혹은 새로운 생산지 모색이라는 차원에서 출가물질은 폭발적으로 이루어졌다.

제주해녀들은 한반도 해안에 이르지 않은 곳이 없었고 일본 여러 방면으로 분포했던 제주해녀의 수는 상당히 많았다. 중국의 칭다오나 다렌까지 저 멀리 러시아의 블라디보스토크까지 나아갔다.

일제강점기라는 특수한 환경 속에서 제주해녀의 출가물질이라는 생의 전략은 트랜스내셔널 유목적 주체로 거듭나는 기회가 되었다. 제주도와 출가지역을 오가며 제주해녀들의 능력인 "물질"이라는 역량을 바탕으로 두 개 혹은 그 이상 지역이 제공하는 물질적 비물질적 자원들을 적극 활용하여 새로운 정체성을 획득하였다. 뿐만 아니라 그에 수반하는 제약과 한계, 민족적 계급적 성적인 차별을 경험하면서 타자성을 인식하고 차이와 다름을 인정하는 가운데 삶의 가능성들을 확장시켜 나갔다.

이 연구에서 주목하고자 한 점은 기존의 문헌자료의 고찰을 통해 부분적이고 단편적이나마 근대시기 제주해녀들이 경험했던 구체적인 삶인 출가물질을 통해 그들이 어떻게 트랜스내셔널 삶의 장을 획득하는지, 그리고 제주해녀들의 생존전략인 유목적 주체로 어떻게 거듭나는지를 제기하고자 했다. 로지 브라이도티의 유목적 주체이론 해석으로만 제주해녀의 출가물질이 갖는 심도 있는 삶의 깊이와 생의 엄숙함의 궤적을 다 따라 잡을 수는 없었다. 이 부분은 과제로 남겨두고 더 많은 사회적 문화적 분석이 요구된다.

그럼에도 불구하고 근대시기 제주해녀 출가물질에 내포된 해녀공동체의 경험은 트랜스내셔널 장을 향한 횡단이었고 트랜스내셔널 세계의 변화하는 정체성인 유목적 주체를 형성하는 계기가 되었다. 제주해녀의 출가물질을 다르게 사유해 볼 수 있는 하나의 출구로 유목적 주체이론은 여전히 유효하며 앞으로 더 많은 차이의 정치학이 펼쳐지기를 기대한다.

이 글은 2010년 10월 15일부터 17일까지 국제비교한국학회와 제주대학교 탐라문화연구소가 공동 주최하여 제주대학교에서 개최된 〈아시아−태평양 지역의 이주와 트랜스내셔널리즘〉 학술대회와 2010년 11월 20일 서울사이버대학교에서 개최된 한국여성학회 제26차 추계학술대회에서 「제주해녀−바다를 횡단하는 유목주체」로 발표되었고 *Comparative Korean Studies* 제19권 1호(2011년 4월 30일 발행)에 게재했던 논문을 수정·보완하여 수록하였다.

참고문헌

김상헌, 『속음청사(續陰晴史)』.
제주도청, 『제주도세요람(濟州島勢要覽)』.
조선총독부 농상공부, 『한국수산지(韓國水産誌)』 제3집, 1910.
강대원, 「소화 4년 제주도 해녀어업조합 연혁」, 『해녀연구』, 한진문화사, 1970.
桝田一二 저/홍성목 역, 「濟州島 海女」, 『濟州島의 地理的 硏究』, 제주시 우당도서관, 2005.
권귀숙, 「제주해녀의 신화와 실체」, 『한국사회학』 30.1 (1996): 227-258.
김영돈, 『한국의 해녀』, 민속원, 1999.
김영·양징자 저/정광중·좌혜경 역, 『바다를 건넌 조선의 해녀들』, 도서출판 각, 2004.
김정선, 「아래로부터의 초국적 귀속의 정치학 : 필리핀 결혼이여성의 경험을 중심으로」, 『한
    국 여성학』 26.2 (2010): 1-39.
박찬식, 「제주해녀의 역사적 고찰」, 『제주의 해녀와 일본의 아마』, 민속원, 2006.
유철인, 「제주해녀의 삶 :역사인류학적 과제」, 『깨어나는 제주여성의 역사』, 제주도여성특별
    위원회, 2001.
이소희, 「로지 브라이도티의 유목적 페미니스트 주체형성론에 관한 연구 : 전지구화와 초국가
    주의 관점에서」, 『영미문학 페미니즘』 13.1 (2005): 109-140.
______, 「트랜스내셔널 장에서의 페미니스트 주체형성과 연대의 정치학」, 『영미문학페미니
    즘』 17.1 (2009): 209-236.
장혜련, 『조선중기 제주유민의 발생과 대책』, 제주대학교 석사논문, 2006.
좌혜경, 「제주출가해녀의 현지 적응」, 『제주해녀와 일본의 아마』, 민속원, 2006.
진관훈, 『근대제주의 경제 변동』, 도서출판 각, 2004.
권미선, 「근현대 제주도 출가해녀와 입어관행 분쟁」, 제주대학교 석사논문, 2006,
로지 브라이도티/박미선 옮김, 『유목적 주체』, 도서출판 여이연, 2004,
제주도여성특별위원회, 『제주여성의 생애－살암시난 살앗주』, 제주도, 2006.
김수희, 「일제시대 제주해녀의 해조류채취와 입어회」, 『제주해녀 항일운동, 문화유산, 해양
    문명』, 제주 해녀박물관 개관 기념 국제학술회의 자료집, 2006.
『동아일보』 1920년 4월 22일 기사.

이주여성 기업가

: 일본 내 한국인 여성의 기업요인과 자원동원

유연숙[*]

1. 들어가는 말

본 연구는 1970년대 말부터 1990년대 말까지 일본 수도권 지역에서 에스닉 비즈니스를 기업(起業)[1]한 '한국인 뉴커머 여성(이하 한국여성 혹은 한국인여성)'[2]을 대상으로, 일본에서의 기업 요인과 기업을 위한 자원동원 과정에 대해서 고찰한다.

비행기로 2시간의 거리에 위치하는 한일간의 인적, 물적, 문화적 교류는 예년에 비해 매우 활발해졌다. 일본 수도권 지역에는 관동지방의

---

[*] 일본 お茶の水女子大学大学院 연구원

1) 한국여성이 일본에서 창업한 자영업을 '에스닉 비즈니스'라고 표현한다. 한편, 본고 대상자의 자영업은 종업원이 10명 이하이거나 가족경영 등 소규모가 대부분이다. 따라서 회사를 설립하거나 점포는 갖고 있지 않지만 실제적으로 영업하는 행위를 '기업(企業)을 일으킨다'는 의미에서 '기업(起業)'으로 표현한다.

2) 전전(戰前)부터 일본에서 생활하고 있는 '재일교포'와 구분하기 위해서 '뉴커머(new comer)'라는 표현을 사용하고 재일교포에 대해서는 '올드커머(old comer)'라고 표현한다. 한편 올드커머라는 표현에 대해서는 일본에서 태어난 2세와 3세를 중심으로 '커머(comer)'라는 표현의 사용이 적절하지 않다는 문제가 제기되고 있다. 대표자인 일본에서 활동하는 재일교포 2세 출신인 정영혜는 1세는 일본에서 오래 살아도 인간관계와 네트워크의 형성과정이 뉴커머와 유사한 반면, 2세 이후는 주로 일본에서 태어나서 자랐기 때문에 '커머'라는 표현이 부적절하다고 지적한다(鄭暎惠, 2003: 231).

'코리아 타운'이라 불리는 오쿠보 지역3)을 중심으로 한국인이 경영하는 음식점, 미용실, 여행사, 은행은 물론 종합상가 등이 등장함으로써 한국제품의 구입은 더욱 용이해졌다. 한류스타의 상품을 찾는 일본인 고객의 증가와 더불어 상업시설 외에도 교회, 절, 민간 신앙 등 종교기관이 모여들면서 오쿠보 일대는 마치 한국의 거리 풍경을 보는 듯하다. 일본에 체재하는 다른 지역 출신의 뉴커머 외국인과 비교해서 한국인의 특징은 자영업자가 신주쿠구 오쿠보 지역을 중심으로 집합적 상업시설을 형성하고 있다는 점으로4) 그 중에서도 특히 식품점, 이자카야,5) 미용실 등 서비스업을 중심으로 여성이 주체적으로 경영하는 점포가 눈에 띈다.

1980년대까지 대표적인 노동력의 송출국이었던 한국은 1990년대 이후부터 외국인 단순 노동력의 유입국으로 전환되었음에도 불구하고 일본에서 사업을 시작하는 한국인이 증가하는 요인은 무엇인가. 이와 같은 문제에 대해서 일본의 학계는 물론 매스 미디어의 관심을 끌어왔으나 소규모의 조사 결과에 기초한 문제제기의 단계에 지나지 않는다. 한국인 여성에 한정하면 이와 같은 경향은 더욱더 명확하다. 원래 연구가 적은 일본 내 외국인 여성에 대한 연구 중에서 한국인을 대상으로 한 연구는 극히 드물다.6)

---

3) 동경에서도 뉴커머 한국인의 상업시설이 가장 밀집해 있는 지역으로 정확하게는 신주쿠구(新宿区)의 오쿠보 도오리(大久保通り)와 쇼쿠안 도오리(職安通り) 일대이지만 편의상 본 연구에서는 오쿠보 지역으로 표현한다. 한편 오쿠보지역 코리아타운의 한류의 영향과 한국문화의 발신과정에 대해서 유연숙(2011)을 참조할 것.

4) 田嶋淳子, 『世界都市・東京のアジア系移住者』, 学文社, 1998: 212–229; Tenegra, Brenda Resurecion T., 2004, "Negotiating and Embedding Business in "Social Circles"". 伊藤るり, 『現代日本社会における国際移民とジェンダー関係の再編に関する研究－女性移住者のエンパワーメントと新しい主体形成の検討にむけて－』, 科学研究費補助基礎研究報告書, 2004: 132.

5) '이자카야(居酒屋)'란 한국의 주점과 유사한 선술집으로 주로 술을 마시면서 식사할 수 있는 곳이다.

본 연구는 이와 같은 연구 부족을 보완하기 위해서 1970년대 말부터 1990년대 말까지 일본에 이주해서 수도권 지역에서 영업활동을 하고 있는 기업가 여성을 대상으로, 자영업을 전개하게 된 배경과 기업 시의 자원동원 과정에 주목한다. 종래의 에스닉 비즈니스 연구에서 이주여성은 거의 연구 대상이 되지 않았을 뿐만 아니라 소수의 연구가 있다 하더라도 행위주체(agency)가 아닌 희생자(victims)로서 묘사되어 왔다(Morokvasic, Mirjana, 2000). 즉 이주여성은 에스닉 커뮤니티 속에서 자기희생적이며 수동적인 존재로 묘사됨으로써 가족과 가구, 개인과의 경계가 명확치 않은 '젠더 블라인드네스(gender-blindness)'[7]였다고 비판받아 왔다. 본 연구는 한국여성의 이주에서 기업에 이르기까지의 과정이 구미지역과 어떻게 다르며, 또 이주여성이 일본에서 행위 주체자로서 어떻게 비즈니스를 전개해 가는지에 초점을 맞춘다.

2. 에스닉 비즈니스의 이론적 논의와 본 연구의 시각

무엇이 이주자로 하여금 자영업에 종사하도록 하는가? 이주지에서 처한 불이익을 어떻게 극복하는가? 이주남성에 비해서 여성이 자영업자가 되기 위한 기회는 어떤 것들이 있으며 또 어떻게 자원을 동원시키는가?

에스닉 비즈니스 연구의 최초 과제는 왜 특정 에스닉 집단이 자영업에

---

6) 일본 내 외국인 여성에 대한 연구는 필리핀과 타이 출신자가 주를 이룬다. 한편 한국인의 전체적인 조사 중에서 여성이 일부 포함된 연구는 朴賢珠(2001), 林永彦(2002)이 있고, 여성을 중점적으로 고찰한 연구는 柳蓮淑(2004)이 있다.

7) F. Hillmann은 'picture brides' 혹은 드물게 '가족 재통합'에 대한 내용에서 여성 이민자를 다루고 있지만, 여성을 주체적으로 고찰한 연구는 극히 드물다고 비판하면서 이와 같은 상황을 'genderblindness'라고 표현했다(Hillmann, 1999: 268).

집중하는가를 해명하는 것으로 대표적인 것은 배제이론(disadvantage theory)이다. 이 이론은 이민과 마이너리티라는 속성으로 인해서 호스트 사회의 노동시장에서 배제되기 쉽기 때문에 이주자가 자영업에 집중한다고 설명한다. 배제요인의 속성은 영어능력의 부족, 전문자격의 결여, 사회적 차별 외에도 이민 시 연령이 많거나 직업에 대한 경력이 짧다는 점이다(Aldrich, Howard E. and Roger Waldinger, 1990).

한편 특정 이민자와 마이너리티가 어떻게 자영업을 유리하게 전개해 나가는가에 대한 과제에 초점을 맞춘 논의는 이반 라이트(Ivan. Light 1984)를 중심으로 하는 문화이론(cultural theory)이다. 이민과 마이너리티가 갖는 문화에서 특정 집단의 자영업 집중요인을 모색하는 것이다. 이 이론은 순수한 문화에 기초하는 '정통적(orthodox) 문화이론'과 이민지의 상황에 맞춰서 변화된 형태로 표출되는 '반응적(reactive) 문화이론'으로 나눠서 논쟁되어 왔는데, 현재는 양자의 시점을 합쳐서 '에스닉 자원'으로 통일해서 논의되고 있다(伊藤泰郎, 1994: 68-75).

미국의 시카고와 로스앤젤레스, 뉴욕에서 에스닉 비즈니스를 전개하고 있는 재미 한인 기업가를 대상으로 연구한 Yoon, In-Jin(1997)은 왜 한국인이 미국에서 자영업에 집중하는가에 대한 이유를 설명하기 위해서 자원의 동원과정에 주목해야 한다고 주장한다. Yoon은 미국 내 에스닉 집단의 비즈니스를 가능하게 하는 자원을 '에스닉 자원', '계급 자원', '가족 자원'의 3가지 유형으로 나눠서 고찰했다.

'에스닉 자원'이란 '소속하는 에스닉 집단의 구성원에 의해서 제공되는 자원 혹은 집단 고유의 자원'이다. 구체적으로는 비즈니스 운영과정의 자금 원조, 먼저 이주한 사람을 통한 사업에 대한 정보와 조언, 동일 민족출신 손님과 종업원, 에스닉 어소시에이션과 매스 미디어 등이다. 한편 '계급 자원'은 기업가의 학력과 본국에서의 직업, 생활태도 혹은 가치관 등이 포함되는데 이는 인적 자본에 대한 투자를 통해서 획득할 수 있다. 마지막으로 '가족 자원'은 폐쇄된 가족 혹은 친족 서클 내에서 교환되고 유지되는 사적 재화를 가리킨다(Yoon In-Jin, 1997: 43-47).

지금까지 주로 미국을 중심으로 논의되어 온 에스닉 비즈니스 이론에 대해서 본 연구와 관련된 부분을 중심으로 논점을 전개했다. 그러나 이민의 유입국인 미국은 가족단위로 이주하는 등 그 배경과 형태가 일본과는 근본적으로 다르다. 가족과 같이 미국에 이주한 한국 여성은 남편을 중심으로 전개되는 자영업에 가족(인적) 자원으로 동원되는 경향이 강하다. 따라서 주로 여성이 단신으로 이주해서 주체적으로 기업하는 일본 내 한국여성의 사례를 적용시키기는 어렵기 때문에 본 연구에서는 일본으로의 이주배경과 에스닉 비즈니스의 전개과정에 초점을 맞춘다.

3. 조사개요

조사는 주로 장기간에 걸친 한국인 여성 기업가에 대한 인터뷰조사, 참여관찰, 현장 관계자에 대한 면담과 1차 자료 수집 방법으로 실시되었다. 인터뷰 조사는 2000년 5월부터 2004년 9월까지 3회에 걸쳐서 이루어졌고 2010년 5월부터 추가조사를 실시하고 있다. 본 연구에 등장하는 인물은 표1(표1-1~1-8)과 같이 8명이다. 연구의 취지를 이해하는 여성만을 대상으로 하고 있기 때문에 본 연구의 사례를 일반화할 수는 없지만 일본에서 활동하고 있는 한국인 기업가 여성의 전체적인 경향은 그려내고 있다고 할 수 있다. 필자는 4년간에 걸쳐서 동일인물을 수차례 만남으로써 신뢰관계를 형성해 왔는데 필자 자신이 90년대 초에 도일한 한국여성이라는 점이 대상자들과 공감대를 형성하는 데 도움이 되었다. 인터뷰 조사 외에도 여성들이 경영하는 점포의 고객이 되거나, 한국인이 주체적으로 개최하는 종교단체 혹은 공식/비공식 모임에 정기적으로 참가했다. 조사대상자와 동일한 입장으로 인한 불리한 상황도 있었지만[8] 본 연구에 등장하는 여성들은 조사의 취지와 목적을 충분히 이해하고 수락해 주었음을 밝혀두며 이름은 전부 가명이다. 다음으로 현장관계의 면담을 수록했고 1차 자료 수집에 주력했다. 구체적으로는 외국인의 일본생활에 대한 적응이나 피해 여성들을 위한 지원단체에서 활동하는 NGO 관계자, 자치단체의 실무담당자, 한국인이 스스로 조직한 공식/비공식 단체를 수차례 방문함으로써 면담을 요청했고 통계자료와 팸플릿, 기관의 신문 등을 입수했다.

표1-1 주요 면접 대상자[9]

	나이		54
	도일요인		일본에서 사우나를 경영하는 한국여성의 권유
사례 1 (순영)	학력	도일 전	중졸
		도일 후	없음
	직업	도일 전	목욕관리사[10]
		도일 후	아카스리로 일한 후 현재는 직업소개소와 민박을 동시에 경영하고 있다.
	혼인관계		한국인과 결혼했으나 별거상태에서 도일했다.
	장래설계		일본인과 결혼해서 안정된 생활을 하고 싶다.

---

8) 조사 대상자는 도일 전 한국에서 경제적 사회적으로 어려움을 겪은 여성들이 적지 않다. 일부 대상자는 필자가 동일 한국여성이기 때문에 자신의 라이프 스토리를 말하고 싶어 하지 않는 여성들도 있었다. 이와 같은 경우에는 대상자들의 심리적 상태를 최대한으로 존중해서 조사를 연기하거나 혹은 도중에 중지한 경우도 있다.

9) 각 항목(연령, 학력, 직업내용, 혼인관계)은 2002년도에 실시한 제1차 조사 결과이다. 한편, '도일요인'은 조사 대상자의 설명에 의거함.

10) '목욕관리사'란 한국에서 보통 '때밀이'로 표현되는데 본 연구에서는 통계청의 한국표준직업분류와 산업안전관리공단의 분류표준 직업군의 표현을 따랐다. '때밀이'의 일본식 표현은 '아카스리'로, 일본의 온천 및 사우나 등지에서 주로 한국여성이 운영하거나 고용인으로 일하고 있으며, '한국식 아카스리'(韓国式あかすり)라고도 표현한다.

표1-2 주요 면접 대상자

사례 2 (예진)		나이	45
		도일요인	한국여성 친구와 같이 유학
	학력	도일 전	고졸
		도일 후	디자인 계통의 전문학교 졸업
	직업	도일 전	사무원
		도일 후	코리안 바에서 종업원으로 일한 후 현재는 동일직종을 경영하고 있다.
		혼인관계	도일 후 일본인과 결혼했지만 현재는 이혼했다.
		장래설계	2005년부터 코리안 바를 폐업한 후 다른 사업을 구상 중이다.

표1-3 주요 면접 대상자

사례 3 (희선)		나이	38
		도일요인	돈 벌기 위해서
	학력	도일 전	고졸
		도일 후	일본어학교 중퇴
	직업	도일 전	가수
		도일 후	호스티스로 일한 후 결혼 후에는 코리안 바를 경영하고 있다.
		혼인관계	도일 후 일본인과 결혼했다.
		장래설계	한국에서 빌딩을 세우고 싶다.

표1-4 주요 면접 대상자

사례 4 (영란)		나이	38
		도일요인	일본유학
	학력	도일 전	전문대졸
		도일 후	대졸
	직업	도일 전	사무원
		도일 후	유통업의 사원으로 취직한 후 현재는 동일직종을 경영하고 있다.
		혼인관계	도일 후 일본인과 결혼했다.
		장래설계	미국에서 MBA과정을 공부한 후에 사업확대를 희망하고 있다.

표1-5 주요 면접 대상자

사례 5 (영신)	나이		62
	도일요인		돈 벌기 위해서
	학력	도일 전	초등졸
		도일 후	없음
	직업	도일 전	군복제조⇒공장경영⇒화장품 외판원⇒식당과 문방구점을 경영
		도일 후	코리안 바에서 주방일을 한 후 현재는 식당을 경영하고 있다.
	혼인관계		한국인 남편은 도일 전에 사망했다.
	장래설계		노후에는 한국에서 생활하고 싶다.

표1-6 주요 면접 대상자

사례 6 (혜정)	나이		39
	도일요인		재일교포 여성의 권유
	학력	도일 전	고졸
		도일 후	없음
	직업	도일 전	미용실 경영
		도일 후	호스티스로 취직⇒코리안바 경영⇒미용실 경영
	혼인관계		도일 전 한국인 남편과 이혼⇒도일 후 일본인과 결혼⇒이혼
	장래설계		뉴질랜드에서의 사업구상을 위해서 일시 귀국했다.

표1-7 주요 면접 대상자

사례 7 (인숙)	나이		41
	도일요인		약혼의 파기
	학력	도일 전	고졸
		도일 후	전문대졸
	직업	도일 전	식당 경영
		도일 후	호스티스로 아르바이트⇒여행사 직원으로 취직⇒동 회사를 인수 받아 경영
	혼인관계		도일 후 일본인과 결혼했지만 현재는 이혼했다.
	장래설계		하와이에 영어연수 기관을 설립하고 싶다. 제주도에서 호텔을 경영하고 싶다.

표1-8 주요 면접 대상자

	나이		34
	도일요인		유학
사례 8 (금자)	학력	도일 전	고졸
		도일 후	대졸
	직업	도일 전	무직(학생)
		도일 후	기획회사에 사원으로 취직한 후 현재는 동일직종을 경영하고 있다.
	혼인관계		미혼
	장래설계		일본에서 사업을 확대하고 싶다.

4. 수도권 지역의 한국계 비즈니스 현황

본 연구에서는 '에스닉 비즈니스'를 '민족적 배경과 이주경험을 공유하고 자신들의 에스닉 자원을 활용하면서 전개하는 가시적/불가시적 기업 활동'이라고 정의한다. 여기에서 '가시적/불가시적'이라고 표현한 이유는 일본 내 한국여성 중에는 점포 없이 실제적인 영업활동을 하는 여성이 적지 않기 때문이다. 그 이유는 이민을 공식적으로 받아들이지 않는 일본에서 외국인 여성이 상업 활동을 하기가 용이하지 않을 뿐만 아니라, 체재자격 등의 문제로 인해서 타인의 명의를 빌려서 기업하는 여성도 많기 때문이다.

표2는 일본의 수도권 지역 내 한국인이 경영하는 비즈니스 내역이다 (종교시설을 포함). 일본의 오쿠보 지역 등 한국인이 경영하는 점포 등지에서 무료로 배포되는 생활정보지인 '그루터기(2000년 발행)'[11]의 광고

---

11) 일본 내 한국인을 위해서 무료로 배포되는 생활 정보지는 90년대 이후 창간 붐을 이루었다. '한국인 생활정보' 1990년 3월, '월간 아리랑' 1992년 3월, 그루터기 1993년 7월, '신동경' 1993년 7월, '지구가족' 1994년 4월, '코리아타운' 1996년 4월, '월간 시나브로' 1996년 7월에 각각 창간되었다. 자금은 기업주 혹은 개인에 의한 광고수입으로 경비절약을 위해서 한국에서 인쇄하고 있다(林永彦, 2002: 16-17).

란에 게재된 직업을 지역별 업종별로 분류한 것이다. 한국인 기업가는 주로 자신들의 커뮤니티 내에서 발행하는 정보지에 광고를 내기 때문에 일본 내 한국인의 비즈니스를 파악하기 위한 유효한 자료로서 사용된다. 정보지의 독자 또한 주로 뉴커머 한국인이다. 표2를 통해서 한국인이 경영하는 비즈니스의 3할 이상이 동경도 신주쿠구에 위치하고 있으며, 식료품점과 클럽, 바, 식당 등 서비스업이 57%를 차지하고 있다. 한편 위와 같은 서비스업의 경영자는 여성이 많은 것이 특징이다.

표2 일본 수도권 지역 내 한국인의 비즈니스 분포

업종 \ 지역	新宿	赤坂麻布	上野	日暮里, 三河島	錦糸町, 亀戸	(新)小岩	横浜	千葉	西川口	池袋	기타	합계 數	계 비율
기독교회											80	80	6.2
불교사원											12	12	0.9
정보지											8	8	0.6
식료품점	14	5	9	11	3	3	7	2	2	3	20	79	6.1
클럽/바	114	35	85	18	33	28	38	19	21	8	2	401	31.1
식당	96	28	32	27	4	10	26	27	6	1	4	261	20.2
병원(한방포함)	22	2	2	0	1	0	0	0	0	0	0	27	2.1
이사/운반	39	0	3	1	0	0	0	1	0	0	0	44	3.4
미용실	25	8	6	4	3	1	4	2	3	0	4	60	4.7
다방	10	0	0	0	0	1	2	0	0	0	0	13	1.0
여행회사	36	1	4	1	1	0	0	0	0	2	0	45	3.5
렌탈비디오점	10	3	5	6	3	3	4	2	4	0	2	42	3.3
패션/수리	23	4	4	4	2	0	5	5	3	0	2	52	4.0
부동산	17	0	0	0	0	0	0	0	0	0	0	17	1.3
기타	80	5	23	12	2	0	11	5	3	1	4	149	11.6
합계	486 37.7	91 7.1	173 13.4	84 6.5	52 4.0	49 3.8	97 7.5	63 4.9	42 3.3	15 1.2	38 2.9	1,290 100.0	100.0

출전 : 林永彦, 2004 : 80쪽
주: 원 자료 출처는 『그루터기』 2000년 9월호.

5. 한국여성의 기업(起業)요인

　이수임(李洙任, 2005)은 재일 한상(韓商)이 일본의 제도적 차별과 핸디캡을 극복하고 그 역경을 오히려 발판으로 삼아서 에스닉 비즈니스를 일으켰다는 배제요인의 관점에서 일본 올드커머 한국인의 기업가 정신(entrepreneurship)을 설명한다. 한상의 발상력은 생활을 위협하는 위기감에 의해서 더욱 강해짐으로써, 현 상태에 만족하지 않는 비즈니스 문화가 기업에 대한 동기를 고양시키는 요소로 작용했다는 것이다. 배제이론에 기초한 한상의 기업가 정신은 여성을 중점적으로 논하지는 않지만 올드커머 기업요인을 비교적 잘 설명하고 있다고 할 수 있다. 필자의 조사를 통해서 한국인 뉴커머 여성의 기업배경은 배제요인과는 명확히 다르다고 할 수 있다. 일본에서 활동하는 올드커머(주로 남성)와 뉴커머(여성)의 처해진 입장과 이주배경, 연구대상이 다르므로 두 가지를 비교 검토하는 것은 용이하지 않지만 그 의의는 크다.

　이와 같은 과제를 염두에 두면서 여기에서는 뉴커머 한국여성의 자영업 전개가 어떤 배경 하에서 이루어져왔는가에 대해서 살펴본다. 여성들이 일본에서 기업하는 이유는 수입증대와 한국에의 송금, 경제적 성공, 결혼생활의 파탄으로 인한 자녀 양육 등 개인적 사정에 따라 그 내용은 다양하다. 여기에서는 다양한 기업 요인을 크게 (1)생계유지를 위해서 기업한 타입과 (2)도일을 계기로 사업을 주체적으로 의식한 타입의 2가지로 나눠서 고찰한다.

(1) 생계유지를 위해서 기업하다

　한국여성이 일본에서 기업하는 요인의 하나로서 한국 혹은 일본에서 결혼한 가족의 생계를 돕기 위한 목적이 크다. 사례1(순영)과 2(예진)가 여기에 속하는데 여성들은 도일 전부터 사업의 도산, 한국경제 침체 등의 이유로 인한 생활의 경제적 빈곤 등, 다양한 경제적 요인으로 인해서 대부분 돈을 벌기 위해서 이주했다. 예를 들어 순영은 도일 전 한국인 남성과 결혼해서 2명의 자녀를 낳아서 길렀지만, 성실하지 않을 뿐만 아니라 도박과 외도로 남편으로부터 생활비를 기대할 수 없었기 때문에 오랫동안 목욕관리사로 일해서 자녀들을 양육했다. 한편, 예진은 한국에서의 사정을 말하고 싶어 하지 않았다. 그녀는 다만 '좀 시끄러운 일이 있어서'라고 만 도일 전의 상황을 설명했다. 한국에서 상업고등학교를 졸업한 후부터 도일 전까지 직장생활을 해 온 예진은 '뭔가 새로운 기회를 찾아보고 싶었다'라고 일본에 오게 된 이유를 설명했다. 일본어학교 취학생으로 입국한 그녀는 도일 직후부터 학비를 벌기 위해서 한국인이 경영하는 코리안 바에서 일했다.

일본 내 한국인 기업가 여성의 또 하나의 특징은 일본인 남성과의 국제결혼이 많다는 점이다. 특히 이른 시기에 이주한 여성들에게 그와 같은 경향이 강한데, 일본에서의 취로를 위한 체재자격의 불리함은 국제결혼의 증가를 촉진시켰다. 그 중에는 나이차이가 많거나 이혼 경력자도 적지 않은데, 이와 같은 결혼배경은 일본생활의 장기화와 더불어 이혼여성을 증가시켰다. 기업가 여성 중에는 생활유지를 위해서 혹은 자녀들의 양육을 위해서 자영업을 시작하는 경우가 많다. 예를 들어 예진은 바의 손님이었던 8살 위이면서 이혼경력이 있는 일본인과 결혼했고 2년 후에는 아들을 한 명 낳았으나 남편의 외도로 인해서 별거 중이다. 이혼이 아닌 별거를 선택한 이유는 당시 아들이 아직 어렸기 때문이었다. 유료 양로원의 경영자였던 남편은 소규모 영세 업자였을 뿐만 아니라 양육비의 지불을 꺼려했기 때문에 만족할 만한 경제적 원조를 기대할 수 없었다.

순영과 예진의 공통점은 각자 처한 사정은 다르지만 결과적으로는 스스로 일을 하지 않으면 생활할 수 없었기 때문에 각자의 사정에 맞춰서 가장 효율적 방법인 기업을 선택했던 것이다. 예진은 남편과 별거상태에서 아들을 키우면서 생활하기 위해서 손자를 귀여워해 주는 시부모와의 동거생활을 택했고, 일본이라는 외국에서 한국인 여성으로서 유리하게 사업할 수 있는 코리안 바를 경영하게 되었다.

> (코리안) 바를 경영하게 된 것은 물론 생활비를 벌기 위해서였죠. 아이가 아직 어렸고… 남편은 생활비를 주지 않았고… 방법이 없었죠. 물론 처음부터 코리안 바에서 아르바이트를 한 것은 아니에요. 처음에는 근처 슈퍼에서 (아르바이트를) 했어요. 하지만 내가 외국인이라는 점 때문에 인간관계가 그다지 좋지 않았죠. 수입도 적었고요. 1시간에 750엔, 800엔을 받아서 생활이 안 되죠.

그녀가 그나마 어린 아이를 키우면서 바를 경영할 수 있게 된 것은 시어머니가 자녀를 돌봐줄 수 있었기 때문이었다. 남편과 별거 중임에도 불구하고 남편의 모친과 같이 생활하는 경우는 일본에서도 그다지 흔한 일은 아니지만, 예진은 자신이 일하는 동안 아이를 봐줄 수 있는 사람이 필요했고, 또 남편의 모친이 살고 있는 집에서 생활할 수 있다는 이점을 고려한 결과였다.

한편 순영은 습한 지하 사우나에서 장기간 아카스리 일을 함으로써 건강이 나빠진 상태에서 자녀를 키우면서 생활할 수 있는 방법으로 직업소개소와 민박을 선택했다. 장소는 한국인이 밀집하는 오쿠보 지역으로, 현 지역에서 오랫동안 일을 해 왔을 뿐만 아니라 '현지 한국인을 위해서 많이 베풀면서 살았기 때문에' 직업소개소를 개업할 수 있었다고 한다. 예전부터 불교신자였던 그녀는 종교의 가르침을 받들어 일본사정을 모르는 한국인을 위해서 적극적으로 상담역할을 해 주었다. 덕분에 곤란한 일이 있으면 주위 사람들이 순영을 찾게 되었는데, 이와 같은 과정을 통해서 많은 지역 정보를 입수할 수 있었다. 직업소개일과 병행할 수 있는 장점을 살려서 민박을 동시에 개업했다. 일본에서 일을 찾는 고객이 적당한 직업을 찾을 때까지 숙박지가 필요하기 때문에 두 분야의 일이 가능했다. 또한 민박 일은 한국에서 불러들인 딸에게 숙소의 관리를 맡김으로써 일자리를 제공할 수 있다는 장점도 살렸다. 자신이 거처하고 있는 사유공간의 일부를 민박으로서 제공하기 위해서는 일을 전면적으로 믿고 맡길 수 있는 사람이 필요한데 이와 같은 상황에서 딸의 존재는 가족이면서 또한 신뢰할 수 있는 사업의 파트너이기도 하다.

(2) 이주를 주체적인 기회로 삼아서 기업하다

다양한 이주 배경을 갖는 여성들이 도일 후 어떤 과정을 거쳐서 기업가가 되는가. 도일 전부터 사업을 희망하고 있던 여성들도 실제적으로는 일본 사정을 잘 모르기 때문에 처음에는 종업원으로 일하면서 자금과 경험을 축적해서 기업하는 여성들이 많다.

예를 들어 노래를 잘 하는 희선(사례3)은 고등학교를 졸업한 후에 가수가 되기 위해서 가수전문학교에 다녔다. 7형제의 장녀인 그녀는 집이 부유하지 않았기 때문에 밤에는 클럽에서 노래를 불렀다. 당시 사귀던 남자친구는 대학생이었는데 그녀가 가수라는 이유로 남자친구의 모친은 둘의 결혼을 반대했다. 일본에서 일하고 있던 친구로부터 예능인으로서 일본에 오면 돈을 많이 벌 수 있다는 정보를 얻은 희선은 실연의 고통을 잊기 위해서 일본 행을 결심했다. 그녀의 일본이주는 어렸을 때부터 희망하고 있던 '한국에서 빌딩을 세우는 꿈'의 실현방법이기도 했다. 취학생 비자로 도일한 희선은 낮에는 학교에 다니면서 일본어 공부를 했고 방과 후에는 한국인이 경영하는 바에서 일했다. 당시 일본어학교 비자기간은 3개월로 일본에서 장기간 체재하면서 돈을 벌기 위해서는 안정된 체재자격이 필요했다. 그녀는 자신이 근무하던 바의 손님이었던 일본인 남성과 결혼했고 곧바로 배우자 비자를 받을 수 있었다. 결혼 후에는 집 근처의 점포를 빌려서 코리안 바를 경영하게 되었는데 이때 금전적으로 남편의 도움을 받은 것은 당연한 결과였다.

한편 영란(사례4)은 20대 후반의 나이로 유학생으로 도일했다. 한국보다 일본을 선진국이라고 생각한 그녀는 유학을 통해서 전문통역가가 되고 싶었지만, 일본을 선택한 또 하나의 이유는 전문대를 졸업한 그녀에게 일본에서의 대학진학은 한국보다는 쉬운 방법이었다. 그렇게 해서라도 대학에 입학하고 싶은 이유는 4년제 대학을 졸업한 다른 형제들에 대한 학력 콤플렉스의 해결방법이기도 했다. 처음에는 미국에 가고 싶다고도 생각했지만 일본에는 친구도 있었고 또 아르바이트를 해서 학비를 벌 수 있는 일본을 선택했다.

도일 당시 영란의 계획은 일본에서 공부해서 국제통역사가 되는 것이었다. 일본에서 공부한 것을 발판으로 프랑스나 미국에 가서 더 공부하고 싶다고도 생각했다. 하지만 일본에서 대학을 졸업하고 그녀는 생각이 바뀌었다. 귀국도 생각했지만 당시 그녀의 나이는 37세로 한국에 돌아가도 특별히 일할 곳이 없었기 때문에 일본에서의 취직을 희망하게 되었다. 한국식품을 수입하는 일본인이 경영하는 무역회사에 취직했지만 상사와의 갈등으로 인해서 입사 3년 만에 회사를 그만두었다. 그 과정에서 영란은 학생시절에 아르바이트로 잠시 일하던 일본인이 경영하는 바에서 알게 된 손님이었던 일본인 남성과 결혼하게 되었고 결혼 후에는 유통업을 기업하게 되었다. 영란 역시 기업 시 남편의 도움을 받았다.

지금까지 한국여성의 기업배경에 대해서 살펴보았는데 아울러 지적하고 싶은 것은 여성들의 주체적인 사업에 대한 일본인 남편의 역할에 대해서이다. Aldrich, Howard E. and Roger Waldinger(1990)는 에스닉 비즈니스에 대한 자원동원의 방법의 하나로서 호스트 사회 구성원과의 결혼에 대해서 언급하고 있다. 영란은 자신의 사업에 대한 남편의 역할에 대해서 다음과 같이 말한다.

> 회사의 대표는 물론 저예요. 하지만 남편은 내 사업을 전면적으로 도와
> 주고 있죠. 제가 영업을 담당하고 있으니까 남편은 경리업무를 담당해
> 요. 사업을 하다 보면 일본인의 사고방식이나 일을 처리하는 법 등… 내
> 가 잘 모르는 부분을 남편이 많이 커버해주죠. 정말 도움이 많이 돼요.
> 그래서 일본인 거래회사의 신뢰를 얻고 있죠.

이주여성의 에스닉 비즈니스의 전개에 있어서 일본인 남편의 원조 혹
은 개입은 한국인에게 한정된 것은 아니다. 小林孝広(2007: 18)에 의하
면 필리핀 여성이 기업한 사리사리 스토아(필리핀식 구멍가게)의 경영에
참가하는 일본인 남편은 홈페이지의 개설에서 시장조사, 고객개척 등
전반적인 업무에 있어서 '문화적 중개자'역할을 담당한다고 보고하고
있다. 희선과 영란의 남편 역시 기업 시의 자금원조는 물론 사업에 대한
실무담당, 일본식 사고방식과 예의범절 등을 전수하는 '사회/문화적 중
개자'로서의 역할을 담당하고 있다.

한편 이주여성이 일본인과 결혼하는 배경에는 외국인 단순노동자를
공식적으로 받아들이지 않는 일본의 입관정책과 밀접한 관계가 있다.
Piper, Nicola(1997)는 일부 전문직만을 개방하고 있는 일본의 폐쇄적인
입관정책으로 인해서 미숙련 노동직 이주여성이 합법적으로 취직할 수
있는 방법은 '흥행비자'12)를 통해서 예능인이 되거나, 혹은 일본인 남성
과 결혼함으로써 취로내용에 제약을 받지 않고 일하는 방법을 선택하고
있다고 보고한다. 희선의 사례에서 볼 수 있듯이 일본에서 일하기 위해
서 그녀는 비교적 용이하게 비자를 받을 수 있는 일본어학교 학생으로

---

12) 수입을 수반하는 연극, 연예, 연주, 스포츠 등 흥행에 관한 활동, 혹은 기타 연예활동
  (출입국관리관계법 법령연구회 편 2000: 130).

입국했고 장기체재를 위해서 20살 정도의 연상인 일본인 남성과의 결혼을 택했다.

6. 에스닉 비즈니스를 위한 자원동원

에스닉 비즈니스에 있어서 한국여성은 도일 전부터 갖고 있던 자원을 어떻게 동원하며 또한 도일 후에는 어떻게 축적해 가는가. 다양한 측면에서의 고찰이 요구되지만 여기에서는 도일 전부터 소지하고 있던 기능적 자원(사업경험과 기능적 스킬)과 도일 후에 취득한 학력자원을 중심으로 고찰한다.

(1) 기능적 자원의 동원

앞에서도 언급한 바와 같이 Yoon In-Jin(1997)은 계급자원으로서 기업가의 학력과 본국에서의 직업, 생활태도, 가치관 등을 언급했는데 본 연구의 조사대상자 중에는 특히 본국에서 취득한 기능적 자원을 살려서 기업하는 여성이 많다. 일본에서 기업한 한국여성 기업가 26명에 대한 조사를 통해서 도일 전 사업 경험이 있는 여성의 특징으로서 미용업이 많다는 林永彦(2004:219)의 보고가 있다. 본 연구의 조사를 통해서 도일 전 사업경험이 풍부한 직종으로는 미용업과 음식업을 들 수 있으며 도일 후에도 동일직종을 기업하는 여성들이 많다. 한국에서 5년간 음식점을 경영한 적이 있는 영신(사례5)은 일본에서 동일직종을 기업하게 된 경위를 다음과 같이 말한다.

> 역시 음식점은 쉽게 가게를 낼 수 있다는 점이죠. 결혼하기 전부터 50여 년간 음식을 만들어 왔으니까…… 그것도 한국 요리잖아요? 전에 음식점

을 경영한 적이 있어서 칼질하는 법, 야채 자르는 모습을 보면 금방 알아요. 요리를 잘하는지 못하는지⋯⋯ 그리고 먹는 장사는 항상 손님이 있잖아요? 음식 맛이 좋으면 손님은 오기 마련이죠⋯⋯

한편 한국에서 미용실을 3점포나 동시에 경영한 경험이 있는 혜정(사례6)은 일본에서 미용실을 차린 경위를 다음과 같이 말한다.

물론 일본에 오기 전부터 일본에 가면 미용실을 차릴 거라고 생각했죠. 한국에서 정말 성공했으니까요. 미용기술에 대해서 자신이 있었고 경영한 적도 있었으니까 다른 업종은 생각해 본 적도 없어요.

혜정이 일본에 오게 된 계기는 자신이 경영하는 미용실에 재일교포 여성이 손님으로 오게 되었고 그녀의 미용 기술을 인정한 교포 여성이 혜정을 자신이 경영하고 있는 미용실의 매니저로 일해 줄 것을 제안한 것이었다. 도일 후 교포여성이 경영하는 미용실에서 수년간 미용사로 일하면서 경험을 쌓은 혜정은 염원이었던 미용실을 차리게 되었다. 도일 전부터 미용 기술에 자신이 있었던 혜정이라도 처음부터 미용실 경영이 용이한 것은 아니었다. 미용실을 차리기 위한 자금이 필요했고 또 일본에서 개업하기 위해서는 미용사 자격증을 취득해야 했다. 한국에서 취득한 자격증이 일본에서 통용되지 않기 때문이다. 자격증 취득을 위해서 주간에는 미용사로 일하면서 야간에는 미용연구원[13)에서 공부했다. 미용사 자격증은 첫 시험에서 취득했지만 자금마련을 위해서 수년간은 코리안 바를 경영하면서 돈을 모았다. 그 동안 그녀는 일본인과 결혼했

---

13) 혜정은 미용연구원에 대해서 '미용을 연구하는 학교로, 학생이 연구하고 싶은 미용 방법에 대해서 1년간 연구하는 거예요. 예를 들어 내가 만약 커트를 공부하고 싶다면 여러 커트 방법이 있잖아요? 그 전체적인 모델을 1년간 연구하는 거죠. 한 모델에 대해서 1주일씩 공부하구요'라고 설명했다(2002년 9월 인터뷰 조사).

고, 바 경영을 위해서 한국에서 여동생을 불러들였다. 혜정의 사례와 같이 자영업 준비기간에 코리안 바나 한국식 이자카야를 경영하는 사례는 흔히 볼 수 있다. 그 이유를 혜정은 '물장사가 다른 사업보다 자금회전이 빠르기 때문'이라고 말한다.[14)

한편, 혜정의 사례에서 볼 수 있듯이 기능적 자원이 여성들의 이주를 초래하기도 한다는 점이다. 일본 정부는 타국에서 취득한 미용사 자격을 인정하지 않지만 한일 양국간에는 비공식적인 취로 정보와 기회를 제공하는 네트워크가 밀접하게 형성되어 있다. 아울러 기능자원 소지자가 많은 것은 일본 내 한국여성의 특징이기도 하며 2000년대 이후에는 중국여성(조선족 포함)이 증가하고 있다. 즉 필리핀이나 타이 등 다른 아시아 지역 출신 여성은 20대 초반의 젊은 나이에 이주하는 경향이 있기 때문에 자격증을 취득했거나 사업을 경험한 자가 상대적으로 적기 때문이다.

(2) 도일 후 획득한 자원의 활용

수도권에 체재하는 한국여성의 또 하나의 특징은 도일 전부터 일본어를 구사할 수 있거나 혹은 도일 후 일본어 공부를 하는 사람들이 많다는 점이다. 유학생들 중에는 학비를 벌기 위해서 혹은 일본에서 사업하기 위해서 아르바이트를 하는 경우가 많은데 이와 같은 기간은 기업 시 인맥형성의 밑받침이 되기도 한다. 도일 후에 획득한 어학력과 전문분야에 대한 지식, 취로경험 혹은 학교나 직장을 통해서 구축한 인적 네트워크 등을 본 연구에서는 '도일 후에 획득한 자원'이라고 표현한다. 본 연구 대상자 중에는 일본 유학생활을 통해서 획득한 자원이 사업을 유리하게 전개하는 데 도움이 된 경우가 많다. 일본에서 4년간의 대학과정

---

14) 2003년 3월 인터뷰 조사.

을 마치고 기획회사를 기업한 금자(사례8)는 자신의 유학생활을 다음과
같이 회상한다.

> 저는 학생 때 아르바이트를 많이 했어요. 공부하면서 프리랜서로 일했
> 죠. 대학교 지도교수의 소개가 계기였어요. 일본 잡지에도 기고하고⋯ 한
> 국(미디어)에도 했죠. 장래 라이터 혹은 디자인 관련 일을 하고 싶었으니
> 까요. 그래서 그때부터 아르바이트로 번 돈을 모았어요. 공부⋯일⋯ 돈을
> 쓸 시간이 없었던 거죠. 장학금도 매월 10만 엔씩 3년간 받았어요. 지금
> 사업하는 데 그때 모아둔 돈이 많이 도움이 됐어요.

일본의 아시아계 외국인의 실태를 90년대 초반부터 조사 연구한 일본
의 사회학자 다지마 쥰코 교수(田嶋淳子, 1995= 2002: 172)는 외국인 뉴커
머가 유학 종료 후 일본기업에 취직해서 사업자금을 마련함으로써 기업
하는 사례가 많다고 보고한다. 졸업 후의 취로나 유학 중의 직업 경험이
중요한 것은 취업을 통한 자금마련과 인적자원의 획득만이 아니라 그것
이 사회적 자원으로 연결된다는 점이다(林永彦, 2004: 116). 금자의 경우,
일본 유학 중에 경험한 아르바이트와 학교에서 수여한 장학금이 일본에
서 기업하는 데 밑받침이 되었을 뿐만 아니라 이 과정에서 생긴 인적
자원 또한 중요한 역할을 했다. 일본인 지도교수라는 호스트 사회에서
신뢰도가 높은 사람을 통해서 소개 받은 프리랜서 업무는 대학을 졸업
하기까지 학비를 벌 수 있는 기회가 되었다. 뿐만 아니라 졸업 후에는
직원으로 일할 수 있는 기회가 제공되었고 동일 직종 기업 후에는 프리
랜서 업무가 회사의 주요업무로 발전하게 된 것이다.

한편 인숙(사례7)은 일본에서 전문학교를 졸업한 후에 직원으로 일하
던 여행사를 인수 받아 회사의 대표가 되면서 '장애인 스포츠 교류'라는
여행상품을 개발했다. 아이디어는 출신학교의 '장애인 국제 교류'에서
힌트를 얻었다. 그녀가 졸업한 전문학교는 아시아 지역간 장애인 국제

교류에 중점을 두고 있었는데, 재학시절에 한국과의 교류업무를 도운 것은 인숙이었다. 회사설립 후에는 여행상품의 개발을 위해서 유학생 시절의 담임교사에게 상담을 했고, 담임교사는 좋은 아이디어라며 관계 자들을 직접 소개해 주었다. 이와 같은 기획이 일본의 모 대기업 여행사 로부터 '아이디어 상품'으로 인정 받으면서 금전적 후원을 받는 기회도 제공되었다. 교류가 반복되면서 일본의 대규모 여행사 직원과 인맥을 형성할 수 있게 되었을 뿐 아니라 당 사업이 양국간의 지역신문에 소개 되면서 사업이 번창하는 계기가 되었다.

7. 결언

본 연구는 1970년대 말부터 1990년대 말까지 일본 수도권 지역에서 에스닉 비즈니스를 기업한 여성을 대상으로 그들의 기업 요인과 자원 동원 과정에 대해서 살펴보았다. 비즈니스를 가능하게 하는 자원으로서 에스닉 자원, 가족 자원, 계급 자원을 들 수 있다. 본 연구에서는 계급 자원 중에서도 특히 도일 전부터 갖고 있던 사업경험과 기능적 스킬, 도일 후에 축적한 학력자원에 초점을 맞추었다. 분석 결과, 한국여성의 기업요인과 자원동원 과정에서 기존의 에스닉 비즈니스 연구 경향과는 다른 결과를 나타냈다. 지금까지 구미 지역을 중심으로 한 에스닉 비즈 니스 연구에 있어서 이주여성은 가족과 커뮤니티 내의 희생적이며 수동 적인 존재로 그려져 왔지만 한국인 여성은 단신으로 이주해서 주체적으 로 기업하는 자가 많으며 체재가 장기화되면서 일본인 남성과 국제결혼 하는 경향이 강하다. 일본인 남편은 사회적 문화적, 경제적 자원이 될 뿐만 아니라 여성들이 주체적으로 기업한 회사의 사원으로서 일하는 등 전면적으로 사업에 가담하는 사례도 적지 않다. 한국여성의 일본이주와 자영업의 전개과정은 글로벌 시대를 살아가기 위한 생존 전략이면서, 또한 국민국가의 경계를 넘어서 활약하는 행위 주체자로서의 한 단면이라고 할 수 있다. 금후 과제는 이주자의 비즈니스를 가능하게 하는 다른 자원(에스닉 자원, 사회적 자원 등)을 고찰할 필요가 있다. 한편 비즈니스 파트너이기도 하면서 '경제적, 사회적, 문화적 중재자'이기도 한 일본인 남편에 대한 역할 규명과 사업 실패 사례에 대한 요인분석, 한일간의 이주정책의 변화, 남성중심 자영업과의 비교분석 등이 요구된다.

본 연구는 2000년도 일본 후지제록스 고바야시세츠타로 기념기금(富士ゼロックス小林節太記念基金)과 2001년부터 2003년까지 일본 학술진흥회의 지원을 받아 수행된 공동연구(과학연구비보조금[기반연구(C)(1)=「現代日本社會における国際移民とジェンダー関係の再編に関する研究—女性移住者のエンパワーメントと新しい主体形成の検討にむけて—」연구책임자 伊藤るり 교수])(과제번호13837004)의 일부분이다. 이 글은 2010년 10월 15일부터 17일까지 국제비교한국학회와 제주대학교 탐라문화연구소가 공동주최하여 제주대학교에서 개최된 〈아시아-태평양 지역의 이주와 트랜스내셔널리즘〉 학술대회에서 발표되었으며 *Comparative Korean Studies* 18권 3호(2010년 12월 31일 발행)에 게재했던 논문을 수정·보완하여 수록한 것이다.

참고문헌

Aldrich, Howard E. and Roger Waldinger. "Ethnicity and Entrepreneurship." *Annual Review of Sociology* 16 (1990): 111-35.

Hillmann, Felicitas. "A Look at the "Hidden Side": Turkish Women in Berlin's Ethnic Labour Market." *International Journal of Urban and Regional Research* 23.2 (1999): 267-82.

Ivan, Light. "Immigrant and Ethnic Enterprise in North America." *Ethnic and Racial Studies* 7 (1984): 195-216.

Morokvasic, Mirjana. "From strategies of survival to "being her own boss": Access of Immigrant and minority women to self-employment In Europe." Paper prepared for the The Euresco Conference 《Migration, Gender and Entrepreneurship》. Barcelona, Spain, Oct. 2000.

Piper, Nicola. "International Marriage in Japan; "Race" and "Gender" Perspectives." *Gender, Place & Culture: A Journal of Feminist Geography* 4.3 (1997): 321-38.

Tenegra, Brenda Resurecion T.. "Negotiating and Embedding Business in "Social Circles." 伊藤るり 『現代日本社会における国際移民とジェンダー関係の再編に関する研究－女性移住者のエンパワーメントと新しい主体形成の検討にむけて－』, 科学研究費補助基礎研究報告書, 2004.

Yoon, In-Jin, *On My Own*, The University of Chicago Press, 1997.

李洙任,「在日韓商の起業家精神」,『京都産業学センター年報』3 (2005): 1-18.

伊藤泰郎,「エスニック・ビジネス研究の視点―ホスト社会や既存の移民社会に対する外国人の主体的対応―」,『社会学論考』15 (1994): 68-92.

伊藤るり,「もう一つの国際労働力移動―再生産労働の超国境的移転と日本の女性移住者―」伊豫谷登士翁, 杉原達編,『日本社会と移民』, 明石書店, 1996.

林永彦,『韓国人企業家―ニューカマーの起業過程とエスニック資源―』, 長崎出版, 2004.

高鮮徽,「新韓国人」の定住化―エネルギッシュな群像」, 駒井洋編監修,『定住化する外国人』, 明石書店, 1995.

小林孝広, 「在日フィリピン女性起業の社会・文化的条件に関する一考察―日本人夫の役割に着目して―」, 日本移民学会第17回年次大会報告書, 2007年 6月 24日.

出入国管理関係法令研究会編, 『一目でわかる外国人の入国・在留案内―外国人の在留資格一覧―』, 日本加除出版株式会社, 2000.

田嶋淳子,『世界都市・東京のアジア系移住者』, 学文社, 1998.

＿＿＿＿＿, 「都市型エスニック・ビジネスの新生」, 奥田道大編,『コミュニティとエスニシティ』, 勁草書房, 1995(2000).

舘かおる,「女性の参政権とジェンダー」, 原ひろ子他編『ジェンダー』, 新世社, 1994(1996).

東京都立労働研究所, 『外国人労働者のコミュニケーションと人間関係PART3―東京で働く

4つの国の女性たち』，1999.

鄭暎惠，『〈民が代〉斉唱―アイデンティティ・国民国家・ジェンダー―』，岩波書店，2003.

朴賢珠，「韓国人ニューカマー・コミュニティの形成と展開―東京都新宿区を事例として」，立正大学大学院文学部研究科博士学位論文，2001.

柳蓮淑，「ニューカマー韓国人女性のネットワーク形成―「契」を中心として」，『現代日本社会における国際移民とジェンダー関係の再編に関する研究―女性移住者のエンパワーメントと新しい主体形成の検討にむけて』，科学研究費補助基礎研究報告書，2004.

______，「韓国人ニューカマー女性の移住要因とエスニック・ビジネス―グローバル化を生き抜く女性たちの戦略―」，お茶の水女子大学大学院博士学位論文，2010.

______，「동경의 코리아타운과 한류－오쿠보지역을 중심으로」，『재외한인연구』25 (2011): 79-108.

해외입양인 내러티브에 나타난 침묵된 이주와 죽음의 이미지

: 〈여행자〉와 〈귀향〉을 중심으로

최유진[*]

1. 서론

　김호수(Hosu Kim)는 「한국전쟁 이후 대한민국의 생모」("Birth Mothers from South Korea Since the Korean War")에서 한국의 해외입양 역사를 제1기(1950년대 초반에서 60년대 중반), 제2기(1970년대 중반에서 80년대 후반), 그리고 제3기(1988년에서 현재)로 상정하여 설명한다. 제1기는 한국전쟁 이후 발생한 전쟁고아와 혼혈아에 대한 문제해결이 시급한 과제로 떠올랐던 시기로, 이와 같은 상황들은 해외입양의 시발점으로 작용하였다. "1950년대 초에서 60년대 중반에 한국은 10만 명 이상의 전쟁고아라는 역사적 짐을 떠안고 있었으나, 국가적 빈곤과 혈통중심의 사회가 그들을 수용하기에는 역부족이었다"(H. Kim 136). 또한 "1953-59년 사이에 2,899명의 한국 아이들이 해외로 입양되었고, 1959년까지는 혼혈아동이 입양아의 70-90% 비율을 차지했다"(이삼돌 86)는 통계자료는 해외입양의 근간이 "서구 주둔군의 결과로 발생된 수많은 수치스러운 혼혈아들을 제거하기 위한 특별한 목적"(Hübinette 255에서 재인용)과 무관하지 않았음을 입증해준다.

---

* 한양여자대학교 조교수

　제2기인 1970년대 중반에서 80년대 후반에는 산업화와 도시화의 시기를 거치면서 탄생한 빈민층과 미혼모의 아이들이 해외입양의 주된 대상이 되었으며, "박정희 대통령(1961-79)과 전두환 대통령(1981-87) 재임 시에는 입양 대상 아동 4명 가운데 3명이 해외로 보내질 정도로 그 절정을 이루었다"(이삼돌 87). "1985년에서 86년 사이에는 한 해 9천 명에 달하는 아이들이 해외로 입양되었고, 이 여파는 1980년대 중반에 보인 가장 높은 해외이민 수치로 이어졌다"(Hübinette 255)는 점도 주목할 만하다. 아울러 이 무렵은 미혼모가 심각한 사회문제로 인식되기 시작하던 때로, 가부장제 이데올로기가 작동되던 사회적 분위기 하에서 해외입양은 가속화될 수밖에 없었다. 이와 같은 현상은 "전두환 대통령 재임기간 동안 7만 명의 아동들이 해외로 입양되었고, 그 대부분이 주로 미혼모 자녀였다"(Hübinette 255)는 자료를 통해서도 확인할 수 있다.

　제3기는 1988년에서 근래에 이르는 기간으로, "1980년대 말에 이르러 해외로 보내지는 아이들은 버려지거나 가난한 환경에서 온 경우보다, 미혼모의 아이처럼 점차 비합법적으로 범주화하기 시작"(이삼돌 308)한 때인 동시에 암묵 하에 진행되어왔던 해외입양이 언론에 의해 집중적으로 보도되기 시작했던 시기이기도 하다. 서울올림픽이 열렸던 1988년에 세계 언론은 한국의 해외입양제도를 일제히 보도하게 된다. 이로 인해 한국은 '고아수출국'이라는 오명을 떠안게 되었으며, "한 해 1천5백 달러에서 2천 달러의 수입을 올리는 산업이자 사회복지문제의 해결책으로서 해외입양제도가 사용되고 있다"(E. Kim 182에서 재인용)는 비난을 받게 된다. 한국은 이처럼 서울올림픽 개최국으로서의 국가적 명예와 함께 돈을 목적으로 '아동을 해외로 수출하여 이윤을 챙기는 국가'라는 불명예도 함께 떠안게 된 셈이 되었다. 1980년대 말부터 해외입양문제는 한국 대중적 논의의 한 부분이 되었는데, 이는 그동안 정부에 의해 무분별하게 진행되어져왔던 해외입양에 대한 비판의식을 공유하게 되었다는 점에서 그 의의가 매우 깊다고 할 것이다. 1990년대 이후 한국정부는 해외입양인을 세계화라는 명목으로 한국 디아스포라의 일부분으로 인정하기 시작했고, 1998년 김대중 대통령은 한국아동을 해외로 입양 보낸 것에 대해 국가와 정부를 대표하여 공식적으로 사과하기에 이른다. 그럼에도 불구하고 최근에 이르러서도 한국아동들이 "한해 천 명 조금 넘게 해외로 보내지고 있으며, 이들 중 거의 대부분은 미혼모가 낳은 아이들"(정경아, 「지하철」 20-21)이라는 사실은 여전히 해외입양이 한국정부와 사회가 해결해야 할 과제로 남아있다는 자각심을 일깨우기에 충분하다.

　해외입양인 내러티브는 역사 속에서 표면화되지 못했던 공간, 다시 말해 역사의 틈새 속에서 누수 되었던 진실을 담아내는데, 에이버리 골던(Avery F. Gordon)이 『그림자 같은 사건들: 유령의 출몰과 사회학적 공상의 산물』(*Ghostly Matters: Haunting and the Sociological Imagination*)에서 주장하는 '유령'의 존재와 그 의미는 이와 같은 논의들을 성찰하는 데 있어 중요한 틀로 활용될 수 있다. 이 책은 자본주의의 도구로 작동했던 노예제도와 인종차별주의가 불러온 상실에 대한 역사적 진실을 밝힐 수 없다는 안타까움에서 출발하며, 이러한 점은 해외입양제도와의 유의미한 접점을 모색하는 데 있어 귀한 단서가 된다. 이 논문에서 다루게 될 '유령'의 의미는 다음의 두 가지 개념을 통합적으로 함의한다. 우선 이는 '뿌리뽑힘'을 기반으로 한 모국에서 타국으로의 이주로 인해 한국사회에서 죽은 자와도 같이 치부되는 해외입양인의 정체성을 상징한다. 다른 하나는 이러한 상황을 발생시킨 정치적이고도 경제적인 배경에 초점을 맞춘 접근법을 통해 주류와 사회적 타자를 구분하는 경계가 권력의 작동에 의하여 생성되고 유지된다는 논지를 새롭게 사유할 수 있는 공간이다. 골던의 '유령'은 이 두 영역을 연계적으로 살펴보는 데 매우 효과적인 역할을 하리라 기대한다.

본 글은 '유령'의 모습으로 모국과의 교섭을 시작한 해외입양인 내러티브를 우니 르콩트(Ounie Lecomte) 감독의 〈여행자〉[1]와 안선경 감독의 〈귀향〉[2] 속에서 고찰하고, 두 영화에 나타난 침묵된 이주와 죽음의 이미지에 주목함으로써 소외되고 배제되었던 주변인의 서사를 부활시키는 데 그 주안점을 두고자 한다. 모국에서 타국으로의 이주, 그리고 타국에서 모국으로의 역이주는 '뿌리 뽑힘'과 '뿌리 찾기'를 동반하며, 이는 침묵된 이주와 죽음의 이미지와도 밀접한 연관성을 지닌다. 또한, 〈여행자〉가 르콩트 감독의 자전적 이야기라는 측면과 〈귀향〉에 투영된 여성주의적 시각은 해외입양제도를 근간으로 하는 여러 경험의 층위와 범주를 다양하게 탐구할 수 있는 상호보완적 의미와 연대의 필연성을 담고 있다. 이와 더불어 골던이 주장하는 '유령'이 형성되는 과정과 그 출몰이 의미하는 바가 서로 연결되고 상통하는 접점의 위치를 두 작품

---

1) 이 영화는 2009년 10월 29일에 국내 극장에서 개봉되었으며, 그 내용은 프랑스로 입양되었던 르콩트 감독의 실제적 삶을 바탕으로 한다. 이 작품은 〈밀양〉, 〈오아시스〉의 이창동 감독이 제작자 겸 공동각본가로 참여했다. 본 영화는 2010년에 제12회 서울국제여성영화제 NAWFF상 수상, 제34회 홍콩 국제 영화제 SIGNIS상 수상, 제60회 베를린국제영화제 Deutsches Kinderhilfswerk상: 특별언급을 수상하였다. 그리고 2009년에는 제12회 디렉터스 컷 시상식--올해의 신인 감독상 수상, 제23회 씨네키드 영화제 심사위원상 수상, 제3회 아시아 태평양 스크린 어워드 최우수 어린이 작품상 수상, 제22회 도쿄국제영화제 아시아 영화상을 수상한 바 있다. 이상의 내용은 「제작자」, 그리고 「여행자」 참조.

2) 이 영화는 2009년 11월 5일에 국내 극장에서 개봉하였다. 〈귀향〉은 2009년 취리히 국제영화제에 공식 초청되었는데, 2005년 이윤기 감독의 〈여자, 정혜〉가 이 영화제에 공식 초청된 바 있으나, 경쟁부문에 초청된 한국영화로는 본 작품이 처음이라고 할 수 있다. 주로 미국과 유럽 쪽의 영화들이 강세인 이 영화제에서 아시아 영화로, 그것도 한국영화가 경쟁부문에 오른 건 극히 드문 일이다. 영화를 보는 내내 객석에서는 "훌륭하다(Wonderful)," "믿을 수 없다(Incredible)"과 같은 찬사가 터져 나왔고, 영화제로부터는 "리얼리티 안에서 독특하고 강렬한 영화언어로 만들어진, 매순간 신비로우면서도 무서운 순간을 만나게 되는 영화"라는 호평을 받았다. 이상의 내용은 「귀향」 참조.

을 통해 발견해나가는 작업은 역사의 주된 서사에서 배제되었던 진실을 도굴하는 초석이 될 것으로 기대하면서, 이러한 믿음에 뿌리를 두고 그 궤적을 탐색하려고 한다.

2장은 〈여행자〉에 대한 연구이다. 이 작품은 해외입양 제1기에서 제2기에 걸친 한국의 시대상, 즉, 한국전쟁 이후로부터 1970년대 중반에 이르는 한국의 모습을 포괄적으로 제시한다. 본 장에서는 노예제도와 해외입양제도가 비판적으로 공유하는 '인간의 상품화' 문제에 주목하여 모국에서 타국으로의 침묵된 이주 속에 투영된 '뿌리 뽑힘'과 죽음의 이미지를 고찰함으로써 골던의 '유령'이 형성되어 가는 과정을 추적하고자한다. 3장은 〈귀향〉에 대한 탐구이다. 이 장에서는 우선 타국에서 모국으로의 역이주/귀환을 주요 논점으로 삼아 미혼모와 해외입양인 담론에 투사된 해외입양제도의 과거, 현재, 미래를 통합적으로 읽어내고자 한다. 또한, 성녀 모녀, 주성찬/루카스 페도라3), 주소연4)과 아기의 이야기 속에 순환적으로 제시되는 죽음과 부활의 이미지를 골던의 '유령'이 주목하는 세 가지 논점에 초점을 맞추어 작품을 분석함으로써 한국역사의 간극에서 억압되고 침묵되었던 주체들의 발화를 시도하는 기

---

3) '주성찬'은 한국명이고, '루카스 페도라'는 호주에 입양된 후 얻게 된 이름이다. 차후 이 인물에 대한 호칭은 '성찬'으로 통일시켜 명명하기로 한다.

4) 이후로 '주소연'은 성을 생략하고 '소연'으로 칭하도록 한다. 여기에서 성찬과 소연의 성이 모두 '주'라는 점은 좀 더 깊은 층위로의 사색을 가능하게 한다. 두 인물의 성을 '주'로 동일하게 설정한 이유는 다음의 두 가지 연유로 추정된다. 첫째는 성찬과 소연 사이의 동질성, 다시 말해 둘의 이야기가 미혼모와 그 자녀에 초점을 맞추었다는 점을 강조하기 위함으로, 두 사람에게 같은 성(姓)을 부여함으로써 그 연관성은 더욱 긴밀하게 부각된다. 둘째, '하나님 아버지'인 '주(Lord)'를 이름 앞에 부여함으로써 육적 아버지의 부재를 암묵적으로 명시하기 위함이다. 성찬의 아버지, 그리고 소연이 임신한 아기의 아버지는 작품 속에 등장하지 않는다. 성찬의 어머니 이름인 '성녀'는 '동정녀 마리아'를 연상시키는 명칭으로, 본 작품은 '마리'라는 인물을 작품 내에 등장시키고, 마리아와 아기예수의 상을 부각시키는 장면을 화면에 제시함으로써 미혼모와 그 아이의 이야기를 부재하는 아버지와 함께 상징적으로 재현한다.

제로 삼고자 한다.

2. 〈여행자〉: 뿌리 뽑힘과 타국으로의 이주

골던은 "노예제도와 같이 종식된 지 오래이지만 아직도 곳곳에 만연한 불합리와 부조리가 유령을 출몰시키는 이유"(139)가 된다고 설명하면서, 노예제도가 "과거 역사와 상징적 의미로만 존재하는 듯 보이지만 실상은 현시점에서도 여전히 세계 곳곳에서 자행되고 있다"(168)는 점을 지적한다. 그는 이처럼 유령을 출몰시키는 불합리와 부조리의 대표적인 예로 노예제도를 언급하는데, 골던의 논지를 한국역사와 사회 속에 투영시켜 본다면 다음과 같은 재생산된 도식이 가능하다. '한국전쟁과 같이 종식된 지 오래이지만 여전히 지속되고 있는 해외입양이 유령을 출몰시키는 이유'이며, 이는 전후 그리고 경제성장을 이루기 전 한국의 '과거 역사와 상징적 의미로만 존재하는 듯 보이지만 실상은 현시점에서도 여전히 자행되고 있다.' 이와 같은 시각에서 보자면 〈여행자〉[5]는 "과거에 어떤 일이 발생했고, 그 일이 현재에도 지속적으로 일어나고 있다는 것을 알리는 특별한 방법"(Gordon 8)인 '유령'의 역할을 전략적으로 수행한다고 볼 수 있다.

이 영화의 시작과 동시에 화면을 가득 채우는 것은 아버지와 함께 여행을 떠난다는 생각으로 꿈에 부풀어 있는 주인공의 환한 웃음이다. 하지만 그녀의 얼굴에 자리하던 밝은 빛은 그 여정이 진행되어감에 따라 점차 어둠의 행보를 밟기 시작하는데, 이는 아버지의 약속과는 전혀 다

---

5) 본 장에서 이 작품에 등장하는 대사나 장면의 사진을 인용/명시할 때에는 괄호 안에 해당 디브이디(DVD)가 제시하는 장(chapter)의 번호를 아라비아 숫자로만 표시하기로 한다.

른 방향으로 그 여행이 전이되어간다는 일종의 암시이기도 하다. 이 여행의 첫 번째 정착지는 보육원으로, "1960년대와 70년대 한국에서의 입양은 해외입양과 거의 동일시되었다"(이삼돌 95)는 점으로 미루어 볼 때, 이곳은 친부와의 이별과 양부모와의 만남 사이에 자리한 경계선, 곧 고국을 떠나 타국으로 이주되는 분기점인 셈이다. 여기에서 주목할 만한 부분은 한국사회의 중심부로 형상화된 아버지의 목소리와 그 주변부에 위치한 모성으로 표상화된 어머니의 땅이다.

(이)진희6)와 아버지를 태우고 보육원을 향해 이동하던 버스는 갑자기 어느 시골길에서 멈춰 서고, 이때 카메라의 앵글은 버스에서 내려 논으로 뛰어 들어가는 주인공을 멀리서 잡는다. 카메라는 쌓아놓은 짚단 뒤에서 주변을 살피며 소변을 보는

사진 1

진희의 행동(사진 1; 2)을 클로즈업함으로써 "소변으로 자신의 영역을 표시하는 동물의 행위"("Territory")를 체현하는 그녀에게 집중한다. 하지만 이와 같은 몸짓을 통해 모국에 대한 영토권을 주장하고자 했던 주인공의 의지는 멀리서 울리는 버스의 경적 소리와 그녀를 재촉하며 부르는 아버지의 호명 소리에 의해 좌절될 위기에 놓이게 된다.

한편 어머니의 땅도 진희의 강요된 이주를 순순히 허락하지는 않을 태세이다. 이 작품은 친모에 대한 언급이나 어머니의 목소리를 직접적으로 명시하지는 않지만 주인공을 향한 어머니의 피 끓는 모성이 진희를 부르는 아버지와 치열하게 경합하는 모습을 어머니의 땅으로 환유시켜

---

6) 작품 속에서 진희의 성(姓)이 직접적으로 명시되지는 않으나, 친부와 진희가 보육원에 도착했을 때, 보육원 원장이 "이선생님"(2)으로 진희의 아버지를 호칭했던 점을 감안했을 때, 주인공의 성은 '이'로 추정된다.

사진 2

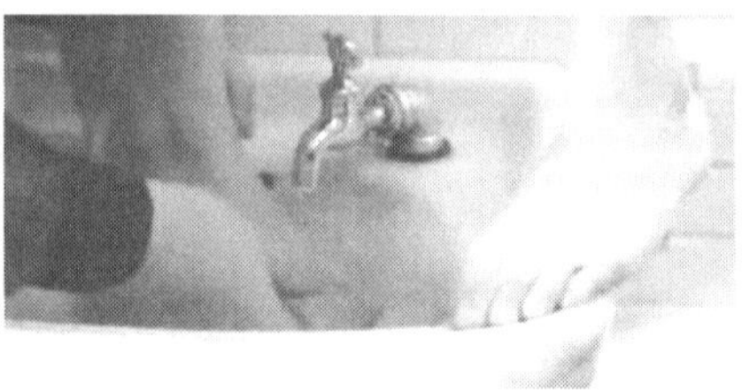

사진 3

제시하는데, 이로 인해 그 강렬함의 자장은 더욱 더 큰 호소력을 지니게 된다. 아버지의 부름에 놀라 다급히 달려가던 진희의 발이 진흙 속에 파묻히는 장면(사진 2; 2)은 자신의 피조물을 전유하고자 하는 어머니의 강렬한 염원을 적시한 것이라고 할 수 있다. 하지만 아버지의 목소리와 어머니의 땅 사이의 각축전은 결국 아버지의 승리로 막을 내리고, 주인공의 발은 아버지의 손에 의해 그 향방이 정해지는 결말을 맞이한다. 아버지는 딸의 발에 남아있는 흙을 물로 씻어(사진 3; 2) 진희에게서 그 모성의 자취를 제거하는데, 친부의 이러한 행동은 모국에서의 뿌리 뽑힘을 상징적으로 재현함과 동시에 아버지의 법에 의해 타국으로 이양되는 해외입양인의 행로를 적나라하게 노출시키는 모델로서 작용한다.

모국에서의 뿌리 뽑힘은 한국사회로부터 탈구된 정체성을 표상한다. 이때 한국아버지의 딸이라는 정체성은 어머니의 땅으로부터 탈구되는 뿌리 뽑힘의 이미지와 함께 소멸되며, 이는 죽음의 이미지 속으로 수렴되어간다. 바로 다음 장면을 통해 가시화되는 케이크 속에는 이와 같은 의미가 집약적으로 조명되어 있다. 아버지가 마지막 선물로 사준 케이크는 한국인이라는 진희의 정체성이 곧 상실될 것이라는 예측을 가능하게 하는 예시적 매개물이라고 할 수 있다. 케이크가 담긴 상자는 한국아버지의 딸로서 가지는 정체성이 죽음을 맞이하여 안치된 공간으로, 케이크 상자를 앞세우고 보육원을 향하는 주인공의 모습(사진 4; 2)에는 모국으로부터 분리되어 타국으로 '전달'될 그녀 자신의 운명이 각인되어 있다.

이 케이크가 이동되는 경로는 진희의 정체성이 전이되어가는 과정을 정로한다. 보육원 문 밖의 아버지의 뒷모습과 케이크를 들고 보육원 내부로 들어오는 원장님의 앞모습(사진 5; 2), 그리고 진희의 친부가 사준 케이크를 앞에 두고 원생들이 "하늘에 계신 우리 아버지. 맛있는 케이크를 주셔서 감사합니다. 아멘"(3)이라고 올리는 식사기도는 각각 친부의 딸에서 보육원 원장님 수하에 있는 원생 중 한 명으로, 그리고 이후에는 하나님의 자녀 중 하나로 주인공의 정체성이 점차 변이되어가는 과정을 은유적으로 묘사한다. 또한 진희를 위해 남겨두었던 케이크 조각이 흔적도 없이 사라진 영상(사진 6; 4)은 한

사진 4

사진 5

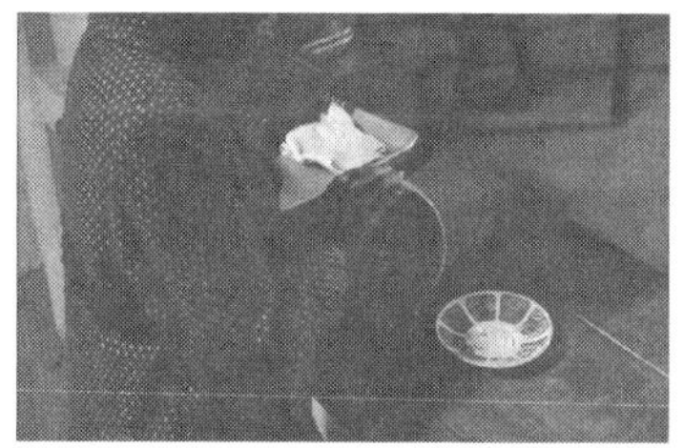

사진 6

국 땅에서의 정체성 상실을 유포하면서 이주를 향한 주인공의 여정이 더욱 가속화되었음을 은연중에 암시하는 효과를 자아낸다.

〈여행자〉의 내러티브를 관통하는 죽음의 이미지와 침묵된 이주는 해외입양제도를 둘러싼 한국정부의 기만과 은폐를 폭로하고 담론화하며, 영화 전부분에 걸쳐 가장 크게 부각되는 아버지의 거짓말은 이와 같은 측면을 단편적으로 드러내는 구심점이 된다. 또한, 간호사, 의사, 숙희로 연결되는 일련의 거짓말들은 믿었던 사람들로부터, 고국으로부터, 그리고 살고자 하는 의지로부터 진희를 분리시키는 주된 요인으로

사진 7

사진 8

사진 9

작용하게 되고, 이로 인해 주인공은 삶에 대한 모든 희망을 유실한 채 자살을 시도한다. 그녀는 보육원 한 구석의 땅을 깊이 파고 그 안으로 들어가 처음에는 다리까지, 다음에는 가슴까지, 그리고 그 다음에는 얼굴 위로까지 흙을 덮는다. 하지만, 이내 흙을 털어내고 숨을 깊게 쉰 후(사진 7; 13), 보육원 내에 위치한 성모 마리아상, 죽은 참새 묘지 위의 십자가(사진 8; 13)를 차례로 바라봄으로써 주인공의 자살기도는 종결된다.

본 작품은 새의 죽음, 예신의 자살기도와 회생 후에 이어지는 입양, 숙희의 입양, 주인공의 인생에서 영구히 상실된 아버지의 존재가 진희의 자살기도와 타국으로의 이주로까지 연결되는 과정을 순차적으로 제시함으로써 내러티브 중심에 죽음의 이미지와 부활의 이미지를 효과적으로 안착시킨다. 이때 십자가는 죽음의 이미지와 더불어 부활의 이미지를 소생시키는 데 있어 중추적인 역할을 하며, 이러한 사실은 바로 다음 장면인 진희의 눈 앞 창문 위로 내리는 물세례(사진 9; 14)를 통해 형상화된다.

작품 내에서 물세례는 중생이라는 기독교적 함의를 내포하는 매개체로 작동한다. 전 장면에 제시되었던 주인공의 얼굴 곳곳에 자리하던 흙의 자취가 다음 장면의 물세례와 함께 씻겨 내려가도록 재현한 영상은 한국인이라는 정체성의 상실과 타국에서의 새로운 삶을 동시에 상징한다. 아버지가 진희의 발에 묻어있던 흙을 '물'로 씻어 그 흔적을 제거하는 행위는 친부의 딸에서 보육원의 원생으로 주인공의 정체성을 이전시키는 결말을 낳았다. 마찬가지로, 보육원에서 실시한 대청소는 그녀의 얼굴에 묻어있던 흙을 이 '물세례'로 씻어 그 흔적을 제거함으로써 한국의 보육원생에서 타국으로 이주할 모든 준비를 끝마친 해외입양인으로 그녀의 정체성을 전환시킨다. 모국에서 뿌리 내리고자 했던 진희의 염원은 이처럼 끝내 실현되지 못하고, 그녀는 한국과의 모든 연결고리로부터 탈구된 채 프랑스로의 멀고도 긴 여행을 떠나게 된다.

타국으로의 이주는 국적, 문화, 언어, 그리고 가족관계의 변화로 이어지는데, 이때 공항은 그 극적인 전이를 가장 먼저 체험하게 되는 장소이다. 마르크 오제(Marc Auge)는 입양인의 은유적 출생지인 공항을 "어디에도 존재하지 않는 곳(non-places)"(Rasmussen 174에서 재인용)이라 정의한다. 해외입양인 내러티브에서 공항은 "사회적으로 구축된 정체성을 대변하는 상징적인 출생지"로 기능하며, 비행기에서 내리는 그 순간 "과거와 미래를 깨끗이 단절하는 새로운 정체성"이 발생하는 공간이다 (Rasmussen 178). 본 영화의 영문표제인 〈전혀 새로운 삶〉(*A Brand New Life*)은 한국사회에서 죽은 자와도 같이 치부되었던 주인공의 정체성이 타국으로의 이주를 통해 새롭게 탈의되는 현상을 대변함과 동시에 자국에서 타국으로의 경계선을 가시화하는 상징성을 내포한다. 싱 하웰 (Signe Howell)은 버려진 아이가 입양국가에서 새로운 가족을 기다리면서 겪게 되는 사회적 결핍상태를 "벌거벗은 아이의 이주"(Herløw 81에서 재인용)라고 묘사하는데, 진희는 가족과 모국으로부터의 분리를 경험하고, 뿌리 뽑힘을 통해 한국인으로서의 정체성을 박탈당함으로써 이 '벌거벗은 아이의 이주'로 칭해지는 행렬에 동참하게 된다. 공항에서 그녀를 애타게 기다리는 양부모의 모습이 〈여행자〉의 마지막 화면을 장식하면서 주인공은 한국사회에서의 상징적 죽음을 맞이하고 한국적인 모든 것을 거세당한 채 타국으로 흡수된다.

〈여행자〉는 이처럼 주인공 진희를 통해 죽음의 이미지와 침묵된 이주를 작품 내에서 재현함으로써 한국의 해외입양역사 속에 내재되어 있는 중요한 쟁점들을 발동시킨다. 작품 내에서 전후 한국을 연상시키는 몇 가지 요소들과 이 영화가 시대적 배경으로 삼는 1960-70년대의 사회상은 해외입양제도와 관련한 중심논의들을 다시 한 번 점검해볼 수 있는 귀중한 기회를 제공하며, 이때 미국군인, 크리스마스 선물, 그리고 스펜서 부부의 모습은 해외입양제도의 정치적, 경제적 의미의 탐색을 가능하게 하는 지점으로 작용한다. 이 세 가지 소재들은 "제3세계에 위치했던 과거 한국의 모습, 금지된 성행위, 미국의 문화·경제적 제국주의의 상기자이며 잔재로서 억압된 역사의 유령과도 같은 존재"(E. Kim 197)로 형상화되는 주인공을 더욱 효과적으로 제시하는 축이 되어 그 내러티브 내 산포해있는 죽음의 이미지와 침묵된 이주가 지니는 함의를 적나라하게 유출시킨다.

보육원을 방문한 미군과 진희의 몸이 충돌하는 장면 속에는 '금지된 성행위'가 암묵적으로 각인되어 있다. 한국전쟁에 참전했거나 전쟁 이후에도 계속해서 한국에 주둔하게 된 미군 남성과 한국 여성의 육체적 관계를 연상시키는 이 장면은 그 사유를 혼혈아동으로까지 확대시킴과 동시에 그 논점을 전쟁고아와 혼혈아 문제를 해결하기 위해 탄생되었던 한국의 초기 해외입양제도로 환원하도록 인도한다. 이와 더불어 한쪽은 아버지, 다른 한쪽은 어머니의 모습을 한 채 보육원 아이들에게 퍼핏(puppet) 극을 보여주는 미군의 모습은 한국에 대해 한편으로는 아버지, 또 다른 한편으로는 어머니로 그 역할의 경계를 교섭하는 미국인을 가시화시키는 기표적 기능을 한다.

"미국이 한국에 대한 아버지의 역할에 익숙해져감에 따라 해외입양은 전쟁고아에 대한 해답으로 작용"(Hurdis 175)하였는데, 이와 같이 전쟁과 미군 주둔으로 인해 발생한 혼혈아동을 "아버지의 나라"(Hurdis 175에서 재인용)인 미국으로 이주시키는 행위는 미국인의 역할 범주를 어머니로 까지 확장시키는 터전을 제공하였다.[7] 크리스티나 클레인(Christina Klein)은 1950년대 동양아이들에게 집중된 미국인의 관심을 "'백인 어머 니들'이 아시아인들과 가족애를 나누는 담론"(이삼돌 80에서 재인용)으로 해석하며, 이때 아시아인들은 "아동화 내지는 여성화되고, 자신의 아이 들조차 돌볼 능력이 없는 존재"(이삼돌 80)로 묘사된다. 〈여행자〉가 재 현하는 아버지의 축 처진 어깨, 힘없는 모습은 이와 같은 논지에 타당성 을 부여함과 동시에 "거세/무력화(emasculate)"(Choi 14, 18, 24)된 전후 한국을 체현하는 티로 기능한다.

이런 맥락 하에서 보육원에 크리스마스 선물로 배달된 서양인형을 원 생들의 손에서 빼앗아 찢는 진희의 행동은 몇 가지 중요한 성찰적 의미를 지닌다. 첫째, 이는 '거세되고 무력화된' 한국에 가해지는 서구 열강의 힘에 대한 거부감의 표식이다. 한국전쟁 이후 "고아가 된 한국 아동들은 수많은 미국인들로부터 돈, 초콜렛, 장난감을 원조 받았는데"(Choi 11), 이와 같은 "미국의 위력과 그 물질적 상징성은 많은 한국인들에게 있어 거부하지 못할 만큼 유혹적인 것인 동시에 불쾌한 것"(Choi 10)이기도 했다. "자선/구호물품은 권력에 대한 수취인의 자기비하와 존엄성의 굴 복을 요구하며, 이는 수취인으로 하여금 정치적이고 경제적인 지배를 용인"(Choi 12)하도록 강요하는 기호로 작동한다. 이러한 측면에서 바라 보았을 때, 보육원에 배달된 선물을 파괴하는 주인공의 행위는 한국에 가해지는 서구의 지배에 대한 항거라는 또 다른 해석적 의미를 선사한다.

둘째, 이 서양인형 속에는 진희를 포함한 보육원생들의 미래가 반영

---

7) 1953년부터 2008년 사이에 이루어진 해외입양 중 미국으로 입양된 아동의 수는 총 108,222명으로 전체의 3분의 2를 차지하고, 두 번째가 프랑스로 11,165명, 세 번째가 스웨덴으로 9,297명, 네 번째가 덴마크로 8,702명, 다섯 번째가 노르웨이로 6,295명 과 같은 순서로 나타난다. 이상의 내용은 2009년 보건복지가족부의 통계를 이미정 외 21에서 재인용.

되어 있다. 큰 박스에 각기 포장된 상태로 보육원에 전달된 이 인형들은 해외의 각 가정으로 '전달'될 해외입양인의 운명을 예견한다. 이때 인형의 팔과 다리 그리고 몸통이 처참히 분쇄되는 영상은 타국 가정으로의 입양이 원생들과 진희에게 가져올 정체성의 해체를 예시적으로 재현한 것이라 볼 수 있다. 셋째, 한국인과는 전혀 다른 모습을 한 서양인형은 역으로 서양인에게도 전혀 낯선 모습으로 '배달'되어질 주인공과 원생들의 앞날을 가시화한다. 서양인형을 품에 안은 보육원생들의 모습 속에는 한국입양아를 품에 안은 서양어머니들의 모습이 투영되어있다. 이런 관점에서 본다면, 원생들의 품에서 서양인형을 빼앗아 이를 파괴하는 진희의 행동은 모국에서 타국으로의 강요된 이주를 부정하고, 해외입양을 둘러싼 지배층의 전략을 무효화하려는 저항적 힘의 진원지를 발현시킨 것이라 할 수 있다.

수동적이기는 하나 다음의 두 가지 광경도 해외입양에 대한 부정적인 시각을 공유한다. 그 중 하나는 숙희가 진희에게 영어단어를 가르치는 장면이다. 숙희는 미국 양부모와 함께 시간을 보내고 보육원으로 돌아와 '아버지'를 영어로 전환한 '파더(father)'라는 단어를 진희에게 가르쳐 주나, 이를 몇 번 따라 하던 주인공은 "너무 어려워"(10)라고 말하며 이내 포기하고 만다. 진희의 이와 같은 행동 저변에는 타국으로의 이주를 부추기는 정치적 공모와 억압을 생산하는 권력을 해체하려는 의지가 담겨져 있다고 독해될 수 있을 것이다. 또 다른 하나는 프랑스 양부모의 사진을 사이에 두고 보육원 원장과 진희가 주고받는 대화에서 발견된다. 이때 주인공은 "너무 늙었어요"(14)라고 서양 양부모를 언술화하며, 이러한 그녀의 반응은 서구의 의미를 재규명하고 모순을 지적함으로써 그 힘을 약화시키고 축소시키는 기능을 한다. 여기에서 주목해야 할 점은 두 상황에서 쓰인 '너무'라는 부사로, 진희는 '너무'라는 부정적 의미를 내포하는 어휘를 활용하여 타국의 언어와 서양 양부모를 문제시한다. 그녀는 숙희와는 상반되게 아버지를 영어로 치환하는 데 소극적인 행동을 보이고, 프랑스 양부모에 대해 "좋은 분들이셔"(14)라고 평하는 보육원장의 견지와도 상이한 관점을 투사하는데, 이러한 주인공의 언사 속에는 이주를 생산하는 담론의 작동을 폐기하고자 하는 지의가 내재되어 있다.

〈여행자〉의 주요 배경이 되는 보육원은 두 가지 측면에서 중대한 비평적 의미를 함유한다. 첫째, 이는 당대 상황을 대변한다. 모두 여아로 구성된 보육원은 "해외입양의 초기 단계에 한국을 떠난 아이들은 대부분 여자아이"(이삼돌 87)였으며, "1970년대 초부터는 남자아동의 비율이 늘고 있었다고는 하나, 여전히 대부분은 여아였다"(이삼돌 99)는 사실을 입증한다.[8) 둘째, 이 장소는 가부장제 담론을 상징적으로 유포하는 도구로 사용된다는 점이다. 머리가 되는 원장을 제외하고는, 이 보육원은 두 명의 수녀, 한 명의 보모, 그리고 모두 여아로 구성된 원생들로 이루어져 있다. 아버지와 함께 보육원을 향해 걸어오면서 진희의 눈을 맨 처음 사로잡은 영상은 창살 너머에 있는 여자아이들의 모습으로, 이때 창살은 감시와 억압을 담보하며, 독립적인 주체를 옭아매는 법질서의 징표로 기능한다. 보육원에 와서 타인과의 소통을 거부하고 마치 실어증에 걸린 사람과도 같이 침묵하는 주인공의 모습은 이와 같은 해석에 무게를 더한다.

〈여행자〉의 주된 등장인물은 주인공 진희를 비롯하여 숙희와 예신이라고 할 수 있는데, 이들은 모두 여성이라는 공통점을 지님과 동시에 각각 붕괴된 가정의 자녀, 미혼모 자녀, 신체적 불구라는 사회적 타자를 재현한다. 이러한 점에 기대어 바라본다면, 주인공이 보육원의 창살을

---

8) 해외입양초기에 한국정부는 남자아동보다 여자아동을 외국으로 많이 보냈으나, 근래에 와서는 여자아동보다 남자아동을 더욱 많이 보내면서 전반적으로는 50 대 50에 가까운 비율을 보이고 있다. 이에 대한 자세한 설명은 하규만 422 참조.

넘어 탈출하는 행위 속에는 아버지의 법이 지정한 테두리로부터 벗어나고자하는 욕망이 투영되어있을 뿐 아니라 주변부적 주체를 겨냥한 중심부의 전략을 붕괴시키고 그 계획에 균열을 내는 저항적 의미가 담겨있음을 간파하게 된다. 비록 보육원으로 다시 귀환함으로써 자유를 향한 그녀의 염원은 끝내 현실화되지 못한 채 종결되기는 했으나, 모두가 주시하는 가운데 시행되었던 진희의 탈출 시도는 지배층의 허를 찌르는 전복적인 움직임을 극적으로 가시화한다는 점에서 큰 의미를 지닌다고 할 수 있다.

해외입양제도에 대해 많은 비평가들은 서구 중심의 자본주의 이데올로기가 인간에게 가하는 착취와 아동의 상품화를 표면화한다는 데 공감을 표한다. 전문가들은 해외입양이 급증한 이유를 "미혼모가 늘어난 게 아니라 미혼모의 아이를 해외로 입양 보내는 민간 입양기관이 증가했고, 이 기관들이 외국에 보낼 수 있는 아기를 '물색'했기 때문"(임지선 52)으로 분석한다. 이른 바 전쟁고아와 혼혈아 문제에 대한 국가적 해결의 한 방안으로 탄생되었던 한국의 해외입양제도는 시간이 흐르면서 점차 시장의 논리 속으로 편입되어갔다는 인상을 지울 수 없는데, 이는 당대 한국정부가 지향했던 정책과의 접점 속에서 검토될 수 있다. 박정희대통령이 통치하던 1960년대와 70년대에는 "경제제일주의가 표방된 가운데 강력한 국가주도의 성장정책"을 추진하였으며, 그 기본방향은 "값싼 노동력을 이용하여 생산된 제품을 수출하고 자본을 축적해 간다는 전략"이었다(한영우 597). 이러한 국가정책과 외국의 자본을 받고 아이들을 해외로 입양시키는 해외입양제도 사이에 존재하는 정치적이고도 경제적인 결속력과 연대의식을 무효화할 수 있을 것인가에 대해서는 극히 회의적이다. 김 수 라스무센(Kim Su Rasmussen), 레베카 허디스(Rebecca Hurdis), 이삼돌/토비아스 휘비네트(Tobias Hübinette), 그리고 정경아/제인 정 트랜카(Jane Jeong Trenka)는 해외입양제도에 점철된 시장의 논리에 주목하는데, 다음에 제시되는 그들의 주장은 상당한 설득력을 지닌다.

라스무센은 해외입양의 핵심을 "인간의 체계적인 상품화"(177)로 정의하면서, "이제 입양기관이 해외입양을 통해 큰 수익을 내고 있다는 사실은 상식에 속하며, 해외입양은 수요와 공급의 원리에 따라 진행되는 하나의 산업이 되었다"(Rasmussen 177에서 재인용)고 개탄한다.[9] 허디스는 해외입양제도가 "제2세계와 제3세계, 특히 그 지역의 여성과 아이들을 착취함으로써 제1국가에게 혜택을 주는 전지구적 체계를 통해 활성화된다"(177)는 점에 비난의 목소리를 더한다. 해외입양제도가 "국가의 신자유주의 개념에 맞춰 주문생산된 것"(Rasmussen 182-83)이라는 점과 이로 인해 아동이 "제1세계가 소유할 수 있는 또 다른 자원이 되었다"(Hurdis 177)는 관점은 이삼돌과도 공유하는 바가 크다. 이삼돌은 해외입양제도를 "노예무역, 계약 노동자 수송, 국제결혼과 성 착취와 같은 현대의 비서구권 여성에 대한 대규모 인신매매 등에 병치되는 사건"(39)으로 정의한다. 그는 이고르 코피토프(Igor Kopytoff)를 인용하여 노예와 입양인의 상품화 사이에 존재하는 유사성을 지적함과 동시에 데이비드 스몰린(David Smolin)이 "해외입양을 노예제와 인신매매의 비윤리적이고 신식민주의적인 결합"(이삼돌 40에서 재인용)이라고 개념화한 점에 초점을 맞추어 '상업적 거래'라는 시각으로 해외입양제도에 대한 사유를 지속시켜나간다.

정경아는 "입양문제의 근원은 서구 양부모들의 요구를 충족시키기 위해 기꺼이 아이들을 공급하는 것처럼 보이는 한국의 시스템에 있다"(「백만 명」 91)는 점을 명시한다. 〈여행자〉의 몇몇 장면은 이와 같은 그의 논지에 힘을 더하는데, 그 첫 번째로는 진희에게 명찰을 부착시킨 후

---

9) 해외입양과 그 배후에 있는 시장의 논리에 대한 자세한 논의는 임지선 50-52 참고.

그녀의 사진을 찍는 원장의 행위에서 뚜렷이 드러난다. 그는 주인공에게 "K-8208"(8)이라는 표식을 가슴에 붙이게 한 다음 그 모습을 카메라에 담는다. 이때 "K"는 '한국인'(Korean)을 표상하는 것이라 유추되며, "8208"이라는 번호에는 상품화된 아동의 모습이 투영되어 있다.

두 번째는 보육원을 찾은 스펜서 부부와 원생들 사이에 형성된 관계성 속에서 검토되어질 수 있다. 보육원 아동들이 한 사람씩 돌아가면서 자기 이름과 나이를 말하면 입양관계자는 이를 스펜서 부부에게 영어로 통역해주고, 부부는 그 통역을 듣다가 관심이 가는 아이에게는 추가로 질문을 한다. 이 과정은 마치 상점에서 점원의 설명을 듣고 마음에 드는 물건을 고르는 행위, 혹은 더 비판적인 시각적 잣대에서 바라본다면, 흡사 노예시장에서 자신이 필요로 하는 노비를 고르는 행각을 연상시킬 정도로 가혹하다.10) 이처럼 화면 곳곳에서 표류하는 아동의 상품화 내지는 비인간화를 폭로하는 장면들은 해외입양제도에 관한 모든 합법화된 담론의 척도를 함몰시키는 구심점 역할을 한다.

골던은 "과거의 특정 상황이 어떻게 개인, 사건, 이념을 주변화, 배제, 그리고 억압했는가를 발견해야 하고, 이로 인해 상실되었던 존재에 주목해야 한다"(viii)고 주장하는데, 영화 속 진희의 모습은 바로 이와 같은 점들을 상기시키고 주시하게 만든다. 이 작품은 주인공의 비자발

---

10) 이 부분은 정경아의 『피의 언어』(*The Language of Blood*)에 등장하는 다음 구절을 연상시킨다. "'우리가 너희를 선택했어.' 엄마는 늘 이렇게 말한다. 이는 마치 가게에서 물건을 고를 때 쓰는 말처럼 들리는데, 그 이유는 사람들이 가게에 일렬로 진열된 인형들을 쭉 훑어본 다음에 그 중에서 하나를 선택하기 때문이다"(Trenka 23). 정경아의 이와 같은 고백은 해외입양제도에 내재된 아동의 상품화 현상을 적시할 수 있는 하나의 예가 된다. 자서전적 서사를 진솔하게 엮어가는 이 작품에서 작가는 이러한 양어머니의 말로 인해 "상점에서 다른 아이와 교환되지 않기 위해," "또 다시 버려지지 않기 위해," "착하게 행동해야 한다. 완벽해져야 한다"는 강박관념에 시달렸음을 털어놓는다(Trenka 23). 『피의 언어』에서 정경아는 마치 상점의 물건과도 같이 양부모의 구미에 맞추어 구매될 수 있고, 교환도 가능한 존재로 해외입양인의 모습을 사유하는데, 이와 같은 견지는 Trenka 199-200에서도 확인이 가능하다.

적이고도 반강제적인 이주의 과정을 통해 해외입양제도에 점철된 아동의 상품화라는 시장의 논리, 그리고 주변부를 탄압하는 한국정부의 기만적인 태도와 사회적 타자에 대한 억압을 전략적으로 노출시킨다. "난 고아가 아니에요. 엄마아빠 없는 애들만 있는 데잖아요. 아빠가 여행 보내준다고 했단 말이에요. 그래서 옷도 사고요. 또 신발도 사고요. 제 옷하고 신발 주세요. 나 갈 거예요"(6). 진희의 이러한 언술은 한국전쟁 직후에 발생한 시대적 문제를 해결하기 위함이라는 기치 하에 출발했던 해외입양이 시간이 흐르면서 전혀 다른 양상으로 변이되어가던 당대의 상황을 반영하면서, 그 원인은 변했지만 행위는 그대로 답습되는 해외입양에 대한 비판적인 시선을 드리운다.[11]

이 영화는 주인공이 한국에서 타국으로 입양되는 경로를 모국으로부터의 뿌리 뽑힘을 통해 형상화하여 이를 한국 아버지의 딸이라는 정체성이 거세되어가는 과정 내에 편입시킴으로써 해외입양이라는 침묵된 이주가 초래한 죽음의 이미지에 주목하도록 내러티브를 이끈다. 가정파괴, 장애, 사생아, 부모 방임 등과 같은 아픔을 간직한 채 가족과 가정으로부터 버려진 아이들의 삶은 영화가 전개되어감에 따라 하나씩 그 표피를 걷어내는데, 그 내부에는 영화 초반부에 화면을 수놓았던 한국의 아름다운 풍경과는 전혀 상반되는 상처어린 이야기가 자리하고 있음을 발견하게 된다.

진희를 통해 만들어가는 이야기는 어느 한 개인의 체험적 고백을 뛰어넘는다. 한국역사의 틈새 사이에서 번져 나오는 그녀의 담화는 침묵

---

11) 한국의 해외입양인 수가 오히려 전쟁고아가 줄어든 시점부터 급격히 증가했다는 사실은 자각과 각성을 불러일으키기에 충분하다. 1960년대 7,275명이었던 해외입양인은 입양기관이 본격적으로 활동하기 시작한 1970년대에는 48,247명으로 늘어났고, 1980년대는 65,321명을 훌쩍 넘어섰는데, 여기에는 해외입양제도의 배후에 존재하는 입양기관의 역할이 막대한 영향력을 행사했음은 너무도 자명하다. 해외입양제도와 입양기관의 상호연관성에 대한 자세한 내용은 임지선 52 참조.

된 이주를 경험한 모든 해외입양인을 대변하는 집단적 언명과도 같은 공유된 서사를 집약적으로 투사한다. 〈여행자〉는 이처럼 해외입양제도의 비인간화를 침묵된 이주와 죽음의 이미지 속에 점철시키고, 한 집단을 향한 국가의 절대적 추방에 맞서 대항하는 주인공의 저항적인 몸짓을 작품 곳곳에 배치시킴으로써 주변화되었던 서사를 공론화하는 임무를 충실히 수행한다. 이 영화는 침묵된 이주와 죽음의 이미지를 작품 내에 단순히 반영하는 데 그치지 않고, 이를 해외입양을 둘러싼 여러 모순점을 폭로하고, 그 배후에 존재하는 권력의 작동을 의문시하는 통로로서의 역할로까지 그 의미를 확장시켰다는 점에서 그 가치를 높이 평가할 만하다.

3. 〈귀향〉: 유령의 출몰과 대물림의 역사

귀향의 의미 중 하나로 '귀양'이 있다. 이는 "고대로부터 내려오던 형벌의 한 가지"로, "조선조에 이르러 처음에는 고향 밖으로 멀리 내쫓는다"는 속내로 쓰이다가, 뒤에 와서는 "도배, 유배, 찬배, 정배의 뜻"으로 전환되었으며, 이후에는 "먼 섬이나 시골 같은 데로 보내어 일정한 기간 동안 제한된 지역 안에서만 살게 함을 이르던 말"로 활용되었다(신기철 & 신용철 448). 〈귀향〉[12]은 이러한 사전적 의미를 강하게 내포하는 영화이다. 이 작품의 한글표제는 영문표제인 〈눈 먼 강〉(*A Blind River*)이 주는 느낌과는 사뭇 차이를 보이는데, 여기에는 "알베르 까뮈(Albert Camus)의 희곡 『오해』(*The Misunderstanding*, 1943)에서 출발한 〈귀향〉"(「귀향」)이 미혼모와 해외입양인이라는 논의를 차용하게 되면서 원작과는 색다른 색감과 질감을 가진 작품으로 새로이 부활하였기 때문으로 추정된

---

12) 본 장에서 이 영화에 등장하는 대사나 장면의 사진을 인용/명시할 때에는 괄호 안에 해당 디브이디가 제시하는 장의 번호를 아라비아 숫자로만 표시하기로 한다.

다. 이 영화는 뿌리 찾기를 위해 귀향한 해외입양인 성찬과 성녀 모녀의 내러티브, 그리고 10대 미혼모 소연과 아기의 내러티브를 통해 해외입양의 역사를 고찰할 수 있는 기회를 제공할 뿐 아니라 그 역사에 대한 다시쓰기를 통하여 현재와 미래의 재정립을 모색하는 데에도 중요한 분기점 역할을 한다.

한국의 해외입양 제2기에 해당하는 1980년대 중반부터 현재에 이르기까지 타국으로 입양된 아동의 대다수는 주로 미혼모 자녀로, 여기에는 가부장제 이데올로기와 유교주의 사상을 기반으로 하는 사회구도가 거대한 힘으로 작용하였음을 부인할 수 없을 것이다. 〈귀향〉은 이러한 쟁점을 놓치지 않고 그 의제들을 화면 위에 투사한다. 남루한 병원침대에 누워 검사를 받는 십대 미혼모 소연에게 반말로 지시하는 의사의 목소리를 초두로 이 영화는 시작된다. 이어 허름한 수술실 밖에서 수술비를 흥정하는 어머니의 목소리는 이 소녀가 예기치 않은 임신을 하게 되었다는 사실을 유추하도록 이끈다.

수술대에 묶인 십대 미혼모 소연의 모습 속에는 가부장제 틀을 이탈했다는 이유로 정죄되어야 할 대상이 되어버린 무죄한 희생자의 형상이 각인되어 있으며, 이때 이 장면은 권력의 역학을 철저하게 반영한다. 공포와 두려움으로 떠는 그녀를 수술대에 묶은 채 무표정한 모습으로 주사를 놓고, 산소마스크를 씌우는 의사와 간호사의 태도는 흡사 처벌을 집행하는 수행자와도 같다. 이삼돌은 해외입양제도가 "철저히 성별화된 근대화 담론의 명확한 결과"(163-64)인 동시에 "여성의 신체를 규율하고, 이미 규정되어 있는 여성다움의 규범에 맞게 살아가는 데 실패한 여성들을 벌하는 도구"(164)로 오용되어져왔다고 비판하는데, 본 장면은 이러한 그의 논지를 뒷받침하기에 부족함이 없다.

미혼모와 해외입양인에 대한 사회의 왜곡된 시각을 본 작품은 가감 없이 투영한다. 이미정은 "미혼모라는 용어에는 자녀출산은 결혼제도

내에서 이루어져야 하는데, 그것을 위반한 데 대한 도덕적 단죄"(5)가 포함되어 있음을 지적한다. 이에 덧붙여 그는 "혼외 자를 출산한 남성을 지칭하는 비난조의 용어는 찾아보기 힘들다"(이미정 5)는 점에 주목하면서, 이는 "우리사회 성(性)의 이중규범을 반영하는 것"(이미정 5)이라는 비평적 목소리를 더한다. 앞에서 제시한 '수술대에 묶인 소연'의 모습과 더불어 가부장제 규범을 벗어난 주체들에 대한 이러한 정죄의식은 해외입양인 성찬의 이야기 속에서도 여지없이 발견되며, 이는 한국사회의 폭력적인 측면을 확인할 수 있는 중요한 기제로 작동한다.

자신의 뿌리를 찾고자 입양기관을 방문한 성찬은 한국의 냉담한 태도로 인해 다시 한 번 소외감을 맛보게 된다.[13] 생모를 찾겠다는 성찬에게 홀트(Holt) 입양기관 관계자는 친부모에 대한 기록이 남아있지 않고, 자신들에게 온 사람은 친모였기에 그녀를 먼저 보호해야 한다면서 정보 공개를 꺼린다.[14] "1978년 9월 2일생으로 9월 7일 대구 칠성시장 오거리에서 기아로 발견되었다가 지나가던 행인에 의해 경찰서로 인수, 9월 8일 대구 대성원에 입소, 81년 10월 31일 호주로 입양되었다"(1)는 기록

---

13) 해외입양인이 입양기관에 방문하기 시작한 시점은 1975년부터이지만, 한국정부 차원에서 해외입양인의 사후관리를 위한 법을 명문화한 것은 1995년에 「입양촉진 및 절차에 관한 특별법」이 제정되면서부터이다. 1997년에 외무부에서 재외동포재단을 발족하고, 1999년 9월 2일 「재외동포의 출입국과 법적 지위에 관한 법률」이 제정되면서 재외동포의 범주에 해외입양인을 포함하게 되었고, 이로 인해 해외입양인을 지원하는 법적 토대가 마련되는 계기가 되어 이들의 귀환이 본격화되었다. 이상의 내용은 이예원 21-22 참조. 그 외 해외입양인의 모국 방문 및 뿌리 찾기에 대한 자세한 논의는 Sorenson 147; Napier 54; 그리고 Harløw 72 참고.

14) 해외입양인의 기록은 입양기관이 갖고 있지만 정보를 제공하지 않거나 기록에 문제가 있어 부모를 찾지 못하는 경우가 많다. 보건복지가족부 자료에 의하면 1995-2005년 사이 7만 6,646명의 해외입양인이 입국하여 친부모를 찾으려고 했음에도 불구하고, 정작 친부모를 만난 경우는 전체 2.7%로 2,113명에 불과하다. 이뿐 아니라 해외입양인의 기록에 대한 자료가 아예 없는 경우도 있고, 자료가 있지만 제공받지 못하는 경우도 있는데, 이는 현행 「입양특례법」이 입양기관에 종사하는 자 또는 종사하였던 자는 업무에 대한 비밀을 누설하지 못하도록 규정하기 때문이다. 이상과 관련한 내용은 이미정 외 34; 그리고 임지선 53-54 참조.

을 읽는 입양기관 관계자의 언술은 마치 한 사람의 범죄기록부를 읊조리는 느낌마저 자아낼 정도로 잔혹하기 짝이 없다. 이와 함께 "다 지나간 문제(problems from the past)를 가지고 폐를 끼치지 말라"(1)는 그의 언사에는 사회중심부의 굴절된 시각이 담겨있다. 김운규는 "생부모에게 양육을 포기하게 해 놓고도, 성장한 입양아조차 냉대하는 한국사회의 의식구조"(230)에 의문을 제기하면서, 해외입양을 "한국사회와 정서의 복합적 책임이 개인에게 전가된 것으로 보는 것이 온당할 것"(231)이라고 피력하는데, 〈귀향〉에서 재현하는 입양관계자의 관점은 이와 같은 한국중심부의 모순된 사고방식과도 그 맥락을 같이 한다.

진실의 은폐와 모순으로 뒤엉킨 한국의 해외입양은 그 시작과 동시에 유령을 탄생시키는 결과를 초래한 셈이다. "우리는 한국의 여성과 그 아이들을 위해 일해야 합니다"(1)라는 입양기관 관계자의 언지 속에는 그들을 위한 해답이 해외입양이라는 기만적이고도 모순된 도식이 도사리고 있다. 이에 성찬은 해외로 입양된 아이들의 미래에 대해 한 번이라도 생각해본 적이 있냐고 반문하면서, "30년 전에 나를 수출해놓고 이제 와서 내가 이 사회의 불명예라고? 한 사람의 인생을 종이 한 장으로 처리하는 한국사회가 진짜 문제"(1)라는 점을 적시해냄으로써 기존의 권력적 작동에 대한 강한 의문을 제기한다. 사회에 해를 끼치는 산업폐기물이나 되는 양 혹은 자국의 이익을 위해 해외로 수출되는 상품화의 도구와도 같이 취급되어 해외로 방출되었던 해외입양인은 이제 장성하여 자신의 뿌리를 찾아 한국을 방문하고 있다. 이는 죽은 자의 귀환, 즉 '유령'의 출몰과도 같은 의미를 지닌다.

'유령'을 계속해서 생산해내는 한의 순환적 역사는 해외입양제도라는 관행 속에서 여전히 존속되고 있으며, 이러한 현실에 〈귀향〉은 분노한다. 이 작품은 미혼모와 해외입양인 내러티브를 통해 한국역사의 깊숙

사진 10

한 곳에 감추어져왔던 비밀을 폭로함으로써 치욕스런 과거로 치부하여 은폐해왔던 진실을 더욱 과감하게 가시화시켜 표출하는 통로로서의 역할을 수행한다. 이때 골던의 '유령'이 제시하는 논리적 틀은 이러한 의제를 효율적으로 조명하기에 매우 유용하며, 특히 다음의 세 가지 특징은 그 논의를 독해하는 데 중요한 토대가 된다.

> 첫째, 유령이 출몰하는 장소는 이를 그냥 지나칠 수 없게 만드는 무엇인가 석연치 않은 감정을 자아내며, 이는 어떤 움직임이나 인식의 한계를 지정하는 정당성이나 소유권을 불안정한 것으로 인지하게 하는 힘을 지닌다. 둘째, 유령은 상실된 존재와 그 함의에 주의를 기울이도록 한다. 긍정적인 측면에서 바라보았을 때, 유령은 미래에 대한 가능성, 즉 희망을 동시에 상징한다. 셋째, 유령은 소위 말해 현존하는 존재라는 점에 있어 의미를 지니는데, 이 존재에 대한 깊은 관심과 고려는 해결되지 않은 문제에 대한 자각과 정의의 실현에 중요한 열쇠가 될 것이다. (63-64)

〈귀향〉에는 이와 같은 세 가지 특징이 통합적으로 스며들어 있으며, 이는 작품 속에서 '유령'을 구현하는 데 중추적인 역할을 한다. 골던의 유령이 제시하는 첫 번째 특징은 "모테"(사진 10; 6)에 투영되어 있다.

입양기관에서 생모에 대한 아무런 기록도 발견할 수 없었던 성찬은 자신이 직접 어머니를 찾기 위해 길을 나선다. 유령은 그 특성상 "애초에 그 문제를 발생시킨 사건, 사물, 그리고 장소에 귀속"(xix)된다는 골던의 논지와도 같이 주인공이 '모테'를 찾아가는 행위도 이러한 관점에서 이해될 수 있다. 그가 도착한 곳은 간판의 'ㄹ' 받침이 낙하되어 '모테'라는 표기만이 남은 허름한 한 모텔이다.

　성찬이 "매우 조용한 곳"(8)이라고 묘사한 이 '모테'는 침묵하는 하위주체인 성녀 모녀의 모습을 대변한다. 건물의 간판이 명시하고 있는 바와 같이 이 모텔은 성찬의 '모태'인 성녀 모녀가 살고 있는 장소로, 이는 지배층이 주변부로 배제시킨 모태를 표상한다. 도시중심부에서 멀리 떨어진 곳에 위치한 '모테'와 성찬의 '모태'가 되는 성녀 모녀는 한국사회에서 그 존재성을 상실한 주체로, "왜 이런 곳에 갇혀있나요?"(8)라는 성찬의 질문은 한국사회가 고립시킨 주변부, 더 나아가 그곳에 감금된 여성을 의문시함과 동시에 침묵되었던 이야기의 구술을 유도하는 담론의 터로 작동한다.

　〈귀향〉은 주변부에 위치한 미혼모와 해외입양인을 각각 성녀 모녀와 성찬, 소연과 아기의 모습으로 재구성한 내러티브 속에 투영시키고, 이를 구심점으로 삼아 남성중심담론의 허위와 폭력성을 공격하는 변혁적인 힘을 발현해낸다. 이때 성찬이 투숙했던 '모테'의 방 벽지는 이러한 의미를 더욱 구체화시키는 매개체라고 할 수 있는데, 이는 한으로 점철된 여성의 역사가 그 벽지 속에 수렴되어 있기 때문이다. 성찬의 몸이 죽음의 문턱을 향해 점차 그 거리를 좁혀갈 때 성녀 모녀는 그의 몸을 '모테' 밖으로 이동하고, 카메라의 앵글은 누렇게 빛바랜 벽지를 따라 움직인다. "나를 낳고 내 씨를 지닌 그대, 어서 나를 이 나라 밖으로 숨겨줘요. 나를 죽여요. 바다 속으로 던져요. 당신이 나를 볼 수 없는 그 곳으로"(11)라고 속삭이는 성찬의 목소리가 황색 벽지와 함께 제시되는데, 이는 샬롯 퍼킨스 길만(Charlotte Perkins Gilman)의 「노란 벽지」("The Yellow Wallpaper," 1892)에서 여주인공이 머물었던 다락방의 노랗게 퇴색한 벽지를 연상시킨다. 길만이 제시하는 노란 벽지가 여성의 고난과 수난의 역사를 담고 있다면, 〈귀향〉의 화면이 비추는 황갈색의 벽지는 '모테/모태'의 억압되고 침묵되었던 과거를 담아낸다. 또한 이 벽지는 그 구습이 비단 과거만이 아닌 현재에도 지속되고 있음을 폭로함으로써 골던의 '유령'이 함의하는 세 번째 특징을 작품 내에서 구축하도록 이끄는 영향력을 행사한다.

'유령'의 세 번째 특징인 유령의 현존성과 미해결된 문제의 인식이 정의실현에 필수적 요소라는 논지를 이 영화는 대물림되는 한의 역사 속에서 가동시킨다. 다음의 세 가지 사항은 이를 구체적으로 뒷받침하며, 그 첫 번째는 성녀 모녀의 대화를 통해 살펴볼 수 있다. 성녀 모의 "이 사람 아직 죽지 않았다. 지금이라도 살릴 수 있지 않니?"라는 질문에 성녀는 "이 사람이 살아나면 우리가 죽어요"라고 답한다(11). 여기에는 성찬의 존재를 인정하게 되었을 때 한국사회에서 받게 될 비난과 질타로 인해 자신들이 살아있으나 죽은 자와도 같은 존재성과 소외를 경험하게 될 것이라는 암묵적 의미가 내포되어 있다. "노동자계층, 10대 청소년, 미혼모, 성산업 종사자, 강간의 피해자로 구성된 친모"(E. Kim 199)는 견고한 가부장제와 여성에게 불리하게 적용되는 사회복지체계 아래에서 아이를 품에서 떠나보내고 그들을 죽은 존재로 치부해야만했다. 이뿐 아니라 침묵을 강요당한 채 국가에 의해 본인의 아이들이 타국으로 보내지는 상황을 묵묵히 지켜보고 있어야했던 것이 실지이다. 성녀 모녀의 대화는 이러한 뼈아픈 현실에 대한 인식의 공감대를 불러일으킴으로써 해외입양제도를 둘러싼 지배적 패러다임의 견고한 축에 균열을 가하는 역동성을 생성한다.

"한부모 가정, 여성의 낮은 사회적 위치, 그리고 비부계(non-agnate)

입양을 거부하는 유교주의 사상은 한국에서 여성이 혼자 아이를 키우는 것을 위험하거나 전적으로 실행이 불가능한 것"(E. Kim 183)으로 치부한다. 결혼제도의 경계선 외부에서 태어난 아이에 대해 친부는 책임감으로부터 벗어나는 반면, 친모는 비판의 대상으로 전락하고, 결국 사회적인 멸시와 따돌림을 피하기 위해 국가가 해결책으로 제시하는 유일한 방법인 입양을 선택할 수밖에 없는 상황으로 내몰리게 된다. 허디스는 한국여성의 사회적 위치와 순결은 "남성과 맺는 관계의 형태와 남성이 여성을 소유하고자하는 방식"에 따라 결정되기에, 여성은 "자신의 섹슈얼러티를 본인이 소유하지 못하고, 남성과 국가에 양도하도록 강요당한다"고 피력하는데(176), 이러한 그의 논지는 위에서 살펴본 성녀 모녀의 대화 속에서도 입증된다.

'유령'의 세 번째 특징을 구체화하는 두 번째 요소는 한국 해외입양역사의 과거, 현재, 미래를 성녀 모녀, 성찬, 소연과 아기의 모습 속에 수렴시켜 그 논의를 확장하는 방식을 통해 구현되며, 이는 성찬의 죽음과 소연 아기의 탄생이 교차되는 지점을 통해 더욱 구체적으로 재현된다. 소연은 약사를 칼로 위협해 얻게 된 수면제를 복용한 후 뱃속의 태아에게 "아가야, 긴장하지 마. 내가 너랑 함께 갈게"(11)라고 속삭인다. 한편 약이 사라진 것을 확인하고는 황급히 방으로 올라온 성녀 모에게 성찬은 "그동안 즐거웠어요. 오늘밤 떠나요"(11)라는 인사말을 한다. 이후 성녀가 준 약이 든 차를 마시고 죽음의 고통으로 꿈틀거리며 모텔 방의 문을 향해 이동하는 성찬의 손가락과 수면제를 복용한 후 출산의 고통으로 버둥거리며 문을 향해 이동하는 소연의 손이 길항을 반복한 후에, 성찬은 죽음으로의 문을 향해, 그리고 소연의 아기는 세상으로의 문을 향해 한 걸음 더 앞으로 나아간다. 하지만 이때 두 이야기의 종국이 마주하는 곳은 한국에서의 정체성 상실, 곧 한국사회 내에서의 상징적 죽음이라는 점에 있어서는 그 결국이 서로 동일하다고 할 수 있다. 고통

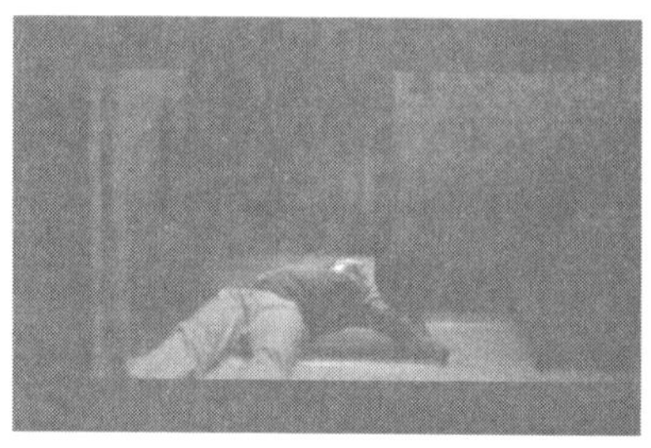

사진 11

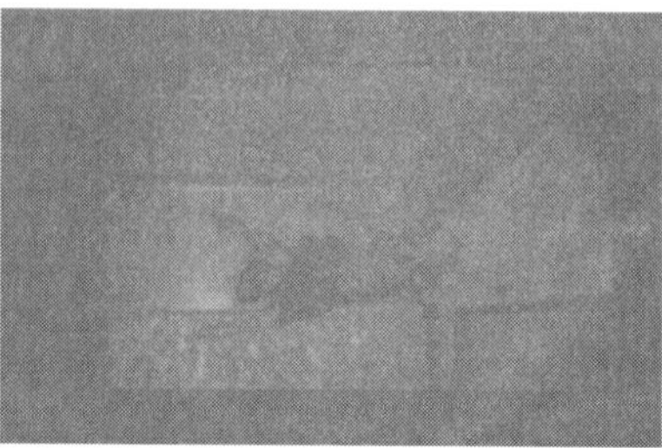

사진 12

의 순간이 최고조에 달한 후에 성찬은 모텔방의 문고리를 열고 머리를 모텔의 방문 밖으로 내민 채 죽어가고(사진 11; 11), 소연은 고통의 정점에 이르러 고시원 방의 문고리를 잡고 자궁 밖으로 아기를 쏟아낸다(사진 12; 11).

이 작품은 소연이 고통으로 몸부림치며 아이를 출산하는 장면과 약이 든 차를 마시고 고통 중에 괴로워하며 죽어가는 성찬의 모습을 교차시켜 화면 위에 투사함으로써 미혼모가 출산한 아이의 미래가 해외입양인의 현재가 될 수 있다는 사실을 암묵적으로 재현한다. 이는 곧 미혼모 아이의 탄생은 해외입양인의 탄생이며, 한국사회 내에서의 존재적 죽음과도 동일하다는 비판적 사유를 관통시킴과 동시에 골던의 '유령'을 출현시키는 '모테/모태'를 더욱 가시화하는 결과를 낳는다. 이러한 화면의 교차는 생명이 태에서 바로 무덤으로 옮겨지는 효과를 연출하면서 가부장제 규범 외부에 위치한 여성의 모태는 한국사회 내에서 죽은 자를 배출하는 장소와 일치한다는 강력한 메시지를 유포하는 장으로 기능한다.

이 영화는 이처럼 성녀 모녀와 성찬, 소연과 아기의 이야기를 순차적으로 배치하여 그 접점의 궤적을 추적해나가는데, 이때 죽음과 부활의 순환적 구조가 연계되면서 작품 내에서 한의 대물림이라는 역사의 굴레를 표면화하는 데 있어 상당한 영향력을 행사한다. 성녀 모녀가 성찬을 흰 천으로 감싸 검은 가방에 넣어 강으로 운반하는 모습(사진 13; 12)과

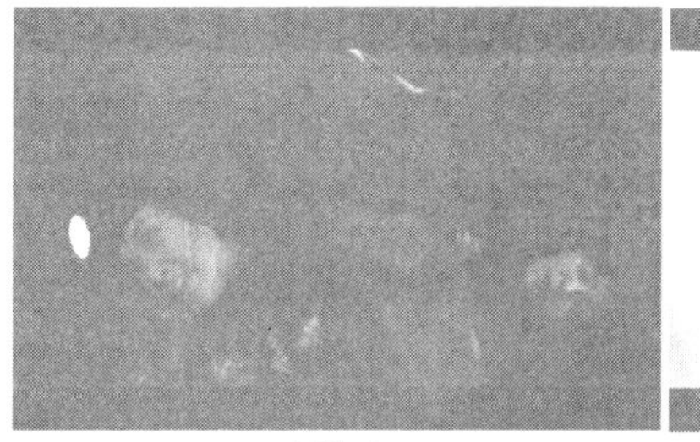

사진 13

사진 14

소연이 아기를 천으로 감싸 가방에 넣은 채 사람들의 눈을 피해 대구의 골목을 배회하는 모습(사진 14; 13)은 이와 같은 아픈 진실을 담고 있다.

또한, "당신 자식이니까 당신이 알아서 하십시오"(13)라고 말하며 성찬의 시체에 돌을 매달아 강에 던지는 성녀의 모습 속에는 가부장제 사회에 자신의 주권을 유린당한 여성의 설움이 각인되어 있다. 그리고 "강간당했니?"(14)라고 물으며 친권포기서에 서명하고 시청에서 아이를 데려가게 하든지 아니면 징역살이를 해야 한다고 윽박지르는 경찰 앞에서 아무런 대항도 하지 못한 채 아이를 빼앗길 수밖에 없는 소연의 모습 속에도 자신이 낳은 아이임에도 그 권리를 주장하지 못하는 여성의 한 서린 이야기가 새겨져 있다.

하지만 여기에서 주목할 부분은 이러한 장면들 속에는 경악할만한 반전이 잠복되어있다는 사실이다. 성녀는 자신이 준 약을 먹고 죽어가는 성찬을 '모테' 밖으로 이동하여 강에 던져 넣음으로써, 그리고 소연은 자신과 함께 수면제를 복용하고 '모태'에서 나온 아기를 경찰에게 내어줌으로써 표면적으로는 지배권력에 순응하는 듯 위장한다. 이때 주시되어야 할 핵심적 요지는 국가에게 넘겨준 아이들이 모두 성녀와 소연이 '모테/모태'에서 살해한 아이들이라는 점이다. 성녀는 성찬을 '모테'에서 살해한 후 스스로 목숨을 끊고, 소연은 태중의 아이와 함께 수면제를 취해 죽음에 대한 결지를 표명한다. 이는 가부장제 이데올로기의 재생

사진 15

사진 16

산을 더 이상은 그대로 방치하지 않겠다는 주변부 여성의 강한 의지를
고스란히 반영하는 장면이라고 하겠다.

"유령이 출몰하는 집, 섬뜩할 정도의 친숙함, 무의식적으로 반복되는
사건들"(Gordon 31)은 그 장소에 "해결되어야 할 문제가 존재함"(Gordon
139)을 암시하는데, 〈귀향〉은 이러한 의제들을 작품 속에서 정확히 구
현해냄으로써 '유령'의 세 번째 특징을 더욱 구체적으로 재현한다. 성찬
과 어머니를 잃고 모텔로 돌아온 성녀(사진 15; 14)는 생전의 성녀 모(사
진 16; 7)라는 착각을 일으킬 정도로 예전 성녀 모의 모습에 가깝게 바뀌
어 있음을 느낄 수 있다. 이와 함께 성녀의 눈앞에 계속해서 출현하는
아기유령과 모텔에 대해 성찬과 마리가 각각 "여기는 너무 조용하다"(8)
와 "이곳은 참 조용한 곳이네요."(14)라고 표현하는 장면 등은 이와 같은
논지에 설득력을 더한다.

불에 휩싸인 모텔의 잔상도 과거의 어느 한 지점과 연결되어 있다는
인상을 지울 수 없다. 이는 성녀 모가 성찬이 묶었던 방으로 수건과 물
을 갈아주러 들어와서 그에게 예전에 "이 모텔에 화재가 났었다"(8)고
이야기했던 과거 그 어느 순간의 재현과도 유사하며, 불타는 모텔을 향
해 애타게 "어머니"(14)를 외치는 마리의 목소리는 성녀 모가 사라진 후
"어머니"(13)를 애타게 부르던 성녀의 목소리와도 매우 흡사하다. 이처
럼 소름끼치도록 낯익은 장면들과 귀에 익은 소리들은 죽은 자의 환생

같기도 하고 유령의 귀환 같기도 하다. 〈귀향〉의 마지막 장은 이 영화의 첫 장에서 제시했던 시간 이전의 단계로 시계를 되돌리는데, 이는 과거에 자행되었던 억압과 폭력이 한국 사회 내 잔재하는 한 유령의 출현은 한의 역사 속에서 되풀이될 수밖에 없다는 강한 메시지를 산포한다.

골던은 유령의 출몰을 "기묘하게 반복되는 사건들, 즉 과거의 어느 순간이 현재에 생명력을 가지고 되살아나는 것이며, 시야 밖에 존재하던 사건이 시야 안으로 침투되는 것"(xvi)이라고 설명한다. 사라진 어머니와 불타는 '모테/모태'는 남성지배담론으로부터의 해방을 표식화하며, 과거로부터 계승되어온 가부장적 구도를 폐기하려는 모성의 절절한 항거를 가시화하는 효과를 불러온다. 성녀가 자신의 아이를 살해하고 스스로 목숨을 끊는 행위는 아버지의 법에 의해 주변부로 내몰린 어머니가 지배 권력의 압제를 상쇄하고 이에 저항하는 최후의 몸짓으로 풀이될 수 있다. 이때 몸은 생물학적인 것이 아닌, 가부장제 하에서 목소리를 빼앗긴 여성을 체현하는 문화적 구성물로 기능하게 된다. 이는 남성중심의 지배 문화에 억눌린 여성의 분노를 표출하는 행위인 동시에 수탈당한 모성을 은폐하려는 가부장제 압력의 피상적인 외피를 벗겨내고 여성의 목소리를 발화시킬 수 있는 유일한 방법인 것이다. 이러한 관점에서 바라보았을 때, 화염에 휩싸인 '모테/모태'는 다시는 남성지배권력에 순응하여 죽은 아이를 배출하지 않겠다는 모성의 강한 의지를 표명하는 수행자이자 기존의 견고한 담론 체계에 구멍을 내는 변혁적인 힘의 진원지로서 작동하게 된다.

골던은 "상실된 존재가 모두가 공유하고 있는 지식과는 전혀 상반된, 그동안 밝혀지지 않았던 숨겨진 진실을 제공하기 때문에 중요한 의미를 지닌다"(ix)라고 '유령'의 의미를 설명한다. 해외입양인과 친모는 "억압된 국가적 상흔의 흔적"(H. Kim 132)을 공유하며, 한국사회로부터 버려진 주변부적 존재라는 점에서 역사 내 상실된 자리에 위치했던 것이 사실이다. 그들은 역사의 한 부분으로 인정되지 못한 채 은닉되고 은폐되었으며, 한국의 정치, 경제 체제 속에서 이와 같은 사회적 실종의 역사는 지속되어져왔다. 이 같은 맥락에서 접근했을 때, 〈귀향〉은 해외입양인과 친모를 본 작품의 내러티브 내 핵심어로 전용함으로써 사회적 실종의 역사에 대한 진실을 밝히는 문제해결의 귀한 실마리를 제공했다는 점에서 골던의 '유령'이 가지는 논점과 상당 부분 일치한다.

골던은 '유령'이 "미래에 대한 가능성, 즉 희망을 동시에 상징한다"(64)고 주장한다. 〈귀향〉은 미혼모와 해외입양인을 부끄러운 역사, 치욕스러운 사회의 일면, 그리고 정죄되어야 할 대상으로 취급하는 한국사회의 왜곡된 시각을 적출하고 가부장제에 입각한 지배적 패러다임에 의문을 제기함으로써 더 나은 미래로의 발판을 확립하는 사유의 모체를 제공했다는 점에 있어 골던의 논지와도 그 성찰적 근간을 공유한다. 본 장에서는 이처럼 '유령'의 출몰 원인과 이것이 시사하는 바를 틀로 삼아 〈귀향〉이 폭로하는 남성중심담론을 조명함으로써 제도권 내에 팽배한 모순과 부조리를 고발하는 도구로 활용하였다. 아울러 이 작품에 나타난 해외입양인 내러티브를 권력의 작동에 의해 (재)생산되고 대물림되는 한의 역사라는 관점에서 접근함으로써 현시점에서 기존의 지배담론을 폐기하고 그 체계를 새로이 재정립해야 한다는 당위성을 확인함과 동시에 혁신적인 실천적 담론으로 그 영역을 확장시키는 계기를 마련하였다.

4. 결론

〈여행자〉와 〈귀향〉이 공유하는 침묵된 이주와 죽음의 이미지는 개개인의 특별한 경험을 한 곳으로 집결시키는 집단적 정체성의 형성을 가능하게 할 뿐더러 해외입양제도를 둘러싼 지배계층의 모순과 부조리에 대한 정치적인 목소리를 구축해나가는 구심점으로 작용될 수 있다는 점에서 깊은 의미를 지닌다. 두 작품에서 제시하는 이야기는 개인의 상처와 아픔의 표출 이상의 의미를 지닌다. 〈여행자〉가 모국에서의 뿌리 뽑힘에 대한 경험과 그 내상을 재현함으로써 한국정부의 기만과 은폐를 폭로하고 담론화하는 작품이라면, 〈귀향〉은 그 뽑힌 뿌리의 근원을 찾기 위해 모국을 방문한 해외입양인과 그 모태가 되는 친모의 모습을 한의 순환적 역사 속에서 표면화시킴으로써 해외입양제도가 창출해낸 '유령이 형성되어가는 과정'과 '유령의 귀환'을 담론 안에서 풀어나간다.

〈여행자〉와 〈귀향〉의 감독이 모두 여성이라는 점과 자살이라는 자기파괴적이며 전복적인 행위가 두 작품에서 공통적으로 등장한다는 점은 침묵된 이주로 인한 죽음의 이미지를 작품 내에 형상화하는 데 기여하는 바가 크다. 두 작품에서 재현되는 죽음의 이미지는 가부장제가 표상하는 남성중심문화적 각본에 균열을 내는 동력이자, 주변부 집단을 끊임없이 타자화함으로써 기존의 권력구조를 합법화시키려는 지배세력에 도전하고 이를 무력화할 수 있는 전복적 기능과 재의미화 가능성을 내포하다는 점에서 침묵된 이주라는 비판적 논점을 관통시키는 데 있어 필수적인 수행적 매개물로서의 역할을 한다. 도심으로부터 멀리 떨어진 〈여행자〉의 보육원과 〈귀향〉의 '모테/모태'는 가부장적 사회구조 속에서 주변화된 여성의 상황을 상징적으로 재현해낸다. 이때 이 두 장소는 타협과 혁명, 순종과 항거가 복잡하게 뒤엉켜 경합하는 공간이자 주류와 타자, 중심부와 주변부가 끊임없이 상대에 대한 긴장을 늦추지 않고 그 경계를 위협하는 지점이기도 하다. 이러한 치열한 접전은 두 작품의 내러티브가 전개되어가는 과정을 통해 가시화되며, 이는 남성중심담론에 대항하는 여성주의 실천들을 행동에 옮길 수 있는 장으로 기능한다.

두 작품은 우선 순종하는 주인공의 모습을 작품의 출발점으로 삼는다. 〈여행자〉는 보육원에서 타인과의 소통을 차단한 채 침묵하던 주인공의 수동적인 태도로 이야기를 시작한다. 그 후 창살 밖으로 탈출을 시도하는 혁명적인 모습으로 그녀를 전환시키고, 이어 보육원에 전달된 서양인형을 파괴하고 자살을 시도하는 행동을 차례로 제시함으로써 사회중심부의 부조리에 대한 항거의지를 생성해내는 진희의 몸짓에 주목하도록 이끈다. 그러나 결말부분에 이르러 프랑스로 입양을 가게 되는 주인공의 상황을 명시함으로써 지배담론에 굴복하고 타협으로 순회하는 듯 작품의 구조를 다시금 선회시킨다. 〈귀향〉 또한 경찰의 위협 앞에 자신이 낳은 아이를 포기하는 소연의 모습과 '당신 자식이니까 당신이 알아서 하십시오'라며 본인의 권리를 내려놓는 성녀의 언행을 통해 순종을 내러티브의 전방에 위치시킨다.

그럼에도 불구하고 〈여행자〉와 〈귀향〉을 이끄는 주된 원동력이자 남성지배문화가 상정한 권력의 축을 흔드는 강력한 손은 두 작품에 내포된 전복적 기능에서 창출된다. 지배권의 모순에 초점을 맞춰 이에 대한 비판의식을 발현하는 〈여행자〉가 르콩트 감독의 자서전적 이야기라는 점을 감안하여 이 작품의 결말을 바라보았을 때, 그 속에 잠재되어있는 진정한 힘을 발견할 수 있다. '너무 어려워,' '너무 늦었어요'와 같은 서구에 대한 부정적 언술로 무장한 주인공은 순종을 위장한 채 타국으로 이주한다. 하지만 타국으로의 이주는 그녀를 수동적 희생자에서 벗어나도록 이끄는 매개체이자 차후에는 지배담론을 경악하게 할 역설적 장치로 가능한다.

진희는 타국으로의 이주를 통해 르콩트 감독이라는 새로운 정체성으로 탈의하였고, 진실의 적극적인 발설자로 모국에 귀향함으로써 그 누구도 예상하지 못했던 방법으로 권력의 작동을 압도하는 쾌거를 이룬다. 진희/르콩트 감독의 이야기는 발화 불가능한 지점으로 고착되었던 경계를 허물어뜨리는 능동적 내러티브가 되어 한국사회 안으로 역이주했고, 이 실천적 행위를 통해 주인공의 타협은 전복을 전제로 한 전략적 이주로 전이되었을 뿐만 아니라 작품 그 자체가 넓은 의미에서의 '유령의 귀환'으로 분화됨으로써 그 담론을 한층 더 다층적으로 확장하고 전용하는 계기를 마련해준다.

아울러 〈귀향〉은 '모테' 방에 있는 성찬에게 약을 탄 차를 주어 살해하고, 이후 '모테/모태'에 불을 놓아 스스로 목숨을 끊는 성녀, 그리고 수면제를 복용함으로써 모태의 아이와 함께 죽음의 길을 선택하고자 했던 소연의 모습을 통해 순종하는 모태로 머물지 않겠다는 모성의 전복적인 의지를 드러냄과 동시에 여성의 몸을 국가적 권위 아래 복종시키도록 강요하는 지배권을 향한 공격을 극대화한다. '불타는 모테'는 기존의 남성중심담론하에 왜곡되어온 여성성을 해체하고 그 가치를 재조직화하고자 하는 여성주의 담론의 강한 표징이며, 가부장제 이데올로기에 결을 내는 적극적인 수행 행위로 해석될 수 있다.

이 글은 〈여행자〉와 〈귀향〉에 투영된 해외입양인 내러티브를 한국의 해외입양제도와 골던의 '유령'이라는 관점에서 재해석하고자 했으며, 그 진행과정을 통해 다음과 같은 몇 가지 생산적인 논점들을 발견할 수 있었다. 첫째, 〈여행자〉와 〈귀향〉에서 제시하는 해외입양인 내러티브는 침묵된 이주와 죽음의 이미지를 활용하여 굴절된 채 축적되어온 권력층의 지배담론을 폐기함으로써 그 담론을 새로이 재구성할 수 있는 중요한 기틀을 생성시키는 역할을 담당한다. 둘째, 두 작품은 해외입양인 내러티브를 쟁점으로 삼아 주요 서사에서 유린되어져왔던 주변부의 역사 다시쓰기를 가능하게 하는 토대를 마련해주었을 뿐더러 그 초석으로서의 임무를 충실히 수행하는 통로가 되었다. 셋째, 두 영화는 해외입양제도와 관련된 지배적 패러다임들에 의문을 제기하고 이에 대한 재사유의 당위성을 요구하는 담론의 기반을 제공했다는 점에서 성찰적 시각을 조명한다.

이 세 가지 결실을 골던의 '유령'에 접목시켜 살펴보면 다음과 같은 탐색적 사유가 가능하다. 〈여행자〉와 〈귀향〉에 나타난 침묵된 이주와 죽음의 이미지는 역사 속에서 누적되어온 지배층의 착종과 가부장제가 재/생산한 해외입양제도를 현시점에서 새롭게 재고하여 이를 재/정립하여야 할 필요성을 일깨워주었으며, 더 나아가 작품에서 제기된 쟁점들을 통해 한국사회의 "억압된 과거를 현재에 되살려 이에 항거"(Gordon 65)하는 작업이 이미 착수되었음을 확인시켜주는 계기가 되었다. 이제 남은 과제는 은폐되었던 역사의 한 부분을 "현재에 부활시켜 과거의 폭력과 연결된 요소를 말소함으로써 더 나은 미래를 위한 발판을 확립"(Gordon 65-66)할 수 있는 방법을 모색하는 길일 것이다.

최근작에 초점을 맞추어 연구가 진행됨으로 인하여 더 많은 작품을 본 논문 내에서 폭넓게 다루지 못했다는 점은 못내 아쉬움으로 남는다. 하지만 〈여행자〉와 〈귀향〉에 재현된 내러티브의 분석을 통해 해외입양제도의 문제점을 표면화하고 이에 대한 비판적인 시각과 철저한 문제의식을 공유하도록 이끄는 가능성의 공간을 제시함은 물론이려니와 거대서사에서 누락된 채 존재해왔던 주변부적 서사를 주요 담론 안으로 포섭함으로써 틈새서사 다시쓰기를 통한 역사 재정립의 통로를 구축했다는 측면에 있어 이 연구는 그 의의가 높다고 하겠다.

이 글은 2010년도 2학기 한양여자대학교 교내연구비에 의하여 연구되어 2010년 10월 15일부터 17일까지 국제비교한국학회와 제주대학교 탐라문화연구소가 공동주최하여 제주대학교에서 개최된 〈아시아-태평양 지역의 이주와 트랜스내셔널리즘〉 학술대회에서 발표되었으며 *Comparative Korean Studies* 18권 3호(2010년 12월 31일 발행)에 게재했던 논문을 수정·보완하여 수록한 것이다.

참고문헌

〈귀향〉, 안선경 감독, 박지아, 박상훈 주연, 2009, 디브이디, 실버스푼, 2009.

「귀향::네이버 영화」, 2010. 09. 21., 〈http://movie.naver.com/movie/bi/mi/detail.nhn?code=70768〉.

김운규, 「재미 한인 입양소재 소설의 문제인식」, 『어문학』 78 (2002): 211-35.

신기철·신용철 편저, 「귀향」, 정의, 『새우리말 큰 사전』 제10판, 상권, 삼성출판사, 1992.

〈여행자〉, 우니 르콩트 감독, 김새론 주연, 2009, 디브이디, (주)영화사 진진, 2010.

「여행자::네이버 영화」, 2010. 09. 21. 〈http://movie.naver.com/movie/b i/mi/detail.nhn?code=51049〉.

이미정, 「사회적 편견과 미혼모관련 통계」, 『제60차 여성정책포럼: 미혼모의 현실과 자립 지원 방안』, 한국여성정책연구원, 2010, 2-25.

이미정 외, 『한국의 미혼모 복지에 관한 연구: 해외입양, 관련통계, 선진국의 복지정책을 중심으로』, 한국여성정책연구원, 2009.

이삼돌(토비아스 휘비네트), 『해외 입양과 한국 민족주의』, 뿌리의 집 옮김, 소나무, 2008.

이예원, 「귀환 해외 입양인 조직화와 디아스포라 운동」, 석사학위논문, 연세대학교, 2008.

임지선, 「'똑똑한' 한국 아이 2169만원이오」, 『한겨레21』 2009년 5월 18일: 48-53.

정경아(제인 정 트랜카), 「백만 명의 살아있는 유령들: 구조적 폭력, 사회적 죽음 그리고 한국의 해외입양」, 『지구지역시대 모성의 정치경제학: 제12회 서울국제여성영화제 국제학술회의, 2010년 4월 14일』, 여성문화이론연구소, 87-121.

_____, 「지하철」, 『제4회 입양의 날 기념: 이산과 귀환의 틈새』, 서울: 뿌리의 집, 2009.

「제작자 이창동 감독의 영화기부」, 『연합뉴스』, 2010. 09. 21., 〈http://cafe.naver.com/ArticleRead.nhn?clubid=19226425&page= 1&menuid=11&boar…〉.

하규만, 「국제입양에 관한 정부대응의 재고」, 『한국 사회와 행정 연구』 14.1 (2003): 415-32.

한영우, 『다시찾는 우리역사』, 경세원, 2010.

Choi, Chungmoo. "Nationalism and Construction of Gender in Korea." *Dangerous Women: Gender & Korean Nationalism*. Ed. Elaine H. Kim and Chungmoo Choi. New York & London: Routledge, 1998. 9-31.

Gilman, Charlotte Perkins. "The Yellow Wallpaper." *The Captive Imagination: A Casebook on* The Yellow Wallpaper. Ed. Catherine Golden. New York: The Feminist Press at CUNY, 1992.

Gordon, Avery F.. *Ghostly Matters: Haunting and the Sociological Imagination*. Minneapolis & London: UP of Minnesota, 2008.

Herløw, Maj Eun. "Adoptee Nation: The Return Migration of Adult Korean Adoptees to South Korea." *Journal of Korean Adoption Studies* 2.1 (2010): 71-105.

Hübinette, Tobias. "The Adopted Koreans of Sweden and the Korean Adoption Issue." *The Review of Korean Studies* 6.1 (2003): 251-66.

Hurdis, Rebecca. "Lifting the Shroud of Silence: A Korean Adoptee's Search for Truth, Legitimacy, and Justice." *International Korean Adoption: A Fifty-Year History of Policy and Practice*. Ed. Kathleen Ja Sook Bergquist, et al.. New York: Haworth P, 2007. 171-85.

Kim, Eleana. "Korean Adoptees' Role in the United States." *Korean Americans: Past, Present, and Future*. Ed. Ilpyong J. Kim, Elizabeth: Hollym, 2004. 180-202.

Kim, Hosu. "Mothers Without Mothering: Birth Mothers from South Korean Since the Korean War." *International Korean Adoption: A Fifty-Year History of Policy and Practice*. Ed. Kathleen Ja Sook Bergquist, et al.. New York: Haworth P, 2007. 131-53.

Napier, Deborah. "Korean Adoptees' First Trip Home: Toward an Understanding of Place in Relationship to Ethnic Identity." *Proceedings of the Second International Symposium on Korean Adoption Studies*, August 3, 2010. Ed. Kim Park Nelson, Tobias Hübinette, et al.. Seoul: SISKAS, 2010, 53-68.

Rasmussen, Kim Su, "Minor Adoptee Literature On Maja Lee Lanvad's *Find Holger Danske* (2006)." *Journal of Korean Adoption Studies* 2.1 (2010): 169-85.

Sorenson, Eli Park. "Korean Adoption Literature and the Anxiety of Returning." *Proceedings of the Second International Symposium on Korean Adoption Studies*. August 3, 2010. Ed. Kim Park Nelson, Tobias Hübinette, et al.. Seoul: SISKAS, 2010, 147-55.

"Territory(animal)." Def. 27 Nov. 2010, 〈http://en.wikipedia.org/wiki /Territorial_marking〉.

Trenka, Jane Jeong. *The Language of Blood*. St. Paul: Borealis, 2003.

■ 저자 약력

- **심영희**(沈英姬) : 한양대학교 법학전문대학원 교수, 가족/성의 사회학, 여성인권 전공. 『위험에 처한 세계와 가족의 미래』(공편, 새물결, 2010), "Family -Oriented Individualization and Second Modernity: An Analysis of Transnational Marriages in Korea"(*Soziale Welt* 61/3, 2010), "Redefining Second Modernity for East Asia: A Critical Assessment"(*British Journal of Sociology* 61/3, 2010), 「21세기 공동체 가족 모델의 모색과 지원방안: 2차 근대성과 개인화 이론의 관점에서」(『아시아여성연구』 50/2, 2011) 외.

- **이소희**(李所姬) : 한양여자대학교 영어학과 교수, 영미소설, 영미문화비평, 여성문화 전공. 「〈밥과 자본주의〉에 나타난 "여성민중주의적 현실주의"와 문체혁명: 「몸바쳐 밥을 사는 사람 내력 한마당」을 중심으로」(*Comparative Korean Studies* 19/3, 2011), ""Working through Trauma": Comfort Women's Self-Representation in the *Nazen Moksori* Trilogy"(*Comparative Korean Studies* 18/3, 2010), 「트랜스내셔널 장에서의 페미니스트 주체형성과 연대의 정치학」(『영미문학페미니즘』 17/1, 2009), 『토니 모리슨』(공저, 도서출판동인, 2009) 외.

- **정기선**(鄭基仙) : IOM 이민정책연구원 선임연구위원, 사회학 전공. 『고용허가제와 방문취업제 외국인근로자의 취업 및 사회생활실태조사』(법무부, 2011), 『해외 한국기업과 현지인 노동자: 중국 및 동남아지역』(공저, 집문당, 2007), 「국제결혼이민자의 적응과 정신건강」(『한국인구학』 32/2, 2009), "South Korean National Pride: Determinants, Changes, and Suggestions"(*Asain Perspective* 32/1, 2008), 「세대간 차별의식의 사회화」(『가족과 문화』 19/2, 2007) 외.

- **이선미**(李仙美) : 서울여자대학교 바롬교양대학 조교수, 발전이론, 시민사회 전공. 『한국이민정책의 이해』(공저, 백산서당, 2011), 「여성 자원봉사 리더의 돌봄 경험 연구」(『한국여성학』 27/3, 2011), 「국제이주의 이론적 도전: 종족-국민-국가 연계에의 도전과 국가의 공간적 변형」(『사회와 이론』 16, 2010), 「국제이주의 글로벌 거버넌스: 민주화를 위한 차원 간 균형의 함의를 중심으로」(『시민사회와 NGO』 6/1, 2008) 외.

- **김현미**(金賢美) : 연세대학교 문화인류학과 교수, 젠더와 노동 및 이주분야 전공. 『글로벌시대의 문화번역』(또하나의 문화, 2005), 『여성, 문화, 사회』(공번역서, 한길사, 2008), 『친밀한 적: 신자유주의는 어떻게 일상이 되었나』(공저, 이후, 2010), 「국제결혼의 전지구적 젠더정치학」(『경제와 사회』 70, 2006) 외.

- **염미경**(廉美炅) : 제주대학교 사회교육과 부교수, 지역사회학 전공. 『구술로 엮은 소멸과 재현의 지역사: 제주옹기와 사람들』(도서출판 선인, 2012), 『제주사회의 여성결혼이민자들: 선택과 딜레마, 그리고 적응』(공저, 도서출판 선인, 2008), 『전쟁과 기억: 마을공동체의 생애사』(공저, 한울아카데미, 2005), 『전쟁과 사람들』(공저, 한울아카데미, 2003), 『일본의 철강도시: 성장정치와 도시체제의 변화』(경인문화사, 2001) 외.

- **신원선**(申媛善) : 한양대학교 식품영양학과 교수, 식품화학·분자미식학 전공. *Fructus panax* ginseng extract promotes hair regeneration in C57BL/6 mice (*Journal of Ethnopharmacology* 138, 2011), "Optimal Production of Fermented Whey Presenting Bifidogenic Growth Stimulator Activity"(*Food Sci. Biotechnol* 20, 2011), 『새로 쓴 조리원리 실습』(수학사, 2010), 「기능성식품첨가물 소재로서 콩의 최신 연구 및 개발동향」(『식품저널』, 2008) 외.

- **정의철**(鄭義徹) : 상지대학교 언론광고학부 부교수, 다문화/헬스커뮤니케이션 전공. 「다문화사회와 이주민미디어: 이주민방송의 중심으로」(『언론과학연구』 11/4, 2011), 「다문화사회 대중매체의 사회통합적 역할 탐구」(『한국방송학보』 24/5, 2010), 『대중매체를 통한 다문화사회 시민교육 활성화 방안』(여성정책연구원, 2009), 「에이즈 예방 커뮤니케이션 분석 연구: 개혁확산이론과 문화적 감수성 접근을 중심으로」(『한국언론학보』 52/6, 2008), 「촛불문화제에 나타난 청소년의 사회참여 특성에 대한 연구」(『언론과학연구』 8/3, 2008) 외.

- **도남희**(都南希) : 육아정책연구소 동향분석실 부연구위원, 아동발달 전공, 가족 부전공. 「탄력적인 소년소녀가장의 개인특성 분석: 지능, 성격, 성취동기를 중심으로」(공저, 『한국발달심리학회지』 22/3, 2009), 「육아지원서비스 질 제고를 위한 인력 운영 개선 방안」, 「농어촌 보육여건 개선 방안」, 「어린이집 설치·인가 실태와 개선방안」, 「다문화가정 영유아의 발달 실태 및 맞춤형 지원 방안」, 「한국아동패널 2011」(공저, 육아정책연구소 연구보고서, 2011) 외.

- **김종욱**(金鍾郁) : 서울대학교 국어국문학과 부교수, 한국현대소설 전공. 『한국소설의 시간과 공간』(태학사, 2000), 『소설 그 기억의 풍경』(태학사, 2001), 『한국신소설선집』 1-7(공저, 서울대학교출판부, 2003), 『한국현대소설의 서사형식과 미학』(역락, 2005), 『한국 근현대문학의 프랑스문학 수용』(공저, 서울대학교출판문화원, 2009) 외.

- **홍설화**(洪雪花) : 중국 연변대학교 영어영문학과 부교수, 모더니즘 시, 20세기 영미소설, 여성문학비평, 비교문학연구 전공. "Feminist Reading of Gail Godwin's "A Sorrowful Woman""(*Journal of Yanbian University* 6, June 2010), "On Developing the Learners' Independent Learning Ability in English Literature Teaching"(*Modern Education Science* 4, 2006), "Misinterpretation, Deviation and Invention-Pound's Translation of Chinese Poems"(*Journal of Yanbian University*, Monograph, 2005) 외.

- **서지영**(徐智瑛) : 캐나다 브리티시 콜롬비아 대학 아시아학부 박사과정. 문화사/문화연구, 여성사 전공. 『젠더, 경험, 역사』(공저, 서강대출판부, 2004), 「여공의 눈으로 본 식민지 도시풍경」(『역사문제연구』 22, 2009), 「식민지 도시공간과 친밀성의 상품화」(『페미니즘 연구』 11/1, 2011) 외.

- **장혜련**(張惠連) : 제주대학교 사학과 강사, 한국사·조선시대 전공. 「조선중기 제주유민 실태와 사회적 지위변화」(『역사와 경계』 69, 2008), 『제주여성사 Ⅰ』(공저, 제주발전연구원, 2009), 『제주여성사 Ⅱ』(공저, 제주발전연구원, 2011) 외.

- **유연숙**(柳蓮淑) : 일본 오차노미즈여자대학 대학원 연구원, 에스니시티·젠더론 전공. 「外国人妻の世帯内ジェンダー関係の再編と交渉」(『人間文化論叢』8, 2006), 「韓国女性の国際移住に関する要因分析」(『ジェンダー研究』14, お茶の水女子大学, 2011), 「일본의 다문화정책과 한국여성 결혼이민자의 역할」(『재외한인연구』 24, 2011), 「동경의 코리아타운과 한류-오쿠보 지역을 중심으로-」(『재외한인연구』 25, 2011) 외.

- **최유진**(崔有辰) : 한양여자대학교 국제관광과 조교수, 18세기영국소설 전공. 「『로빈슨 크루소』와 여성적 메타포로서의 섬」(『영어영문학21』 24/4, 2011), 「『록산나』에 나타난 드포의 글쓰기 전략-'감금'과 '탈출'의 이미지를 중심으로」(『영어영문학21』 23/2, 2010), 「다니엘 드포의 소설에 나타난 근대적 세계관의 변화-종교적 가치에서 세속적 가치로」(박사학위논문, 한양대학교 대학원, 2007) 외.

다문화사회, 이주와 트랜스내셔널리즘

2012년 3월 30일 초판 1쇄 펴냄
2013년 7월 8일 초판 2쇄 펴냄

엮은이 이소희
펴낸이 김흥국
펴낸곳 도서출판 보고사

책임편집 이경민
표지디자인 오동준

등록 1990년 12월 13일 제6-0429호
주소 서울특별시 성북구 보문동7가 11번지 2층
전화 922-5120~1(편집), 922-2246(영업)
팩스 922-6990
메일 kanapub3@chol.com
http://www.bogosabooks.co.kr

ISBN 978-89-8433-960-6 93300
ⓒ 이소희, 2012

정가 25,000원
사전 동의 없는 무단 전재 및 복제를 금합니다.
잘못 만들어진 책은 바꾸어 드립니다.